普通话
口语训练新编

（第2版）

杜慧敏 ◎ 主 编

北京师范大学出版集团
BEIJING NORMAL UNIVERSITY PUBLISHING GROUP
北京师范大学出版社

图书在版编目（CIP）数据

普通话口语训练新编/杜慧敏主编. —2版. —北京：北京师范大学出版社，2014.8（2023.7重印）

ISBN 978-7-303-17671-7

I. ①普… Ⅱ. ①杜… Ⅲ. ①普通话-口语-教材 Ⅳ. ①H193.2

中国版本图书馆 CIP 数据核字（2014）第 155609 号

图书意见反馈：gaozhifk@bnupg.com 010-58805079
营销中心电话：010-58807651
北师大出版社高等教育分社微信公众号 新外大街拾玖号

出版发行：北京师范大学出版社 www.bnup.com
　　　　　北京市西城区新街口外大街 12-3 号
　　　　　邮政编码：100088
印　　刷：天津中印联印务有限公司
经　　销：全国新华书店
开　　本：730 mm×980 mm 1/16
印　　张：24
字　　数：406 千字
版　　次：2016 年 8 月第 2 版
印　　次：2023 年 7 月第 7 次印刷
定　　价：38.00 元

策划编辑：马佩林　　　　　　责任编辑：马佩林
美术编辑：陈　涛 李向昕　　装帧设计：陈　涛 李向昕
责任校对：段立超　　　　　　责任印制：马　洁

前　言

　　我国地域辽阔，方言众多，不利于沟通和交流。普通话作为汉民族共同语，使用和推广普通话可以消除方言隔阂，促进社会交往，增强民族凝聚力。我国宪法明确规定："国家推广全国通用的普通话"，这是我国的一项基本国策，是加快改革开放步伐、促进国内市场经济的健全统一、促进经济发展的重要手段；是促进信息技术在全民普及的重要内容；是促进精神文明建设，更好地继承和弘扬我国优秀传统文化，提高国民的文化修养，增强国家意识、法制意识和现代意识的重要方法。党的十九届五中全会、国家"十四五"规划纲要、党的二十大报告都明确提出，要加大国家通用语言文字的推广力度。

　　近年来，随着我国对外交往的日益扩大，在世界范围内形成了学习汉语的热潮。作为当代的中国公民，热爱民族共同语，学好普通话，讲好普通话，是社会经济文化发展的需要，有利于汉语的传播，也有利于国民自身整体素质的提高。

　　特别是随着高等教育事业的改革与转型发展，对公共课的科学性、实用性的要求越来越高。我们通过对部分院校口语教师和大学生的调查，对普通话口语课的设置情况、口语教材的使用情况等进行了分析，特编写了本教程。

　　本教程由五章组成，第一章"普通话语音"，讲述普通话声母、韵母、声调、音变等基本知识，主要对学生进行普通话语音的强化训练，打好普通话语音基础，顺利通过普通话水平测试，为以后的各种口语表达创造条件。第二章"口语表达基本技能"，主要讲述用气发声、共鸣控制、吐字归音以及口语表达技能的语速、重音、停顿、抑扬以及态势语的设计等。第三章"常用口语表达"，讲述交谈与说话、朗读与朗诵、演讲与辩论的技巧，通过训练，使学生掌握各种口语表达形式的基本要领，全面提高自己的口语素养和能力。第四章"教师职业口语"，讲述教师的教学、教育用语，目的是培养学生适应教师工作需要的口语素养和能力。第五章"普通话水平测试",结合当前计算机辅助普通话水平测试的要求,让学生能够面对测试中出现的问题,养成良好的测试心态,发挥自己的正常水平。

普通话口语是一门边缘学科,又是培养和提高大学生口语运用能力的实践性很强的课程,根据以往的教学经验和我们学校的实际情况,本书的编写以理论为指导,以训练为主线,突出科学性、实用性和示范性特点。力图为口语教师提供一套科学实用的口语教材,为学生提供一种有效的训练依据。我们在设计训练时力求系统、科学,有层次、有力度,注重讲练的对应性和可操作性。

本教程编写分工情况:本书设想和框架由杜慧敏提出,前言,绪论,第一章,第三章第四节,第四章——杜慧敏,第二章第一、二、三、四、五节——赵敏;第三章第二、三节——廖玉萍;第二章第六节,第三章第一节——顾珊珊;第五章——蒋哲。最后由杜慧敏对全书进行统稿。

口语是一种广泛而又深刻的信息系统,它既是物质世界,又是精神世界得以表现的重要载体,也是一个人的各项素质、能力、情操的综合反映。说到底,口语教育实际上是人的素质能力的综合教育。因此,普通话口语教学,包括的内容很多,涉及的问题也很多,"普通话口语"课程建设是一项长期而繁重的工程,作为一线的口语教师,我们深感建立科学的理论体系和训练体系,是保证教学质量,提高教学水平的瓶颈。本教程试图在此方面做一些尝试和探索。但由于教学条件和理论水平所限,粗浅之处在所难免。敬请专家读者批评指正。

目　录

绪　论

一、普通话的由来

普通话是我国规范的现代汉民族共同语，也是世界上使用人口最多的语言，并且是世界上最发达的语言之一。

汉民族是一个古老的民族，民族共同语在历史上并不罕见，如有记载的孔子时代的"雅言"，扬雄时代的"通语"，明、清时期的"官话"，辛亥革命以后的"国语"等。因此说，汉民族共同语并不是现当代才出现的。

1955 年 10 月，先后召开的全国文字改革会议和现代汉语规范问题学术会议，明确地把现代汉民族共同语称为"普通话"，并指出"以北方话为基础方言，以北京语音为标准音"。1956 年国务院发布《关于推广普通话的指示》，从语音、语汇和语法三个方面确定了现代汉民族共同语的标准，为普通话下了一个科学的定义：以北京语音为标准音，以北方话为基础方言，以典范的现代白话文著作作为语法规范。这里普通话的意思为"普遍通行"。

现代汉民族共同语之所以制定出这样的标准，是有一定原因的，正如马克思所说："方言集中为统一的民族语言是由经济和政治的集中来决定的。"首先，从金元到现在的八百多年来，北京一直是中国的政治中心，以北京话为基础的各级各地官府的交际语言（官话），随着政治的影响也传播到全国各地，并逐渐取得了各方言区的上层人士共同使用的交际语言的地位；其次，从上古到近代，北方也一直是中国的经济重心；最后，唐宋以来的白话文学也都是用北方方言写成的。这些政治、经济和文化等方面的原因，使北方话的传播越来越广，对全国各方言的影响也越来越大。尤其是"五四"时期提出的"白话文运动"和"国语运动"，在书面语和口语方面进一步巩固了以北京话为中心的北方话作为汉民族共同语的基础地位。

语音方面，由于方言间语音差别最为突出，即使是在一个方言区内，也不能有完全统一的语音标准。我们常听到"十里不同音"的说法。同时，由于语音的系统性很强，语音标准不能只以一个地方的方言为标准。北京语音由于历史的优势，1913 年，"读音统一会"为现代汉语共同语议定为国音标准（后称"老国音"），以京音为主，兼顾其他方音，结果证明不可行。在现代汉语共同语的形成过程中，事实上已经形成了北京音的标准音地位。1923 年，"国音统一筹备会"对"老国音"加以调整，采用北京语音作为国音标准（后称"新国音"）。这样，北京语音就被推到标准音的位置了。

语汇方面，因为词汇的流动性与渗透力很强，其系统性远远不如语音那么严整，它不可能以某种方言为标准或基础。汉族人口中说北方话的约占 70％，北方方言词汇是共同语词汇的基础和主要来源。作为基础，并不是兼收并蓄北方方言的所有词汇，而是舍弃了过于土俗的部分，如"太阳"一词，在北方方言区就有"老爷儿"（北京、保定）、"日头"（沈阳、西安）、"热头"（合肥）等多种说法。这些词并未进入共同语。但是，其他方言里有些词具有很强的表现力，如吴方言的"垃圾、别扭、蹩脚"等方言词，被吸收到共同语中。同时，共同语还继承和吸收了一些有生命力的古语词和其他民族语言中的外来词。所以以北方话为基础，一则可以照顾 70％使用汉语的人，二则可以避免北方话中某些过于土俗的词语。

语法方面，由于语法具有抽象性、概括性和相对稳定性的特点，而书面语是经过作者反复推敲加工的，较少随意性，规范程度高，且具有定型和稳固的特点，把规范的标准巩固下来，便于遵循。所以用书面语作语法规范是最合适的。这种书面语当然不是一般的著作，而是典范的现代白话文著作。

二、普通话口语教学的意义

普通话口语是现代汉语的标准口语，它是以北京话为基础，排除了其中过土过俗的成分，与书面语比较接近的口头语言。

爱因斯坦曾说："一个人的智力发展和他形成概念的方法在很大程度上是取决于语言的。"在现代交际日益频繁、竞争日趋激烈的社会里，口语表达能力对一个人的发展有着至关重要的作用。因此，普通话口语课教学的意义，主要表现在以下三个方面。

1. 贯彻国家语言文字工作方针、政策的需要

我国政府历来重视推广普通话工作。早在 20 世纪 50 年代中央就制定了"大力提倡，重点推行，逐步普及"的十二字方针。1986 年召开的全国语言文字工作会议明确指出，"在本世纪内，我们应当努力做到：第一，各级各类学校采用普通话教学，普通话成为教学语言。第二，各级各类机关进行工作时一般使用普通话，普通话成为工作语言。第三，广播（包括县以上的广播台、站）、电视、电影、话剧使用普通话，普通话成为宣传语言。第四，不同方言区的人在公共场合的交往基本使用普通话，普通话成为交际语言。"

1982 年颁布的《中华人民共和国宪法》规定："国家推广全国通用的普通话。"从法律上确立了规范的汉民族共同语的地位和作用。普通话的作用

在于"全国通用"，因此它高于方言，是我国各民族之间相互交际和联系的纽带。学习和使用普通话，既是我们每个公民的权利，也是我们的社会义务。

1994年10月，国家语委等部门联合发出了《关于开展普通话水平测试工作的决定》（以下简称《决定》），对全民使用普通话的水平提出了明确要求。国家语委制定的《普通话水平测试等级标准》，对人们的普通话水平提出了比较客观的可以操作的衡量尺度，为人们逐步提高普通话水平提出了较为科学的量化手段。

教育部规定：从2003年开始，高等学校、中专、职业学校的学生要普遍进行普通话培训和测试。随着《决定》的发布，普通话水平测试工作在全国范围内逐步开展起来。这些举措使推广普通话工作迈上了一个新台阶。

2001年1月1日，《中华人民共和国国家通用语言文字法》正式实施，这是我国历史上第一部关于语言文字的法律，是我国文化生活中的一件大事，它标志着我国语言文字工作进一步走上了依法管理的轨道。《中华人民共和国宪法》明确规定："国家推广全国通用的普通话"。大力推广普通话是我国长期坚持的一项语言政策，是社会主义精神文明建设的重要内容。

推广民族共同语，直接关系到国家的统一、民族的团结、政治的、社会的稳定和经济文化事业的发展。我国地域辽阔，人口众多，方言复杂。长期以来推广普通话工作尽管已取得了很大的成绩，但是宣传多，具体措施少，普及工作还不彻底，且有相当一部分人不能讲标准的普通话，有待进一步提高。毛泽东同志曾说："语言这东西，不是随便可以学好的，非下苦功不可。"

普通话口语课在高等师范及综合性院校的开设，是贯彻国家语言文字工作方针政策的一项有力措施，使推广普通话工作落到了实处。只要全国各地开好"普通话口语课"，就可以为整个社会创造一个良好的语言环境，师范院校的毕业生又可以为各类学校输送普通话合格的教师，这样我们的推广普通话工作就进入一个良性循环的运转机制，促使我国语言文字规范化工作健康迅速地发展。

2. 培养合格人才的需要

普通话口语课是以培养和提高学生的口头表达能力为主要目的的训练课。常言说：一个领导水平的高低，听一下他讲话就知道；教师水平的高低，听一堂课便知分晓；一个人思维水平的高低，试一下口才就能明了。

一个合格的人才，不应该使用不规范的语言，更不应该有粗话白话。

它应该是标准规范的民族共同语，应该有丰富的文化底蕴和感人的艺术魅力。对于教师来说，口语犹如眼睛之于射击，枪炮之于战士，是必备的工具或条件。苏霍姆林斯基曾说："教师的语言修养，在极大程度上决定着学生在课堂上脑力劳动的效率。"

普通话口语课就是从语音入手，加强学生的口语实践技能，全面提高学生的素质能力，使学生真正掌握口语，会表达，善交际，成为适应现代社会需要的合格人才。

3. 提高民族文化素质，尤其是口才素质的需要

当前，我国正在进行现代化建设，这是一项艰巨的、全方位的开放的重大工程。国际往来日趋增多，民族交流异常频繁，这些都需要国民具有良好的素质，其中包括良好的语言素质。语言文字的使用情况既是一个人文化素养的标志，也是一个民族文明程度的标志。

我国作为文明古国、礼仪之邦，理应是一个处处能听到准确的、高雅的、得体的声音的国度，但是在我们周围会时不时听到不准确语言、不文明语言、不得体语言等。这种现象表面上看是一个说话的问题，实际上是一个人文化素养和文明意识的问题，也是一个民族文明程度和文化素质的缩影。

当然，善于说话并不是一件简单的事情，一个人要能做到讲话有内容、有深度、有感染力，善于同各种人进行成功的言语交际，必须提高自己各方面的素质、修养和能力，必须经过严格的科学的训练。普通话口语课正是通过严格的教学训练，提高大学生的文化素质、思想修养、文明意识。提高口语交际能力。如果每个大学生在将来的工作岗位上都能做到声音悦耳动听、谈吐优雅得体，这对促进我国精神文明的建设将会产生积极的推动作用，对提高全民族的文化素质、文明程度也会产生深远的影响。

三、普通话口语课的教学原则

普通话口语课综合性、实践性强，因此本学科的教学遵循以下原则：

1. 精讲与多练结合

作为一门实践性很强的课程，必须突出"练"字，这个练要在一定理论指导下采取多种形式，主动地、反复地进行。因此，不能排除基础知识和基本理论的学习，不能离开教师的讲授，这里要求教师的讲授要系统、高效，便于学生按照这些理论、原理进行实际操作，同时要突出本课程丰富的人文色彩，做到生动活泼。

2. 课内与课外相结合

口语教学不同于其他学科，训练的场地和机会相对要多一些，因此课内教学应尽可能多地为学生提供较多的练习机会，帮助学生掌握口语表达的技巧和要领，引导学生不仅在课堂上，更要在课外积极参加一切能够锻炼口头表达能力的活动，这样既巩固了课内训练的内容，也便于大家互相交流，共同进步。

3. 训练与测评相结合

口语教学目标要明确，在重视训练的同时，对每一阶段的训练效果，必须采取一定的方式进行测评，训练阶段是学生消化知识，提高能力的阶段，是口语教学重要的组成部分。测评阶段则是对学生训练效果的考察，如果只让训练而不及时测评，就不知道学生达到了什么样的水平，还存在什么问题，就很难谈到完成教学任务。因此，通过测评可以及时发现问题，看到成绩，总结教学经验，以保证教学活动取得更好的成果。

第一章　普通话语音

第一节　语音概说

一、语音的性质

语音是人的发音器官发出来的代表一定意义的声音。语音作为交际工具的语言，是声音和意义的统一体。意义是语言的内容，声音是语言的物质形式。人们进行交际，传达信息，大致要经过这样一个过程：说话人选择一定的词语，按照一定的语法规则组成一句句的话，通过自己的发音器官的活动，发出这些词语的声音，借助空气的媒介，传到听话人的耳朵里。听话人听到这些声音，即刻转换成语言的词语，从而理解说话者的意思。这个过程说明，没有语音，语言将无所依托，人们就无法交际，人们思维活动的结果也无从产生并固定下来。所以，语音在整个语言中的重要地位是显而易见的。

（一）语音的社会性

语言是社会现象，作为语言存在的物质形式——语音，也就必然具有社会性。语音的社会性表现在许多方面。

从声音和意义的关系看，什么声音代表什么意义，什么意义用什么声音表示，并不取决于声音或意义本身，而是由一定的社会共同体约定俗成的，是跟这个社会共同体的历史发展相联系的。因此，不同的民族，甚至同一个民族的不同地区，都可能是各不相同的。例如，同一个数字"5"，说英语的人用"five"[faɪv]这样的声音表示；说汉语的人，北京用"wǔ"表示，广州用"ng"表示。同一个声音"i"，汉族人用来表示"衣""移""椅""意"等意思，俄罗斯人用来表示"和"的意思。

从语言的语音系统方面看，用多少个声音，用什么样的声音作为区别意义的最小声音单位，这些声音如何组合等，也是由一定的社会共同体约定俗成的，是跟这个社会共同体的历史发展相联系的，完全不能用生理学或生物学等自然科学来解释。人所能发出的声音是各式各样的，或者说是无尽的，但各民族语言对声音的选择是有限的。在这种选择中，就体现出各民族语音的特征。例如，俄语语音系统中用来区别意义的声音单位比汉语多；俄语有颤音，英语、汉语普通话中没有；汉语字音的高低能区别意义，英语、俄语不是这样；英语、俄语有复辅音，汉语没有。

所有这些，都是语音社会性的体现。社会性是语音的本质属性。

(二)语音的物理性

音波产生于物体的振动，语音产生于人的声带的振动。从物理学角度看，语音像其他一切声音一样，具有音高、音强、音长、音色这四个要素。

1. 音高

音高是声音的高低，它是由振动体在一定时间内的振动次数即频率决定的。在一定时间内振动的次数多，声音就高；振动的次数少，声音就低。语音也是这样，声带在一定时间内振动次数的多少决定语音的高低。发音体振动的快慢和它本身的情况有关。短、细、薄的发音体振动得快，频率高，声音也高；长、粗、厚的发音体振动得慢，频率低，声音也低。语音的高低跟人的声带的长短、厚薄有关。一般情况是，成年男人的声带要长一些，厚一些，声音也就低一些；妇女、儿童的声带短一些，薄一些，声音也就高一些。同一个人的不同音高是由人主动控制声带的松紧造成的。

2. 音强

音强是声音的强弱，它取决于发音时音波振动幅度的大小。振幅大，声音就强；振幅小，声音就弱。语音的强弱是由发音时用力的大小，即呼出气流的强弱来决定的。用力大，呼出的气流强，声带振动的幅度大，声音就强；用力小，呼出的气流弱，声带振动的幅度小，声音就弱。

3. 音长

音长是声音的长短，它取决于振动体振动延续的时间。语音的长短是由声带振动延续时间的长短决定的，延续时间长的是长音，时间短的是短音。

4. 音色

音色是声音的特色，它取决于音波振动的形式。音波振动形式是由发音体、发音方法、共鸣器的形状决定的。这三者中，只要有一个不同，就会发出不同音色的音来。语音中不同音色的音，也是由这三个不同发音条件造成的。人可以主动控制自己的声带、气流和唇舌，从而发出各种音色的声音。

语音的各种物理特性，在不同的语言中所起的作用是不同的。比如，英语里音的长短能区别意义，汉语里音的高低能区别意义。

（三）语音的生理性

语音是人的发音器官活动的结果，所以语音具有生理性。一个音具有怎样的物理特征，取决于发音器官如何活动。因此，了解发音器官的构造及其活动情况，弄清每个音的发音原理，是学好语音的重要前提。

发音器官由动力系统(呼吸器官)、声源系统(喉头和声带)、共鸣系统(咽腔、口腔和鼻腔)三部分组成。

1. 喉头和声带

喉头由软骨构成，下通气管，上接咽腔。声带由两片富有弹性的薄膜构成，前端固定地连在甲状软骨上面，后端分别连在两块能活动的勺状软骨上面。声带中间的通路叫声门，声门随着勺状软骨的张开或合拢而开闭。呼吸的时候，声门打开，气流自由通过；发音的时候，声门合拢，气流从声门缝中挤出，声带便发生振动，发出声音。(图1-1)

2. 口腔

口腔包括下面这些部分：

(1) 上下唇

上下唇可以闭拢，构成双唇阻碍发"双唇音"。双唇可以拢圆、咧开或呈自然状态，从而使口腔构成不同形状的共鸣器，发出不同的元音。

(2) 上下齿

上下齿特指上下门齿。上齿可以靠拢下唇，构成唇齿阻碍发"唇齿音"。上齿背可以和舌尖构成阻碍发"舌尖前音"。

(3) 齿龈

齿龈就是上齿背紧靠上腭稍微突出的部分。齿龈可以和舌尖构成阻碍发"舌尖中音"。

(4) 上腭

从齿龈往里，是口腔的上部，叫上腭，又叫口盖。上腭前部较硬的部分叫硬腭。舌尖翘起来抵住或者靠近硬腭前部可以构成阻碍发出"舌尖后音"，硬腭前部还可以跟舌面构成阻碍发出"舌面音"。硬腭后部较软的部分，叫软腭。软腭可以和舌根构成阻碍发出"舌根音"。软腭可以升起来堵住鼻腔的通路，让气流从口腔出来，发出"口音"；也可以降下来打开鼻腔的通路，让气流从鼻腔出来，发出"鼻音"。软腭尖端是个小肉坠儿，叫小舌。

(5) 舌头

舌头是发音器官中最灵活的部分。它可以分为三个部分：尖端叫舌尖，中间部分叫舌面，后面部分叫舌根。舌头可以前伸，可以后缩，可以隆起，可以降低，还可以卷起来，发出不同的元音和辅音。

3. 鼻腔

鼻腔也是一种共鸣器，它与口腔相通，也可以靠软腭和小舌与口腔隔开。发口音时，软腭上升，关闭鼻腔的通道；发鼻音时，软腭下垂，开放鼻腔的通道。（图1-1）

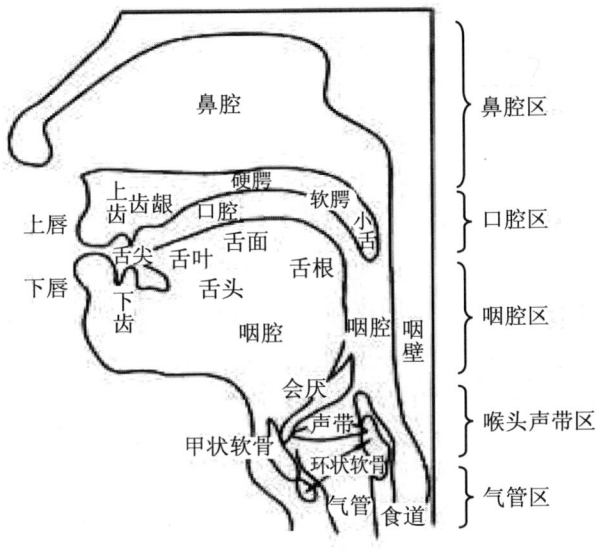

图 1-1　发音器官示意图

二、语音的基本概念

（一）音节、音素

音节是语流里最自然的语音单位。就一般情况说，一个汉字的读音就是一个音节。"我们要努力学习"，这是 7 个汉字，也就是 7 个音节。普通话基本音节约有 400 个。

儿化词是两个汉字读作一个音节，如"花儿"读作"huār"，算一个音节。音素是最小的语音单位。一个音节，在人们的听感中是一个整体的声音，但有的还可以再加分析。比如，"努力"两个字是两个音节，假如我们把每个音节都念慢一些，拉长一点儿，就会明显地感觉到舌头的位置在变动，开头的发音跟收尾的发音不一样。"努"含有 n 和 u 两个音，"力"含有 l 和 i 两个音，n、u、l、i 就不能再往小处分析了。这种从音节中分析出来的最小的语音单位就是音素。汉语的音节最多由 4 个音素构成,如"端(duān)""庄(zhuāng)";最少由一个音素构成,如"啊(ā)""鹅(é)"。

(二)元音和辅音

元音又称"母音",是声带振动,气流通过口腔不受阻碍而发出的声音。元音只受不同形状的口腔共鸣器的节制,声音响亮,如 a、o、e、i、u、ü。

辅音又称"子音",是气流在口腔受到阻碍而发出的声音。辅音一般不响亮,如 b、p、f。

(三)声母、韵母、声调

声母是音节开头的辅音,如"发(tā)",f 是声母。如果一个音节开头没有辅音,如"啊(ā)",那么它就是零声母。

韵母是声母后边的部分,如"发(fā)",a 是韵母。韵母有单韵母,如"把(bǎ)"中的 a;有复韵母,如"摆(bǎi)"中的 ai;有鼻韵母,如"板(bǎn)""绑(bǎng)"中的 an、ang。

声母、韵母和元音、辅音是从不同的角度来分析音节得出的术语。声母、韵母是传统音韵学分析汉语音节结构时用的术语,而元音和辅音则是语音学分析音素的性质时用的术语,二者既有联系,又有区别。普通话的声母都是由辅音充当的,但不是所有的辅音都能充当声母。普通话语音系统中有 22 个辅音,其中 21 个可以做声母,只有 ng 不能做声母,只能做韵母的组成部分;n 除做声母外,还可以做韵母的组成部分。韵母主要由元音充当,但韵母不都是元音,也有元音加鼻辅音 n、ng 构成的韵母。

声调是音节的音高变化,如"妈(mā)"是高平的,"麻(má)"是往上升的,"马(mǎ)"是低降再往上升的,"骂(mà)"是高降的。

声母、韵母、声调是汉语音节不可缺少的组成部分,其中每部分都有区别意义的作用。比如,"班(bān)"和"攀(pān)",声母区别意义;"班(bān)"和"帮(bāng)",韵母区别意义;"班(bān)"和"板(bǎn)",声调区别意义。普通话有 21 个声母(不包括零声母),39 个韵母,4 类声调。

三、汉语拼音方案

《汉语拼音方案》是中华人民共和国的法定拼音方案。1955—1957 年由中国文字改革委员会汉语拼音方案委员会研究制订,1958 年 2 月 11 日全国人民代表大会批准公布,1982 年国际标准化组织承认为拼写汉语的国际标准。

（一）内容

《汉语拼音方案》是根据普通话语音系统制订的一个给汉字注音和拼写普通话语音的方案，由以下五个部分组成：

1. 字母表

字母	Aa	Bb	Cc	Dd	Ee	Ff	Gg
名称	ㄚ	ㄅㄝ	ㄘㄝ	ㄉㄝ	ㄜ	ㄝㄈ	ㄍㄝ
	Hh	Ii	Jj	Kk	Ll	Mm	Nn
	ㄏㄚ	ㄧ	ㄐㄧㄝ	ㄎㄝ	ㄝㄌ	ㄝㄇ	ㄋㄝ
	Oo	Pp	Qq	Rr	Ss	Tt	
	ㄛ	ㄆㄝ	ㄑㄧㄡ	ㄚㄦ	ㄝㄙ	ㄊㄝ	
	Uu	Vv	Ww	Xx	Yy	Zz	
	ㄨ	ㄪㄝ	ㄨㄚ	ㄒㄧ	ㄧㄚ	ㄗㄝ	

V 只用来拼写外来语、少数民族语言和方言。

字母的手写体依照拉丁字母的一般书写习惯。

2. 声母表

b	p	m	f	d	t	n	l
ㄅ玻	ㄆ坡	ㄇ摸	ㄈ佛	ㄉ得	ㄊ特	ㄋ讷	ㄌ勒
g	k	h		j	q	x	
ㄍ哥	ㄎ科	ㄏ喝		ㄐ基	ㄑ欺	ㄒ希	
zh	ch	sh	r	z	c	s	
ㄓ知	ㄔ蚩	ㄕ诗	ㄖ日	ㄗ资	ㄘ雌	ㄙ思	

在给汉字注音的时候，为了使拼式简短，zh ch sh 可以省作 ẑ ĉ ŝ。

3. 韵母表

	i		u		ü	
	ㄧ	衣	ㄨ	乌	ㄩ	迂
a	ia		ua			
ㄚ 啊	ㄧㄚ	呀	ㄨㄚ	蛙		
o			uo			
ㄛ 喔			ㄨㄛ	窝		
e	ie				eü	
ㄜ 鹅	ㄧㄝ	耶			ㄩㄝ	约

ai ㄞ 哀				uai ㄨㄞ 歪			
ei ㄟ 欸				uei ㄨㄟ 威			
ao ㄠ 熬		iao ㄧㄠ 腰					
ou ㄡ 欧		iou ㄧㄡ 忧					
an ㄢ 安		ian ㄧㄢ 烟		uan ㄨㄢ 弯		üan ㄩㄢ 冤	
en ㄣ 恩		in ㄧㄣ 因		uen ㄨㄣ 温		ün ㄩㄣ 晕	
ang ㄤ 昂		iang ㄧㄤ 央		uang ㄨㄤ 汪			
eng ㄥ 亨的韵母		ing ㄧㄥ 英		ueng ㄨㄥ 翁			
ong (ㄨㄥ)轰的韵母		iong ㄩㄥ 雍					

(1)"知、蚩、诗、日、资、雌、思"7 个音节的韵母用 i,即:"知、蚩、诗、日、资、雌、思"字拼作 zhi、chi、shi、ri、zi、ci、si。

(2)韵母儿写成 er,用作韵尾的时候写成 r。例如:"儿童"拼作 ertong,"花儿"拼作 huar。

(3)韵母ㄝ单用的时候写成 ê。

(4)i 行的韵母,前面没有声母的时候,写成 yi(衣),ya(呀)ye(耶),yao(腰),you(忧),yan(烟),yin(因),yang(央),ying(英),yong(雍)。

u 行的韵母,前面没有声母的时候,写成 wu(乌),wa(蛙),wo(窝),wai(歪),wei(威),wan(弯),wen(温),wang(汪),weng(翁)。

ü 行的韵母,前面没有声母的时候,写成 yu(迂),yue(约),yuan(冤),yun(晕);ü 上两点省略。

ü 行的韵母跟声母 j,q,x 拼的时候,写成 ju(居),qu(区),xu(虚),ü 上两点也省略;但是跟声母 l,n 拼的时候,仍然写成 lü(吕),nü(女)。

(5)iou,uei,uen 前面加声母的时候,写成 iu,ui,un,例如 niu

（牛），gui(归)，lun(论)。

（6）在给汉字注音的时候，为了使拼式简短，ng可以省作ŋ。

4. 声调符号

阴平	阳平	上声	去声
—	/	V	\

声调符号标在音节的主要母音上。轻声不标。例如：

妈 mā	麻 má	马 mǎ	骂 mà	吗 ma
（阴平）	（阳平）	（上声）	（去声）	（轻声）

5. 隔音符号

a，o，e开头的音节连接在其他音节后面的时候，如果音节的界限发生混淆，用隔音符号（'）隔开，例如：pi'ao(皮袄)。

(二)用途

第一，给汉字注音。编写注音读物，对儿童识字、成人扫盲、少数民族和外国朋友学习汉语都有很大帮助。

第二，推广普通话。学习普通话只靠口耳相传，很容易忘记。掌握了汉语拼音方案，可以随时查找、反复练习，加速纠正方音、说准普通话的进程。

第三，作为各少数民族创造和改革文字的共同基础。目前，我国已有十几个少数民族以汉语拼音方案为基础，创造或改革了本民族的文字。

第四，音译中外的人名、地名和一些科技术语，编制索引，用于电报、旗语、工业生产代号、盲字及聋哑人"汉语手指字母"等。

第五，作为汉语拼音的国际标准。

第六，用于计算机中文输入。

第二节　声母

声母是指音节开头的辅音，如"gāotán kuòlùn(高谈阔论)"，这4个音节开头的辅音 g、t、k、l 就是声母。如果一个音节开头没有辅音，如"a(啊)"，那么它就没有声母，称为零声母。普通话有21个声母。

一、声母和辅音

普通话音系中有21个声母，除零声母外都是辅音，但是辅音不一定都是声母。声母和辅音是两个不同的概念。辅音是从音素的性质上划分的，与元音相对；声母是从辅音在音节中的位置而言的，与韵母相对。普通话中共有 22 个辅音：b、p、m、f、d、t、n、l、g、k、h、j、q、x、zh、ch、sh、r、z、c、s、ng。其中，n 既可以做声母，又可以做韵尾；舌根鼻辅音 ng 只做韵尾，不做声母。所以只有 21 个辅音可以充当声母。辅音充当的声母叫作辅音声母，简称声母。一般地说，普通话的声母由辅音充当，所以分析普通话语音的声母，实际上就是分析普通话音系中的 21 个辅音的发音特点。

二、声母的分类

辅音发音的共同特点是气流在一定部位受到阻碍，通过某种方式克服阻碍而发出音来。因此，声母发音的过程就是气流受到阻碍和克服阻碍的过程。

气流受阻的部位即发音器官构成阻碍的部位，就是发音部位。普通话声母的发音有 7 个地方可以阻碍发音时气流的通过。

发音时构成和克服阻碍气流的方式，就是发音方法。同时，各种发音方法都要经过成阻—持阻—除阻这三个过程。

声母的不同音色是由不同的发音部位和发音方法两个方面决定的。

（一）按发音部位分类

普通话声母根据其发音部位的不同可以分为以下 7 类：

1. 双唇音

普通话中的双唇音有 b、p、m 3 个，发音时构成阻碍的部位是上唇和下唇，如"步兵（bùbīng）""偏僻（piānpì）""买卖（mǎimai）"的声母。

2. 唇齿音

唇齿音只有一个 f，发音时构成阻碍的部位是上齿和下唇，如"福分fúfen"的声母。

3. 舌尖中音

舌尖中音共有 d、t、n、l 4 个，发音时构成阻碍的部位是舌尖和上齿龈，如"地道（dìdào）""团体（tuántǐ）""牛奶（niúnǎi）""理论（lǐlùn）"的声母。

4. 舌根音

舌根音又叫舌面后音，共有 g、k、h 3 个，发音时舌根与软腭构成阻碍，如"巩固（gǒnggù）""开阔（kāikuò）""欢呼（huānhū）"的声母。

5. 舌面音

舌面音共有 j、q、x 3 个，发音时舌面前部与硬腭构成阻碍，如"解决（jiějué）""秋千（qiūqiān）""休息（xiūxi）"的声母。

6. 舌尖前音

舌尖前音又称平舌音，共有 z、c、s 3 个，发音时舌尖和上齿背构成阻碍，如"总则(zǒngzé)""层次(céngcì)""松散(sōngsǎn)"的声母。

7. 舌尖后音

舌尖后音又叫翘舌音，共有 zh、ch、sh、r 4 个，发音时舌尖翘起，与硬腭前部构成阻碍，如"主张(zhǔzhāng)""长城(chángchéng)""手术(shǒushù)""荣辱(róngrǔ)"的声母。

(二)按发音方法分类

发音方法一般包含发音器官构成阻碍和克服阻碍的方式、声带是否颤动、发音时呼出气流的强弱三个方面。

1. 根据发音器官构成阻碍及气流克服阻碍的方式分

(1)塞音

普通话的塞音共有 b、p、d、t、g、k 6 个，可以分为三组：双唇塞音 b、p，舌尖中塞音 d、t，舌根塞音 g、k。塞音发音，构成阻碍时发音器官的两部分完全闭合；持阻时保持着这种阻碍，气流停蓄在阻碍部分之后；除阻时突然将阻碍放开，让气流迸裂而出，爆发成音。塞音一发即逝，声音短暂。

(2)擦音

普通话的擦音共有 6 个：唇齿擦音 f，舌尖前擦音 s，舌尖后擦音 sh、r，舌面擦音 x，舌根擦音 h。擦音发音，成阻时发音器官的两部分接近，中间留一条窄缝；持阻时气流从窄缝中挤出来，发出摩擦的声音；除阻时摩擦声音结束。这种声音可以延长。

(3)塞擦音

普通话的塞擦音共有 z、c、j、q、zh、ch 6 个，可以分为三组：舌尖前塞擦音 z、c，舌尖后塞擦音 zh、ch，舌面塞擦音 j、q。塞擦音的前半部分发成塞音，后半部分发成擦音，合起来就是塞擦音。

(4)鼻音

普通话的鼻音声母有两个：双唇鼻音 m，舌尖中鼻音 n。鼻音发音，构成阻碍时发音器官两部分完全紧闭，口腔通路被堵塞；持阻时软腭下垂，鼻腔通路打开，气流进入口腔和鼻腔，口腔和鼻腔形成双重共鸣，同时气流完全从鼻腔里出来；除阻时发音停止。鼻音可以延长。舌根辅音 ng 也是鼻音。

(5)边音

普通话的边音只有一个 l。成阻时作为发音部位的舌尖和上齿龈接触，阻塞口腔中间的通道；持阻时声带颤动，气流从舌头的两边流出，发出声音；除阻时发音停止。边音可以延长。

2. 根据声带是否颤动为标准分

(1)清音

发音时声带不颤动的辅音叫清音。普通话 21 个辅音声母中有 17 个清音，即 b、p、f、d、t、g、k、h、j、q、x、zh、ch、sh、z、c、s。

(2)浊音

发音时声带颤动的辅音叫浊音。普通话 21 个辅音声母中，浊音声母有 4 个：浊鼻音 m、n，浊边音 l，浊擦音 r。

3. 以发音时呼出气流的强弱为标准，在塞音、塞擦音两类声母中又有送气音与不送气音的分别

(1)不送气音

发音时气流较弱的音叫不送气音。普通话中的不送气音有 b、d、g、j、zh、z 6 个。

(2)送气音

发音时气流较强的音叫送气音。普通话中的送气音有 p、t、k、q、ch、c 6 个。

根据发音部位和发音方法，可以把普通话的 21 个声母排列成如表 1-1 所示。

表 1-1　普通话辅音声母发音表

发音方法 ＼ 发音部位		双唇	唇齿	舌尖中	舌根	舌面	舌尖前	舌尖后
塞音	不送气 清	b		d	g			
	送气 清	p		t	k			
塞擦音	不送气 清					j	z	zh
	送气 清					q	c	ch
擦音	清		f		h	x	s	sh
	浊							r
鼻音	浊	m		n				
边音	浊			l				

三、声母的发音

b：双唇、不送气、清、塞音

发音时，双唇闭合，软腭上升，堵塞鼻腔通路，声带不颤动，一股较弱的气流冲破双唇的阻碍，爆发成声。

p：双唇、送气、清、塞音

发音时，双唇闭合，软腭上升，堵塞鼻腔通路，声带不颤动，一股较强的气流冲破双唇的阻碍，爆发成声。

(1)单音节字词比较练习

b—八 bā	伯 bó	拜 bài	背 bèi	报 bào
班 bān	奔 bēn	帮 bāng	蹦 bèng	比 bǐ
别 bié	标 biāo	扁 biǎn	滨 bīn	兵 bīng
p—趴 pā	坡 pō	拍 pāi	佩 pèi	跑 pǎo
剖 pōu	潘 pān	喷 pēn	旁 páng	烹 pēng
皮 pí	撇 piě	漂 piāo	片 piàn	

(2)双音节词语比较练习

b—p

批判 pīpàn	颁布 bānbù	澎湃 péngpài	奔波 bēnbō·
宝贝 bǎobèi	北边 běibiān	弊病 bìbìng	评判 píngpàn
辨别 biànbié	乒乓 pīngpāng	偏僻 piānpì	排炮 páipào
编排 biānpái	旁边 pángbiān	爆破 bàopò	普遍 pǔbiàn
派别 pàibié			

m：双唇、浊、鼻音

发音时，双唇闭合，软腭下降，口腔闭合，鼻腔畅通，气流振动声带，完全从鼻腔出来。

(1)单音节字词练习

妈 mā	摸 mō	么 me	埋 mái	煤 méi	猫 māo
某 mǒu	蔓 màn	闷 mèn	盲 máng	梦 mèng	迷 mí
灭 miè	苗 miáo	谬 miù	民 mín	明 míng	木 mù

(2)双音节词语练习

盲目 mángmù	埋没 máimò	美妙 měimiào
弥漫 mímàn	面貌 miànmào	明媚 míngmèi

f：唇齿、清、擦音

发音时，下唇接近上齿，形成一条狭窄的缝隙，同时软腭上升，堵塞鼻腔通道，声带不颤动，气流从唇齿间的窄缝中挤出，摩擦成声。

(1)单音节字词练习

乏 fá   佛 fó   飞 fēi   否 fǒu   返 fǎn

奋 fèn   房 fáng   风 fēng   夫 fū

(2)双音节词语练习

非凡 fēifán   方法 fāngfǎ   发奋 fāfèn

吩咐 fēnfù   芬芳 fēnfāng   丰富 fēngfù

d：舌尖中、不送气、清、塞音

发音时，舌尖抵住上齿龈，同时软腭上升，堵塞鼻腔通路，声带不颤动，一股较弱的气流冲破舌尖和上齿龈的阻碍，爆发成声。

t：舌尖中、送气、清、塞音

发音时，舌尖抵住上齿龈，同时软腭上升，堵塞鼻腔通路，声带不颤动，一股较强的气流冲破舌尖和上齿龈的阻碍，爆发成声。

(1)单音节字词比较练习

d—瘩 dā   德 dé   呆 dāi   得 děi   刀 dāo

      兜 dōu   胆 dǎn   当 dāng   瞪 dèng   底 dǐ

      叼 diāo   丢 diū   点 diǎn   段 duàn

t—他 tā   特 tè   跆 tái   涛 tāo   偷 tōu

      摊 tān   汤 tāng   疼 téng   替 tì   贴 tiē

      挑 tiāo   舔 tiǎn   听 tīng   兔 tù   妥 tuǒ

(2)双音节词语比较练习

d—t

达到 dádào   单独 dāndú   团体 tuántǐ   调动 diàodòng

探讨 tàntǎo   等待 děngdài   厅堂 tīngtáng   电灯 diàndēng

吞吐 tūntǔ   妥帖 tuǒtiē   动荡 dòngdàng   淘汰 táotài

台灯 táidēng   代替 dàitì   稻田 dàotián   跳动 tiàodòng

特点 tèdiǎn   冬桃 dōngtáo

n：舌尖中、浊、鼻音

发音时，舌尖抵住上齿龈，软腭下降，打开鼻腔通路，让气流振动声带，从鼻腔出来。

l：舌尖中、浊、边音

发音时，舌尖抵住上齿龈，软腭上升，堵塞鼻腔通路，让气流振动声带，从舌头两边出来。

(1)单音节字词比较练习

n—讷 nè　　恼 nǎo　　　南 nán　　嫩 nèn　　囊 náng

　　能 néng　　你 nǐ　　捏 niē　　鸟 niǎo　　妞 niū

　　年 nián　　您 nín　　娘 niáng　　宁 níng　　挪 nuó

　　暖 nuǎn　　农 nóng　　女 nǚ　　虐 nüè

l—垃 lā　　勒 lè　　来 lái　　雷 léi　　老 lǎo

　　楼 lóu　　篮 lán　　朗 lǎng　　冷 lěng　　利 lì

　　俩 liǎ　　列 liè　　了 liǎo　　留 liú　　连 lián

　　林 lín　　凉 liáng　　零 líng　　鹿 lù　　锣 luó

　　峦 luán　　轮 lún　　龙 lóng　　绿 lǜ

(2)双音节词语比较练习

n—l

牛奶 niúnǎi　　　来历 láilì　　　恼怒 nǎonù　　　泥泞 nínìng

联络 liánluò　　　呢喃 nínán　　　袅娜 niǎonuó　　　男女 nánnǚ

流利 liúlì　　　留念 liúniàn　　　岭南 lǐngnán　　　冷暖 lěngnuǎn

g:舌根、不送气、清、塞音

发音时,舌根抵住软腭,同时软腭上升,堵塞鼻腔通路,声带不颤动,一股较弱的气流冲开舌根与软腭的阻碍,爆发成声。

k:舌根、送气、清、塞音

发音时,舌根抵住软腭,同时软腭上升,堵塞鼻腔通路,声带不颤动,一股较强的气流冲开舌根与软腭的阻碍,爆发成声。

(1)单音节字词比较练习

g—哥 gē　　该 gāi　　给 gěi　　搞 gǎo　　沟 gōu　　干 gàn

　　根 gēn　　刚 gāng　　鼓 gǔ　　瓜 guā　　过 guò　　规 guī

　　关 guān　　滚 gǔn　　光 guāng　　工 gōng

k—哭 kū　　快 kuài　　肯 kěn　　髋 kuān　　抠 kōu　　扛 káng

　　孔 kǒng　　刊 kān

(2)双音节词语比较练习

g—k

故宫 gùgōng　　　空旷 kōngkuàng　　　高贵 gāoguì　　　公关 gōngguān

宽阔 kuānkuò　　　古怪 gǔguài　　　慷慨 kāngkǎi　　　瓜葛 guāgé

可靠 kěkào　　　国歌 guógē　　　夸口 kuākǒu

h：舌根、清、擦音

发音时，舌根靠近软腭并留出一条狭窄的缝隙，同时软腭上升，堵塞鼻腔通路，声带不颤动，气流从舌根与软腭的窄缝中出来，摩擦成声。

(1)单音节字词练习

禾 hé	海 hǎi	黑 hēi	好 hǎo	猴 hóu	喊 hǎn
很 hěn	杭 háng	胡 hú	花 huā	火 huǒ	混 hùn
欢 huān	婚 hūn	黄 huáng	轰 hōng		

(2)双音节词语练习

航海 hánghǎi	豪华 háohuá	绘画 huìhuà
后悔 hòuhuǐ	花卉 huāhuì	辉煌 huīhuáng

j：舌面、不送气、清、塞擦音

发音时，舌面前部抵住上齿龈和硬腭前端，软腭上升，堵塞鼻腔通路，声带不颤动，一股较弱的气流先把舌面与上齿龈及硬腭的阻碍冲开一道狭窄的缝隙，再从窄缝中出来，摩擦成声。

q：舌面、送气、清、塞擦音

发音时，舌面前部抵住上齿龈和硬腭前端，软腭上升，堵塞鼻腔通路，声带不颤动，一股较强的气流先把舌面与上齿龈及硬腭的阻碍冲开一道狭窄的缝隙，再从窄缝中出来，摩擦成声。

(1)单音节字词比较练习

j— 基 jī	家 jiā	结 jié	缴 jiǎo	旧 jiù
坚 jiān	今 jīn	奖 jiǎng	京 jīng	居 jū
决 jué	捐 juān	军 jūn	迥 jiǒng	

q— 欺 qī	恰 qià	切 qiè	瞧 qiáo	秋 qiū
千 qiān	亲 qīn	强 qiáng	清 qīng	去 qù
却 què	圈 quān	群 qún	穷 qióng	

(2)双音节词语比较练习

j—q

季节 jìjié	嘉奖 jiājiǎng	见解 jiànjiě	进军 jìnjūn
究竟 jiūjìng	拒绝 jùjué	齐全 qíquán	恰巧 qiàqiǎo
气球 qìqiú	窃取 qièqǔ	请求 qǐngqiú	确切 quèqiè

x：舌面、清、擦音

发音时，舌面前部靠近上齿龈和硬腭前端，并留出一道狭窄缝隙，同时软腭上升，堵塞鼻腔通路，声带不颤动，气流从舌面与齿龈及硬腭的窄缝中出来，摩擦成声。

(1)单音节字词练习

希 xī	霞 xiá	些 xiē	笑 xiào	休 xiū
陷 xiàn	新 xīn	想 xiǎng	兴 xīng	虚 xū
学 xué	轩 xuān	巡 xún	兄 xiōng	

(2)双音节词语练习

下旬 xiàxún　　先行 xiānxíng　　详细 xiángxì

小学 xiǎoxué　　选修 xuǎnxiū　　心血 xīnxuè

zh：舌尖后、不送气、清、塞擦音

发音时，舌尖上翘，抵住硬腭前部，同时软腭上升，堵塞鼻腔通路，声带不颤动，一股较弱的气流先把舌尖与硬腭的阻碍冲开一道狭窄的缝隙，再从窄缝中出来，摩擦成声。

ch：舌尖后、送气、清、塞擦音

发音时，舌尖上翘，抵住硬腭前部，同时软腭上升，堵塞鼻腔通路，声带不颤动，一股较强的气流先把舌尖与硬腭的阻碍冲开一道狭窄的缝隙，再从窄缝中出来，摩擦成声。

(1)单音节字词比较练习

zh—只 zhī	渣 zhā	遮 zhē	窄 zhǎi	这 zhè
招 zhāo	周 zhōu	毡 zhān	针 zhēn	仗 zhàng
争 zhēng	煮 zhǔ	抓 zhuā	桌 zhuō	拽 zhuài
追 zhuī	转 zhuǎn	准 zhǔn	庄 zhuāng	中 zhōng
ch—车 chē	拆 chāi	炒 chǎo	吃 chī	插 chā
愁 chóu	颤 chàn	陈 chén	唱 chàng	成 chéng
出 chū	揣 chuāi	炊 chuī	川 chuān	春 chūn
窗 chuāng	虫 chóng			

(2)双音节词语比较练习

zh—ch

站长 zhànzhǎng　　真挚 zhēnzhì　　执照 zhízhào

主张 zhǔzhāng　　周转 zhōuzhuǎn　　庄重 zhuāngzhòng

查处 cháchǔ　　踌躇 chóuchú　　超产 chāochǎn

超出 chāochū　　驰骋 chíchěng　　出差 chūchāi

侦察 zhēnchá　　船长 chuánzhǎng　　章程 zhāngchéng

长征 chángzhēng

sh：**舌尖后、清、擦音**

发音时，舌尖上翘，靠近硬腭前部并留出一道狭窄的缝隙，同时软腭上升，堵塞鼻腔通路，声带不颤动，气流从窄缝中摩擦成声。

r：**舌尖后、浊、擦音**

发音时，舌尖上翘，靠近硬腭前部并留出一道狭窄的缝隙，同时软腭上升，堵塞鼻腔通路，声带颤动，气流从窄缝中摩擦成声。

(1)单音节字词比较练习

sh—是 shì	杀 shā	舍 shě	筛 shāi	谁 shuí
少 shǎo	手 shǒu	山 shān	伸 shēn	上 shàng
声 shēng	数 shù	刷 shuā	说 shuō	摔 shuāi
水 shuǐ	栓 shuān	瞬 shùn	双 shuāng	
r— 热 rè	绕 rào	揉 róu	然 rán	日 rì
任 rèn	让 ràng	扔 rēng	儒 rú	瑞 ruì
软 ruǎn	润 rùn	绒 róng		

(2)双音节词语比较练习

sh—r

赏识 shǎngshí	闪烁 shǎnshuò	舒适 shūshì	少数 shǎoshù
摄氏 shèshì	顺手 shùnshǒu	仁人 rénrén	容忍 róngrěn
柔软 róuruǎn	软弱 ruǎnruò	荣辱 róngrǔ	闰日 rùnrì
胜任 shèngrèn	深入 shēnrù	燃烧 ránshāo	榕树 róngshù
衰弱 shuāiruò			

z：**舌尖前、不送气、清、塞擦音**

发音时，舌尖抵住上齿背，同时软腭上升，堵塞鼻腔通路，声带不颤动，一股较弱的气流从舌尖与上齿背的阻碍中冲开一道狭窄的缝隙，再从窄缝中挤出，摩擦成声。

c：**舌尖前、送气、清、塞擦音**

发音时，舌尖抵住上齿背，同时软腭上升，堵塞鼻腔通路，声带不颤动，一股较强的气流从舌尖与上齿背的阻碍中冲开一道狭窄的缝隙，再从窄缝中挤出，摩擦成声。

(1)单音节字词比较练习

z—姿 zī	杂 zá	仄 zè	灾 zāi	贼 zéi	咱 zán
阻 zǔ	座 zuò	罪 zuì	钻 zuān	尊 zūn	踪 zōng
c—雌 cí	擦 cā	策 cè	猜 cāi	曹 cáo	凑 còu

参 cān　　岑 cén　　仓 cāng　　层 céng　　搓 cuō　　催 cuī

蹿 cuān　　村 cūn　　聪 cōng

（2）双音节词语比较练习

z—c

在座 zàizuò　　曾祖 zēngzǔ　　藏族 zàngzú　　自尊 zìzūn

总则 zǒngzé　　走卒 zǒuzú　　猜测 cāicè　　仓促 cāngcù

层次 céngcì　　从此 cóngcǐ　　粗糙 cūcāo　　摧残 cuīcán

s：舌尖前、清、擦音

发音时，舌尖靠近上齿背，留出一道狭窄的缝隙，同时软腭上升，堵塞鼻腔通路，声带不颤动，气流从舌尖与上齿背的窄缝中挤出，摩擦成声。

（1）单音节字词练习

私 sī　　　撒 sǎ　　　色 sè　　　腮 sāi　　　扫 sǎo

搜 sōu　　三 sān　　森 sēn　　嗓 sǎng　　僧 sēng

苏 sū　　　索 suǒ　　虽 suī　　酸 suān　　孙 sūn

（2）双音节词语练习

思索 sīsuǒ　　搜索 sōusuǒ　　诉讼 sùsòng

琐碎 suǒsuì　　洒扫 sǎsǎo　　速算 sùsuàn

四、声母方音辨正

普通话以北京语音为标准音。以北京语音为标准音，不是指任何一个北京人对于某个字的发音都可以拿来作为普通话的读音。这不仅因为北京城很大，有些字土话的发音和官话的发音有较大的差异，有些字的声母部分女同志的发音与大多数人相去甚远（即所谓女国音），而更重要的在于，以北京语音为标准音是有理论层次的。

第一，普通话以北京语音为标准音。为了学有所依，必须以一个地方的方音为标准，但这并不等于北京话就是普通话。以北京语音为标准音的语音，指的是北京语音的声、韵、调语音系统——音系。这就是说，北京话的 21 个声母、39 个韵母和 4 个声调及它们相互配合构成的体系就是普通话的音系。

第二，以北京语音为标准音的"标准音"，其发音人是有所选择的。标准音的发音者一般为受过中等教育的北京人，以他们发的音为标准音。因为没有受过中等教育的人，在读音上往往带有很重的土音，有些词还可能读错。现在，我们大多数人给自己确定标准音的发音者，往往是以中央人民广播电台和中央电视台播音员为最佳人选，以他们中的优秀播音者所发的音作为自己规范读音的标准。其实这只是取法乎上，是完全不现实的，绝大多数成年人很难学到这样的水平，只能得乎其中，甚至得乎其下。事实上，最终的目的是要解决互相交际的问题，能让别人听懂你说的话，你也能听懂别人说的话，这就算达到了目的。

第三，以北京语音为标准音的"取音标准"，是讲求原则的。要摒弃北京话中过于土俗的方音，主要体现为舍"寡"取"众"，舍"俗"取"雅"，舍其个人习惯，求其意义区别。比如，所谓女国音主要就是有些人区分尖团音，如把"加急、侨眷、先行"等字声母的发音部位往前靠，把它们发成 z、c、s，而大多人发音则是发成 j、q、x。普通话是舍弃前者而取后者——舍"寡"取"众"。又如，"把"和"棉花"在北京话里有两种不同的读音——读书音和日常会话音。"把"，读书音为 bǎ，会话音为 bǎi；"棉花"，读书音为 miánhuā，会话音为 miánhuo。普通话是舍其"俗"（会话音）而取其"雅"（读书音）。再如，儿化在北京话里非常普遍，不过儿化可大致分为两类，一类是有区别意义作用的，一类是仅仅体现个人习惯的。前者如"头儿""盖儿""尖儿""花儿"，后者如"乒乓球儿""做活儿""写字儿"。普通话是舍弃表现个人习惯的，而保留其中能区别意义的。

方言是一种语言的地域性变体，我国共分 7 个大方言区：北方方言区、吴方言区、赣方言区、湘方言区、闽方言区、粤方言区、客家方言。普通话的声韵系统和各方言的声韵系统不尽相同，学习普通话，首先要把自己的方音改正过来，使它合乎普通话标准音。要改正自己的方音，就必须进行方音辨正。在辨正方音的时候，我们应该特别注意方音与普通话在声母、韵母和声调上的对应关系。这样可以突出重点，更快地学会普通话。

各方言差异很大，即便是同一方言区不同的区域也不尽相同。我们在这里辨正，很可能会挂一而漏百，再加上篇幅所限，只能将一些典型的方音列举一二。

下面就普通话声母系统的特点，举例说明学习普通话声母应该注意的地方，并介绍一些辨别记忆的方法。

（一）分辨舌尖后音 zh、ch、sh、r 和舌尖前音 z、c、s 及舌面音 j、q、x

1. 有 z 组，没 zh 组

普通话的声母中有舌尖后音 zh、ch、sh、r 和舌尖前音 z、c、s 两套，这是许多方言区的人学习普通话的重点。吴方言、闽方言、粤方言、客家方言一般都没有舌尖后音，东北话和西南话也多没有这套音。这些地方的人学习普通话，常常把 zh、ch、sh 的字读成 z、c、s。所以注意这两套音的区别,是学好普通话的一个关键。

这些地方的人学习普通话,应该首先读准 zh、ch、sh、r,然后把普通话读 zh、ch、sh、r 声母而本地混入 z、c、s、[z]声母的字全部改正过来。

2. zh 组与 j 组

闽粤方言区的人常常把这套舌尖音 zh、ch、sh 和舌面音 j、q、x 混同起来,河南极少数地方也有这种现象。如把"蒸(zhēng)"读为 jing,把"猪(zhū)"读为 ju。这些地方的人学习普通话,也应该首先学会 zh 组声母的发音,然后把混入 j 组的字仍然归入 zh 组。

下面介绍一些方法帮助辨别记忆:

(1)利用形声字偏旁类推

形声字有两部分,一部分表示意义叫形旁,一部分表示读音叫声旁。例如,"璋"字,左边的"王"表示与玉石有关,是形旁,右边的"章"表示"璋"的读音,是声旁。由"章"这个声旁组成的汉字有"漳""彰""獐""樟""嶂"等,它们的声母相同,韵母也相同。我们可以利用形声字的这一特点来辨别记忆一些属于同一声母或同一韵母的字。(参见附文《平翘舌代表字类推表》)

(2)利用普通话声韵配合规律来分辨

例如,ua、uai、uang 这三个韵母只能跟舌尖后音 zh、ch、sh 相拼,不能跟舌前音 z、c、s 相拼。又如,ong 这个韵母,可以跟 s 相拼,而不能同 sh 相拼。所以"抓、拽、庄"等字的声母肯定是舌尖后音,而不是舌尖前音。"松、耸、送"等字的声母只能是 s,不能是 sh。

普通话声母 z、c、s 不能和 i、ü 或以 i、ü 起头的韵母相拼,而 j、q、x 能跟 i、ü 或以 i、ü 开头的韵母相拼,像"家""恰""瞎""捐""圈""轩"一类字的声母,一定是舌面音。方言区的人,遇到自己方言语音中 z、c、s 同 i、ü 或 i、ü 起头的韵母相拼时,一律改为 j、q、x,就和普通话一致了。

(3)记少不记多

普通话中 zh、ch、sh 声母字大大多于 z、c、s 声母字,我们可以只记 z、c、s 声母字,记住了这些声母字后,zh、ch、sh 声母字也就记住了。例如,以 a、e、ou、en、eng、ang 为韵母的字里,舌尖前音很少,舌尖后音字较多。例如,ca 只有"擦""嚓""攃""礤"4 个字,而 cha 则有"叉""查""插""诧"等 30 多个字。又如,zen 只有"怎""谮"两个字,而 zhen 却有"真""珍""镇"等 30 多个字。又如,sen 只代表一个汉字"森",而 shen 却有"身""神""甚"等 30 多个字。这样做可以收到事半功倍的效果。

附：

平翘舌代表字类推表

z—zh

匝——za 匝咂

查——zha 渣喳揸楂

乍——zha 诈炸榨咋蚱柞

赞——zan 赞攒趱

占——zhan 战站粘毡沾

斩——zhan 崭

盏——zhan 盏栈

长——zhang 张涨账胀帐　（chang）伥怅

章——zhang 彰樟障漳璋

丈——zhang 仗杖

澡——zao 澡燥躁噪藻　（cao）操

造——zao 造　（cao）糙

召——zhao 招昭沼照诏　（chao）超

泽——ze 泽择

折——zhe 哲浙蜇

则——ze 则　（ce）测厕侧恻

者——zhe 赭　（zhu）煮著诸猪渚褚

责——ze 责啧

贞——zhen 贞侦桢祯

真——zhen 镇缜稹

珍——zhen 珍诊疹胗

曾——zeng 增憎赠　（seng）僧

正——zheng 征症怔证政整　（cheng）惩

争——zheng 挣睁筝狰诤峥铮

子——zi 字籽仔孜

直——zhi 值植殖置

兹——zi 滋孳

至——zhi 致侄窒桎

止——zhi 址趾　（chi）齿耻

只——zhi 职织帜枳咫

旨——zhi 指脂

支——zhi 吱肢枝

知——zhi 蜘智 （chi）痴

之——zhi 芝

宗——zong 棕踪综粽

中——zhong 忠钟盅衷肿种仲 （chong）忡

奏——zou 揍 （cou）凑

州——zhou 洲 （chou）酬

组——zu 组租阻祖诅俎

周——zhou 周 （chou）惆稠绸

族——zu 镞

朱——zhu 珠株蛛诛侏

卒——zu 卒 （zui）醉

主——zhu 住注柱驻拄蛀炷

爪——zhua 抓

专——zhuan 砖转传

庄——zhuang 桩

壮——zhuang 壮装

撞——zhuang 撞幢

尊——zun 遵

作—— zuo 作昨卓—— zhuo 桌 （chuo）绰

坐——zuo 座唑 （cuo）挫锉啄——zhuo 啄琢

灼——zhuo 灼酌

c ch

察——ca 擦嚓

查——cha 喳碴

叉——cha 杈衩 （chai）钗

茶——cha 搽

才——cai 材财

采——cai 彩睬踩菜

参——can 惨

产——chan 铲

搀——chan 搀馋

仓——cang 沧舱苍伧

场——chang 场肠畅

尝——chang 偿

昌——chang 倡唱猖娼

曹——cao 槽嘈漕 （zao）遭糟

吵——chao 吵抄钞炒

朝——chao 嘲潮

辰——chen 晨宸 （chun）唇 （zhen）振震赈

呈——cheng 程逞

成——cheng 诚城盛

澄——cheng 澄橙

次——ci 瓷 （zi）姿咨资

尺——chi 迟

此——ci 雌疵呲

池——chi 弛驰

出——chu 础绌黜 （zhuo）拙茁

厨——chu 橱蹰

畜——chu 搐

揣——chuai 揣踹 （chuan）喘

筹——chou 筹踌畴俦

创——chuang 创疮

崔——cui 催摧璀

吹——chui 吹炊

翠——cui 翠淬瘁萃悴粹

垂——chui 锤捶陲棰 （shui）睡

寸——cun 村忖

春——chun 椿蠢

淳——chun 淳醇

搓——cuo 搓磋蹉

错——cuo 错措

s sh

散——sa 撒潵 （san）馓

沙——sha 沙纱砂

杀——sha 刹

塞——sai 塞赛

杉——shan 杉衫

山——shan 汕讪疝舢

删——shan 删珊栅姗跚

善——shan 膳蟮缮鳝

扇——shan 煽骗

单——shan 单 (chan)蝉阐

桑——sang 嗓搡

尚——shang 裳赏

搔——sao 搔骚

捎——shao 捎梢稍哨溯艄

勺——shao 芍

绍——shao 绍邵韶苕

生——sheng 牲笙甥胜

司——si 饲嗣 (ci)词祠伺

市——shi 柿

四——si 驷泗

师——shi 狮 (shai)筛

思——si 偲 (sai)腮鳃

史——shi 驶

斯——si 撕嘶

诗——shi 诗侍恃

式——shi 拭试弑轼

松——song 松颂讼淞忪

叟——sou 馊嗖飕搜艘

受——shou 授绶

素——su 愫嗉

束——shu 簌漱

溯——su 塑溯

梳——shu 梳疏蔬

署——shu 署曙薯暑

叔——shu 淑菽

孰——shu 塾熟

庶——shu 庶（zhe）蔗遮

刷——shua 刷（shuan）涮

率——shuai 摔蟀

申——shen 伸呻绅神审婶

锁——suo 锁琐唢

索——suo 嗦

梭——suo 梭唆

遂——sui 隧邃燧

隋——sui 隋髓

（二）分辨鼻音 n 与边音 l

普通话里鼻音 n 和边音 l 分得很清楚，但是西南地区、福建、湖南和江淮一带的方言里却不能分辨这一对音。西南官话一般混同为鼻音；江淮官话和闽方言一般混同为边音；湘方言、赣方言在开口呼、合口呼韵母前混同为边音，但在齐齿呼、撮口呼前面则井然有别。

n、l 相混的地区学习这两个声母主要有两方面的困难：第一，读不准音；第二，分不清字。要读准 n 和 l，关键在于控制软腭的升降。因为 n 和 l 都是舌尖抵住上齿龈发的音，不同主要在于有无鼻音，是从鼻腔出气，还是从舌头两边出气，所以练习发音时，必须着重练习控制软腭的升降和舌头的收窄放宽。至于要分清哪些字的声母是 n，哪些字的声母是 l，那就得下功夫去记了。

怎样记住 n、l 声母的字呢？

第一，利用形声字偏旁类推（参见附文《n、l 代表字类推表》）。

第二，记少不记多。在汉字中，n 声母字比 l 声母字少得多。有的韵母，如 un、n 声母字一个也没有；有的韵母，如 ü、ei、u、ou、uan、ang、iang、in，n 声母字也很少，而相应的 l 声母字却比较多。因此，只要记住 n 声母这一边的字，l 声母的字也就记住了。

附：

n、l 代表字类推表

n—l

那——na 哪娜

拉——la 拉垃啦

内——nei 内　（na）纳呐钠衲

乃——nai 奶

来——lai 莱睐

赖——lai 濑癞籁

奈——nai 奈　（na）捺

南——nan 楠喃

兰——lan 拦栏烂

蓝——lan 蓝篮滥褴

览——lan 揽缆榄

良——lang 朗狼廊榔浪郎阆琅锒啷螂

恼——nao 恼脑

劳——lao 捞唠涝崂痨

老——lao 姥佬铑

雷——lei 擂蕾镭

尼——ni 呢泥昵妮怩

离——li 璃篱

利——li 梨犁黎痢俐莉

里——li 理鲤厘狸

历——li 厉励雳砺

农——nong 浓脓侬哝

隆——long 隆窿

龙——long 聋笼咙胧拢垄陇珑

娄——lou 楼篓瘘蒌偻髅　（lǚ）屡

奴——nu 努怒弩驽

芦——lu 芦炉庐

录——lu 绿碌禄

吕——lü 侣铝间

虑——lü 滤

仑——lun 抡论轮伦沦纶囵

诺——nuo 喏

罗——luo 萝锣箩逻啰

懦——nuo 懦糯

骡——luo 骡螺摞漯镙

洛——luo 洛络落烙骆　（lǜ）略

(三)分辨唇齿音 f 和舌根音 h

普通话里唇齿音 f 和舌根音 h 分得很清楚，而有些方言却有相混的情况。闽方言 f 声母一律读成 h 声母，湘方言、赣方言、客家方言 h 声母与合口呼韵母相拼时读成 f 声母，粤方言则有的读成 f 声母，有的读成零声母(w)。

仍可利用前面介绍的辨别记忆方法：

第一，利用形声字偏旁类推(参见附文《f、h 代表字类推表》)。

第二，利用普通话声韵配合规律来分辨。

例如，f 不跟 ai 相拼，方言中念 fai 的，普通话中都念 huai，如"怀""坏"等字。

f 与 o 相拼组成音节，只有相应的"佛"字。因此，方言中念的 fo，普通话都念 huo，如"活""火""货"等字。

附：

f、h 代表字类推表

f—h

奂——huan 涣焕痪换唤

方——fang 坊芳防妨房肪仿访纺放

荒——huang 慌谎

皇——huang 煌凰惶蝗湟

晃——huang 幌

黄——huang 磺璜簧潢蟥

非——fei 菲啡匪诽扉斐绯腓痱翡蜚

弗——fei 沸费狒　(fó)佛　(fú)拂

灰——hui 恢诙咴

挥——hui 挥辉珲　(hūn)荤浑诨

回——hui 蛔茴

会——hui 绘桧

诲——hui 海晦悔

分——fen 芬吩纷氛粉份忿

昏——hun 婚

风——feng 讽凤疯枫

峰——feng 峰锋蜂逢缝烽

哄——hong 哄烘洪

红——hong 红讧虹鸿　（gong）巩

夫——fu 肤扶芙

乎——hu 呼

孚——fu 俘浮

胡——hu 葫糊湖蝴煳瑚

幅——fu 幅富副福辐蝠

虎——hu 唬琥

复——fu 腹覆

户——hu 护沪扈

甫——fu 脯辅敷傅缚

付——fu 附咐府腐符

(四)分辨尖、团音

汉语语音学上把 j、q、x 做声母与韵母 i、ü 或以 i、ü 开头的韵母相拼叫作团音；z、c、s 做声母与 i、ü 或以 i、ü 开头的韵母相拼叫作尖音。普通话语音里只有团音，没有尖音，汉语语音学上称为不分尖团。j、q 与 z、c，x 与 s 的发音方法是相同的，前者是清塞擦音，后者是清擦音。其区别在于发音部位，j、q、x 是舌面音，舌面与硬腭形成阻碍；z、c、s 是平舌音，舌尖与上齿背形成阻碍。不少人发 j、q、x 时，舌尖常常会略微抬起，这样就使气流受到舌尖的阻碍，发出的音就近似或就是 z、c、s。纠正发音时要注意舌面向上，与硬腭成阻，舌尖则始终下垂，也可让舌尖抵住下齿背发 j、q、x。

思考与练习

1. 按发音部位，普通话声母可以分为哪几类？

2. 声母的发音方法包括哪几个方面？

3. 分别列出普通话中的塞音声母和塞擦音声母，并说明它们的发音特点。

4. 清音、浊音根据什么条件来区分？普通话声母中哪些是浊音？

5. 根据提供的发音部位和发音方法，填上相应的声母：

(1)舌面、送气、清、塞擦音(　　　)

(2)舌尖中、不送气、清、塞音(　　　)

(3)舌尖后、浊、擦音(　　　)

(4)双唇、浊、鼻音(　　　)

(5)舌尖中、浊、边音(　　　)

6.熟读文中各声母下面的词语练习及绕口令,并纠正方音。

7.声母综合训练

(1)声母发音比较

① 声母发音部位比较

b、p、m—f—z、c、s—d、t、n、l—zh、ch、sh、r—j、q、x—g、k、h
f—h—x—sh—s—r   m—n   s—x   l—r

②声母发音方法比较

b、d、g—j、zh、z   p、t、k—q、ch、c   b、d、g—p、t、k
j、zh、z—q、ch、c   k—h   q—x   n—l   sh—r

(2)声母辨音练习

①送气与不送气声母辨音练习

发报—发炮	步子—铺子	饱了—跑了	鼻子—皮子
蹲下—吞下	读书—图书	肚子—兔子	兑换—退换
干完—看完	关心—宽心	个体—客体	搞好—考好
长江—长枪	举例—取利	轿门—窍门	大计—大气
招标—超标	摘梨—拆离	住所—处所	之后—吃后
没做—没错	有字—有刺	清早—青草	再见—菜贱

②鼻音 n 与边音 l 对应练习

男子—篮子	女客—旅客	留念—留恋	恼怒—老路
大娘—大梁	水牛—水流	大年—大连	黄泥—黄梨
无奈—无赖	男女—褴褛	年夜—连夜	浓重—隆重

③唇齿音 f 与舌根音 h 对应练习

幅度—弧度	防线—黄线	奋进—混进	翻腾—欢腾
房地—皇帝	飞机—灰机	公费—工会	复原—互援
舅父—救护	理发—理化	发钱—花钱	非常—会场

④舌尖前音 z、c、s 与舌尖后音 zh、ch、sh 对应练习

资助—支柱	暂时—战时	栽花—摘花	钻门—专门
擦手—插手	一层—一程	木材—木柴	瓷瓶—持平
三角—山脚	形似—形式	打伞—打闪	散心—善心

⑤舌尖后音 zh、ch、sh 与舌面音 j、q、x 对应练习

标志—标记	朝气—娇气	短站—短剑	杂志—杂技
长伸—强身	池子—旗子	船身—全身	搂住—牵住
诗人—昔人	湿气—吸气	失望—希望	商业—香叶

⑥舌尖后音 r 与齐齿呼韵母自成音节词语练习

染色—眼色	日程—议程	柔韧—油印	绕道—要道
自然—自言	如果—雨果	热闹—夜闹	肉类—釉类

（3）易混淆声母交互训练

①舌尖前音 z、c、s 与舌尖后音 zh、ch、sh 交互训练

张嘴	铸造	追踪	种族	载重	遵照	赞助	字纸
差错	吃醋	炒菜	蠢材	擦车	财产	促成	存储
沙僧	伸缩	摔碎	哨所	损伤	四十	松树	诉说

②唇齿音 f 与舌根音 h 交互练习

发昏	复活	放火	防护	恢复	挥发	化肥	混纺
分会	粉红	焕发	恢复	花费	凤凰	反悔	废话

③鼻音 n 与边音 l 交互练习

男篮	哪里	牛郎	努力	暖流	嫩绿	年龄	耐劳
老农	来年	列宁	冷暖	辽宁	连年	烂泥	留念

④尖团音交互练习

经济	休息	相信	前进	细心	习性	情景	将近
新兴	鲜血	清静	进行	接近	聚集	详细	想象

⑤舌尖后音 zh、ch、sh 与舌面音 j、q、x 交互练习

战舰	章节	真假	折旧	价值	加重	记者	纠正
唱腔	超期	常情	插曲	汽车	球场	清澈	起程
升学	顺序	水仙	少校	协商	欣赏	显示	小山

（4）零声母练习

阿姨	恩爱	哎呀	按语	扼要	二月	欧阳	友谊
延误	夜晚	汪洋	威严	外语	语言	冤枉	雨衣
洋溢	愉悦	晚安	语文	无援	幼儿	乌云	愿意

（5）绕口令练习

①半盆冰棒半盆瓶，冰棒碰盆盆碰瓶。冰棒碰盆盆不怕，瓶碰冰棒瓶必崩。

②调到敌岛打大盗，大盗太刁投短刀。推打顶挡短刀掉，踏盗得刀盗打倒。

③小方和小黄，一块画凤凰，小方画黄凤凰，小黄画红凤凰，红凤凰和黄凤凰，画得都像活凤凰，望着小方和小黄。

④有座面铺面朝南，门口挂个蓝布棉门帘，挂上蓝布棉门帘，看了看，

面铺面朝南，摘了蓝布棉门帘，看了看，面铺还是面朝南。

⑤三山撑四水，四水绕三山，三山四水春常在，四水三山四时春。

⑥七加一，七减一，加完减完等于几？七加一，七减一，加完减完还是七。

⑦红砖堆，青砖堆，砖堆旁边蝴蝶追，蝴蝶绕着砖堆飞，飞来飞去蝴蝶钻砖堆。

⑧紫瓷盘，盛鱼翅。一盘熟鱼翅，一盘生鱼翅。迟小池拿了一把瓷汤匙，要吃清蒸美鱼翅，一口鱼翅刚到嘴，鱼翅刺进齿缝里，疼得小池拍腿挠牙齿。

(6)朗读古诗，注意声母的发音

春日起每早，采桑惊啼鸟。

风过扑鼻香，花开落，知多少。

——赵元任《声母诗》

白发三千丈，缘愁似个长。

不知明镜里，何处得秋霜。

——李白《秋浦歌》

松下问童子，言师采药去。

只在此山中，云深不知处。

——贾岛《寻隐者不遇》

江南好，风景旧曾谙。日出江花红胜火，春来江水绿如蓝，能不忆江南？

——白居易《忆江南》

君问归期未有期，巴山夜雨涨秋池。

何当共剪西窗烛，却话巴山夜雨时。

——李商隐《夜雨寄北》

(7)朗读下面的短文，把声母读清楚

这样的山围绕着这样的水，这样的水倒映着这样的山，再加上空中云雾迷蒙，山间绿树红花，江上竹筏小舟，让你感到像是走进了连绵不断的画卷，真是"舟行碧波上，人在画中游"。

——节选自小学《语文》第九册《桂林山水》

在浩瀚无垠的沙漠里，有一片美丽的绿洲，绿洲里藏着一颗闪光的珍珠，这颗珍珠就是敦煌莫高窟。它坐落在我国甘肃省敦煌市三危山和鸣沙山的怀抱中。

——节选自小学《语文》第六册《莫高窟》

简而言之，幸福是没有痛苦的时刻。它出现的频率并不像我们想象的那样少。人们常常只是在幸福的金马车已经驶过去很远时，才拣起地上的金鬃毛说，原来我见过它。

——节选自毕淑敏《提醒幸福》

第三节　韵母

韵母指音节中声母后面的部分，如"zhōnghuáwěidà（中华伟大）"，这 4 个音节中的 ong、ua、uei、a 就是韵母。零声母音节整个由韵母构成，如"uei"。普通话有 39 个韵母。

一、韵母和元音

普通话韵母主要由元音构成，但韵母和元音是两个不同的概念。韵母与声母相对，元音与辅音相对。普通话共有 10 个元音，即 a、o、e、ê、i、u、ü、-i(前)、-i(后)、er。它们都能单独构成单韵母。两个或三个元音复合可以构成复韵母，即 ai、ei、ao、ou、ia、ie、uo、ua、üe、iao、iou、uai、uei，共 13 个。元音加上鼻辅音 n 或 ng 可以构成鼻韵母，即 an、en、ian、in、uan、uen、üan、ün、ang、eng、ong、iang、ing、iong、uang、ueng，共 16 个。元音的范围小于韵母。

韵母是普通话音节必不可少的组成部分。普通话一个音节可以没有声母(零声母音节)，但不能没有韵母。韵母中的元音清晰响亮，使整个音节丰满有力，悦耳动听。

二、韵母的构成和分类

韵母一般是由韵头、韵腹、韵尾三部分构成。

韵母中声音最响亮的部分是韵腹(主要元音)，它前面的是韵头，后面的是韵尾，如 iao、uan，分别由韵头、韵腹、韵尾组成。但有的韵母没有韵头，只有韵腹和韵尾，如 an、ou。有的韵母没有韵尾，只有韵头和韵腹，如 ia、ua。如果韵母只有一个元音音素，那么它只能是韵腹。所以一个韵母中韵腹是不可缺少的成分。

普通话韵母中的韵头只有 i、u、ü 3 个元音。韵尾只有 i、u(包括 ao、

iao 中的 o)两个元音和 n、ng 两个鼻辅音,共 4 个。

韵母的分类可以从三个角度加以划分。

(一)根据韵母的内部结构划分

根据韵母的内部结构,韵母可以分为单韵母、复韵母和鼻韵母三类。

1. 单韵母

由一个元音构成的韵母叫单元音韵母,简称单韵母。它们是 a、o、e、ê、i、u、ü、-i(前)、-i(后)、er,共 10 个。根据单韵母发音时舌头的状态不同,又分为:

舌面单韵母:a、o、e、ê、i、u、ü。

舌尖单韵母:-i(舌尖前音)、-i(舌尖后音)。

卷舌单韵母:er。

2. 复韵母

由两个或三个元音构成的韵母叫复元音韵母,简称复韵母。它们是 ai、ei、ao、ou、ia、ie、uo、ua、üe、iao、iou、uai、uei,共 13 个。根据主要元音(韵腹)的位置,又把复韵母分成:

前响复韵母(主要元音在前):ai、ei、ao、ou。

后响复韵母(主要元音在后):ia、ie、uo、ua、üe。

中响复韵母(主要元音在中间):iao、iou、uai、uei。

3. 鼻韵母

由元音加前后鼻辅音构成的韵母叫鼻音韵母。它们是 an、en、ian、in、uan、uen、üan、ün、ang、eng、ong、iang、ing、iong、uang、ueng,共 16 个。

加前鼻辅音 n 的叫前鼻韵母,它们是 an、en、ian、in、uan、uen、üan、ün,共 8 个。

加后鼻辅音 ng 的叫后鼻韵母,它们是 ang、eng、ong、iang、ing、iong、uang、ueng,共 8 个。

(二)根据韵母开头元音的发音口形划分

根据韵母开头元音的发音口形,韵母可以分为开口呼、齐齿呼、合口呼、撮口呼,简称"四呼"。

1. 开口呼

开口呼指没有韵头,韵腹又不是 i、u、ü 的韵母。普通话共有 15 个开口呼韵母:a、o、e、ê、-i(前)、-i(后)、er、ai、ei、ao、ou、an、en、ang、eng。

2. 齐齿呼

齐齿呼指韵头或韵腹是 i 的韵母。普通话共有 9 个齐齿呼韵母：i、ia、ie、iao、iou、ian、in、iang、ing。

3. 合口呼

合口呼指韵头或韵腹是 u 的韵母。普通话共有 10 个合口呼韵母：u、uo、ua、uai、uei、uan、uen、uang、ueng、ong（虽没有韵头，但实际发音时口形与 u 相同，因而归入此类）。

4. 撮口呼

撮口呼指韵头或韵腹是 ü 的韵母。普通话共有 5 个撮口呼韵母：ü、üe、üan、ün、iong（虽韵头是 i，但实际发音时口形与 ü 相同，因而归入此类）。

（三）根据韵尾的有无及构成音素的性质划分

根据韵尾的有无及构成音素的性质，韵母可以分为开尾（无尾）韵母、元音尾韵母、鼻辅音尾韵母三类。

1. 开尾（无尾）韵母

开尾（无尾）韵母指没有韵尾的韵母。普通话共有 15 个开尾韵母：a、o、e、ê、i、u、ü、-i(前)、-i(后)、er、ia、ie、uo、ua、üe。

2. 元音尾韵母

元音尾韵母指以元音 i、u（包括 ao、iao 中的 o）做韵尾的韵母。普通话共有 8 个元音尾韵母：ai、ei、ao、ou、iao、iou、uai、uei。

3. 鼻辅音尾韵母

鼻辅音尾韵母指以鼻辅音做韵尾的韵母，即鼻韵母。普通话共有 16 个鼻辅音尾韵母：an、en、ang、eng、ong、ian、in、iang、ing、iong、uan、uen、uang、ueng、üan、ün。

普通话 39 个韵母如表 1-2 所示。

表 1-2　普通话韵母表

按韵头分 按结构分	开口呼	齐齿呼	合口呼	撮口呼
单韵母 （10 个）	-i[ʅ][ɿ]	i	u	ü
	a	ia	ua	
	o		uo	
	e			
	ê	ie		üe
	er			

续表

按韵头分 按结构分	开口呼	齐齿呼	合口呼	撮口呼
复韵母 (13个)	ai		uai	
	ei		uei	
	ao	iao		
	ou	iou		
鼻韵母 (16个)	an	ian	uan	üan
	en	in	uen	ün
	ang	iang	uang	
	eng	ing	ueng	
	ong	iong		

三、韵母的发音

下面按单韵母、复韵母和鼻韵母三类，分别说明它们的发音情况。

(一)单韵母

单韵母就是 10 个单元音构成的韵母。声带震颤产生音波，音波经过口腔时受到口腔形状变化的影响，形成不同的元音。(图 1-2)

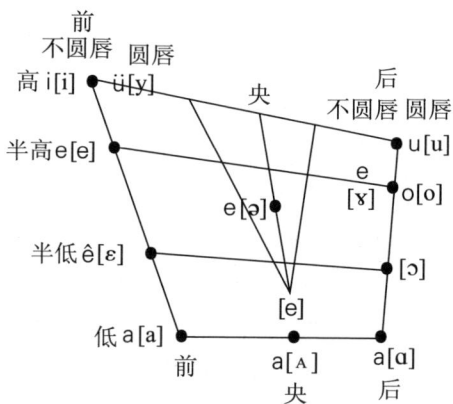

图 1-2 舌面元音舌位图

单韵母发音时应注意：

1. 舌位的前、央、后

这是指发音时舌头隆起部分(舌高点)的前后。前，舌高点在舌面的前部，与硬腭的前部相对；央，舌高点在舌面的中部，与硬腭中部相对；后，舌高点在舌面的后部，与软腭相对。

2. 舌位的高、半高、半低、低

这是针对发音时舌头隆起部分的最高点与上腭距离的远近而言。另外，舌位的降低或抬高同口腔的开合有关，舌位越高口的开度越小，舌位越低口的开度越大。

3. 唇形的圆展

这是指发音时的口形，10 个元音有两种口形，一种是圆唇的，一种是不圆唇的。

单韵母发音时的舌位、唇形及开口度按发音要求始终不变，没有动程。

a：舌面、央、低、不圆唇元音

发音时，口腔自然打开，舌尖稍离下齿背，舌面中部偏后微微隆起，和硬腭后部相对。声带颤动，软腭上升关闭鼻腔通道。喉部用力（凡开口呼韵母，发音时的着力点都在喉部，这样能增强开口韵母的响度与力度）。例如：

大厦 dàshà　　发达 fādá　　马达 mǎdá　　喇叭 lǎba　　哪怕 nǎpà

o：舌面、后、半高、圆唇元音

发音时，上下唇自然拢圆，舌尖抵下齿龈下面的软肉，舌身后缩，舌面隆起，和软腭相对，声带颤动，软腭上升，关闭鼻腔通道。喉部用力。

发此音时，为了避免有动程（一动易发成 ou 或 uo 两个复元音韵母），可先摆好舌位和唇形，然后声带颤动。发音结束时，先停止声带的颤动，然后舌位口形再还原。例如：

伯伯 bóbo　　　婆婆 pópo　　　默默 mòmò

波墨 pōmò　　　薄膜 bómó　　　磨破 mópò

e：舌面、后、半高、不圆唇元音

发音时，口腔半闭，嘴角向两边微展，舌尖抵下齿龈下面的软肉，舌位后缩，舌面后部稍隆起，和软腭相对，比元音 o 略高偏前。声带颤动，软腭上升，关闭鼻腔通道。喉部用力。另外，为了增强此音色的美感度，发音时鼻孔微张，笑肌上提（实际上发任何语音时都应是这种状态）。例如：

隔阂 géhé　　　割舍 gēshě　　　客车 kèchē

特色 tèsè　　　折射 zhéshè　　　色泽 sèzé

ê：舌面、前、半低、不圆唇元音

发音时，口腔自然打开，舌尖微触下齿背，舌面前部隆起（照镜子能看到隆起部分），和硬腭相对。声带颤动，软腭上升，关闭鼻腔通道。喉部用力。

在普通话里除叹词"欸"外，ê使用的机会很少。它主要同i、ü组成复韵母ie、üe。ê在发音时受方音影响，容易出现下面的问题：

第一，舌位偏低，口腔开度大。北方方言区的人易出现这个问题。纠正的方法是，发ie时，从起点i开始，当舌位滑到ê时适当延长，保持住舌位、唇形的状态，然后把尾音切断，连续读时就是ê的音。

第二，舌位偏高，口腔开度小，发成舌面前半高不圆唇音[e]，个别的发成近乎i的音色。南方方言区的人易出现这个问题。发音时要把舌位适当降低，口开度加大。

第三，把ê读成ei或ai。发音时，只要舌位找准后不动，就不会出现ei或ai这两个复韵母的音色。

i：舌面、前、高、不圆唇元音

发音时，口腔微开，双唇呈扁平形，嘴角向两边展开，上下齿相对(齐齿)，舌尖抵下齿背，舌面前部隆起和硬腭前部相对。声带颤动，软腭上升，关闭鼻腔通道。牙齿用力。

i是高元音，发音时口腔开度小，声音不易发得响亮，为了解决这个问题，可采取窄元音宽发的方法，发音时可将舌位稍降，舌尖稍后移，在不改变i的音色的基础上寻找最大的共鸣。例如：

利益 lìyì   激励 jīlì   集体 jítǐ

记忆 jìyì   霹雳 pīlì   习题 xítí

u：舌面、后、高、圆唇元音

发音时，双唇收缩成圆形，中间有小孔。舌头后缩，舌尖抵下齿龈下边的软肉，舌面后部高度隆起，和软腭相对。声带颤动，软腭上升，关闭鼻腔通道。满口用力。

u和i一样，也是窄元音，发音时也按窄元音宽发的办法，就是口腔尽量打开，舌头高点略往下降。双唇不要太圆，略微打开并收敛，使口腔和双唇的肌肉绷紧，这样发出的音既响亮不闷，又有美感。例如：

图书 túshū   出路 chūlù   辜负 gūfù

瀑布 pùbù   服务 fúwù   疏忽 shūhū

ü：舌面、前、高、圆唇元音

发音时，双唇拢圆，中间留有扁圆形小孔，舌尖抵下齿背，舌面前部隆起，和硬腭前部相对，声带颤动，软腭上升，关闭鼻腔通道。唇部用力。

ü也是窄元音，宽发的办法是，舌头略降低，舌高点略往后移，口腔容积比i大些。虽然ü是撮口呼，但发音要和u一样收敛双唇，这样使音色既响亮不闷又有美感。例如：

旅居 lǚjū　　　　女婿 nǚxù　　　　须臾 xūyú

序曲 xùqǔ　　　　语序 yǔxù　　　　语句 yǔjù

-i(前)：舌尖前、高、不圆唇元音

发音时，口腔略开，嘴角向两边展开，舌尖和上齿背相对，保持一定的距离。声带颤动，软腭上升，关闭鼻腔通道。喉部用力。这个韵母在普通话中只出现在声母 z、c、s 的后面。例如：

次子 cìzǐ　　　　自私 zìsī　　　　此次 cǐcì

字词 zìcí　　　　四次 sìcì　　　　恣肆 zìsì

-i(后)：舌尖后、高、不圆唇元音

发音时，口腔略开，展唇，舌尖和上齿龈后部与硬腭的交界处相对，保持一定距离。声带颤动，软腭上升，关闭鼻腔通道。喉部用力。这个韵母在普通话中只出现在声母 zh、ch、sh、r 的后面。

-i(前)和-i(后)两个舌尖元音是最难发的窄元音，也要采用宽发的办法。发音时要扩大共鸣，口腔容积适量扩大，听不到摩擦声。因为它们在普通话中不单独运用，发音时将它们同前边的声母组成音节一起练习，在练习时将音节尾音切断，体会-i(前)和-i(后)的响度及难度。如发"zhi——"，将音节拉长，在声断口腔发音状态不变的情况下，听到的就是-i(后)的音色。例如：

知识 zhīshi　　　实施 shíshī　　　支持 zhīchí

试制 shìzhì　　　制止 zhìzhǐ　　　值日 zhírì

er：卷舌、央、中、不圆唇元音

发音时，口腔自然打开，舌位的高低前后都居中，舌前部上抬，舌尖后卷，和硬腭前端相对。声带颤动，软腭上升，关闭鼻腔通道。喉部用力。

er 是用两个字母表示的一个音素。e 表示舌位和唇形，r 表示卷舌动作的符号，不是辅音韵尾。er 就是央 e 的卷舌形式。

er 是南方方言区的人学习普通话的难点之一。练习时可采取两种方法：一是把 er 看作 e 和 r 两部分，先发一个舌面中部微微隆起的央元音 e，然后再来一个卷舌动作，这样反复练习，使 e、r 两部分连紧，最后成为一个整体。二是先发央元音 e，然后使舌尖快速向舌尖后声母 r 的方向卷起(要超过 r 的发音位置)。练习时唇形和口腔开度不动(保持发央 e 的状态)。另外，有人把"二"说成"ai"，是因为发 er 时没有卷舌的缘故。例如：

而且 érqiě　　　　儿歌 érgē　　　　耳朵 ěrduo

二胡 èrhú　　　　遐迩 xiá'ěr　　　　偶尔 ǒu'ěr

单韵母综合练习：

沙漠 shāmò	拔河 báhé	巴黎 bālí	蘑菇 mógū
发育 fāyù	波折 bōzhé	许可 xǔkě	默许 mòxǔ
地图 dìtú	计策 jìcè	除夕 chúxī	气魄 qìpò
赋予 fùyǔ	抵达 dǐdá	碧绿 bìlǜ	彻底 chèdǐ
除法 chúfǎ	而是 érshì	此时 cǐshí	赤子 chìzǐ
日食 rìshí	丝竹 sīzhú	自制 zìzhì	值日 zhírì

（二）复韵母

复韵母的发音特点：

第一，发音时舌位、唇形及开口度都有变化，即有明显的动程。

第二，发音时不是两个或三个元音的简单相加，而是由一个元音的发音状态（主要是舌位与唇形）快速向另一个元音的发音状态过渡。这个过渡是一个滑动的过程，中间有许多过渡音。

第三，发音时唇形、舌位的变化要自然连贯，形成整体，口形灵活。

第四，复韵母的韵腹，由于受前后音素的影响，实际音值与单韵母的不尽相同，发音时不要拘泥于单韵母的舌位和唇形。

前响复元音韵母：ai、ei、ao、ou

发音时元音舌位都是由低向高滑动。前面的元音（韵腹）响亮清晰，音值稍长；后面的元音（韵尾）轻短模糊，开口度小。

按照传统的音韵学，韵腹就是汉字的字腹，韵尾就是汉字的字尾。所以前响复元音韵母在发音时一定要做到韵腹发音响亮，韵尾归音到位。另外，发前响复元音韵母还应注意以下问题：

第一，不要发成单元音，要有动程。

第二，要准确掌握开头的元音音素（韵腹）的舌位。ai 中的 a 是个"前a"，舌尖一定要抵住下齿背，舌面前部隆起，舌位不要靠后，一定要降到"前低"的位置；ei 中的 e，实际舌位要比前半高的[e]偏后偏低，接近央元音 e，舌位不要前移抬高；ao 中的 a 是个"后a"；ou 基本上是后元音的复合，舌位不要整体靠前。

第三，收尾的元音音素不要发得过于突出。前响复韵母收尾的元音音素只有 i 和 u（o）两个，相对单韵母中的 i、u 来说都是轻短模糊的，舌位比 i、u 稍低，但收音也要趋向鲜明。

第四，要准确掌握复合元音的发音要领。复合元音都是从一个元音的舌位向另一个元音舌位滑动。发音练习时为了充分体会舌位移动的过程，移动的幅度可以适当加大，滑动的速度可以放慢，如 a-i、e-i、a-o、o-u。

读准下列词语的韵母：

买卖 mǎimai	采摘 cǎizhāi	海带 hǎidài	白菜 báicài
晒台 shàitái	灾害 zāihài	蓓蕾 bèilěi	累累 léiléi
黑煤 hēiméi	肥美 féiměi	妹妹 mèimei	配备 pèibèi
草帽 cǎomào	操劳 cāoláo	逃跑 táopǎo	高潮 gāocháo
跑道 pǎodào	报告 bàogào	守候 shǒuhòu	佝偻 gōulóu
丑陋 chǒulòu	绸缪 chóumóu	漏斗 lòudǒu	抖擞 dǒusǒu

交互练习：

白匪 báifěi	百草 bǎicǎo	排列 páiliè	肥皂 féizào
北斗 běidǒu	茅台 máotái	堡垒 bǎolěi	逗号 dòuhào
手背 shǒubèi	购买 gòumǎi	欧美 ōuměi	哀愁 āichóu

后响复韵母：ia、ie、uo、ua、üe

发音时舌位由高向低滑动，收尾的元音音素响亮清晰，处在韵腹位置，因此舌位移动的终点是确定的。开头的元音音素都是高元音 i、u、ü，处于韵头位置，所以发音不太响亮，比较短促。这些韵头在音节里特别是零声母音节里常伴有轻微摩擦。

另外，ia、ie、uo、ua、üe 属开尾韵母，所以归音时的口形、舌位保持韵腹状态，不能有变化，以声音渐弱收尾。

读准下列词语的韵母：

假牙 jiǎyá	恰恰 qiàqià	压价 yājià	架下 jiàxià
加价 jiājià	家鸭 jiāyā	姐姐 jiějie	斜街 xiéjiē
谢谢 xièxie	结业 jiéyè	铁屑 tiěxiè	贴切 tiēqiè
哗哗 huāhuā	花袜 huāwà	呱呱 guāguā	挂花 guàhuā
耍滑 shuǎhuá	娃娃 wáwa	骆驼 luòtuo	懦弱 nuòruò
阔绰 kuòchuò	错落 cuòluò	硕果 shuòguǒ	脱落 tuōluò
约略 yuēlüè	掘穴 juéxué	雪月 xuěyuè	雀跃 quèyuè
决绝 juéjué			

交互练习：

雅座 yǎzuò	假话 jiǎhuà	枷锁 jiāsuǒ	下月 xiàyuè
化学 huàxué	鞋袜 xiéwà	瓦解 wǎjiě	血压 xuèyā

接洽 jiēqià　　　　结果 jiēguǒ　　　　活跃 huóyuè　　　唾液 tuòyè

确凿 quèzáo　　　　国家 guójiā　　　　火花 huǒhuā　　　节约 jiéyuē

学业 xuéyè　　　　雪花 xuěhuā

中响复韵母：iao、iou、uai、uei

普通话里的三合元音都是中响复韵母。发音时舌位由高向低滑动，再由低向高滑动。开头的元音音素（韵头）不太响亮，比较轻短，在音节里特别是在零声母音节里常伴有轻微的摩擦。中间的元音音素（韵腹）响亮而清晰。收尾的元音音素（韵尾）轻短模糊。

中响复韵母是结构完整的韵母，其发音基本是汉字出字（声母、韵头）、立字（韵腹）、归音（韵尾或开尾）三个阶段的发音。韵头介于声母和韵腹之间，起桥梁作用，所以发音时滑动得快；韵腹要拉开立起，饱满圆润；韵尾要收得干净利落，趋向鲜明。

练读时，先将每个中响复韵母拉长慢读，体会其发音特点，然后快读使三个音素浑然一体。

读准下列词语的韵母：

吊销 diàoxiāo　　疗效 liáoxiào　　巧妙 qiǎomiào　　调料 tiáoliào

逍遥 xiāoyáo　　　苗条 miáotiao　　久留 jiǔliú　　　　求救 qiújiù

绣球 xiùqiú　　　　优秀 yōuxiù　　　悠久 yōujiǔ　　　牛油 niúyóu

外快 wàikuài　　　怀揣 huáichuāi　乖乖 guāiguai　　垂危 chuíwēi

归队 guīduì　　　　悔罪 huǐzuì　　　追悔 zhuīhuǐ　　　荟萃 huìcuì

交互练习：

交友 jiāoyǒu　　　表率 biǎoshuài　　诱拐 yòuguǎi　　垂柳 chuíliǔ

累赘 léizhuì　　　　翠鸟 cuìniǎo　　　流水 liúshuǐ　　　描绘 miáohuì

毁坏 huǐhuài　　　　幼苗 yòumiáo　　　歪斜 wāixié

（三）鼻韵母

鼻韵母中韵尾一个是前鼻辅音 n，一个是后鼻韵尾 ng。鼻韵尾 n 与声母 n 发音部位基本相同，发音时舌尖都抵满上齿龈，区别在于声母 n 要除阻，而韵尾 n 不除阻。后鼻辅音 ng 与声母 g、k、h 的发音部位相同，即舌根抵住软腭，区别在于 ng 是浊鼻音，发音时软腭下垂，气流从鼻腔通过，声带颤动，没有除阻阶段。

鼻韵母的发音特点：

第一，元音音素同鼻辅音韵尾之间是复合的关系，不是简单地相加，在复合过程中也有动程。它与复韵母的区别在于收尾（韵尾）是以鼻辅音的阻碍结束。

第二，在元音舌位向鼻辅音韵尾移动的后半段，元音音素的发音出现"半鼻化"的过渡，这是必然现象。

第三，鼻辅音韵尾同它前面相接的元音音素结合得紧密，中间没有拼合的痕迹。

前后鼻韵母区别的主要特点：

第一，韵腹元音舌位的前后不同是两者区分的主要标志。如 an、ang 的区别在于 an 中的 a 是前 a，ang 中的 a 是后 a。

第二，n、ng 是韵尾，只有与韵腹构成一个整体时才参与前、后韵母对比区分。

第三，它们之间有对应关系：an—ang、en—eng、in—ing、ian—iang、uan—uang、uen—ueng(ong)、ün—iong，基本上是一对一的对应关系。

前鼻音韵母：an、en、in、ian、uan、uen、ün、üan

前鼻音韵母发音特点是由元音开始，收音时舌尖抵满上齿龈，使气流完全从鼻腔出来。在语流中鼻尾音常常弱化，但有趋向，前面的元音有鼻化色彩，但不要发成口鼻音。

读准下列词语的韵母：

参战 cānzhàn	反感 fǎngǎn	烂漫 lànmàn	谈判 tánpàn
赞叹 zàntàn	坦然 tǎnrán	根本 gēnběn	门诊 ménzhěn
人参 rénshēn	认真 rènzhēn	深沉 shēnchén	振奋 zhènfèn
近邻 jìnlín	拼音 pīnyīn	信心 xìnxīn	辛勤 xīnqín
引进 yǐnjìn	濒临 bīnlín	军训 jūnxùn	均匀 jūnyún
芸芸 yúnyún	逡巡 qūnxún	循循 xúnxún	允准 yǔnzhǔn
昆仑 kūnlún	温存 wēncún	温顺 wēnshùn	论文 lùnwén
馄饨 húntun	谆谆 zhūnzhūn	艰险 jiānxiǎn	简便 jiǎnbiàn
连篇 liánpiān	前天 qiántiān	浅显 qiǎnxiǎn	田间 tiánjiān
贯穿 guànchuān	软缎 ruǎnduàn	酸软 suānruǎn	婉转 wǎnzhuǎn
专款 zhuānkuǎn	转换 zhuǎnhuàn	源泉 yuánquán	轩辕 xuānyuán
涓涓 juānjuān	渊源 yuānyuán	全权 quánquán	圆圈 yuánquān

交互练习：

范本 fànběn	担心 dānxīn	反问 fǎnwèn	专员 zhuānyuán
边缘 biānyuán	全面 quánmiàn	元旦 yuándàn	阵线 zhènxiàn
冠军 guànjūn	安全 ānquán	穿越 chuānyuè	完满 wánmǎn

分担 fēndān	观点 guāndiǎn	典范 diǎnfàn	兼任 jiānrèn
选民 xuǎnmín	园田 yuántián	变换 biànhuàn	鲜嫩 xiānnèn
诊断 zhěnduàn	辩论 biànlùn	新闻 xīnwén	辛酸 xīnsuān
沉稳 chénwěn	森林 sēnlín	温泉 wēnquán	谨慎 jǐnshèn
频繁 pínfán	根源 gēnyuán	轮船 lúnchuán	锦纶 jǐnlún
村镇 cūnzhèn	云鬓 yúnbìn	困难 kùnnan	问讯 wènxùn

后鼻音韵母：ang、eng、ong、iang、uang、ing、ueng、iong

后鼻音韵母发音特点是由元音开始，然后舌根抬起，抵住软腭，使气流完全从鼻腔出来。收音时要穿鼻，鼻音一升即收。在语流中鼻尾音常常弱化，但趋向鲜明，前面的元音有鼻化色彩，但不要发成口鼻音。

读准下列词语的韵母：

帮忙 bāngmáng	苍茫 cāngmáng	当场 dāngchǎng	刚刚 gānggāng
商场 shāngchǎng	上当 shàngdàng	承蒙 chéngméng	丰盛 fēngshèng
更正 gēngzhèng	萌生 méngshēng	声称 shēngchēng	升腾 shēngténg
叮咛 dīngníng	经营 jīngyíng	命令 mìnglìng	平定 píngdìng
清净 qīngjìng	姓名 xìngmíng	共同 gòngtóng	轰动 hōngdòng
空洞 kōngdòng	隆重 lóngzhòng	通融 tōngróng	恐龙 kǒnglóng
两样 liǎngyàng	洋相 yángxiàng	响亮 xiǎngliàng	想象 xiǎngxiàng
相像 xiāngxiàng	襄阳 xiāngyáng	狂妄 kuángwàng	矿藏 kuàngcáng
蕹菜 wèngcài	水瓮 shuǐwèng	老翁 lǎowēng	嗡嗡 wēngwēng
蓊郁 wěngyù	炯炯 jiǒngjiǒng	汹涌 xiōngyǒng	熊熊 xióngxióng
茕茕 qióngqióng	穷窘 qióngjiǒng	穷凶 qióngxiōng	

双簧 shuānghuáng　　状况 zhuàngkuàng　　装潢 zhuānghuáng

交互练习：

方向 fāngxiàng	象征 xiàngzhēng	征用 zhēngyòng	勇猛 yǒngměng
空旷 kōngkuàng	光荣 guāngróng	敬仰 jìngyǎng	强硬 qiángyìng
蓬松 péngsōng	声望 shēngwàng	黄杨 huángyáng	两种 liǎngzhǒng
朗诵 lǎngsòng	凉爽 liángshuǎng	平等 píngděng	胸膛 xiōngtáng
同盟 tóngméng	梦境 mèngjìng	彷徨 pánghuáng	灵通 língtōng
兄长 xiōngzhǎng	铿锵 kēngqiāng	亮相 liàngxiàng	帮凶 bāngxiōng
掌声 zhǎngshēng	明朗 mínglǎng	洪亮 hóngliàng	东方 dōngfāng
雄壮 xióngzhuàng	聪明 cōngmíng	装订 zhuāngdìng	中庸 zhōngyōng
景况 jǐngkuàng	香肠 xiāngcháng	刚劲 gāngjìng	锋芒 fēngmáng

四、韵母方音辨正

前文的声母辨正中谈到，许多方言同普通话一样，有平舌音(z、c、s)和翘舌音(zh、ch、sh)声母，只是有些混乱，各自管辖的字数也不尽相同。既然有平翘舌声母，就必然有与之相对应的舌尖韵母-i(前)或-i(后)。而闽方言、粤方言常常把 zh、ch、sh 混同为 j、q、x，自然就没有这两个舌尖韵母。

普通话复韵母有 13 个，占全部韵母的三分之一。就整个方言而言，大部分地区都有比较丰富的复韵母，有的方言比普通话的还多，长沙话多出 4 个。粤方言、吴方言却比普通话少，广州话没有后响复韵母(缺少 18 个齐齿呼韵母)，苏州话只有一个前响复韵母，其余的前响复韵母都变成了单韵母。这种现象在北方方言的扬州话、济南话、西安话中也存在。

普通话有两个鼻辅音韵尾[-n]、[-ŋ]，厦门话、梅县话、广州话多了个[-m]。很多方言中有喉塞音韵尾[ʔ]，粤、闽方言塞音韵尾最丰富，有[-p]、[-t]、[-k]3 个，厦门话有[-p]、[-t]、[-k]、[ʔ]4 个。

思 考 与 练 习

1. 发好一个单元音韵母要注意哪些方面？

2. 发准每一个单韵母。指出下列单韵母在发音上的不同。

i au ao ae i i(前) i(后)

3. 在提供的条件后面，填上相应的单韵母。

(1)舌面、央、低、不圆唇元音(　　　)。

(2)卷舌、央、中、不圆唇元音(　　　)。

(3)舌尖、前、高、不圆唇元音(　　　)。

(4)舌尖、后、高、不圆唇元音(　　　)。

4. 写出 n 尾、ng 尾字各 20 个。

5. 充分利用文中各韵母的词语练习材料，熟读并纠正韵母方面的方音。

6. 韵母综合训练

(1)单、复、鼻韵母发音比较

a—ai—an—ang　　　　e—ei—en—eng

o—uo—ong—ueng　　　i—in—ing

ia—ian—iang　　　　u—uei—uen—ueng

ua—uai—uan—uang　　ü—ün—iong

(2)单韵母对比辨音

高坡—高歌	大伯—大河	没破—没课	油墨—游客	脖子—格子
宜人—渔人	移树—榆树	办理—伴侣	有气—有趣	大姨—大鱼
私事—失事	知识—姿势	至迟—致辞	字纸—制止	得意—德育

(3)复韵母对比辨音

摆布—北部	分派—分配	稗子—被子	奈何—内河	不买—不美
家庭—街亭	匣子—鞋子	滑动—活动	进化—进货	鞋袜—斜卧
日夜—日月	切实—确实	写景—雪景	考试—口试	少数—手术
铁桥—铁球	生效—生锈	灰色—黑色	架子—褂子	眼瞎—眼花
外来—未来	真怪—真贵	开外—开胃	病号—病后	捎信—收信

(4)复鼻韵母对比辨音

大战—大寨	搬开—掰开	闻到—围到	奔走—背走	顺利—税利
外人—万人	来到—拦到	开门—看门	大海—大喊	拜倒—绊倒
对角—钝角	推磨—吞没	外围—外文	一堆—一吨	吹风—春风
吸水—吸吮	置内—稚嫩	顿时—对时	村长—催长	提纯—提锤

(5)前、后鼻韵母对比辨音

担心—当心	反问—访问	施展—师长	一半—一磅	开饭—开放
申明—声明	诊治—整治	陈旧—成就	身势—声势	人参—人生
瓜分—刮风	亲近—清静	频繁—平凡	人民—人名	信服—幸福
坚硬—僵硬	浅显—抢险	鲜花—香花	延长—扬长	加钱—加强
专车—装车	官民—光明	大川—大窗	机关—激光	上船—上床
依存—依从	尊师—宗师	村头—葱头	轮子—笼子	不准—不肿
运输—用书	勋章—胸章	群像—穷相	寻寻—熊熊	运气—用气

(6)齐、撮口呼韵母对比辨音

前面—全面	心机—熏鸡	今人—军人	通信—通讯	大雁—大院
茄子—瘸子	夜色—月色	协会—学会	切实—确实	闲心—悬心
白银—白云	宣战—先战	群贼—擒贼	熏黑—心黑	钱财—全才
满月—满夜	姓徐—姓席	劝酒—欠酒	遇见—意见	走远—走眼

(7)开、合口呼韵母对比辨音

谈够—团购	打散—打算	肩担—尖端	图像—头像	铺开—刨开
突出—偷出	舒适—收拾	路过—漏过	出水—抽水	祖师—走私
段子—担子	光明—刚明	公正—更正	黑暗—灰暗	黄海—航海
坏人—害人	怪事—盖世	挂帅—挂晒	怀有—还有	山峦—山岚

(8)绕口令训练

①人寻铃声去找铃，铃声紧跟人不停，到底是人寻铃，还是铃寻人。

②山前有个崔粗腿，山后有个崔腿粗，二人山前比腿粗，看谁的粗腿比谁粗，不知是崔粗腿比崔腿粗的腿粗，还是崔腿粗比崔粗腿的腿粗。

③一个胖娃娃，画了三个大花活蛤蟆，三个胖娃娃，画不出一个大花活蛤蟆，画不出一个大花活蛤蟆的三个胖娃娃，真不如画了三个大花活蛤蟆的一个胖娃娃。

④山前有个严眼圆，山后有个严圆眼。二人山前来比眼，看谁的圆眼比谁圆，不知是严眼圆比严圆眼的眼圆，还是严圆眼比严眼圆的眼圆。

(9)朗读下面诗词，注意韵母的发音

日暮苍山远，天寒白屋贫。

柴门闻犬吠，风雪夜归人。

——刘长卿《逢雪宿芙蓉山主人》

红藕香残玉簟秋。轻解罗裳，独上兰舟。云中谁寄锦书来？雁字回时，月满西楼。　　花自飘零水自流，一种相思，两处闲愁。此情无计可消除，才下眉头，却上心头。

——李清照《一剪梅》

朝辞白帝彩云间，千里江陵一日还。

两岸猿声啼不住，轻舟已过万重山。

——李白《早发白帝城》

西塞山前白鹭飞，桃花流水鳜鱼肥。

青箬笠，绿蓑衣，斜风细雨不须归。

——张志和《渔歌子》

望三门，三门开，"黄河之水天上来！"

神门险，鬼门窄，人门以上百丈崖。

黄水劈门千声雷，狂风万里走东海。

昆仑山高邙山矮，禹王马蹄长青苔。

马去"门"开不见家，门旁空留"梳妆台"。

梳妆台呵，千万载，梳妆台上何人在？

乌云遮明镜，黄水吞金钗。

但见那：辈辈艄公洒泪去，

却不见：黄河女儿梳妆来。

——贺敬之《三门峡——梳妆台》节选

天高云淡，望断南飞雁。不到长城非好汉，屈指行程二万。

六盘山上高峰，红旗漫卷西风。今日长缨在手，何时缚住苍龙？

——毛泽东《清平乐·六盘山》

像柳絮，像飞蝶，情绵绵，意切切。我爱这人间最美的雪花，白雪飘飘，飘飘白雪。

看她那晶莹的花瓣，铺满了天边的原野，看她那轻盈的舞姿，催开了红梅的笑靥。呵，白雪飘飘，飘飘白雪。她赠给大地一片皎洁，她撒向人间多少欢悦。

是她用纯真的爱情，滋润着生命的绿叶，是她把热烈的追求，献给那美好的季节。呵，白雪飘飘，飘飘白雪，她用白玉般的身躯，装扮银光闪闪的世界。

——《白雪》

（10）朗读下面的短文，把韵母读清晰

那是力争上游的一种树，笔直的干，笔直的枝。它的干呢，通常是丈把高，像是加过人工似的，一丈以内，绝无旁枝；它所有的桠枝呢，一律向上，而且紧紧靠拢，也像是加过人工似的，成为一束，绝不横斜逸出；它的宽大的叶子也是片片向上，几乎没有斜生的，更不用说倒垂了；它的皮，光滑而有银色的晕圈，微微泛出淡青色。

——茅盾《白杨礼赞》节选

我常想读书人是世间幸福人，因为他除了拥有现实的世界之外，还拥有另一个更为浩瀚更为丰富的世界。现实的世界是人人都有的，而后一个世界却为读书人所独有。由此我想，那些失去或不能阅读的人是多么的不幸，他们的丧失是不可补偿的。世间有诸多的不平等，财富的不平等，权力的不平等，而阅读能力的拥有或丧失却体现为精神的不平等。

——谢冕《读书人是幸福人》节选

世界杯怎么会有如此巨大的吸引力？除去足球本身的魅力之外，还有什么超乎其上而更伟大的东西？

近来观看世界杯，忽然从中得到了答案：是由于一种无上崇高的精神情感——国家荣誉感！

……到了世界杯大赛，天下大变。各国球员都回国效力，穿上与光荣的国旗同样色彩的服装。在每一场比赛前，还高唱国歌以宣誓自己对祖国的挚爱与忠诚。一种血缘情感开始在全身的血管里燃烧起来，而且立刻热血沸腾。

在历史时代，国家间经常发生对抗，好男儿戎装卫国。国家的荣誉往往需要以自己的生命去换取。但在和平时代，唯有这种国家间大规模对抗性的大赛，才可以唤起那种遥远而神圣的情感，那就是：为祖国而战！

——冯骥才《国家荣誉感》节选

第四节　声调

一、声调的性质和特点

音节中能够区别意义的高低升降的音高变化叫声调，也叫字调。例如，"买（mǎi）"和"卖（mài）"，"厂（chǎng）"和"长（cháng）"，"先（xiān）"和"贤（xián）"，声调不同，意义不同。

声调的高低升降主要决定于音高（跟音长也有密切关系），同一个人的不同的音高变化是由控制声带的松紧决定的。发音时，声带越紧，在一定时间内振动的次数越多，音高越高；声带越松，在一定时间内振动的次数越少，音高越低。在发音时，声带可以随时调整，可以一直绷紧，可以先紧后松，也可以先松后紧，还可以松紧相间。这样造成的不同的音高变化，就构成了各种声调。

二、调值和调类

调值是指声调的实际读法，即指音节的高低升降变化形式。调值决定于音高，音高有绝对音高和相对音高之分。一般而言，男人比女人声音低，老人比小孩声音低，同一个人高兴时声音高，沮丧时声音略低。这样的音高是绝对音高，它没有区别意义的作用。如"木（mù）"，老人说出来和小孩说出来，绝对音高差别很大，但别人听到的都是"木"，意思完全一样。无论谁说的"木"都是从最高音降到最低音，而且变化的模式和下降的幅度也大体相同，尽管小孩的最低音也许比老人的最高音还高，但并不影响意义。

决定调值的音高是相对音高，老人和小孩说话虽然绝对音高不同，但相对音高是相同的。

为了把调值描写得具体、形象，一般用"五度标记法"来标记。

五度标记法就是用五度竖标标记调值的相对音高的一种方法。画一条竖线，分成四格五度，用"1、2、3、4、5"分别表示低音、半低音、中音、半高音、高音。在竖线左侧画一条线表示音高升降变化的形式，制成五度标调符号，有时也采用两位或三位数字表示。根据这种标调法，普通话声调的四种调值如图 1-3 所示。

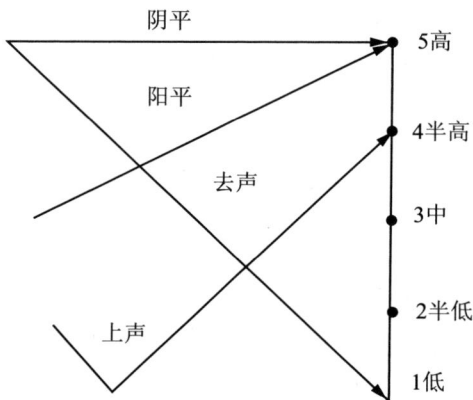

图 1-3　声调五度标记法示意图

55 高平调：鲜 xiān 花 huā。

35 中升调：文 wén 学 xué。

214 降升调：古 gǔ 典 diǎn。

51 全降调：热 rè 爱 ài。

55、35、214、51 表示声调实际的高低升降。《汉语拼音方案》简化为只在韵母的韵腹上标出"－、ˊ、ˇ、ˋ"4 种符号来表示声调的大致调型。

调类就是声调的分类，是按照声调的调值归纳出来的。在音节中，有几种基本调值就可以归纳成几种调类。普通话有 4 种基本调值，就有 4 个调类。凡调值为高平(55)的，归为一类，叫阴平；凡调值为中升(35)的，归为一类，叫阳平；凡调值为降升(214)的，归为一类，叫上声；凡调值为全降(51)的，归为一类，叫去声。阴平、阳平、上声、去声就是普通话调类的名称。调类名称也可以用序数表示，就是第一声、第二声、第三声、第四声，简称为"四声"。四声的发音要领：阴平，起音高高一路平；阳平，由中到高往上升；上声，先降后升曲折起；去声，高起猛降到底层。

拼音时如何确定音节的声调，一般采用以下两种方法：

第一，数调法。先拼出音节，读第一声，然后按四声的顺序数到要读的声调为止。如要读"马"mǎ，先读 mā，再读 má，读到 mǎ 停止。连读则为 mā、má、mǎ，数出 mǎ 的声调。

第二，韵母定调法。先定准一个音节韵母的声调，然后声、韵相拼，直接读出带声调的音节。如拼"上"shàng，先读准韵母 ang 的第四声即 àng，再让 sh 和 àng 相拼，直接读出 shàng。

三、方言声调辨正

普通话的声调共有 4 个，各种方言的声调，少的 3 个，多的可达十来个，方言声调和普通话声调有很多差别。方言区的人要掌握普通话的声调，首先要把普通话的 4 个声调的调值念准，其次要弄清自己方言的调类与普通话调类的对应关系。方言的调类与古代四声的分合有密切的关系。

（一）关于古入声字的分合问题

古代汉语的声调进入到现代汉语是"平分阴阳，浊上归去，入派四声"。从古代四声出发，可以相当清楚地说明自己方言里的某种声调的字，在普通话里应该读哪种声调。

1. 平声

古代的平声在普通话里分阴平、阳平两个调类，绝大多数汉语方言都是如此。但是在北方，从河北东部滦县一带开始，向西经张家口、内蒙古呼和浩特、山西太原、甘肃天水一带，有不少方言平声都不分阴阳，阴平和阳平调值相同。例如，在这些方言里，"梯（tī）"和"题（tí）"、"方（fāng）"和"房（fáng）"、"汪（wāng）"和"王（wáng）"在单说时，调值相同。也有一些方言阴平和上声单说时调值相同，如山西五台山一带，"梯（tī）"和"体（tǐ）"同音。

2. 上声

古上声字分为阴上和阳上两类。其中阴上在普通话里仍读上声，阳上里以鼻音、边音为声母的字和零声母的字仍读上声，其余的归入去声。大多数方言也是如此，只有一类上声。这些方言区的人在说普通话时，只要把自己方言的上声调值改为 214 就行了。吴方言和粤方言的一部分地区，同古汉语一样，把上声字分为阴上和阳上两类。这些方言区的人在说普通话时，要把方言阴上字读成 214 调值，把阳上的鼻音、边音声母的字和零声母的字读成上声，其余的都要归入去声，读成 51 调值。

普通话上声调型曲折，读起来有两个特点需要注意：一是音高较低，二是音长最长。有些方言上声起点较高，学普通话时要记住：平声要高，上声要低。

3. 去声

古去声字不论阴去、阳去，普通话都读去声，普通话里的去声还包括一部分古上声字和入声字，所以普通话里去声字比较多。闽、吴、湘、粤等方言里去声多半分阴去和阳去，这些方言区的人学习普通话时，只要把去声都读成 51 调值就正确了。应注意避免降得不够低、不够快的现象。

4. 入声

普通话里没有入声，古代入声字在现代汉语方言里分为两种情况：一种入声已经消失，归入其他调类，这种情况主要集中在北方方言区；另一种入声还保留。

入声的特点是短促，入声方言区人们学习普通话的声调，需要将入声的调值拉长（调值拉长后自然会发觉韵母读音与普通话的差异，可根据实际情况让韵母尾音读得稍开或稍闭），将调类按照古入声字在普通话中的归属，分别归到阴平、阳平、上声、去声里边，如江淮一带和山西一带。

入声字很少，常用的入声字只有 400 个左右。其中近一半归入了普通话的去声，近三分之一归入阳平，两者约占入声字的三分之二。剩下的归入阴平和上声，其中归入上声的最少。有入声方言的人要了解哪一个入声归入普通话的哪个声调，需要下一番功夫来记忆（可参见下面的《古入声字普通话读音表》），然后再按这一声调的调值来念。可以采用记少不记多的方法，先记住归入上声的少数字，再记归入阴平和阳平的字，剩下的都改读成去声。另外，鼻韵母、边音声母和零声母的古入声字，绝大部分在普通话中也读去声，这样就可以掌握古入声字在普通话里的读音了。

下面是古入声字的普通话声调表，可以帮助大家记忆入声字。

附：

古入声字普通话读音表

1. 阴平

a 阿	guo 郭	shua 刷
ba 八捌	he 呵喝	shuo 说
bai 掰	hei 黑	suo 缩
bao 剥（剥皮）	hu 忽	ta 塌踏（踏实）
bi 逼	ji 击圾积激唧	ti 剔踢
bie 憋瘪（瘪三）鳖	jia 夹	tie 帖（服帖）贴
bo 拨剥（剥削）	jie 节结（结实）接揭	tu 凸秃突
ca 擦	ju 鞠	tuo 托脱
cha 插	ke 磕	wu 屋
chai 拆	ku 哭窟	xi 夕吸昔析息悉惜
chi 吃嗤	lei 勒（勒紧）	晰锡蟋熄膝
chu 出	ma 抹	xia 瞎虾
chuo 戳	nie 捏	xie 歇蝎
cuo 撮（撮合）	pai 拍	xue 削（剥削）薛
da 搭答（答应）	pi 劈霹	ya 压押鸭
di 嘀滴	pie 撇（撇开）	ye 掖
die 跌	po 泊（湖泊）泼	yi 一揖壹
du 督	pu 仆（前仆后继）扑	yue 约
e 阿	qi 七漆戚柒喊	za 扎（扎彩）
fa 发	qia 掐	zha 扎（扎根）
ga 夹（夹肢窝）	qie 切（切除）	zhai 摘
ge 戈疙割胳鸽搁	qu 曲（曲解）屈	zhao 着（着数）
（搁浅）格（格格	que 缺	zhe 折（折腾）
笑）	sha 杀刹（刹车）煞	zhi 汁织
gu 骨（骨碌）	shi 失虱湿	zhuo 拙捉桌
gua 刮	shu 叔淑	zuo 作（作坊）

2. 阳平

ba 拔跋
bai 白
bao 薄（厚薄）
bi 鼻荸
bie 别
bo 伯驳泊柏勃舶
　　脖博渤搏膊薄
　　（薄礼）
cha 察
da 打（量词）答（回
　　答）瘩
de 得德
di 的（的确）敌涤笛
　　迪嫡
die 碟叠蝶谍
du 毒独读牍
duo 夺踱
e 额
fa 乏伐罚阀筏
fo 佛
fu 伏佛（仿佛）拂服
　　幅辐福蝠

ge 革阁格葛（葛
　　布）隔
guo 国
he 合核盒
hua 猾滑
ji 及吉级即极急疾
　　棘集辑籍
jia 夹颊荚
jie 节劫杰洁结捷
　　截竭
ju 局菊
jue 觉决诀角（角色）
　　绝倔（倔强）掘嚼
　　（咀嚼）
ke 壳（贝壳）咳
mei 没（没有）
pu 仆（仆从）
shao 勺芍
she 舌折（折本）
shi 十什石识（识
　　货）实拾食蚀
shu 赎熟秫

su 俗
xi 习席袭媳
xia 匣侠峡狭辖
xie 协胁挟
xue 穴学
za 杂砸
zao 凿
ze 则责择泽
zei 贼
zha 扎（挣扎）札闸
　　炸铡
zhao 着（着火）
zhe 折哲辙
zhai 宅择
zhi 执直侄值职植殖
zhou 轴
zhu 术（白术）竹逐烛
zhuo 灼茁卓浊酌
　　啄着（着落）
zu 足卒族
zuo 琢（琢磨）

3. 上声

bai 百伯柏
bei 北
bi 笔
bie 瘪（干瘪）
chi 尺
e 恶（恶心）
fa 法

gu 谷骨（骨头）
ji 给（给予）脊
jia 甲钾
jiao 角脚
ke 渴
lie 咧（咧嘴）
pi 匹

pie 撇（撇嘴）
pu 朴（朴素）
qu 曲（歌曲）
ru 辱
shai 色（色子）
shu 属
suo 索

58

ta 塔
tie 帖(请帖)铁
xie 血(流血)

xue 雪
yi 乙
zha 眨

zhai 窄
zhu 嘱

4. 去声

bi 必毕泌荜辟(复
　辟)碧壁璧
bie 别(别扭)
bo 薄(薄荷)
bu 不
ce 册厕侧测策
cha 刹
che 彻撤澈
cu 促簇
chu 畜触
chuo 绰
e 扼恶遏愕鳄噩
fa 发(理发)
fu 复腹缚覆
ge 各个
he 吓(恐吓)喝赫
　褐鹤
huo 或获惑霍豁
　(豁免)
hai 骇
ji 迹寂绩鲫
jue 倔(倔头倔脑)
ke 克刻客
ku 酷
kuo 扩括阔廓
la 腊蜡辣
lao 烙落(落枕)酪
le 乐勒
lei 肋
li 力历立沥栗砾

　粒雳
lie 列劣烈猎裂
lu 陆录鹿绿氯
lü 律率(效率)绿
lüe 掠略
luo 洛络骆落
mai 麦脉(脉络)
mi 觅泌密蜜秘
mie 灭蔑
mo 末没(埋没)茉抹
　(转弯抹角)沫
mu 木目沐牧幕
na 呐(呐喊)纳钠捺
ni 逆匿
nie 聂孽镊
nüe 疟(疟疾)虐
nuo 诺
pa 帕
pi 辟(开辟)僻譬
po 迫魄
qi 迄泣契砌
qia 洽恰
re 热
ri 日
ru 入褥
ruo 若弱
sa 飒萨
se 色涩瑟塞
sha 煞厦
she 设射涉赦摄

shi 适室释
shu 术述束
shuo 烁硕
su 肃速宿粟
ta 拓(拓片)踏榻
te 特
ti 惕
tie 帖(画帖)
tuo 拓(开拓)
wo 沃握
wu 勿物
xi 隙
xia 吓(吓唬)
xie 屑泄
xu 旭蓄畜(畜牧)
ya 压(压根儿)轧
　(轧棉花)
yao 药钥(钥匙)
ye 业叶页掖调腋
yi 亦邑役译绎疫奕
　益翼溢
yu 玉郁育狱浴域欲
yue 越月粤跃岳悦
　钥阅乐(音乐)
zha 栅(栅栏)
zhe 这浙蔗
zhi 识(标识)帜质
　挚秩掷窒
zhu 祝筑
zuo 作(作家)

(二)河南话与普通话声调比较

河南话除豫北部分地区外，都是 4 个声调，跟普通话调类相同，也叫阴平、阳平、上声、去声。但调值与普通话却不同，它们的对应关系如表 1-3 所示。

表 1-3 河南话与普通话的调值比较

调类（举例） 调值	普通话	河南话（郑州）
阴平：春天花开	55	24
阳平：和平人民	35	42
上声：永远美好	214	44
去声：运动大会	51	31

只要掌握河南话与普通话四声的对应规律，河南人就可以从自己的口语中推知普通话大部分字音的声调。

但是由于古入声字在河南话和普通话中分类规律不一样，对古入声字的读音，不能按一般声调对应规律去推，只能死记。如表 1-4 所示。

表 1-4 古入声字分类比较

普通话	河南话	例　字
阴平	阳平	逼殊猫峰戳
	上声	他它刊叔勘拥侵肤姑估珍租危微
	去声	糙相(互相)看(看守)应(应当)供(提供)
阳平	阴平	及级疾庭节执职博驳阁福丛竹国足菊橘决觉掘伯隔格得德宧籍集则答
	上声	而仍
	去声	娱愉
上声	阴平	甲久且血铁渴尺轨辱谷骨雪脚角笔北索百窄法塔柏给讽
	阳平	蠢
	去声	朽

续表

普通话	河南话	例　字
去声	阴平	密蜜力立灭业日末示质誓视释各不目木付绿彻热入若洛络握括扩弱物袜复腹速畜宿律月悦阅却略劣岳钥药确墨特策册测侧厕列烈裂迫客刻态麦踏腊辣纳色作莫负鹊
	阳平	室或必绍译
	上声	舍恰敛涉

河南人学习入声字声调可遵循以下规律：

第一，凡声母是 m、n、l、r 及零声母的入声字，绝大多数在普通话中读去声，但是在河南话中读阴平。例如：

m：莫　末　沫　墨　寞　密　蜜　灭　目　木　麦　脉　陌

n：纳　溺　聂　镊　逆　孽　虐　疟

l：腊　蜡　辣　乐　力　立　历　烈　列　裂　录　鹿　陆　律　率
　　绿　掠　略　落　骆　烙　劣　络　勒

r：热　入　若　弱　肉　日　褥

零声母：药　钥　岳　月　跃　越　乐　阅　悦　业　叶　液　页
　　　　腋　抑　亿　译　益　疫　驿　浴　育　狱

第二，普通话中没有 üo 这个韵母，河南人读 üo 韵母的字全是古入声字。例如：

脚　角　觉　决　掘　崛　橛　厥　攫　爵　嚼　却　榷　鹊　雀
缺　瘸　学　削　雪　穴　靴　约　乐　岳　月　越　阅　悦　钥

第三，普通话中有韵母 ê，但此韵母不与任何声母相拼，但河南的许多地区 ê 却能与多个声母相拼，相拼出来的音节所对应的字均是古入声字。例如：

白　拍　麦　脉　陌　默　得　德　特　勒　肋　格　隔　革　彻
克　刻　客　黑　赫　窄　泽　择　摘　宅　翟　者　折　册　车
厕　测　侧　撤　色　设　折　射　涉　舌　哲　责　塞

思考与练习

1. 什么是声调？声调有什么作用？

2. 什么是调值？什么是调类？两者的关系怎样？

3. 举例说明调类相同、调值不同的情况。

4. 文中有大量的声调练习材料，请加强练习。

5. 声调综合训练

(1)听辨训练

听辨平与升：

对比：yī—yí yí—yī

重复：yī—yī—yī yí—yí—yí

交错：yī—yí—yī—yí yí—yī—yí—yī yīyī—yíyí
　　　yíyí—yīyī yīyī—yíyí yíyí—yīyī

听辨平与降：

对比：yī—yì yì—yī

重复：yīyī—yìyì yìyì—yīyī

交错：yī—yì—yī—yì yì—yī—yì—yī yīyī—yìyì yìyì—yīyī
　　　yī—yì yìyì—yīyī

听辨平与曲：

对比：yī—yǐ yǐ—yī

重复：yī—yī—yī yǐ—yǐ—yǐ

交错：yī—yǐ—yī—yǐ yǐ—yī—yǐ—yī yīyī—yǐyǐ yǐyǐ—yīyī
　　　yī—yǐ yǐyǐ—yīyī

听辨升与曲：

对比：yí—yǐ yǐ—yí

重复：yíyí—yǐyǐ yǐyǐ—yíyí

交错：yí—yǐ—yí—yǐ yǐ—yí—yǐ—yí yíyí—yǐyǐ yǐyǐ—yíyí
　　　yí—yǐ yǐyǐ—yíyí

（2）同调词语接力

高音——音标——标枪——枪支——支出——出发——发光——

光阴——阴天——天空

黄河——河南——南极——极强——强人——人民——民情——

情形——形容——容颜

洗手——手指——指引——引水——水管——管理——理想——

想法——法宝——宝岛

志愿——愿意——意见——见面——面对——对照——照办——

办事——事业——业绩

（3）双音节词语声调训练

阴＋阴

功勋 专家 鲜花 青春 天空 春风 丰收 讴歌 光辉 芳香 村庄 冰川

阴＋阳

山河 精神 升学 清明 高原 真情 声明 观察 非常 千年 生活 奔流

阴＋上

中午 高考 春雨 松紧 诗稿 光彩 瓜果 奔跑 飞舞 开展 飘洒 倾吐

阴＋去

称赞 波动 金色 出现 机器 清淡 生气 干脆 规律 机智 尖锐 家事

阳＋阳

红旗 人才 实习 前途 纯洁 文学 前言 黎明 来临 繁荣 明年 南极

阳＋阴

明天 河边 情操 长江 南方 国家 成功 兰花 集中 阳光 研究 迎接

阳＋上

文采 良好 完整 持久 传统 集体 人选 联想 晴朗 毛笔 拂晓 南海

阳＋去

明净 人类 白菜 别墅 学术 文艺 农历 明确 前进 肥沃 习惯 牢固

上＋上

领导 处理 水果 手指 小组 美好 小姐 水井 厂长 口渴 草纸 铁尺

63

上＋阴

古装 小说 老师 体贴 保温 小心 可惜 美观 产生 海滨 米花 手枪

上＋阳

彩虹 皎洁 口头 草鞋 老人 语言 品德 晚年 启迪 旅途 美国 水平

上＋去

宝贵 翡翠 雪地 考验 紧凑 午饭 火焰 广大 阐述 访问 渴望 点缀

去＋去

政治 胜利 毕业 下去 进去 缔造 荡漾 建设 魅力 伴奏 热爱 庆祝

去＋阴

构思 气息 复苏 刺激 奉公 望天 浪花 诞生 细心 电灯 乐章 辣椒

去＋阳

蜡梅 笑容 热情 自由 练习 浪潮 沸腾 序言 富饶 现实 目前 对敌

去＋上

外语 驾驶 进取 鉴赏 剧本 碧海 细雨 创举 物理 洞晓 记者 电脑

(4)四字同调练习

春天花开	江山多娇	珍惜青春	歌声清新	东风飘香	东西交通
儿童纯洁	严格执行	文学繁荣	勤劳人民	牛羊成群	豪情昂扬
请你指导	永远友好	古典舞蹈	领导影响	远景美好	海水洗澡
创造纪录	盼望再见	庆祝胜利	热爱建设	变幻莫测	运动大会

(5)四声顺序练习

英雄好汉	山明水秀	非常可乐	身强体壮	风调雨顺	诸如此类
山盟海誓	山穷水尽	深谋远虑	千锤百炼	兵强马壮	光明磊落
丰年有望	三皇五帝	争前恐后	诗文笔记	非常美妙	山河锦绣
枯藤老树	花红柳绿	中流砥柱	天然宝藏	周秦两汉	中华伟大

（6）四声逆序练习

异口同声	弄巧成拙	暴雨狂风	赤胆红心	万里长征	木已成舟
聚少成多	妙手回春	大有文章	袖手旁观	信以为真	字里行间
耀武扬威	暮鼓晨钟	墨守成规	调虎离山	叫苦连天	大显神通
弄假成真	视死如归	背井离乡	大好河山	地广人稀	遍体鳞伤

（7）四声交错练习

得心应手	天南地北	中华大地	集思广益	草菅人命	万马奔腾
眉飞色舞	耳聪目明	身体力行	心领神会	举足轻重	语重心长
南征北战	言简意赅	万紫千红	画龙点睛	落花流水	卧薪尝胆
挥汗如雨	车载斗量	忠言逆耳	孤陋寡闻	花好月圆	挥汗如雨
别有天地	明目张胆	百炼成钢	粉白黛黑	抱残守缺	豁然开朗

（8）读古诗词，练习声调

故国三千里，深宫二十年。

一声何满子，双泪落君前。

——张祜《何满子》

日照香炉生紫烟，遥看瀑布挂前川。

飞流直下三千尺，疑是银河落九天。

——李白《望庐山瀑布》

云母屏风烛影深，长河渐落晓星沉。

嫦娥应悔偷灵药，碧海青天夜夜心。

——李商隐《嫦娥》

枯藤老树昏鸦，小桥流水人家；古道西风瘦马，夕阳西下，断肠人在天涯。

——马致远《天净沙·秋思》

大江东去，浪淘尽，千古风流人物。故垒西边，人道是：三国周郎赤壁。乱石穿空，惊涛拍岸，卷起千堆雪。江山如画，一时多少豪杰。遥想公瑾当年，小乔初嫁了，雄姿英发。羽扇纶巾，谈笑间，樯橹灰飞烟灭。故国神游，多情应笑我，早生华发。人生如梦，一尊还酹江月。

——苏轼《念奴娇·赤壁怀古》

（9）读名人名言，练习声调

美德好比宝石，它在朴素背景的衬托下反而更华丽。同样，一个打扮并不华贵，却端庄、严肃而有美德的人是令人肃然起敬的。

——培根

读史使人明智，读诗使人聪慧，演算使人精密，哲理使人深刻，道德使人高尚，逻辑修辞使人善辩。总之，"知识能塑造人的性格"。

——培根

果实的事业是尊贵的，花的事业是甜美的，但是让我们做叶的事业吧，叶是谦逊地专心地垂着绿荫的。

——泰戈尔

人的智慧掌握着三把钥匙：一把开启数字，一把开启字母，一把开启音符。知识、思想、幻想就在其中。

——雨果

生命是以时间为单位的。浪费别人的时间，等于谋财害命；浪费自己的时间，等于慢性自杀。

——鲁迅

一个人光溜溜地到这个世界来，最后光溜溜地离开这个世界而去，彻底想起来，名利都是身外物，只有尽一个努力，使社会上的人多得他工作的裨益，是人生最愉快的事情。

——邹韬奋

第五节 音节

普通话语音的音节，是由音素按照一定的方式组合而成的。音节是语素的语音（口头）形式，汉字是音节的书面形式，也是语素的书面形式。普通话里，除了个别情况（如儿化）外，一个汉字就是一个音节。

一、普通话音节的结构

普通话音节一般由声母、韵母和声调三个部分构成，韵母内部又分韵头、韵腹、韵尾。普通话音节的结构类型举例分析如表1-5所示。

表1-5 普通话音节结构表

音节 \ 结构	声母	韵母 头	韵母 腹	尾 元音	尾 辅音	声调
尖	j	i	a		n	ˉ
油		i	o	u		´
也		i	ê			ˇ
盛	ch		e		ng	´
堆	d	u	(e)	i		ˉ
毫	h		a	o		´

从表1-5中可以看出普通话音节结构有以下一些特点：

第一，普通话音节的实际读音最少要由两个成分组成，如"吴（ú）"由韵腹和声调阳平组成；最多可以由五个成分组成，如"尖（jiān）"由声母j、韵头i、韵腹a、韵尾n、声调阴平组成。

第二，普通话音节可以没有韵头和韵尾，但是必须有韵腹和声调，所以说韵腹和声调是普通话音节实际读音不可缺少的成分。

第三，元音最多可以有三个，而且连续排列，分别充当韵母的韵头、韵腹和韵尾。

第四，辅音只出现在音节的开头和末尾，没有辅音连续排列的情况。

第五，韵头只能由i、u、ü充当。

第六，元音韵尾由 i、u（o）（韵尾 u、o 音值相同）充当，辅音韵尾只能由 n、ng 充当。

第七，元音都能充当韵腹。如果韵母不止一个元音，一般总是开口度较大、舌位较低的元音充当韵腹（如 a、o、e），只有在韵母中没有其他元音成分时，i、u、ü 才能充当韵腹。

二、普通话声母和韵母的配合关系

普通话声母、韵母的配合有很强的规律性，各方言声韵的配合也都有自己的规律性。掌握了普通话声韵的配合规律，可以更清楚地认识普通话的语音系统，帮助我们区别普通话音节和方言音节的读音，对学习普通话有很大帮助。

普通话声母和韵母配合的规律性主要表现在声母的发音部位和韵母四呼的关系上，可以根据声母的发音部位和韵母的四呼把普通话声母和韵母的配合关系列成表 1-6。

表 1-6　普通话声母和韵母的配合关系表

声母＼韵母	开口呼	齐齿呼	合口呼	撮口呼
双唇音 b p m	＋	＋	（布）	－
唇齿音 f	＋	－	（富）	－
舌尖中音 d t	＋	＋	＋	－
舌尖中音 n l	＋	＋	＋	＋
舌面音 j q x	－	＋	－	＋
舌尖前音 z c s	＋	－	＋	
舌尖后音 zh ch sh r				
舌根音 g k h				

表 1-6 中的"＋"表示普通话里有的音节，"－"表示普通话里没有的音节。同合口呼韵母相配合，只限于单韵母 u，表中用汉字外加括号的办法来表示。

从表 1-6 中可以看出普通话声母和韵母的配合至少有以下几条规律：

第一，能同开口呼韵母配合的声母最多，只有 j、q、x 不能配合。

第二，能同撮口呼韵母配合的声母最少，只有 j、q、x 和 n、l 能配合。

第三，只有 n、l 能同四呼韵母都配合。

第四，g、z、zh这三套声母只能同开口呼和合口呼的韵母配合，不能同齐齿呼和撮口呼的韵母配合。

第五，j、q、x恰恰相反，只能同齐齿呼和撮口呼韵母配合，不能同开口呼和合口呼韵母配合。

第六，b、p、m、f虽然可以同合口呼韵母配合，但只限于单韵母u。

口诀："j系声母无开合，g、zh、z系无齐撮；b系d、t无撮口，四呼齐全唯n、l。"（系，就是组；j系，指j、q、x这一组）

普通话21个声母和39个韵母按照配合规律，可以拼出400多个基本音节来，加上它们的四声，共有1300多个音节。

三、音节的拼读

拼读是按照普通话声、韵配合规律，把声母和韵母急速拼合并带上声调而成为一个音节，一般是先拼而后读。常用的拼读方法有以下四种：

第一，声韵两拼法。把韵母作为一个整体，跟声母相拼，叫两拼法，如h—uā—huā（花）、m—ěi—měi（美）。这种拼读法简单易学，拼音准确。

第二，三拼连读法。这种方法适用于带介音的韵母。它是声母先连介音，再连韵母，由慢到快连成音节。拼读时"声短介快韵母响"，三个音快速连读，拼成音节，如q—i—áng—qiáng（强）、zh—u—àng—zhuàng（壮）。三拼法不是猛一碰，而是慢慢滑动舌位自然地拼成音节。

第三，声介合母与韵母连读法：这种方法也适用于带介音的韵母。但使用这种方法首先要掌握bi、pi、mi、di、ti、ni、li、ji、qi、xi、du、tu、nu、lu、gu、ku、hu、zhu、chu、shu、ru、zu、cu、su、lü、nü、ju、qu、xu/ü 29个声介合母（yu在其他地方仍看作整体认读音节），然后把声介合母当作一个整体与韵母相拼，成为音节，如ji—ān—jiān（坚）、qi—áng—qiáng（强）。

第四，支架拼读法。运用这种方法拼读时，要先摆好声母的发音部位，即支好发声母的架势，然后直接读韵母冲开支架，成为音节。如bāng（帮）的读音，先闭上双唇，憋上一股气，即先支好发声母b的支架，然后读韵母ang，冲开支架，带上声调，就成bāng（帮）的音节了。这种方法比较简单易学，但必须掌握每个声母的发音部位和发音方法。这种方法对直呼音节教学有直接帮助。

思考与练习

1. 列表分析下列音节的结构方式。

快 kuài　　　红 hóng　　　闷 mèn　　　会 huì　　　我 wǒ　　　酒 jiǔ

壮 zhuàng　　爱 ài　　　　知 zhī　　　春 chūn　　基 jī　　　五 wǔ

好 hǎo　　　大 dà　　　　优 yōu

2. 普通话音节结构有何特点?

3. 普通话声韵配合有什么规律?

4. 按四呼写出普通话的全部韵母。

第六节　音变

　　上一节是对音节作静态分析,这一节是对音节作动态分析。音节不是一个静止的、孤立的语音单位。在大多数情况下,都是几个音节相连组合成词、句,这样就会引起语音的变化。通过这一节的学习,我们可以了解到语音现象的复杂性以及它与词汇、语法的联系。

　　对于音变,重点掌握上声和"一""不"的变调,"啊"的变读和儿化,并了解轻声和儿化的作用。

　　掌握了普通话的基本语音知识,能够为说好普通话打下一定的基础。可是我们往往会发现,尽管声韵调都发得准确,一个一个音节也能读对,但普通话却仍说得不标准,不流畅,自己听起来也生硬别扭。例如,把"有一天"误读为"yǒuyītiān",把"一块儿"误读为"yīkuài'er"。这究竟是什么原因呢?在于没有掌握普通话的语流音变规律。

　　那么,什么叫语流音变呢?

　　在说话过程中,由于相连音节的相互影响或表情达意的需要,有些音节的结构发生不同程度的变化,这种现象就叫语流音变。大家知道,我们说话是一句接一句说的,每句话都是由一连串的音节组合而成的。这一个一个音节并不是孤立存在的,而是连续发出来的。在连读的过程中,语音的各个因素,如音节与音节,音素与音素,声调与声调,就要相互影响,产生种种变化。因此,仅仅读准声韵调,掌握单个儿的音节是很不够的,还不能算说好了普通话。要想把普通话说得标准、流利,还要掌握普通话的音变规律。"音变"就是进一步提高普通话口语水平的关键。

音变是语流中语音音节相互影响所致，这是一种快说连读时极易发生的语音自然现象。例如：

音节方面　　　"咱们"zánmen—zám　　　"怎么"zěnme—zěm

音素方面　　　"豆腐"dòufu—dòuf　　　"喇叭"lǎba—lǎb

声调方面　　　"买卖"mǎimài—mǎimai

　　　　　　　"一前一后"yīqiányīhòu—yìqiányíhòu

不过，这些并不要求我们全部学习掌握，普通话语音教学也只分析、掌握最明显的几种音变现象，如变调、轻声、儿化、句末语气词"啊"的变读。只有掌握这些音变现象的规律，并在口语实践中经常运用，培养语感，才有助于说好普通话。

一、变调

普通话的4个声调的高低变化贯穿整个音节，因此声调又叫"字调"，或叫"本调"。在语流中，由于相连音节的声调相互影响，使某个音节本来的调值发生了变化，这种变化叫变调。一般说来，阴平、阳平、上声、去声或多或少都会发生变调，但变调最明显的"字"和声调，有"从有变无"的"轻声"（为加强练习，我们把轻声单列一项），有"从此变彼"的"一""不"的变调，还有在原声调之内的变化，如"上声""去声"。

由于声调是在语流中产生的，所以拼写时仍标原声调。

（一）上声变调

上声在普通话中的单字调值为214，在朗读和说话中，上声的本调出现的机会很少，只有在单念或处在词语、句子的末尾才读本调。上声经常出现的是变化之后的调值，这是因为上声长而先降后升，在发音过程中有较大的变化。因此，在一串音节连发的实际语言中，不允许慢腾腾地、四平八稳地、完完全全地读好这个又长又曲折的调子，后面音节的声调稍加影响，它就不得不改变原来的调值了。（由于上声变化是原调本身范围的变化，所以无法用调号表示，仍标上声调号，必要时用调值表示变化。）

变化规律可用两句口诀概括："上连上变直上，上连非上变半上。"具体如下：

1. 上连非上变半上

上连非上变半上，也就是上声在阴平、阳平、去声前，即非上声前，丢掉后半段"14"上升的尾巴，由降升调变成低降调，调值由214变为半上声211。例如：

71

在阴平前:	把关	百般	小说	展开	火车	首都
	老师	许多	铁丝	普通	马车	北方
在阳平前:	把持	古文	祖国	讲台	坦白	语言
	表白	赶忙	海洋	柳条	朗读	偶然
在去声前:	把握	努力	美丽	准确	感叹	美术
	诡辩	土地	稿件	雪亮	骨干	款待

上声在轻声前调值也变成半上声211。这是因为这里的轻声词是习惯性固定的轻声，它的变化是先于前一个上声变调的，所以这个轻声可以按非上声看待，上声变成211。例如：

矮子　斧子　奶奶　姐姐　尾巴　老婆
点心　喇叭　口袋　伙计　买卖　稳当

2. 上连上变直上

上连上变直上，也就是上声在上声前，前一个上声的调值从2起直接升到4，不再降到1，即调值由原来的214变为直上声35。例如：

把守　海岛　洗澡　手指　水桶　首长
广场　友好　许久　古典　减少　勇敢

上声在原调是上声的轻声前，也读作直上。这里的轻声，不是常读或固定的轻声(仅在特定的语言环境里才读轻声，属于可轻可不轻的)。上声的变调在先，轻声的变化在后，也应按"上上相连"规律处理。例如：

手里　打点　老虎　把手　晌午　小姐
打手　可以　哪里　老鼠　拟稿　水手

三个上声音节相连，如果后面没有紧跟着其他音节，也不带什么语气，末尾音节一般不变调。第一、二个上声音节变调有两种：

第一，当词语的结构是"双单格"时，由于前两个音节结合较密切，先变为直上—上，再变为直上—直上—上，始终是上上相连变直上。例如：

手写体　展览馆　管理组　选举法　洗脸水　蒙古语
水彩笔　打靶场　勇敢者　敏感点　虎骨酒　考古所

第二，当词语的结构是"单双格"时，由于后两个音节结合较密切，先变为上—直上—上(上上相连变直上)，再变为半上—直上—上(上连非上变半上)。例如：

党小组　很理想　撒火种　冷处理　耍笔杆　小两口
搞管理　好导演　海产品　纸老虎　老保守　小拇指

个别词语也有两可的情况，既可以看作"单双格"，也可以看作"双单格”，如“苦水井”“小组长”。

若是一串上声相连，先按语音和音节停顿划开，再按上述讲的规律去变（这里指的是慢读）。例如：

35　214　35　214　　　　35　214　35　214
永　远　友　好　　　　岂　有　此　理
35　214　211　35　214
请　你　往　北　走
35　35　214　35　214　214　211　35　35　214　35　214
展　览　馆　每　馆　有　好　几　百　种　产　品

若连读快说，并且不在特别强调的情况下，读完完全全的上声几乎没有。例如，上例可变为：

35　35　211　35　211　211　211　35　35　211　35　214
展　览　馆　每　馆　有　好　几　百　种　产　品

注意下列句子的上声变调（字下带点的是轻声，下同）：

211　　　　35　211　　　　　35　211
可　爱　的　小　鸟　和　善　良　的　水　手　结　成　了　朋　友。

　　　　211　　　35　211　　　　　35　211　　　211　　　211
坐　着，躺　着，打　两　个　滚　儿，踢　几　脚　球，赛　几　趟　跑，捉
211
几　回　迷　藏。

　　　　211　　　35　211
这　位　女　士　请　你　过　来　一　下。

　　　　211　　35　214　　　35　214 211　　211　　　　　211
其　实　友　情　也　好，爱　情　也　好，久　而　久　之　都　会　转　化
为　亲　情。

211　　　211 211
母　亲　也　点　点　头。

35　214　　211　　　　　　211　　211　　　　　　211
小　姐，在　你　们　的　国　家　里　有　没　有　小　孩　儿　患　小　儿
麻　痹？

211 211　　211　　　211　　　　　211
使　我　的　小　心　眼　儿　里　不　只　是　着　急。

（二）去声变调

去声的声调调值是51，从最高降到最低，动程较长。当两个去声相连，

前面的去声音节不读重音的时候，调值往往还没有降到最低，就受到后一个音节的影响，而变为高降调53，称为"半去"。例如：

饭店　贵重　介绍　借鉴　密切　裂缝　迫害　木料　电话

再见　算术　注意　汉字　降落　大会　办事　互助　预告

见面　示范　路费　照相　竞赛　致谢

其实，去声在任何声调前边都不是读原调，都可以读成53调值。请体会例句：

51　　　　　　53 51　　　　　53 51　　 53　　　 53　　　　 53
到 纽 约, 不 去 看 看 闻 名 世 界 的 自 然 历 史 博 物 馆,

　　　　　　 53 51
将 会 是 件 憾 事。(强调"憾")

53 53 53 53　　　　 53
现 在 正 是 枝 繁 叶 茂 的 时 节。

53 53 53　　 53　　 53　　 53　　 51
我 正 在 做 的 那 件 事 一 再 失 利。

53 53 53 53
站 在 教 室 前。

(三)"一""不"的变调

"一""不"本来都是入声字。普通话语音没有入声，凡入声字都分别归入阴平、阳平、上声的声调里，很固定。但这两个字很特别，单念或处在词语末尾的时候，读原调不变。当与后一个音节连读时，声调就发生了变化。至于变成什么，主要取决于后一个连读音节的声调。不过，拼写时仍标原调。

1."一"的变调

"一"单说、表示序数或在语句末尾，都念原调阴平，调值55。例如：

一、二、三　　 五一　　 一不怕苦，二不怕死　　 第一层　　 统一

"一"的变调有两种情况：

第一，当"一"在去声前变成阳平。例如：

一半　一旦　一定　一度　一概　一共　一贯　一晃　一路

一切　一色　一味　一向　一样　一阵　一致　一次　一倍

一处　一件　一个　一带　一道　一面　一再　一线

第二，当"一"在阴平、阳平、上声前，即非去声前变成去声。例如：

在阴平前：一般　一边　一端　一发　一经　一身　一生

　　　　　　一天　一些　一心　一朝　一杯　一家　一批

在阳平前： 一连　一齐　一如　一时　一同　一头　一行
　　　　　　一直　一群　一条
在上声前： 一举　一口　一起　一手　一体　一统　一早
　　　　　　一准　一总　一所

当"一"作为序数表示"第一"时不变调。例如，"一楼"的"一"，不变调表示"第一楼"或"第一层楼"，而变调表示"全楼"；"一连"的"一"，不变调表示"第一连（连队）"，而变调则表示"全连"；副词"一连"中的"一"也变调，如"一连五天"。

另外"一"在动词、形容词中读轻声。例如：

听一听　谈一谈　学一学　写一写　走一走
想一想　比一比　问一问　跳一跳　看一看

2."不"的变调

"不"单说或在句子末尾念原调去声，调值51。例如：

不！我偏不！　　要不，明天再说吧！　　谁敢说个"不"字！

"不"的变调就一种。当"不"在去声前，同"一"的变化一样变成阳平。例如：

不必　不变　不便　不测　不错　不待　不但　不定　不断　不对
不够　不顾　不过　不讳　不会　不济　不快　不愧　不利　不力
不料　不论　不妙　不替　不是　不适　不外　不幸　不逊　不厌
不要　不用　不在　不振　不致　不去　不信　不像　不见得
不至于　不在乎

另外，"不"在动词后面的补语中，或夹在词语中读轻声。例如：

听不听　穿不穿　谈不谈　红不红　缺不缺　买不买　去不去
会不会　大不大　看不清　拿不动　起不来　抓不紧　打不打
跑不快

"一""不"变调规律口诀："'一''不'两字变调同，去声前面变阳平；'一''不'居中要轻读，'一'连非去变去声。"

"一"的变调练习：（为方便练习，标上变调调号）

（1）成语

一心一意　一五一十　一丝一毫　一朝一夕　一颦一笑　一粥一饭

一刀两断　一呼百应　一针见血　一团和气　一言为定　一盘散沙

一往直前　一表人才　一网打尽　一见如故　一事无成　一念之差

一毛不拔　一帆风顺

（2）儿歌

一个大，一个小，一件衣服一顶帽。一边多，一边少，一打铅笔一把刀。一个大，一个小，一只西瓜一颗枣。一边多，一边少，一盒饼干一块糕。一个大，一个小，一头肥猪　一只猫。一边多，一边少，一群大雁　一只鸟。一边唱，一边跳，大小多少记得牢。

（3）朗读材料

一帆一桨一渔舟，一个渔翁一钓钩。

一俯一仰一场笑，一江明月一江秋

没有一片绿叶，没有一缕炊烟，没有一粒泥土，没有一丝花香。

一会儿红彤彤的，一会儿金灿灿的，一会儿半紫半红，一会儿半灰半百合色。

我一边吃力地蹬着车，一边当导游……我的衬衫和后背贴在了一起，额上沁出一层汗珠。爬上一道陡坡，准备跨越一条铁道……

一路上，巴尼忍着剧痛，一寸一寸地爬着；他一次次地昏迷过去，又一次次地苏醒过来，心中只有一个念头：一定要活着回去！

"不"的变调练习：

（1）成语

不遗余力　　不闻不问　　不厌其烦　　不可言状　　不可一世

不由自主　　不约而同　　不卑不亢　　不屈不挠　　不慌不忙

不言而喻　　不伦不类　　不即不离　　不分青红皂白　　不知所措

不堪设想　　不毛之地　　不成体统　　不寒而栗　　不了了之

（2）朗读材料

不知道安娜·卡列尼娜是谁，不会说普通话，不敢在公开场合讲一句话，不懂得烫发能增加女性的妩媚。

它虽然不好看，可是很有用，不是外表好看而没有实用的东西。

二、轻声

(一)什么是轻声

轻声是一种又轻又短的调子,是一种特殊的变调。

首先,轻声是变调。普通话有 4 个声调,每个汉字音节都有它自己相应的、固定的声调。而在口语中,一部分音节常常失去原来的声调调值,变得又轻又短、模糊不清,重新构成自身特有的音高形式。例如,"得到"的"得"是阳平,"好得很"中的"得"是轻声;"个子"的"个"是去声,"一个"的"个"是轻声。由于一些音节长期处在轻声的位置上,连字典上也不标调号,常常给人们造成误解,以为轻声是与阴平、阳平、上声、去声并存的第五种声调。其实不然,轻声是由四声变化而来的,是一种变调。

其次,轻声很特殊。轻声并没有自己固定的调值,它的调值因前一个音节的调值变化而变化,因此不可能成为一种独立的调类,不能标调号。

(二)轻声的语音特性

语音实验证明,决定声调性质的是声音的音高,而决定轻声性质的是音高和音长。从音高上看,轻声音节失去原有的声调调值,变为轻声特有的音高形式,构成轻声调值。从音长上看,轻声音节短于正常重读音节的长度,甚至大大缩短。轻声的特性是发音时音强弱、音长短。不过仔细分析,轻声跟在其他声调后面,还有依稀的高低度。

在阴平后面念又轻又短的半低调——2 度,听起来仿佛是轻短的去声。例如:

桌子　　他们　　姑娘　　衣裳　　妈妈

在阳平后面念又轻又短的中调——3 度。例如:

裙子　　人们　　萝卜　　头发　　伯伯

在上声(其实是"半上")后面念又轻又短的半高调——4 度,听起来好像是轻短的阴平。例如:

椅子　　怎么　　眼睛　　尾巴　　姐姐

在去声后面念又轻又短的最低调——1 度,听起来好像是轻短的去声。例如:

帽子　　木头　　事情　　豆腐　　弟弟

这个规律可总结为:前字声调开始较高的,轻声就低;开始较低的,轻声就高;开始是中音的,轻声也不高不低。

不过对于初学者来说，不必掌握得这么精细，读成又轻又短、模糊的调子即可。

（三）轻声的作用

轻声对某些词或短语有区别意义的作用。例如：

兄弟 xiōngdi（指弟弟）	是非 shìfei（口舌、纠纷）
兄弟 xiōngdì（指哥哥和弟弟）	是非 shìfēi（正确和错误）
东西 dōngxi（物件）	大意 dàyi（疏忽）
东西 dōngxī（指方向）	大意 dàyì（主要意思）

轻声对某些词有区别意义和词性的作用。例如：

对头 duìtou（仇敌、对手。名词）

对头 duìtóu（正确、合适。形容词）

利害 lìhai（剧烈、凶猛。形容词）

利害 lìhài（利益和损害。名词）

（四）轻声的规律

普通话口语中，下列一些情况常读轻声：

叠音名词第二个音节读轻声。例如：

爸爸　妈妈　爷爷　奶奶　舅舅

妹妹　猩猩　星星　娃娃　蝈蝈

单音节动词重叠后第二个音节读轻声。例如：

想想　听听　说说　算算　念念　试试

走走　跳跳　笑笑　跑跑　唱唱

助词读轻声。例如：

他的　对呀　去吧　看哪　走着　轻轻地　走了

来过　怎么呢　好得很　吃完啦　走哇

方位名词读轻声。例如：

上边　外面　床上　底下　里头　家里

趋向动词读轻声。例如：

放下　带上　出去　进来　过来　起来

过去　下去　回去

名词词尾"子""头"和表示复数的"们"读轻声。例如：

桌子　瘫子　跟头　木头　我们　同志们

某些单纯词的第二个音节读轻声。例如：

枇杷　萝卜　葫芦　哆嗦　伶俐　窟窿　吩咐

插在词语中的"一""不"读轻声。例如：

想一想 扫一扫 改一改 试一试

对不对 行不行 能不能 差不多

某些双音节词的第二个音节习惯上读轻声。例如：

衣服 云彩 月亮 休息 手巾 知识

认识 活泼 眼睛 耳朵 眉毛 头发

新鲜 详细 舒服 看见 骆驼 粮食

朋友 痛快 招呼 亲戚 故事 热闹

上面举的 9 组例子，其中前 8 组是有规律的，容易掌握，第 9 组仅仅是普通话口语的习惯，没有规律可循（见附文《普通话水平测试用必读轻声词表》）。但读不读轻声，感觉大不一样，应重点练习，努力掌握，才可能使普通话说得流畅自然。

体会在实际语言中轻声的读法：

(1)短语

他的师傅 三个亲戚 知道消息 吃的东西 天上星星

风筝飞吧 拉过砖头 摔个跟头 谁的裙子 容易明白

什么毛病 葡萄甜吗 学生来了 麻烦伯伯 打个比方

屋子里有箱子，箱子里有匣子，匣子里有盒子，盒子里有镯子，镯子外边有盒子，盒子外边有匣子，匣子外边有箱子，箱子外面有屋子。

(2)朗读材料

春天像健壮的青年，有铁一般的胳膊和腰脚，领着我们上前去。

大街上的积雪足有一尺多厚，人踩上去，脚底下发出咯吱咯吱的响声，一群群孩子在雪地里堆雪人，掷雪球，那欢乐的叫喊声，把树枝上的雪都震落下来了。

燕子去了，有再来的时候……聪明的，你告诉我，我们的日子为什么一去不复返呢？

附：

普通话水平测试用必读轻声词语表

说 明

1. 本表根据《普通话水平测试用普通话词语表》编制。

2. 本表供普通话水平测试第二项——读多音节词语（100 个音节）测试使用。

3. 本表共收词 546 条（其中"子"尾词 206 条），按汉语拼音字母顺序排列。

4. 条目中的非轻声音节只标本调，不标变调；条目中的轻声音节，注音不标调号，如"明白（míngbai）"。

1	爱人	àiren	29	饼子	bǐngzi	57	锤子	chuízi
2	案子	ànzi	30	拨弄	bōnong	58	刺猬	cìwei
3	巴掌	bāzhang	31	脖子	bózi	59	凑合	còuhe
4	把子	bǎzi	32	簸箕	bòji	60	村子	cūnzi
5	把子	bàzi	33	补丁	bǔding	61	耷拉	dāla
6	爸爸	bàba	34	不由得	bùyóude	62	答应	dāying
7	白净	báijing	35	不在乎	bùzàihu	63	打扮	dǎban
8	班子	bānzi	36	步子	bùzi	64	打点	dǎdian
9	板子	bǎnzi	37	部分	bùfen	65	打发	dǎfa
10	帮手	bāngshou	38	财主	cáizhu	66	打量	dǎliang
11	梆子	bāngzi	39	裁缝	cáifeng	67	打算	dǎsuan
12	膀子	bǎngzi	40	苍蝇	cāngying	68	打听	dǎting
13	棒槌	bàngchui	41	差事	chāishi	69	大方	dàfang
14	棒子	bàngzi	42	柴火	cháihuo	70	大爷	dàye
15	包袱	bāofu	43	肠子	chángzi	71	大夫	dàifu
16	包涵	bāohan	44	厂子	chǎngzi	72	带子	dàizi
17	包子	bāozi	45	场子	chǎngzi	73	袋子	dàizi
18	豹子	bàozi	46	车子	chēzi	74	单子	dānzi
19	杯子	bēizi	47	称呼	chēnghu	75	耽搁	dānge
20	被子	bèizi	48	池子	chízi	76	耽误	dānwu
21	本事	běnshi	49	尺子	chǐzi	77	胆子	dǎnzi
22	本子	běnzi	50	虫子	chóngzi	78	担子	dànzi
23	鼻子	bízi	51	绸子	chóuzi	79	刀子	dāozi
24	比方	bǐfang	52	除了	chúle	80	道士	dàoshi
25	鞭子	biānzi	53	锄头	chútou	81	稻子	dàozi
26	扁担	biǎndan	54	畜生	chùsheng	82	灯笼	dēnglong
27	辫子	biànzi	55	窗户	chuānghu	83	凳子	dèngzi
28	别扭	bièniu	56	窗子	chuāngzi	84	提防	dīfang

85	笛子	dízi	119	盖子	gàizi	153	罐子	guànzi
86	底子	dǐzi	120	甘蔗	gānzhe	154	规矩	guīju
87	地道	dìdao	121	杆子	gānzi	155	闺女	guīnü
88	地方	dìfang	122	杆子	gǎnzi	156	鬼子	guǐzi
89	弟弟	dìdi	123	干事	gànshi	157	柜子	guìzi
90	弟兄	dìxiong	124	杠子	gàngzi	158	棍子	gùnzi
91	点心	diǎnxin	125	高梁	gāoliang	159	锅子	guōzi
92	调子	diàozi	126	膏药	gāoyao	160	果子	guǒzi
93	钉子	dīngzi	127	稿子	gǎozi	161	蛤蟆	háma
94	东家	dōngjia	128	告诉	gàosu	162	孩子	háizi
95	东西	dōngxi	129	疙瘩	gēda	163	含糊	hánhu
96	动静	dòngjing	130	哥哥	gēge	164	汉子	hànzi
97	动弹	dòngtan	131	胳膊	gēbo	165	行当	hángdang
98	豆腐	dòufu	132	鸽子	gēzi	166	合同	hétong
99	豆子	dòuzi	133	格子	gézi	167	和尚	héshang
100	嘟囔	dūnang	134	个子	gèzi	168	核桃	hétao
101	肚子	dǔzi	135	根子	gēnzi	169	盒子	hézi
102	肚子	dùzi	136	跟头	gēntou	170	红火	hónghuo
103	缎子	duànzi	137	工夫	gōngfu	171	猴子	hóuzi
104	队伍	duìwu	138	弓子	gōngzi	172	后头	hòutou
105	对付	duìfu	139	公公	gōnggong	173	厚道	hòudao
106	对头	duìtou	140	功夫	gōngfu	174	狐狸	húli
107	多么	duōme	141	钩子	gōuzi	175	胡萝卜	húluóbo
108	蛾子	ézi	142	姑姑	gūgu	176	胡琴	húqin
109	儿子	érzi	143	姑娘	gūniang	177	糊涂	hútu
110	耳朵	ěrduo	144	谷子	gǔzi	178	护士	hùshi
111	贩子	fànzi	145	骨头	gǔtou	179	皇上	huángshang
112	房子	fángzi	146	故事	gùshi	180	幌子	huǎngzi
113	废物	fèiwu	147	寡妇	guǎfu	181	活泼	huópo
114	份子	fènzi	148	褂子	guàzi	182	火候	huǒhou
115	风筝	fēngzheng	149	怪物	guàiwu	183	伙计	huǒji
116	疯子	fēngzi	150	关系	guānxi	184	机灵	jīling
117	福气	fúqi	151	官司	guānsi	185	脊梁	jǐliang
118	斧子	fǔzi	152	罐头	guàntou	186	记号	jìhao

187	记性	jìxing	221	窟窿	kūlong	255	林子	línzi
188	夹子	jiāzi	222	裤子	kùzi	256	翎子	língzi
189	家伙	jiāhuo	223	快活	kuàihuo	257	领子	lǐngzi
190	架势	jiàshi	224	筷子	kuàizi	258	溜达	liūda
191	架子	jiàzi	225	框子	kuàngzi	259	聋子	lóngzi
192	嫁妆	jiàzhuang	226	阔气	kuòqi	260	笼子	lóngzi
193	尖子	jiānzi	227	喇叭	lǎba	261	炉子	lúzi
194	茧子	jiǎnzi	228	喇嘛	lǎma	262	路子	lùzi
195	剪子	jiǎnzi	229	篮子	lánzi	263	轮子	lúnzi
196	见识	jiànshi	230	懒得	lǎnde	264	萝卜	luóbo
197	毽子	jiànzi	231	浪头	làngtou	265	骡子	luózi
198	将就	jiāngjiu	232	老婆	lǎopo	266	骆驼	luòtuo
199	交情	jiāoqing	233	老实	lǎoshi	267	妈妈	māma
200	饺子	jiǎozi	234	老太太	lǎotàitai	268	麻烦	máfan
201	叫唤	jiàohuan	235	老头子	lǎotóuzi	269	麻利	máli
202	轿子	jiàozi	236	老爷	lǎoye	270	麻子	mázi
203	结实	jiēshi	237	老子	lǎozi	271	马虎	mǎhu
204	街坊	jiēfang	238	姥姥	lǎolao	272	码头	mǎtou
205	姐夫	jiěfu	239	累赘	léizhui	273	买卖	mǎimai
206	姐姐	jiějie	240	篱笆	líba	274	麦子	màizi
207	戒指	jièzhi	241	里头	lǐtou	275	馒头	mántou
208	金子	jīnzi	242	力气	lìqi	276	忙活	mánghuo
209	精神	jīngshen	243	厉害	lìhai	277	冒失	màoshi
210	镜子	jìngzi	244	利落	lìluo	278	帽子	màozi
211	舅舅	jiùjiu	245	利索	lìsuo	279	眉毛	méimao
212	橘子	júzi	246	例子	lìzi	280	媒人	méiren
213	句子	jùzi	247	栗子	lìzi	281	妹妹	mèimei
214	卷子	juànzi	248	痢疾	lìji	282	门道	méndao
215	咳嗽	késou	249	连累	liánlei	283	眯缝	mīfeng
216	客气	kèqi	250	帘子	liánzi	284	迷糊	míhu
217	空子	kòngzi	251	凉快	liángkuai	285	面子	miànzi
218	口袋	kǒudai	252	粮食	liángshi	286	苗条	miáotiao
219	口子	kǒuzi	253	两口子	liǎngkǒuzi	287	苗头	miáotou
220	扣子	kòuzi	254	料子	liàozi	288	名堂	míngtang

289	名字	míngzi	323	屁股	pìgu	357	傻子	shǎzi
290	明白	míngbai	324	片子	piānzi	358	扇子	shànzi
291	模糊	móhu	325	便宜	piányi	359	商量	shāngliang
292	蘑菇	mógu	326	骗子	piànzi	360	晌午	shǎngwu
293	木匠	mùjiang	327	票子	piàozi	361	上司	shàngsi
294	木头	mùtou	328	漂亮	piàoliang	362	上头	shàngtou
295	那么	nàme	329	瓶子	píngzi	363	烧饼	shāobing
296	奶奶	nǎinai	330	婆家	pójia	364	勺子	sháozi
297	难为	nánwei	331	婆婆	pópo	365	少爷	shàoye
298	脑袋	nǎodai	332	铺盖	pūgai	366	哨子	shàozi
299	脑子	nǎozi	333	欺负	qīfu	367	舌头	shétou
300	能耐	néngnai	334	旗子	qízi	368	身子	shēnzi
301	你们	nǐmen	335	前头	qiántou	369	什么	shénme
302	念叨	niàndao	336	钳子	qiánzi	370	婶子	shěnzi
303	念头	niàntou	337	茄子	qiézi	371	生意	shēngyi
304	娘家	niángjia	338	亲戚	qīnqi	372	牲口	shēngkou
305	镊子	nièzi	339	勤快	qínkuai	373	绳子	shéngzi
306	奴才	núcai	340	清楚	qīngchu	374	师父	shīfu
307	女婿	nǚxu	341	亲家	qìngjia	375	师傅	shīfu
308	暖和	nuǎnhuo	342	曲子	qǔzi	376	虱子	shīzi
309	疟疾	nüèji	343	圈子	quānzi	377	狮子	shīzi
310	拍子	pāizi	344	拳头	quántou	378	石匠	shíjiang
311	牌楼	páilou	345	裙子	qúnzi	379	石榴	shíliu
312	牌子	páizi	346	热闹	rènao	380	石头	shítou
313	盘算	pánsuan	347	人家	rénjia	381	时候	shíhou
314	盘子	pánzi	348	人们	rénmen	382	实在	shízai
315	胖子	pàngzi	349	认识	rènshi	383	拾掇	shíduo
316	狍子	páozi	350	日子	rìzi	384	使唤	shǐhuan
317	盆子	pénzi	351	褥子	rùzi	385	世故	shìgu
318	朋友	péngyou	352	塞子	sāizi	386	似的	shìde
319	棚子	péngzi	353	嗓子	sǎngzi	387	事情	shìqing
320	脾气	píqi	354	嫂子	sǎozi	388	柿子	shìzi
321	皮子	pízi	355	扫帚	sàozhou	389	收成	shōucheng
322	痞子	pǐzi	356	沙子	shāzi	390	收拾	shōushi

391	首饰	shǒushi	425	挖苦	wāku	459	行李	xíngli
392	叔叔	shūshu	426	娃娃	wáwa	460	性子	xìngzi
393	梳子	shūzi	427	袜子	wàzi	461	兄弟	xiōngdi
394	舒服	shūfu	428	晚上	wǎnshang	462	休息	xiūxi
395	舒坦	shūtan	429	尾巴	wěiba	463	秀才	xiùcai
396	疏忽	shūhu	430	委屈	wěiqu	464	秀气	xiùqi
397	爽快	shuǎngkuai	431	为了	wèile	465	袖子	xiùzi
398	思量	sīliang	432	位置	wèizhi	466	靴子	xuēzi
399	算计	suànji	433	位子	wèizi	467	学生	xuésheng
400	岁数	suìshu	434	蚊子	wénzi	468	学问	xuéwen
401	孙子	sūnzi	435	稳当	wěndang	469	丫头	yātou
402	他们	tāmen	436	我们	wǒmen	470	鸭子	yāzi
403	它们	tāmen	437	屋子	wūzi	471	衙门	yámen
404	她们	tāmen	438	稀罕	xīhan	472	哑巴	yǎba
405	台子	táizi	439	席子	xízi	473	胭脂	yānzhi
406	太太	tàitai	440	媳妇	xífu	474	烟筒	yāntong
407	摊子	tānzi	441	喜欢	xǐhuan	475	眼睛	yǎnjing
408	坛子	tánzi	442	瞎子	xiāzi	476	燕子	yànzi
409	毯子	tǎnzi	443	匣子	xiázi	477	秧歌	yāngge
410	桃子	táozi	444	下巴	xiàba	478	养活	yǎnghuo
411	特务	tèwu	445	吓唬	xiàhu	479	样子	yàngzi
412	梯子	tīzi	446	先生	xiānsheng	480	吆喝	yāohe
413	蹄子	tízi	447	乡下	xiāngxia	481	妖精	yāojing
414	挑剔	tiāoti	448	箱子	xiāngzi	482	钥匙	yàoshi
415	挑子	tiāozi	449	相声	xiàngsheng	483	椰子	yēzi
416	条子	tiáozi	450	消息	xiāoxi	484	爷爷	yéye
417	跳蚤	tiàozao	451	小伙子	xiǎohuǒzi	485	叶子	yèzi
418	铁匠	tiějiang	452	小气	xiǎoqi	486	一辈子	yībèizi
419	亭子	tíngzi	453	小子	xiǎozi	487	衣服	yīfu
420	头发	tóufa	454	笑话	xiàohua	488	衣裳	yīshang
421	头子	tóuzi	455	谢谢	xièxie	489	椅子	yǐzi
422	兔子	tùzi	456	心思	xīnsi	490	意思	yìsi
423	妥当	tuǒdang	457	星星	xīngxing	491	银子	yínzi
424	唾沫	tuòmo	458	猩猩	xīngxing	492	影子	yǐngzi

493	应酬	yìngchou	511	丈夫	zhàngfu	529	主意	zhǔyi(zhúyi)
494	柚子	yòuzi	512	帐篷	zhàngpeng	530	主子	zhǔzi
495	冤枉	yuānwang	513	丈人	zhàngren	531	柱子	zhùzi
496	院子	yuànzi	514	帐子	zhàngzi	532	爪子	zhuǎzi
497	月饼	yuèbing	515	招呼	zhāohu	533	转悠	zhuànyou
498	月亮	yuèliang	516	招牌	zhāopai	534	庄稼	zhuāngjia
499	云彩	yúncai	517	折腾	zhēteng	535	庄子	zhuāngzi
500	运气	yùnqi	518	这个	zhège	536	壮实	zhuàngshi
501	在乎	zàihu	519	这么	zhème	537	状元	zhuàngyuan
502	咱们	zánmen	520	枕头	zhěntou	538	锥子	zhuīzi
503	早上	zǎoshang	521	芝麻	zhīma	539	桌子	zhuōzi
504	怎么	zěnme	522	知识	zhīshi	540	字号	zìhao
505	扎实	zhāshi	523	侄子	zhízi	541	自在	zìzai
506	眨巴	zhǎba	524	指甲	zhǐjia(zhíjia)	542	粽子	zòngzi
507	栅栏	zhàlan	525	指头	zhǐtou(zhítou)	543	祖宗	zǔzong
508	宅子	zháizi	526	种子	zhǒngzi	544	嘴巴	zuǐba
509	寨子	zhàizi	527	珠子	zhūzi	545	作坊	zuōfang
510	张罗	zhāngluo	528	竹子	zhúzi	546	琢磨	zuómo

三、儿化

（一）什么是儿化

儿化是在一个音节末尾加上一个卷舌动作，使这个音节韵母的读音发生变化，成为卷舌的儿化韵，使音节成为一个儿化的音节。

普通话是以北方话为基础方言的。儿化现象是北方话的特点之一，它主要由词尾"儿"变化而来。词尾"儿"本来是个独立的音节，由于口语中处于轻读的地位，长期与前面的音节流利地连读而产生音变，"儿"（er）失去了独立性，"化"到前一个音节去，只保持一个卷舌动作（用形容性符号 r 表示，r 并不发音，不是音素，仅表示卷舌动作），使两个音节融合成为一个音节，前面的音节或多或少地发生变化，这就是儿化的过程和儿化韵的发音特点。

《汉语拼音方案》中 39 个韵母除"er"本身外都可以儿化，只是要注意不能把"儿"和同它结合的韵母分开自成音节。要卷舌自然，读得浑然一体。

拼写儿化音节时，只在音节末尾加上一个形容性的卷舌符号 r 就可以，如"花儿（huār）""纸儿（zhǐr）"。

儿化现象很普遍，但也不能一见到"儿"就读成儿化。例如，少数带词尾"儿"的词不可再儿化，或者在文艺作品中起某种修辞作用，"儿"独立为一个音节，如"女儿""云儿""蚕儿"。在对仗整齐的诗歌或词语的节律中须要占一个音节的时候，"儿"不读儿化，如"花儿与少年""万儿八千"。

（二）儿化的作用

第一，区别词义的作用。例如：

对调（互相调换）　　　开方（数学术语）

对调儿（合调门儿）　　开方儿（开药方儿）

破烂（残破的东西）　　火星（一个星球的名称）

破烂儿（废品）　　　　火星儿（一小点儿火）

第二，区别词性的作用。例如：

动变名：盖盖儿　垫垫儿　画画儿

形变名：好儿　　明儿

数变名：九儿　　三儿

第三，表示细小、轻微的意思。例如：

小米儿　小鸡儿　笔尖儿　门缝儿　壶嘴儿　碎片儿

第四，表示喜欢、亲切的感情色彩。例如：

画片儿　宝贝儿　电影儿　老头儿

一些词习惯上儿化，并没有什么作用，只是读起来顺畅，如"旁边儿""圆圈儿""走道儿""带个信儿"。还有一部分词儿化，并非真的儿化，如"今儿"（今日）、"明儿"（明日）等是"日"字变来的，"这儿"（这里）、"那儿"（那里）等是"里"字变来的。

在普通话里，可以适当使用这些能表示复杂语意的儿化音。那些可用可不用，不表示什么语意的"儿化"，可以不用。一般地说，不能有相连的两个儿化音节。例如，"花"可以说 huār，"盆"可以说 pénr，但合起来构成一个词，决不能说成 huārpénr，只能说 huāpénr。如果实在避免不了，就保持原状，如"一块玩儿（yīkuàirwánr）""玩儿玩儿（wánrwánr）"。

（三）儿化的音变规律

儿化韵是语流音变中的一种脱落现象。儿化韵的音变条件取决于是否有利于卷舌动作，其基本规律：便于卷舌的直接加 r；能卷舌，但不大便利，就稍变，迁就卷舌动作；不便于卷舌的，大变，甚至去掉韵尾，增加音素，使其有卷舌动作。例如"个儿（gèr）""点儿（diǎr）""椅儿（yěr）""印儿（yièr）"。

由于儿化，一些韵母发生了变化。这样，有些音节本来是不同音的，却变成同音的了。例如，"针"和"枝"是两个不同音的字，儿化之后，成了"针儿"（zhēn——zhēr）和"枝儿"（zhī——zhēr），变成同音的了。（表1-7）

表1-7 儿化变化规律表

原韵或尾音	儿化	实际发音
韵母或尾音是 a、o、e、u	不变，加 r	刀把儿 dāobàr　　书架儿 shūjiàr 山楂儿 shānzhār　　小道儿 xiǎodàor 高个儿 gāogèr　　小树儿 xiǎoshùr 小狗儿 xiǎogǒur
尾音是 i、n(in、ün 除外)	去 i 或 n，加 r	盖儿 gàr 顶针儿 dǐngzhēr　　味儿 wèr 心眼儿 xīnyǎr　　弯儿 wār 窍门儿 qiàomér
尾音是 ng	去 ng，加 r，元音鼻化	板凳儿 bǎndèr 电影儿 diànyǐr 香肠儿 xiāngchár
韵母是 i、ü	不变，加 er	有趣儿 yǒuqùer　　小鸡儿 xiǎojīer
韵母是 -i(前)、-i(后)、ê	去 -i 或 ê，加 er	叶儿 yèr　　木头橛儿 mùtoujuér 词儿 cér　　事儿 shèr
韵母是 ui、in、un、ün	去 i 或 n 加 er	水印儿 shuǐyìer　　飞轮儿 fēiluér 烟嘴儿 yānzuěr　　花裙儿 huāquér

体会儿化在语言中的读法：

1. 绕口令

有个小孩儿，叫小兰儿。口袋里装着几个小钱儿，又打醋，又打盐儿，还买了一个小饭碗儿。小饭碗儿真好玩儿，红花儿绿叶儿，镶金边儿，中间儿还有个小红点儿。

进了门儿，倒杯水儿，喝了两口运运气儿。顺手拿起小唱本儿，唱一曲儿，又一曲儿，练完了嗓子我练嘴皮儿。绕口令儿，练字音儿，还有单弦儿牌子曲儿，小快板儿，大鼓词儿，又说又唱我真带劲儿。

2. 词句练习

解放军野营训练行军千里地儿,

昨夜晚宿营驻在杨家屯。

今天早上,小刘儿、小陈儿打扫完了后院儿挑完了水儿,

又到场院儿修理脱粒机的皮带轮儿。

突然间草堆儿里飞出一只黑母鸡儿,

你看它翘着个翅膀张着个嘴儿,

哏哏嘎、嘎嘎哏欢蹦乱跳就回了村儿,

他们俩在草堆儿里捡到了十个大鸡子儿,

......

一会儿红彤彤的,一会儿金灿灿的,一会儿半紫半黄,一会儿半灰半百合色。

有人也许没听说过这稀罕物儿吧?

一阵风吹来,树枝轻轻地摇晃,美丽的银条儿和雪球儿簌簌地落下来,玉屑似的雪末儿,映着清晨的阳光,显出五光十色的彩虹。

附:

普通话水平测试用儿化词语表

说　明

1. 本表参照《普通话水平测试用普通话词语表》及《现代汉语词典》编制。加 * 的是以上二者未收,根据测试需要而酌增的条目。

2. 本表仅供普通话水平测试第二项——读多音节词语(100 个音节)测试使用。本表儿化音节,在书面上一律加"儿",但并不表明所列词语在任何语用场合都必须儿化。

3. 本表共收词 189 条,按儿化音节的汉语拼音声母顺序排列。

4. 本表列出原形韵母和所对应的儿化韵,用">"表示条目中儿化音节的注音,只在基本形式后面加"r",如"一会儿(yīhuìr)",不标语音上的实际变化。

一

a>ar

刀把儿 dāobàr	号码儿 hàomǎr
戏法儿 xìfǎr	在哪儿 zàinǎr
找茬儿 zhǎochár	打杂儿 dǎzár
板擦儿 bǎncār	

ai＞ar	名牌儿 míngpáir	鞋带儿 xiédàir
	壶盖儿 húgàir	小孩儿 xiǎoháir
	加塞儿 jiāsāir	
an＞ar	快板儿 kuàibǎnr	老伴儿 lǎobànr
	蒜瓣儿 suànbànr	脸盘儿 liǎnpánr
	脸蛋儿 liǎndànr	收摊儿 shōutānr
	栅栏儿 zhàlanr	包干儿 bāogānr
	笔杆儿 bǐgǎnr	门槛儿 ménkǎnr

二

ang＞ar（鼻化）	药方儿 yàofāngr	赶趟儿 gǎntàngr
	香肠儿 xiāngchángr	瓜瓤儿 guāràngr

三

ia＞iar	掉价儿 diàojiàr	一下儿 yīxiàr
	豆芽儿 dòuyár	
ian＞iar	小辫儿 xiǎobiànr	照片儿 zhàopiānr
	扇面儿 shànmiànr	差点儿 chàdiǎnr
	一点儿 yīdiǎnr	雨点儿 yǔdiǎnr
	聊天儿 liáotiānr	拉链儿 lāliànr
	冒尖儿 màojiānr	坎肩儿 kǎnjiānr
	牙签儿 yáqiānr	露馅儿 lòuxiànr
	心眼儿 xīnyǎnr	

四

iang＞iar（鼻化）	鼻梁儿 bíliángr	透亮儿 tòuliàngr
	花样儿 huāyàngr	

五

ua＞uar	脑瓜儿 nǎoguār	大褂儿 dàguàr
	麻花儿 máhuār	笑话儿 xiàohuar
	牙刷儿 yáshuār	
uai＞uar	一块儿 yīkuàir	
uan＞uar	茶馆儿 cháguǎnr	饭馆儿 fànguǎnr
	火罐儿 huǒguànr	落款儿 luòkuǎnr
	打转儿 dǎzhuànr	拐弯儿 guǎiwānr
	好玩儿 hǎowánr	大腕儿 dàwànr

六

uang＞uar（鼻化）　　蛋黄儿 dànhuángr　　打晃儿 dǎhuàngr

天窗儿 tiānchuāngr

七

üan＞üar　　　　　烟卷儿 yānjuǎnr　　　手绢儿 shǒujuànr

出圈儿 chūquānr　　　包圆儿 bāoyuánr

人缘儿 rényuánr　　　绕远儿 ràoyuǎnr

杂院儿 záyuànr

八

ei＞er　　　　　　刀背儿 dāobèir　　　摸黑儿 mōhēir

en＞er　　　　　　老本儿 lǎoběnr　　　花盆儿 huāpénr

嗓门儿 sǎngménr　　把门儿 bǎménr

哥们儿 gēmenr　　　纳闷儿 nàmènr

后跟儿 hòugēnr　　　高跟儿鞋 gāogēnrxié

别针儿 biézhēnr　　　一阵儿 yīzhènr

走神儿 zǒushénr　　　大婶儿 dàshěnr

小人儿书 xiǎorénrshū　杏仁儿 xìngrénr

刀刃儿 dāorènr

九

eng＞er（鼻化）　　钢镚儿 gāngbèngr　　夹缝儿 jiāfèngr

脖颈儿 bógěngr　　　提成儿 tíchéngr

十

ie＞ier　　　　　　半截儿 bànjiér　　　小鞋儿 xiǎoxiér

üe＞üer　　　　　旦角儿 dànjuér　　　主角儿 zhǔjuér

十一

uei＞uer　　　　　跑腿儿 pǎotuǐr　　　一会儿 yīhuìr

耳垂儿 ěrchuír　　　墨水儿 mòshuǐr

围嘴儿 wéizuǐr　　　走味儿 zǒuwèir

uen＞uer　　　　　打盹儿 dǎdǔnr　　　胖墩儿 pàngdūnr

砂轮儿 shālúnr　　　冰棍儿 bīnggùnr

没准儿 méizhǔnr　　　开春儿 kāichūnr

ueng＞uer（鼻化）　＊ 小瓮儿 xiǎowèngr

十二

-i（前）＞er	瓜子儿 guāzǐr	石子儿 shízǐr
	没词儿 méicír	挑刺儿 tiāocìr
-i（后）＞er	墨汁儿 mòzhīr	锯齿儿 jùchǐr
	记事儿 jìshìr	

十三

i＞iːer	针鼻儿 zhēnbír	垫底儿 diàndǐr
	肚脐儿 dùqír	玩意儿 wányìr
in＞iːer	有劲儿 yǒujìnr	送信儿 sòngxìnr
	脚印儿 jiǎoyìnr	

十四

ing＞iːer（鼻化）	花瓶儿 huāpíngr	打鸣儿 dǎmíngr
	图钉儿 túdīngr	门铃儿 ménlíngr
	眼镜儿 yǎnjìngr	蛋清儿 dànqīngr
	火星儿 huǒxīngr	人影儿 rényǐngr

十五

ü＞üː	er 毛驴儿 máolǘr	小曲儿 xiǎoqǔr
	痰盂儿 tányúr	
üe＞üːer	合群儿 héqúnr	

十六

e＞er	模特儿 mótèr	逗乐儿 dòulèr
	唱歌儿 chànggēr	挨个儿 āigèr
	打嗝儿 dǎgér	饭盒儿 fànhér
	在这儿 zàizhèr	

十七

u＞ur	碎步儿 suìbùr	没谱儿 méipǔr
	儿媳妇儿 érxífur	梨核儿 líhúr
	泪珠儿 lèizhūr	有数儿 yǒushùr

十八

ong＞or（鼻化）	果冻儿 guǒdòngr	门洞儿 méndòngr
	胡同儿 hútòngr	抽空儿 chōukòngr
	酒盅儿 jiǔzhōngr	小葱儿 xiǎocōngr
iong＞ior（鼻化）	＊ 小熊儿 xiǎoxióngr	

91

十九

ao＞aor

红包儿 hóngbāor	灯泡儿 dēngpàor
半道儿 bàndàor	手套儿 shǒutàor
跳高儿 tiàogāor	叫好儿 jiàohǎor
口罩儿 kǒuzhàor	绝招儿 juézhāor
口哨儿 kǒushàor	蜜枣儿 mìzǎor

二十

iao＞iaor

鱼漂儿 yúpiāor	火苗儿 huǒmiáor
跑调儿 pǎodiàor	面条儿 miàntiáor
豆角儿 dòujiǎor	开窍儿 kāiqiàor

二十一

ou＞our

衣兜儿 yīdōur	老头儿 lǎotóur
年头儿 niántóur	小偷儿 xiǎotōur
门口儿 ménkǒur	纽扣儿 niǔkòur
线轴儿 xiànzhóur	小丑儿 xiǎochǒur

二十二

iou＞iour

顶牛儿 dǐngniúr	抓阄儿 zhuājiūr
棉球儿 miánqiúr	加油儿 jiāyóur

二十三

uo＞uor

火锅儿 huǒguōr	做活儿 zuòhuór
大伙儿 dàhuǒr	邮戳儿 yóuchuōr
小说儿 xiǎoshuōr	被窝儿 bèiwōr

(o)＞or

耳膜儿 ěrmór	粉末儿 fěnmòr

四、句末语气词"啊"的变读

"啊"做叹词时，常常独立成句，放在句首，这时它不受前面字音影响，读音没有变化，读作"a"，如"啊！黄河"；而语气助词"啊"，则常常放在词末或句末，因受前一音节末尾音素的影响，末尾音素与"a"连读，读音往往发生变化，变化后再没有一处读作"啊"，虽然有时还书写成"啊"。例如：

景色多美呀(ya)　　　时不待人哪(na)

这是怎么回事啊(ra)　　办个公司啊([z]a)

好疼啊(nga)　　　　好哇(wa)

这里要注意，"啊"的变读是根据"啊"字前一个字归音(末尾音素)的口型来变(读上例括号中的音)，不能一味地读"啊(a)"。其音变规律如下：

第一，当前面音节末尾音素是 a、o、e、ê、i、ü(包括单韵母 i、ü 或韵尾是 i)时，"啊"变 ya，写作"呀"。例如：

怕呀	花呀	回家呀	说呀	真多呀	上坡呀
喝呀	饿呀	写呀	学呀	活跃呀	多美呀
你呀	洗呀	谁呀	解围呀	注意呀	飞呀

第二，当前面音节末尾音素是 u(包括单韵母 u 或韵尾是 u、o 的情况)时，"啊"变 wa，写作"哇"。例如：

雾哇	树哇	读哇	好书哇	监督哇	没有哇
走哇	抽哇	锄头哇	保守哇	喝粥哇	害羞哇
好哇	妙哇	真巧哇	好久哇	加油哇	发愁哇
跑哇	高哇	熊猫哇			

第三，当前面音节末尾音素是 n 时，"啊"变 na，写作"哪"。例如：

看哪	干哪	天哪	不见哪	新鲜哪	快看哪
云哪	浑哪	人哪	好人哪	不近哪	参军哪
真狠哪	没劲哪	没完哪	有缘哪	电门哪	是您哪
久闻哪	真准哪				

第四，当前面音节末尾音素是 ng 时，"啊"变 nga，仍写作"啊"。例如：

党啊	箱啊	娘啊	忙啊	冷啊	大梁啊
听啊	停啊	满筐啊	一样啊	快上啊	不成啊
冰啊	疼啊	行啊	命令啊	大井啊	

第五，当前面音节末尾音素是舌尖后元音-i 或儿化韵时，"啊"变 ra，仍写作"啊"。例如：

写诗啊	老师啊	树枝啊	电视啊	报纸啊	什么事啊
织啊	吃啊	快治啊	小二啊	儿啊	好玩儿啊

第六，当前面音节末尾音素是舌尖前元音-i 时，"啊"变[za]([z]是个舌尖前浊擦音)，仍写作"啊"。例如：

写字啊	工资啊	几次啊	好词啊	自私啊	第四啊
蚕丝啊	公司啊	有刺啊	汗渍啊	各自啊	少林寺啊

归纳成表 1-8。

表 1-8　句末语气词"啊"的变读

"啊"前面音节的韵母	"啊"前面音节末尾的音素	"啊"的音变	汉字写法
a ia ua o uo e ie üe	a o e ê	ya	呀
i ai uai ei uei ü	i ü	ya	呀

续表

"啊"前面音节的韵母	"啊"前面音节末尾的音素	"啊"的音变	汉字写法
u ou iou ao iao	u	wa	哇
an ian uan üan en in uen ün	n	na	哪
ang iang uang eng ing ueng ong iong	ng	nga	啊
-i(后) er	-i(后) er	ra	啊
-i(前)	-i(前)	[za]	啊

为了便于掌握"啊"的音变情况，总结口诀如下："啊前 n、ng 读 na、nga，啊前见 u(ao、iao)读成 wa，舌尖韵母读[za]、ra，其余全读 ya。"

体会"啊"的不同读法：

鸡呀，鸭呀，猫哇，狗哇，一块儿水里游哇！牛哇，羊啊，马呀，骡呀，一块儿进窝呀！狮啊，虫啊，虎哇，豹哇，一块儿街上跑哇！兔哇，驴呀，鼠哇，孩子啊，一块儿上窗台儿啊！

这些孩子们哪，真可爱呀，你看哪，他们多高兴啊！又做诗啊，又画画儿啊，又唱啊，又跳哇，他们是多么幸福哇！

春节的菜市场货真全哪！什么鸡呀，鱼呀，肉哇，蛋哪，粉丝啊，西红柿啊，蒜苗哇，四川辣酱啊，应有尽有哇！

家乡的桥哇，我梦中的桥。

思考与练习

1. 什么是音变现象？

2. 普通话音变包括哪些内容？

3. 什么是轻声？哪些词应读轻声？

4. 下面一些词，哪些应该念轻声？（在轻读的字下用点儿点出来）

头发　前面　他们　成分　点心　聪明　下来　实在　玻璃　镜子
婆婆　晚上　吃的　用的　时候　将就　太平　容易　寂寞　仿佛
丰富　厉害　快活　学生　漂亮　关系　修理　柔和　伙计　石头

5. 按"一""不"的变调规律，给下面的词注音。

一个　　　一支　　　一次　　　一口　　　一年

说一是一　不闻不问　不干不净　不大不小　不说不笑

6. 按上声变调规律朗读下列词语。

体操　指标　苦心　纸张　马车　老师　旅游　改革

祖国　锦旗　解决　几何　努力　土地　巩固　柳树

笔记　老汉　椅子　尾巴　里头　你们　起来　躺下

果品　顶点　影响　辗转　美好　海港　管理所　李指导

小雨雪　蒙古语

7. 把下边一段话中能儿化的词画出来，注上音，朗读一遍。

大姐是个极漂亮的小媳妇：眉清目秀，小长脸，尖尖的下颏像个白莲花瓣似的。不管是穿上大红缎子的氅衣，还是蓝旗袍，不管是梳着两把头，还是挽着旗髻，她总是那么俏皮利落，令人心旷神怡。

8. 朗读下列各句，将"啊"的实际读音标记在括号内。

这又怪又丑的石头，原来是天上的啊！（　　　）

在它看来，狗该是多么庞大的怪物啊！（　　　）

仿佛蔚蓝的天融了一块在里面似的，这才这般的鲜润啊！（　　　）

清晨，当第一束阳光射进舷窗时，它便敞开美丽的歌喉，唱啊（　　　）唱，嘤嘤有韵，宛如春水淙淙。

是啊（　　　）！我们有自己的祖国，小鸟也有它的归宿，人和动物都是一样啊（　　　），哪儿也不如故乡好。

我想张开两臂抱住她，但这是怎样一个妄想啊（　　　）！

然而，火光啊（　　　）……毕竟……毕竟就在前头。

你砸他们说明你很正直善良，且有批评不良行为的勇气，应该奖励你啊（　　　）！

我砸的不是坏人，而是自己的同学啊（　　　）！

附：

普通话异读词审音表

　　该表是由国家语委和国家教委(今国家教育部)和广电部(今国家新闻出版广电总局)于1985年12月发布的。到目前为止，它是关于异读词读音规范的最新的法定标准，是我们规范异读字读音的主要依据。普通话异读词审音表着眼于普通话词语的一些异读现象来审定读音，继承了1963年发布的《普通话异读词三次审音总表初稿》的成果，重新审订了某些读音。

说　明

　　一、本表所审，主要是普通话有异读的词和有异读的作为"语素"的字。不列出多音多义字的全部读音和全部义项，与字典、词典形式不同，例如，

"和"字有多种义项和读音，而本表仅列出原有异读的八条词语，分列于 hè 和 huo 两种读音之下(有多种读音，较常见的在前。下同)；其余无异读的音、义均不涉及。

二、在字后注明"统读"的，表示此字不论用于任何词语中只读一音(轻声变读不受此限)，本表不再举出词例。例如，"阀"字注明"fá(统读)"，原表"军阀""学阀""财阀"条和原表所无的"阀门"等词均不再举。

三、在字后不注"统读"的，表示此字有几种读音，本表只审订其中有异读的词语的读音。例如，"艾"字本有 ài 和 yì 两音，本表只举"自怨自艾"一词，注明此处读 yì 音；至于 ài 音及其义项，并无异读，不再赘列。

四、有些字有文白二读，本表以"文"和"语"作注。前者一般用于书面语言，用于复音词和文言成语中；后者多用于口语中的单音词及少数日常生活事物的复音词中。这种情况在必要时各举词语为例。例如，"杉"字下注"(一)shān(文)：紫～、红～、水～；(二)shā(语)：～篙、～木"。

五、有些字除附举词例之外，酌加简单说明，以便读者分辨。说明或按具体字义，或按"动作义""名物义"等区分。例如，"畜"字下注"(一)chù(名物义)：～力、家～、牲～、幼～；(二)xù(动作义)：～产、～牧、～养"。

六、有些字的几种读音中某音用处较窄，另音用处甚宽，则注"除××(较少的词)念乙音外，其他都念甲音"，以避免列举词条繁而未尽、挂一漏万的缺点。例如，"结"字下注"除'～了个果子''开花～果''～巴''～实'念 jiē 之外，其他都念 jié"。

七、由于轻声问题比较复杂，除《初稿》涉及的部分轻声词之外，本表一般不予审订，并删去部分原审的轻声词。例如，"麻刀(dao)""容易(yi)"等。

八、本表酌增少量有异读的字或词，作了审订。

九、除因第二、六、七各条说明中所举原因而删略的词条之外，本表又删汰了部分词条。主要原因是：1. 现已无异读(如"队伍""理会")；2. 罕用词语(如"俵分""仔密")；3. 方言土音(如"归里包堆〔zuī〕""告送〔song〕")；4. 不常用的文言词语(如"乌菟""甗甂")；5. 音变现象(如"胡里八涂〔tū〕""毛毛腾腾〔tēngtēng〕")；6. 重复累赘(如原表"色"字的有关词语分列达 23 条之多)。删汰条目不再编入。

十、人名、地名的异读审订，除原表已涉及的少量词条外，留待以后再审。

A

阿（一）ā

　～訇　　～罗汉　　～木林

　～姨

（二）ē

　～谀　　～附　　～胶

　～弥陀佛

挨（一）āi

　～个　　～近

（二）ái

　～打　　～说

癌 ái（统读）

霭 ǎi（统读）

蔼 ǎi（统读）

隘 ài（统读）

谙 ān（统读）

埯 ǎn（统读）

昂 áng（统读）

凹 āo（统读）

拗（一）ào

　～口

（二）niù

　执～　　脾气很～

坳 ào（统读）

B

拔 bá（统读）

把 bà

　印～子

白 bái（统读）

膀 bǎng

　翅～

蚌（一）bàng

　蛤～

（二）bèng

　～埠

傍 bàng（统读）

磅 bàng

　过～

鲍 bāo（统读）

胞 bāo（统读）

薄（一）báo（语）

　常单用，如"纸很～"。

（二）bó（文）

　多用于复音词。

　～弱　稀～　淡～

　尖嘴～舌　单～　厚～

堡（一）bǎo

　碉～　　～垒

（二）bǔ

　～子　吴～　瓦窑～

　柴沟～

（三）pù

　十里～

暴（一）bào

　～露

（二）pù

　一～（曝）十寒

爆 bào（统读）

焙 bèi（统读）

惫 bèi（统读）

背 bèi

　～脊　　～静

鄙 bǐ（统读）

俾 bǐ（统读）

笔 bǐ（统读）

比 bǐ（统读）

臂（一）bì

　手～　　～膀

（二）bei

　胳～

庇 bì（统读）

髀 bì（统读）

避 bì（统读）

辟 bì

　复～

裨 bì

　～补　　～益

婢 bì（统读）

痹 bì（统读）

壁 bì（统读）

蝙 biān（统读）

遍 biàn（统读）

骠（一）biāo

　黄～马

（二）piào

　～骑　　～勇

傧 bīn（统读）

缤 bīn（统读）

濒 bīn（统读）

殡 bìn（统读）

屏（一）bǐng

　～除　～弃　～气　～息

（二）píng

　～藩　　～风

柄 bǐng（统读）

波 bō（统读）

播 bō（统读）

菠 bō（统读）

剥（一）bō（文）

　～削

（二）bāo（语）

泊（一）bó

　淡～　飘～　停～

（二）pō

　湖～　血～

帛 bó（统读）

勃 bó（统读）

钹 bó（统读）

伯(一)bó

　～～(bo)　老～

　(二)bǎi

　大～子(丈夫的哥哥)

箔 bó(统读)

簸(一)bǒ

　颠～

　(二)bò

　～箕

脖 bo

　胳～

卜 bo

　萝～

醭 bú(统读)

哺 bǔ(统读)

捕 bǔ(统读)

鹋 bǔ(统读)

埠 bù(统读)

C

残 cán(统读)

惭 cán(统读)

灿 càn(统读)

藏(一)cáng

　矿～

　(二)zàng

　宝～

糙 cāo(统读)

嘈 cáo(统读)

螬 cáo(统读)

厕 cè(统读)

岑 cén(统读)

差(一)chā(文)

　不～累黍　不～什么

　偏～　色～　～别　视～

　误～　电势～　一念之～

　～池　～错　言～语错

一～二错　阴错阳～

　～等　～额　～价

　～强人意　～数　～异

　(二)chà(语)

　～不多　～不离　～点儿

　(三)cī

　参～

猹 chá(统读)

搽 chá(统读)

阐 chǎn(统读)

羼 chàn(统读)

颤(一)chàn

　～动　发～

　(二)zhàn

　～栗(战栗)　打～(打战)

鹳 chàn(统读)

伥 chāng(统读)

场(一)chǎng

　～合　～所　冷～　捧～

　(二)cháng

　外～　圩～　～院

　一～雨

　(三)chang

　排～

钞 chāo(统读)

巢 cháo(统读)

嘲 cháo

　～讽　～骂　～笑

眇 chào(统读)

车(一)chē

　安步当～　杯水～薪

　闭门造～　螳臂当～

　(二)jū

　(象棋棋子名称)

晨 chén(统读)

称 chèn

～心　～意　～职　对～

相～

撑 chēng(统读)

乘(动作义,念 chéng)

　包～制　～便　～风破

　浪　～客　～势　～兴

橙 chéng(统读)

惩 chéng(统读)

澄(一)chéng(文)

　～清(如"～清混乱""～

　清问题")

　(二)dèng(语)

　单用,如"把水～清了"。

痴 chī(统读)

吃 chī(统读)

弛 chí(统读)

褫 chǐ(统读)

尺 chǐ

　～寸　～头

踟 chǐ(统读)

侈 chǐ(统读)

炽 chì(统读)

春 chōng(统读)

冲 chòng

　～床　～模

臭(一)chòu

　遗～万年

　(二)xiù

　乳～　铜～

储 chǔ(统读)

处 chǔ(动作义)

　～罚　～分　～决　～理

　～女　～置

畜(一)chù(名物义)

　～力　家～　牲～

　幼～

（二）xù（动作义）

～产　～牧　～养

触 chù（统读）

搐 chù（统读）

绌 chù（统读）

黜 chù（统读）

闯 chuǎng（统读）

创（一）chuàng

草～　～举 首～　～造

～作

（二）chuāng

～伤 重～

绰（一）chuò

～～有余

（二）chuo

宽～

疵 cī（统读）

雌 cí（统读）

赐 cì（统读）

伺 cì

～候

枞（一）cōng

～树

（二）zōng

～阳〔地名〕

从 cóng（统读）

丛 cóng（统读）

攒 cuán

万头～动　万箭～心

脆 cuì（统读）

撮（一）cuō

～儿　一～儿盐

一～儿匪帮

（二）zuǒ

一～儿毛

措 cuò（统读）

D

搭 dā（统读）

答（一）dá

报～　～复

（二）dā

～理　～应

打 dá

苏～　一～（十二个）

大（一）dà

～夫（古官名）　～王（如

"爆破～王""钢铁～王"）

（二）dài

～夫（医生）　～黄

～王（如"山～王"）

～城〔地名〕

呆 dāi（统读）

傣 dǎi（统读）

逮（一）dài（文）如"～捕"。

（二）dǎi（语）单用，如"～

蚊子""～特务"。

当（一）dāng

～地　～间儿　～年（指

过去）　～日（指过去）

～天（指过去）　～时（指

过去）　螳臂～车

（二）dàng

一个～俩　安步～车

适～　～年（同一年）

～日（同一时候）　～天

（同一天）

档 dàng（统读）

蹈 dǎo（统读）

导 dǎo（统读）

倒（一）dǎo

颠～　颠～是非　颠

黑白　颠三～四　倾箱

～箧 排山～海　～板

～嚼　～仓　～嗓　～戈

潦～

（二）dào

～粪（把粪弄碎）

悼 dào（统读）

蠹 dào（统读）

凳 dèng（统读）

羝 dī（统读）

氐 dī〔古民族名〕

堤 dī（统读）

提 dī

～防

的 dí

～当　～确

抵 dǐ（统读）

蒂 dì（统读）

缔 dì（统读）

谛 dì（统读）

点 dian

打～（收拾、贿赂）

跌 diē（统读）

蝶 dié（统读）

订 dìng（统读）

都（一）dōu

～来了

（二）dū

～市 首～　大～（大多）

堆 duī（统读）

吨 dūn（统读）

盾 dùn（统读）

多 duō（统读）

咄 duō（统读）

掇（一）duō（"拾取、采取"义）

（二）duo

撺～　掇～

裰 duō（统读）

蹀 duó（统读）

度 duó

忖～　～德量力

E

婀 ē（统读）

F

伐 fá（统读）

阀 fá（统读）

砝 fǎ（统读）

法 fǎ（统读）

发 fà

理～　脱～　结～

帆 fān（统读）

藩 fān（统读）

梵 fàn（统读）

坊（一）fāng

牌～　～巷

（二）fáng

粉～　磨～　碾～　染～

油～　谷～

妨 fáng（统读）

防 fáng（统读）

肪 fáng（统读）

沸 fèi（统读）

汾 fén（统读）

讽 fěng（统读）

肤 fū（统读）

敷 fū（统读）

俘 fú（统读）

浮 fú（统读）

服 fú

～毒　～药

拂 fú（统读）

辐 fú（统读）

幅 fú（统读）

甫 fǔ（统读）

复 fù（统读）

缚 fù（统读）

G

噶 gá（统读）

冈 gāng（统读）

刚 gāng（统读）

岗 gǎng

～楼　～哨　～子　门～

站～　山～子

港 gǎng（统读）

葛（一）gé

～藤　～布　瓜～

（二）gě〔姓〕（包括单、复

姓）

隔 gé（统读）

革 gé

～命　～新　改～

合 gě（一升的十分之一）

给（一）gěi（语）单用。

（二）jǐ（文）

补～　供～　供～制

～予　配～　自～自足

亘 gèn（统读）

更 gēng

五～　～生

颈 gěng

脖～子

供（一）gōng

～给　提～　～销

（二）gòng

口～　翻～　上～

佝 gōu（统读）

枸 gǒu

～杞

勾 gòu

～当

估（除"～衣"读 gù 外，都

读 gū）

骨（除"～碌""～朵"读 gū

外，都读 gǔ）

谷 gǔ

～雨

锢 gù（统读）

冠（一）guān（名物义）

～心病

（二）guàn（动作义）

沐猴而～　～军

犷 guǎng（统读）

庋 guǐ（统读）

桧（一）guì〔树名〕

（二）huì〔人名〕秦～

刽 guì（统读）

聒 guō（统读）

蝈 guō（统读）

过（除姓氏读 guō 外，都读

guò）

H

虾 há

～蟆

哈（一）hǎ

～达

（二）hà

～什蚂

汗 hán

可～

巷 hàng

～道

号 háo

寒～虫

和（一）hè

唱～　附～　曲高～寡

（二）huo

挽～　搅～　暖～　热～

软～

貉（一）hé（文）

一丘之～

（二）háo（语）

～绒　～子

壑 hè（统读）

褐 hè（统读）

喝 hè

～彩　～道　～令　～止

呼幺～六

鹤 hè（统读）

黑 hēi（统读）

亨 hēng（统读）

横（一）héng

～肉　～行霸道

（二）hèng

蛮～　～财

訇 hōng（统读）

虹（一）hóng（文）

～彩　～吸

（二）jiàng（语）单说。

讧 hòng（统读）

囫 hú（统读）

瑚 hú（统读）

蝴 hú（统读）

桦 huà（统读）

徊 huái（统读）

踝 huái（统读）

浣 huàn（统读）

黄 huáng（统读）

荒 huang

饥～（指经济困难）

诲 huì（统读）

贿 huì（统读）

会 huì

一～儿　多～儿

～厌（生理名词）

混 hùn

～合　～乱　～凝土

～清　～血儿　～杂

蠖 huò（统读）

霍 huò（统读）

豁 huò

～亮

获 huò（统读）

J

羁 jī（统读）

击 jī（统读）

奇 jī

～数

芨 jī（统读）

缉（一）jī

通～　侦～

（二）qī

～鞋口

几 jī

茶～　条～

圾 jī（统读）

戢 jí（统读）

疾 jí（统读）

汲 jí（统续）

棘 jí（统读）

藉 jí

狼～（籍）

嫉 jí（统读）

脊 jí（统读）

纪（一）jǐ〔姓〕

（二）jì

～念　～律　纲～　～元

偈 jì

～语

绩 jì（统读）

迹 jì（统读）

寂 jì（统读）

箕 ji

簸～

辑 ji

逻～

茄 jiā

雪～

夹 jiā

～带藏披　～道儿　～攻

～棍　～生　～杂　～竹

桃　～注

浃 jiā（统读）

甲 jiǎ（统读）

歼 jiān（统读）

鞯 jiān（统读）

间（一）jiān

～不容发　中～

（二）jiàn

中～儿　～道　～谍

～断　～或　～接　～距

～隙　～续　～阻　～作

挑拨离～

趼 jiǎn（统读）

俭 jiǎn（统读）

缰 jiāng（统读）

膙 jiǎng（统读）

嚼（一）jiáo（语）

味同～蜡　咬文～字

（二）jué（文）

咀～　过屠门而大～

（三）jiào

倒～（倒嚼）

侥 jiǎo

101

~幸

角(一)jiǎo

八~（大茴香） ~落

独~戏 ~膜 ~度

~儿（犄~） ~楼

勾心斗~ 号~ 口~

（嘴~） 鹿~菜 头~

（二)jué

~斗 ~色（脚色）

口~（吵嘴） 主~儿

配~儿 ~力 捧~儿

脚(一)jiǎo

根~

（二)jué

~儿（也作"角儿"） ~色

剿(一)jiǎo

围~

（二)chāo

~说 ~袭

校jiào

~勘 ~样 ~正

较 jiào(统读)

酵 jiào(统读)

嗟 jiē(统读)

疖 jiē(统读)

结（除"~了个果子""开花

~果""~巴""~实"念 jiē

之外，其他都念 jié)

睫 jié(统读)

芥(一)jiè

~菜（一般的芥菜）

~末

（二)gài

~菜（也作"盖菜"）

~蓝菜

矜 jīn

~持 自~ ~怜

仅 jǐn

~~ 绝无~有

谨 jǐn(统读)

觐 jìn(统读)

浸 jìn(统读)

斤 jīn

千~（起重的工具）

茎 jīng(统读)

粳 jīng(统读)

鲸 jīng(统读)

境 jìng(统读)

痉 jìng(统读)

劲 jìng

刚~

窘 jiǒng(统读)

究 jiū(统读)

纠 jiū(统读)

鞠 jū(统读)

鞫 jū(统读)

掬 jū(统读)

苴 jū(统读)

咀 jǔ

~嚼

矩(一)jǔ

~形

（二)ju

规~

俱 jù(统读)

龟 jūn

~裂（也作"皲裂"）

菌(一)jūn

细~ 病~ 杆~ 霉~

（二)jùn

香~ ~子

俊 jùn(统读)

K

卡(一)kǎ

~宾枪 ~车 ~介苗

~片 ~通

（二)qiǎ

~子 关~

揩 kāi(统读)

慨 kǎi(统读)

忾 kài(统读)

勘 kān(统读)

看 kān

~管 ~护 ~守

慷 kāng(统读)

拷 kǎo(统读)

坷 kē

~拉（垃）

疴 kē(统读)

壳(一)ké(语)

~儿 贝~儿 脑~

驳~枪

（二)qiào(文)

地~ 甲~ 躯~

可(一)kě

~~儿的

（二)kè

~汗

恪 kè(统读)

刻 kè(统读)

克 kè

~扣

空(一)kōng

~心砖 ~城计

（二)kòng

~心吃药

眍 kōu(统读)

矻 kū(统读)

酷 kù(统读)

框 kuàng(统读)

矿 kuàng(统读)

傀 kuǐ(统读)

溃(一)kuì

　～烂

　(二)huì

　～脓

篑 kuì(统读)

括 kuò(统读)

L

垃 lā(统读)

邋 lā(统读)

擂 lǎn(统读)

缆 lǎn(统读)

蓝 lan

　苤～

琅 láng(统读)

捞 lāo(统读)

劳 láo(统读)

醪 láo(统读)

烙(一)lào

　～印　～铁　～饼

　(二)luò

　炮～(古酷刑)

勒(一)lè(文)

　～逼　～令　～派　～索

　悬崖～马

　(二)lēi(语)多单用。

擂(除"～台""打～"读 lèi

　外，都读 léi)

礌 léi(统读)

羸 léi(统读)

蕾 lěi(统读)

累(一)lèi

　(辛劳义，如"受～"〔受

劳～〕)

　(二)léi

　(如"～赘")

　(三)lěi

　(牵连义，如"带～"

"～及""连～""赔～"

"牵～""受～"〔受牵～〕)

蠡(一)lí

　管窥～测

　(二)lǐ

　～县　范～

喱 lí(统读)

连 lián(统读)

敛 liǎn(统读)

恋 liàn(统读)

量(一)liàng

　～入为出　忖～

　(二)liang

　打～　掂～

踉 liàng

　～跄

潦 liáo

　～草　～倒

劣 liè(统读)

捩 liè(统读)

趔 liè(统读)

拎 līn(统读)

遴 lín(统读)

淋(一)lín

　～浴　～漓　～巴

　(二)lìn

　～硝　～盐　～病

蛉 líng(统读)

榴 liú(统读)

馏(一)liú(文)如"干～"

"蒸～"。

　(二)liù(语)如"～馒头"。

馏 liú

　～金

碌 liù

　～碡

笼(一)lóng(名物义)

　～子　牢～

　(二)lǒng(动作义)

　～络　～括　～统

　～罩

偻(一)lóu

　佝～

　(二)lǚ

　伛～

瞜 lou

　眍～

虏 lǔ(统读)

掳 lǔ(统读)

露(一)lù(文)

　赤身～体　～天　～骨

　～头角　藏头～尾

　抛头～面　～头(矿)

　(二)lòu(语)

　～富　～苗　～光　～相

　～马脚　～头

桐 lú(统读)

捋(一)lǚ

　～胡子

　(二)luō

　～袖子

绿(一)lǜ(语)

　(二)lù(文)

　～林　鸭～江

孪 luán(统读)

挛 luán(统读)

掠 lüè(统读)

囵 lún(统读)

络 luò

～腮胡子

落(一)luò(文)

　～膘　～花生　～魄

　涨～　～槽　着～

(二)lào(语)

　～架　～色　～炕　～枕

　～儿　～子(一种曲艺)

(三)là(语),遗落义。

　丢三～四　～在后面

M

脉(除"～～"念 mòmò 外,

　一律念 mài)

漫 màn(统读)

蔓(一)màn(文)

　～延　不～不支

(二)wàn(语)

　瓜～　压～

牤 māng(统读)

氓 máng

　流～

芒 máng(统读)

铆 mǎo(统读)

瑁 mào(统读)

虻 méng(统读)

盟 méng(统读)

祢 mí(统读)

眯(一)mí

　～了眼(灰尘等入目,也

　作"迷")

(二)mī

　～了一会儿(小睡)

　～缝着眼(微微合目)

靡(一)mí

　～费

(二)mǐ

　风～　委～　披～

秘(除"～鲁"读 bì 外,都读

　mì)

泌(一)mì(语)

　分～

(二)bì(文)

　～阳〔地名〕

娩 miǎn(统读)

缈 miǎo(统读)

皿 mǐn(统读)

闽 mǐn(统读)

茗 míng(统读)

酩 mǐng(统读)

谬 miù(统读)

摸 mō(统读)

模(一)mó

　～范　～式　～型　～糊

　～特儿　～棱两可

(二)mú

　～子　～具　～样

膜 mó(统读)

摩 mó

　按～　抚～

嬷 mó(统读)

墨 mò(统读)

糖 mò(统读)

沫 mò(统读)

缪 móu

　绸～

N

难(一)nán

　困～(或变轻声)

　～兄～弟(难得的兄弟,

　现多用作贬义)

(二)nàn

　排～解纷　发～　习～

　责～　～兄～弟(共患难

　或同受苦难的人)

蝻 nǎn(统读)

蛲 náo(统读)

讷 nè(统读)

馁 něi(统读)

嫩 nèn(统读)

恁 nèn(统读)

妮 nī(统读)

拈 niān(统读)

鲇 nián(统读)

酿 niàng(统读)

尿(一)niào

　糖～症

(二)suī(只用于口语名词)

　尿(niào)～　～脬

嗫 niè(统读)

宁(一)níng

　安～

(二)nìng

　～可　无～〔姓〕

忸 niǔ(统读)

脓 nóng(统读)

弄(一)nòng

　玩～

(二)lòng

　～堂

暖 nuǎn(统读)

钮 nǔ(统读)

疟(一)nüè(文)

　～疾

(二)yào(语)

　发～子

娜(一)nuó

婀～袅～

（二）nà

（人名）

O

殴 ōu(统读)

呕 ǒu(统读)

P

杷 pá(统读)

琶 pá(统读)

牌 pái(统读)

排 pǎi

～子车

迫 pǎi

～击炮

湃 pài(统读)

爿 pán(统读)

胖 pán

心广体～（～为安舒貌）

蹒 pán(统读)

畔 pàn(统读)

乒 pāng(统读)

滂 pāng(统读)

脬 pāo(统读)

胚 pēi(统读)

喷（一）pēn

～嚏

（二）pèn

～香

（三）pen

嚏～

澎 péng(统读)

坯 pī(统读)

披 pī(统读)

匹 pǐ(统读)

僻 pì(统读)

譬 pì(统读)

片（一）piàn

～子 唱～ 画～ 相～

影～ ～儿会

（二）piān(口语一部分词)

～子 ～儿 唱～儿

画～儿 相～儿 影～儿

剽 piāo(统读)

缥 piāo

～缈（飘渺）

撇 piē

～弃

聘 pìn(统读)

乓 pīng(统读)

颇 pō(统读)

剖 pōu(统读)

仆（一）pū

前～后继

（二）pú

～从

扑 pū(统读)

朴（一）pǔ

俭～ ～素 ～质

（二）pō

～刀

（三）pò

～硝 厚～

璞 pǔ(统读)

瀑 pù

～布

曝（一）pù

一～十寒

（二）bào

～光(摄影术语)

Q

栖 qī

两～

戚 qī(统读)

漆 qī(统读)

期 qī(统读)

蹊 qī

～跷

蛴 qí(统读)

畦 qí(统读)

其 qí(统读)

骑 qí(统读)

企 qǐ(统读)

绮 qǐ(统读)

杞 qǐ(统读)

槭 qì(统读)

洽 qià(统读)

签 qiān(统读)

潜 qián(统读)

荨（一）qián(文)

～麻

（二）xún(语)

～麻疹

嵌 qiàn(统读)

欠 qian

打哈～

戕 qiāng(统读)

镪 qiāng

～水

强（一）qiáng

～渡 ～取豪夺 ～制

博闻～识

（二）qiǎng

勉～ 牵～ ～词夺理

～迫 ～颜为笑

（三）jiàng

倔～

襁 qiǎng(统读)

跄 qiàng(统读)

105

悄（一）qiāo

　～～儿的

　（二）qiǎo

　～默声儿的

橇 qiāo（统读）

翘（一）qiào（语）

　～尾巴

　（二）qiáo（文）

　～首　～楚　连～

怯 qiè（统读）

挈 qiè（统读）

趄 qie

　趔～

侵 qīn（统读）

衾 qīn（统读）

噙 qín（统读）

倾 qīng（统读）

亲 qìng

　～家

穹 qióng（统读）

黢 qū（统读）

曲（曲）qū

　大～　红～　神～

渠 qú（统读）

瞿 qú（统读）

蠼 qú（统读）

苣 qǔ

　～荬菜

龋 qǔ（统读）

趣 qù（统读）

雀 què

　～斑　～盲症

R

髯 rán（统读）

攘 rǎng（统读）

桡 ráo（统读）

绕 rào（统读）

任 rén〔姓，地名〕

妊 rèn（统读）

扔 rēng（统读）

容 róng（统读）

糅 róu（统读）

茹 rú（统读）

孺 rú（统读）

蠕 rú（统读）

辱 rǔ（统读）

挼 ruó（统读）

S

靸 sǎ（统读）

噻 sāi（统读）

散（一）sǎn

　懒～　零零～～　～漫

　（二）san

　零～

丧 sang

　哭～着脸

扫（一）sǎo

　～兴

　（二）sào

　～帚

埽 sào（统读）

色（一）sè（文）

　（二）shǎi（语）

塞（一）sè（文）动作义。

　（二）sāi（语）名物义，如

　“活～”“瓶～”；动作义，

　如“把洞～住”

森 sēn（统读）

煞（一）shā

　～尾　收～

　（二）shà

　～白

啥 shá（统读）

厦（一）shà（语）

　（二）xià（文）

　～门　噶～

杉（一）shān（文）

　紫～　红～　水～

　（二）shā（语）

　～篙　～木

衫 shān（统读）

姗 shān（统读）

苫（一）shàn（动作义，如

　“～布”）

　（二）shān（名物义，如

　“草～子”）

墒 shāng（统读）

猞 shē（统读）

舍 shè

　宿～

慑 shè（统读）

摄 shè（统读）

射 shè（统读）

谁 shéi，又音 shuí

娠 shēn（统读）

什（甚）shén

　～么

蜃 shèn（统读）

葚（一）shèn（文）

　桑～

　（二）rèn（语）

　桑～儿

胜 shèng（统读）

识 shí

　常～　～货　～字

似 shì

　～的

室 shì（统读）

螫（一）shì（文）
　　（二）zhē（语）
匙 shi
　　钥～
殊 shū（统读）
蔬 shū（统读）
疏 shū（统读）
叔 shū（统读）
淑 shū（统读）
菽 shū（统读）
熟（一）shú（文）
　　（二）shóu（语）
署 shǔ（统读）
曙 shǔ（统读）
漱 shù（统读）
戍 shù（统读）
蟀 shuài（统读）
孀 shuāng（统读）
说 shuì
　　游～
数 shuò
　　～见不鲜
硕 shuò（统读）
蒴 shuò（统读）
艘 sōu（统读）
嗾 sǒu（统读）
速 sù（统读）
塑 sù（统读）
虽 suī（统读）
绥 suí（统读）
髓 suǐ（统读）
遂（一）suì
　　不～　毛～自荐
　　（二）suí
　　半身不～
隧 suì（统读）

隼 sǔn（统读）
莎 suō
　　～草
缩（一）suō
　　收～
　　（二）sù
　　～砂密（一种植物）
嗍 suō（统读）
索 suǒ（统读）

T

趿 tā（统读）
鳎 tǎ（统读）
獭 tǎ（统读）
沓（一）tà
　　重～
　　（二）ta
　　疲～
　　（三）dá
　　一～纸
苔（一）tái（文）
　　（二）tāi（语）
探 tàn（统读）
涛 tāo（统读）
悌 tì（统读）
佻 tiāo（统读）
调 tiáo
　　～皮
帖（一）tiē
　　妥～　伏伏～～　俯首
　　～耳
　　（二）tiě
　　请～　字～儿
　　（三）tiè
　　字～　碑～
听 tīng（统读）
庭 tíng（统读）

骰 tóu（统读）
凸 tū（统读）
突 tū（统读）
颓 tuí（统读）
蜕 tuì（统读）
臀 tún（统读）
唾 tuò（统读）

W

娲 wā（统读）
挖 wā（统读）
瓦 wà
　　～刀
喎 wāi（统读）
蜿 wān（统读）
玩 wán（统读）
惋 wǎn（统读）
脘 wǎn（统读）
往 wǎng（统读）
忘 wàng（统读）
微 wēi（统读）
巍 wēi（统读）
薇 wēi（统读）
危 wēi（统读）
韦 wéi（统读）
违 wéi（统读）
唯 wéi（统读）
圩（一）wéi
　　～子
　　（二）xū
　　～（墟）场
纬 wěi（统读）
委 wěi
　　～靡
伪 wěi（统读）
萎 wěi（统读）
尾（一）wěi

107

~巴

（二）yǐ

马~儿

尉 wèi

~官

文 wén（统读）

闻 wén（统读）

紊 wěn（统读）

喔 wō（统读）

蜗 wō（统读）

硪 wò（统读）

诬 wū（统读）

梧 wú（统读）

牾 wǔ（统读）

乌 wù

~拉（也作"靰鞡"）

~拉草

杌 wù（统读）

鹜 wù（统读）

X

夕 xī（统读）

汐 xī（统读）

晰 xī（统读）

析 xī（统读）

皙 xī（统读）

昔 xī（统读）

溪 xī（统读）

悉 xī（统读）

熄 xī（统读）

蜥 xī（统读）

螅 xī（统读）

惜 xī（统读）

锡 xī（统读）

樨 xī（统读）

袭 xí（统读）

檄 xí（统读）

峡 xiá（统读）

暇 xiá（统读）

吓 xià

杀鸡~猴

鲜 xiān

屡见不~　数见不~

锨 xiān（统读）

纤 xiān

~维

涎 xián（统读）

弦 xián（统读）

陷 xiàn（统读）

霰 xiàn（统读）

向 xiàng（统读）

相 xiàng

~机行事

淆 xiáo（统读）

哮 xiào（统读）

些 xiē（统读）

颉 xié

~颃

携 xié（统读）

偕 xié（统读）

挟 xié（统读）

械 xiè（统读）

馨 xīn（统读）

衅 xìn（统读）

行 xíng

操~　德~　发~　品~

省 xǐng

内~　反~　~亲　不~

人事

苣 xiōng（统读）

朽 xiǔ（统读）

宿 xiù

星~　二十八~

煦 xù（统读）

蓿 xu

苜~

癣 xuǎn（统读）

削（一）xuē（文）

剥~　~减　瘦~

（二）xiāo（语）

切~　~铅笔　~球

穴 xué（统读）

学 xué（统读）

雪 xuě（统读）

血（一）xuè（文）用于复音词及成语，如"贫~""心~""呕心沥~""~泪史""狗~喷头"等。

（二）xiě（语）口语多单用，如"流了点儿~"及几个口语常用词，如"鸡~""~晕""~块子"等。

谑 xuè（统读）

寻 xún（统读）

驯 xùn（统读）

逊 xùn（统读）

熏 xùn

煤气~着了

徇 xùn（统读）

殉 xùn（统读）

蕈 xùn（统读）

Y

押 yā（统读）

崖 yá（统读）

哑 yǎ

~然失笑

亚 yà（统读）

殷 yān

~红

芫 yán

　　～荽

莛 yán(统读)

沿 yán(统读)

焰 yàn(统读)

夭 yāo(统读)

肴 yáo(统读)

杳 yǎo(统读)

窅 yǎo(统读)

钥(一)yào(语)

　　～匙

　　(二)yuè(文)

　　锁～

曜 yào(统读)

耀 yào(统读)

椰 yē(统读)

噎 yē(统读)

叶 yè

　　～公好龙

曳 yè

　　弃甲～兵　摇～　～光弹

屹 yì(统读)

轶 yì(统读)

谊 yì(统读)

懿 yì(统读)

诣 yì(统读)

艾 yì

　　自怨自～

应(一)yīng

　　～届　～名儿　～许

　　提出的条件他都～了

　　是我～下来的任务

　　(二)yìng

　　～承　～付　～声　～时

　　～验　～邀　～用　～运

　　～征　里～外合

萦 yíng(统读)

映 yìng(统读)

佣 yōng

　　～工

庸 yōng(统读)

雍 yōng(统读)

壅 yōng(统读)

拥 yōng(统读)

踊 yǒng(统读)

咏 yǒng(统读)

泳 yǒng(统读)

莠 yǒu(统读)

愚 yú(统读)

娱 yú(统读)

愉 yú(统读)

伛 yǔ(统读)

屿 yǔ(统读)

吁 yù

　　呼～

跃 yuè(统读)

晕(一)yūn

　　～倒　头～

　　(二)yùn

　　月～　血～　～车

酝 yùn(统读)

Z

匝 zā(统读)

杂 zá(统读)

载(一)zǎi

　　登～　记～

　　(二)zài

　　搭～　怨声～道　重～

　　装～　～歌～舞

簪 zān(统读)

咱 zán(统读)

暂 zàn(统读)

凿 záo(统读)

择(一)zé

　　选～

　　(二)zhái

　　～不开　～菜　～席

贼 zéi(统读)

憎 zēng(统读)

甑 zèng(统读)

喳 zhā

　　唧唧～～

轧(除"～钢""～辊"念 zhá
　　外，其他都念 yà)(gá 为
　　方言，不审)

摘 zhāi(统读)

粘 zhān

　　～贴

涨 zhǎng

　　～落　高～

着(一)zháo

　　～慌　～急　～家　～凉

　　～忙　～迷　～水　～雨

　　(二)zhuó

　　～落　～手　～眼　～意

　　～重　不～边际

　　(三)zhāo

　　失～

沼 zhǎo(统读)

召 zhào(统读)

遮 zhē(统读)

蛰 zhé(统读)

辙 zhé(统读)

贞 zhēn(统读)

侦 zhēn(统读)

帧 zhēn(统读)

胗 zhēn(统读)

枕 zhěn(统读)

诊 zhěn（统读）

振 zhèn（统读）

知 zhī（统读）

织 zhī（统读）

脂 zhī（统读）

植 zhí（统读）

殖（一）zhí

　繁～　生～　～民

（二）shi

　骨～

指 zhǐ（统读）

掷 zhì（统读）

质 zhì（统读）

蛭 zhì（统读）

秩 zhì（统读）

栉 zhì（统读）

炙 zhì（统读）

中 zhōng

　人～（人口上唇当中处）

种 zhòng

　点～（义同"点播"。动宾
　结构念 diǎnzhǒng，义为
　点播种子）

诌 zhōu（统读）

骤 zhòu（统读）

轴 zhòu

　大～子戏　压～子

碡 zhou

　碌～

烛 zhú（统读）

逐 zhú（统读）

属 zhǔ

　～望

筑 zhù（统读）

著 zhù

　土～

转 zhuǎn

　运～

撞 zhuàng（统读）

幢（一）zhuàng

　一～楼房

（二）chuáng

　经～（佛教所设刻有经咒
　的石柱）

拙 zhuō（统读）

茁 zhuó（统读）

灼 zhuó（统读）

卓 zhuó（统读）

综 zōng

　～合

纵 zòng（统读）

粽 zòng（统读）

镞 zú（统读）

组 zǔ（统读）

钻（一）zuān

　～探　～孔

（二）zuàn

　～床　～杆　～具

佐 zuǒ（统读）

唑 zuǒ（统读）

柞（一）zuò

　～蚕　～绸

（二）zhà

　～水（在陕西）

做 zuò（统读）

作（除"～坊"读 zuō 外，其
　余都读 zuò）

容易读错的常用字表 （按音序排列）

A

挨紧　āi

挨饿受冻　ái

白皑皑　ái

狭隘　ài

不谙水性　ān

熬菜　āo

煎熬　áo

鏖战　áo

拗断　ǎo

拗口令　ào

B

纵横捭阖　bǎi hé

稗官野史　bài

扳平　bān

同胞　bāo

炮羊肉　bāo

剥皮　bāo

薄纸　báo

并行不悖　bèi

蓓蕾　bèi lěi

奔波　bō

投奔　bèn

迸发　bèng

包庇　bì

麻痹　bì

奴颜婢膝　bì xī

刚愎自用　bì

复辟　bì

濒临　bīn

针砭　biān

屏气　bǐng

摒弃　bǐng

剥削　bō xuē

波涛　bō

菠菜　bō

停泊　bó

淡薄　bó

哺育　bǔ

C

粗糙　cāo

嘈杂　cáo

参差　cēn cī

差错　chā

偏差　chā

差距　chā

搽粉　chá

猹　chá

刹那　chà

差遣　chāi

谄媚　chǎn

忏悔　chàn

羼水　chàn

场院　cháng

一场雨　cháng

赔偿　cháng

徜徉　cháng

绰起　chāo

风驰电掣　chè

瞠目结舌　chēng

乘机　chéng

惩前毖后　chéng

惩创　chéng chuāng

驰骋　chěng

鞭笞　chī

痴呆　chī

痴心妄想　chī

白痴　chī

踟蹰　chí chú

奢侈　chǐ

整饬　chì

炽热　chì

不啻　chì

叱咤风云　chì zhà

忧心忡忡　chōng

憧憬　chōng

崇拜　chóng

惆怅　chóu chàng

踌躇　chóu chú

相形见绌　chù

黜免　chù

揣摩　chuǎi

椽子　chuán

创伤　chuāng

凄怆　chuàng

啜泣　chuò

辍学　chuò

宽绰　chuò

瑕疵　cī

伺候　cì

烟囱　cōng

从容　cóng

淙淙流水　cóng

一蹴而就　cù

璀璨　cuǐ

忖度　cǔn duó

蹉跎　cuō tuó

挫折　cuò

D

呆板　dāi

答应　dā

逮老鼠　dǎi

逮捕　dài

殚精竭虑　dān

虎视眈眈　dān

肆无忌惮　dàn

档案　dàng

当(本)年　dàng

追悼　dào

提防　dī

瓜熟蒂落　dì

缔造　dì

掂掇　diān duo

玷污　diàn

装订　dìng

订正　dìng

恫吓　dòng hè

句读　dòu

兑换　duì

踱步　duó

E

阿谀　ē yú

婀娜　ē nuó

扼要　è

F

菲薄　fěi

沸点　fèi

氛围　fēn

肤浅　fū

敷衍塞责　fū yǎn sè

仿佛　fú

凫水　fú

篇幅　fú

辐射　fú

果脯　fǔ

随声附和　fù hè

G

准噶尔　gá

大动干戈　gē

诸葛亮　gé

脖颈　gěng

提供　gōng

供销　gōng

供给　gōng jǐ

供不应求　gōng yìng

供认　gòng

口供　gòng

佝偻　gōu lóu

勾当　gòu

骨朵　gū

骨气　gǔ

蛊惑　gǔ

商贾　gǔ

桎梏　gù

粗犷　guǎng

皈依　guī

瑰丽　guī

刽子手　guì

聒噪　guō

H

哈达　hǎ

尸骸　hái

稀罕　hǎn

引吭高歌　háng

沆瀣一气　háng xiè

干涸　hé

一丘之貉　hé

上颌　hé

喝彩　hè

负荷　hè

蛮横　hèng

飞来横祸　hèng

发横财　hèng

一哄而散　hòng

糊口　hú

囫囵吞枣　hú lún

华山　huà

怙恶不悛　hù quān

豢养　huàn

病入膏肓　huāng

讳疾忌医　huì jí

诲人不倦　huì

阴晦　huì

污秽　huì

混水摸鱼　hún

混淆　hùn xiáo

和泥　huó

搅和　huò

豁达　huò

霍乱　huò

J

茶几　jī

畸形　jī

羁绊　jī

羁旅　jī

放荡不羁　jī

无稽之谈　jī

跻身　jī

通缉令　jī

汲取　jí

即使　jí

开学在即　jí

疾恶如仇　jí

嫉妒　jí

棘手　jí

贫瘠　jí

狼藉　jí

一触即发　jí

脊梁　jǐ

人才济济　jǐ

给予　jǐ yǔ

觊觎　jì yú

成绩　jì

事迹　jì

雪茄　jiā

信笺　jiān

歼灭　jiān

草菅人命　jiān

缄默　jiān

渐染　jiān

眼睑　jiǎn

间断　jiàn

矫枉过正　jiǎo

缴纳　jiǎo

校对　jiào

开花结果　jiē

事情结果　jié

结冰　jié

反诘　jié

拮据　jié jū

攻讦　jié

桔梗　jié

押解　jiè

情不自禁　jīn

根茎叶　jīng

长颈鹿　jǐng

杀一儆百　jǐng

强劲　jìng

劲敌　jìng

劲旅　jìng

痉挛　jìng

抓阄　jiū

针灸　jiǔ

韭菜　jiǔ

内疚　jiù

既往不咎　jiù

狙击　jū

咀嚼　jǔ jué

循规蹈矩　jǔ

矩形　jǔ

沮丧　jǔ

龃龉　jǔ yǔ

前倨后恭　jù

镌刻　juān

隽永　juàn

角色　jué

口角　jué

角斗　jué

角逐　jué

倔强　jué jiàng

崛起　jué

猖獗　jué

一蹶不振　jué

诡谲　jué

矍铄　jué

攫取　jué

细菌　jūn

龟裂　jūn

俊杰　jùn

崇山峻岭　jùn

竣工　jùn

隽秀　jùn

K

同仇敌忾　kài

不卑不亢　kàng

坎坷　kě

可汗　kè hán

恪守　kè

倥偬　kǒng zǒng

会计　kuài

窥探　kuī

傀儡　kuǐ

L

邋遢　lā ta

拉家常　lā

丢三落四　là

书声琅琅　láng

唠叨　láo

落枕　lào

奶酪　lào

勒索　lè

勒紧　lēi

擂鼓　léi

羸弱　léi

果实累累　léi

罪行累累　lěi

擂台　lèi

罹难　lí

激濂　liàn

打量　liáng

量入为出　liàng

撩水　liāo

撩拨　liáo

寂寥　liáo

瞭望　liào

趔趄　liè qiè

恶劣　liè

雕镂　lòu

贿赂　lù

棕榈　lú

掠夺　lüè

M

抹桌子　mā

阴霾　mái

埋怨　mán

耄耋　mào dié

联袂　mèi

闷热　mēn

扪心自问　mén

愤懑　mèn

蒙头转向　mēng

蒙头盖脸　méng

靡费　mí

萎靡不振　mǐ

静谧　mì

分娩　miǎn

酩酊　mǐng dǐng

荒谬　miù

脉脉　mò

抹墙　mò

蓦然回首　mò

牟取　móu

模样　mú

N

羞赧　nǎn

呶呶不休　náo

泥淖　nào

口讷　nè

气馁　něi

拟人　nǐ

隐匿　nì

拘泥　nì

亲昵　nì

拈花惹草　niān

宁死不屈　nìng

泥泞　nìng

忸怩　niǔ ní

执拗　niù

驽马　nú

虐待　nüè

O

偶然　ǒu

P

扒手 pá
迫击炮 pǎi
心宽体胖 pán
蹒跚 pán
滂沱 páng tuó
彷徨 páng
炮制 páo
咆哮 páo xiào
炮烙 páo luò
胚胎 pēi
香喷喷 pēn
抨击 pēng
澎湃 péng pài
纰漏 pī
毗邻 pí
癖好 pǐ
否极泰来 pǐ
媲美 pì
扁舟 piān
大腹便便 pián
剽窃 piāo
饿殍 piǎo
乒乓 pīng pāng
湖泊 pō
居心叵测 pǒ
糟粕 pò
解剖 pōu
前仆后继 pū
奴仆 pú
风尘仆仆 pú
玉璞 pú
葡萄 pú fú
瀑布 pù
一曝十寒 pù

Q

休戚与共 qī

蹊跷 qī qiāo
祈祷 qí
颀长 qí
歧途 qí
绮丽 qǐ
修葺 qì
休憩 qì
关卡 qiǎ
悭客 qiān
掮客 qián
潜移默化 qián
虔诚 qián
天堑 qiàn
戕害 qiāng
强迫 qiǎng
勉强 qiǎng
强求 qiǎng
牵强附会 qiǎng
襁褓 qiǎng
翘首远望 qiáo
讥诮 qiào
怯懦 qiè
提纲挈领 qiè
锲而不舍 qiè
惬意 qiè
衾枕 qīn
倾盆大雨 qīng
引擎 qíng
亲家 qìng
曲折 qū
祛除 qū
黢黑 qū
水到渠成 qú
清癯 qú
瞿塘峡 qú
通衢大道 qú
龋齿 qǔ

兴趣 qù
面面相觑 qù
债券 quàn
商榷 què
逡巡 qūn
麇集 qún

R

围绕 rào
荏苒 rěn rǎn
稔知 rěn
妊娠 rèn shēn
仍然 réng
冗长 rǒng

S

缲丝 sāo
稼穑 jià sè
堵塞 sè
刹车 shā
芟除 shān
潸然泪下 shān
禅让 shàn
讪笑 shàn
赡养 shàn
折本 shé
慑服 shè
退避三舍 shè
海市蜃楼 shèn
舐犊之情 shì
教室 shì
有恃无恐 shì
狩猎 shòu
倏忽 shū
束缚 shù fù
刷白 shuà
游说 shuì
吸吮 shǔn
瞬息万变 shùn

怂恿 sǒng yǒng	**X**	筵席 yán
塑料 sù	膝盖 xī	百花争妍 yán
簌簌 sù	檄文 xí	河沿 yán
虽然 suī	狡黠 xiá	偃旗息鼓 yǎn
鬼鬼祟祟 suì	厦门 xià	奄奄一息 yǎn
婆娑 suō	纤维 xiān wéi	赝品 yàn
T	翩跹 xiān	佯装 yáng
踏拉 tā	屡见不鲜 xiān	怏怏不乐 yàng
鞭挞 tà	垂涎三尺 xián	安然无恙 yàng
叨光 tāo	勾股弦 xián	杳无音信 yǎo
熏陶 táo	鲜见 xiǎn	窈窕 yǎo tiǎo
体己 tī	肖像 xiào	发疟子 yào
孝悌 tì	采撷 xié	耀武扬威 yào
倜傥 tìtǎng	叶韵 xié	因噎废食 yē
恬不知耻 tián	纸屑 xiè	揶揄 yéyú
殄灭 tiǎn	机械 xiè	陶冶 yě
轻佻 tiāo	省亲 xǐng	呜咽 yè
调皮 tiáo	不朽 xiǔ	摇曳 yè
妥帖 tiē	铜臭 xiù	拜谒 yè
请帖 tiě	星宿 xiù	笑靥 yè
字帖 tiè	长吁短叹 xū	甘之如饴 yí
恸哭 tòng	自诩 xǔ	颐和园 yí
如火如荼 tú	抚恤金 xù	迤逦 yǐ lǐ
湍急 tuān	酗酒 xù	旖旎 yǐ nǐ
颓废 tuí	煦暖 xù	自怨自艾 yì
蜕化 tuì	眩晕 xuàn yùn	游弋 yì
囤积 tún	炫耀 xuàn	后裔 yì
W	洞穴 xué	奇闻轶事 yì
逶迤 wēi yí	戏谑 xuè	络绎不绝 yì
违反 wéi	驯服 xùn	造诣 yì
崔巍 wéi	徇私舞弊 xùn	友谊 yì
冒天下之大不韪 wěi	**Y**	肄业 yì
为虎作伥 wèi chāng	倾轧 yà	熠熠闪光 yì
龌龊 wò chuò	揠苗助长 yà	一望无垠 yín
斡旋 wò	殷红 yān	荫凉 yìn
深恶痛疾 wù jí	湮没 yān	应届 yīng

应承　yìng

应用　yìng

应试教育　yìng

邮递员　yóu

黑黝黝　yǒu

良莠不齐　yǒu

迂回　yū

向隅而泣　yú

愉快　yú

始终不渝　yú

逾越　yú

年逾古稀　yú

娱乐　yú

舆论　yú

尔虞我诈　yú

伛偻　yǔ lǚ

囹圄　yǔ

参与　yù

驾驭　yù

家喻户晓　yù

熨帖　yù

寓情于景　yù

鹬蚌相争　yù

卖儿鬻女　yù

断瓦残垣　yuán

苑囿　yuàn yòu

头晕　yūn

允许　yǔn

晕船　yùn

酝酿　yùn niàng

Z

扎小辫　zā

柳荫匝地　zā

登载　zǎi

载重　zài

载歌载舞　zài

怨声载道　zài

拒载　zài

暂时　zàn

臧否　zāng pǐ

宝藏　zàng

确凿　záo

啧啧称赞　zé

谮言　zèn

憎恶　zēng

赠送　zèng

驻扎　zhā

咋呼　zhā

挣扎　zhá

札记　zhá

咋舌　zhà

择菜　zhái

占卜　zhān

客栈　zhàn

破绽　zhàn

精湛　zhàn

颤栗　zhàn

高涨　zhǎng

涨价　zhǎng

着慌　zháo

沼泽　zhǎo

召开　zhào

肇事　zhào

折腾　zhē

动辄得咎　zhé jiù

蛰伏　zhé

贬谪　zhé

铁砧　zhēn

日臻完善　zhēn

甄别　zhēn

箴言　zhēn

缜密　zhěn

赈灾　zhèn

症结　zhēng

拯救　zhěng

症候　zhèng

诤友　zhèng

挣脱　zhèng

脂肪　zhī

踯躅　zhí zhú

近在咫尺　zhǐ

博闻强识　zhì

标识　zhì

质量　zhì

脍炙人口　zhì

鳞次栉比　zhì

对峙　zhì

中听　zhòng

中肯　zhòng

刀耕火种　zhòng

胡诌　zhōu

啁啾　zhōu

压轴　zhòu

贮藏　zhù

莺啼鸟啭　zhuàn

撰稿　zhuàn

谆谆　zhūn

弄巧成拙　zhuō

灼热　zhuó

卓越　zhuó

啄木鸟　zhuó

着陆　zhuó

穿着打扮　zhuó

恣意　zì

浸渍　zì

作坊　zuō

柞蚕　zuò

第二章 口语表达基本技能

第一节 发音器官和发音原理

语音的形成是人体发音器官活动的结果，要提高发声质量，必须了解发音器官的功能，分析发音器官发声活动的规律。

人的发音器官大致可分为三个部分：喉下、喉部、喉上。喉下有用来呼吸并且也作为发音能源的各器官，包括气管、肺、胸廓、横膈膜和腹肌。由肺呼出的气流是发声的动力。胸廓和膈肌、腹肌的运动能改变胸腔的容积，由于空气的压力的变化，使处于胸腔的肺吸进或呼出空气。胸廓的运动可以改变胸腔的周围径，主要是通过肋间肌的运动实现的。膈肌的运动主要是改变胸腔的上下径。由于膈肌是不随意肌，所以膈肌的运动主要是通过腹肌的运动改变腹腔压力而间接实现的。喉部是声源器官，包括喉头、声带。喉的位置位于气管的上端。由肺呼出的气流经过气管通过喉部时，处于喉部的声带会在气流的作用下产生振动，发出声音。喉由多块起支架作用的软骨和调整其运动的肌肉构成，正是由于喉部肌肉的运动使喉部的状态发生变化，从而使声带的长短、薄厚发生改变，致使发出的声音的音高、音色产生变化。喉上是用共鸣作用或阻碍作用来调节声音的各器官，包括口腔中各部及鼻腔。声带振动发出的声音叫喉原音，喉原音很微弱，经过共鸣后得到扩大和美化，形成不同的语言音色，形成不同的声音色彩。

第二节 用气发声

在日常生活中，人们仅仅依靠声带讲话的情形是不存在的。声带发出的声音既小又不优美，只有在气息的推动下，经过各共鸣腔体扩大音量、美化音色之后，才能传出体外。可以说，呼出的气息是人体发声的动力。声音的强弱、高低、长短以及共鸣的运用与呼出气流的速度、流量、密度都有直接的关系。气流的变化关系到声音的响亮度、清晰度以及音色的优美圆润，嗓音的持久性及情绪的饱满充沛。也就是说，只有在呼吸得到控制的基础上，才能谈到声音的控制；要使声音自如地表情达意，必须学会呼吸的控制与运用。

一、胸腹联合式呼吸

人的呼吸器官是由呼吸道、肺、胸廓和有关肌肉、横膈膜和腹部肌肉组成的。呼吸方法一般可分为胸式呼吸、腹式呼吸和胸腹联合式呼吸法。

胸式呼吸法吸入及呼出的气流量少且难于控制。采用胸式呼吸法的常见于声音较尖细、声音强度不大且变化较小，声音位置较高，身体较为瘦弱的女性。

腹式呼吸法吸入气流量较多，呼气发声时呼出气流量较多，呼出气流强度、流量有一定幅度的变化。采用腹式呼吸法时声音往往显得深、重、低、沉。

胸腹联合式呼吸法并不是简单的胸式呼吸法加腹式呼吸法，而是指胸、腹所有呼吸器官都参与了呼吸运动，使胸廓、横膈膜及腹部肌肉控制呼吸的能力得到合作，不但扩大胸廓的周围径而且扩大胸腔的上下径，因而能吸入足够的气息，气息的容量大。另外，由于能够稳定地保持住两肋及横膈膜的张力和来自小腹的收缩力量所形成的均衡对抗，有利于形成对声音的支持力量。这种呼吸方法容易控制呼吸。在我国民族声乐及戏曲、曲艺等艺术发声中所说的"丹田气"就是胸腹联合式呼吸法。

二、胸腹联合式呼吸法的要领

1. 呼吸状态

(1)心理状态。一个人内心状态如果是积极的、振奋的，神经传导就快，口语表达就顺畅。反之，一个人内心状态如果是消极的、应付的，神经传导则迟钝，口语表达也就呆滞。因此，无论在口语交际中，还是在用气发音训练时，都要保持一种积极的心理状态。要做到"兴奋从容两肋开，不觉吸气气自来"。

(2)身体状态。在口语表达过程中或用气发声训练时，全身肌肉应相对放松，呼吸器官要舒展自如。具体要求是：喉松鼻通，肩部放松，胸部稍前倾，头、颈之间取平视角度，小腹自然内收。有作势和站式两种。作势，要坐在椅面前部。为避免躯干弯曲、力量松懈，不要"坐满臀"，不要用软椅或沙发。站式，站成"丁字步"，把身体的重量落在前面那只脚的脚掌上，形成一个支点，使身姿自如而挺拔。

2. 呼吸感觉

胸腹联合式呼吸的感觉应该是：随着气流从口鼻同时吸入，两肋向两侧扩张，同时腰带感觉渐紧，小腹控制渐强。呼气时，保持住腹肌的收缩感，以牵制膈肌与两肋使其不能回弹。随着气流的缓缓呼出，小腹逐渐放松，但最后仍要有控制的感觉。而膈肌和两肋则在这种控制的感觉下，逐渐恢复自然状态。在发声状态中，腹肌控制的强弱是随着思想感情的运动在不停地运动和变化。掌握胸腹联合式呼吸法，关键在于抓住符合要领的实际感觉，并且需要在反复的练习中加强和稳定这种感觉。

3. 呼吸要领

（1）吸气要领：吸气要吸到肺底，两肋打开，腹壁"站定"。这是一种深吸气，而在生活中只有呼气结束以后才能有吸气的需求。在体会吸气要领时，应先将体内余气用叹气法全部呼出，再自然吸气，此时才容易体会到将气吸到肺低，两肋打开的感觉，否则易成为胸式呼吸。在自然吸气的过程中，腹肌的配合是不明显的（尤其是女性）。在胸腹联合式呼吸训练中，吸气时我们要求除膈肌、肋间外肌等吸气肌肉群紧张工作外，腹肌、肋间内肌等呼气肌要从自然吸气时的松弛、休息状态，进入"紧张工作"的预备状态。"腹壁站定"状态是指随吸气运动，上腹随两肋打开，稍有凸起。腹壁站定是上腹壁保持住的感觉。在吸气时，由于膈肌下降，腹腔压力增大。特别需要注意的是，吸气时腹肌的收缩不可过于主动，收缩的紧张度不可过强，过强的腹肌收缩会阻碍膈肌下降而影响胸腔上下径的扩大，进而影响吸气量的增加。当吸气进行到比自然状态呼吸稍多又不至于失去控制能力时（初练者吸气五六成满即可，不必贪多），即可转入呼气阶段。

（2）呼气要领：呼气的要领可分三步。第一步要掌握呼气的平稳状态，其中应以快吸慢呼为训练重点，呼气时要将体内的气流拉住，均匀平稳地呼出。第二步是锻炼呼气的持久力，一般要求一口气的呼气发声可持续30～40秒。呼气时，呼气肌肉群体工作的同时，吸气肌肉群体应持续不断地进行工作，利用腹肌向丹田收缩的力量控制住气流。这样，呼气才能持久。第三步训练呼气与发声"挂钩"。掌握发声时呼气的调节方法：随着表达内容的不同和感情变化的差异，调节呼气的强弱、快慢，自如地变换呼气状态。

（3）补气和换气：有时气已呼光，但说话还在继续，容易出现句尾干涩或声嘶力竭现象，这就需要学会在使用过程中补气或偷气。由于思维和表达的需要，为维持较长时间的发声需要而超出了生理能力，需要补充气息又没有补充气息的时间，这时的换气技巧我们通常叫"补气"或"偷气"。补气或偷气最基本的要求是不破坏语句的连贯，在听众不察觉的情况下少量、无声地补充气息。补气和偷气的基本动作是：保持住发声结束时的气息控制状态不变，两肋向外一张，就完成补气、偷气的过程，接续后面的发声。补气和偷气进气量很小，吸入程度感觉很浅，大约只是一口气，只吸到上胸部，甚至只吸到嗓子眼。气息补得及时，才会用得从容，才能持久地发挥气息的动力。

三、胸腹联合式呼吸的训练

1. 吸气训练

(1)站立式：全身放松，做深呼吸。"一、二"吸气，"三、四"呼气，"五、六"吸气，"七、八"呼气。如此循环往复，体会两肋扩展，横膈膜下降及小腹内收的感觉。

(2)坐式：坐在椅子前端，上身略向前倾，小腹稍作内收，吸入气息，体会两肋展开的过程。

(3)闻花香：在意念上，面前放置一盆香花，深吸一口气，将气吸到肺底，要吸得深入、自然、柔和。

(4)抬重物：在意念上准备抬起一件重物，先要深吸一口气，然后憋足一股劲。这时，腹部所产生的感觉同有控制的胸腹联合呼吸的吸气最后一刻的感觉相似。

(5)半打哈欠：不张大嘴地打哈欠。

(6)老友重逢：设想一位离别很久的好友，突然出现在你的面前，你惊奇地倒抽一口气，几乎喊出来。

以上练习方法中最后一刻的感觉同有控制的胸腹联合呼吸的吸气最后一刻的感觉相似。

2. 呼气训练

(1)齿缝放气

慢慢吸好气后，蓄气、保持气息片刻，嘴微张开，上下开一点小缝，发出"丝——"声，要细要匀，坚持用一口气，或用耳语声音数数，看谁延续时间长。气快用完时，要自然放松，不要紧张，这样便可使呼气的控制力量大大增强。

(2)慢吸慢呼，数数儿，延长呼气控制时间。

保持正确的基本呼吸状态慢吸气至八成满，然后，以大约每秒一个数儿的速度数数儿：1、2、3、4……要吸一口气数数儿，中途不换气，不补气，并保证数字之间匀速、语音规整、声音圆润集中、音高一致、力度一致；出声则出气，不出声则不漏气；开头的数字气不冲声不紧，近尾的数字气不憋、声不噎；气竭则声停。注意数数儿时，声带喉头保持正常发声的通畅感，不因吸气太满呼吸肌紧张而扼喉。一般吸一口气数数儿持续时间达到30～40秒即完成训练要求。开始练习时，不要单纯追求所数数字的多少，重点应在锻炼呼吸发声的控制力。经过一段时间的锻炼，呼吸控制力强了，数儿便会数得多了。

（3）慢吸慢呼，数葫芦。

词如下：

一口气数不完二十四个葫芦，一个葫芦、两个葫芦、三个葫芦……

数葫芦的呼吸控制及用声要求，同上一个数数的练习。一般达到一口气能数15～20个葫芦即可。

（4）喊人练习：以发音响亮的音节组成人名，比如"王刚"、"黄强"、"张华"等。由近渐远或由远渐近地喊。声音要洪亮，远近适宜。作这一练习时，喊人尽量将每一个音节的韵腹拉开拉长。

（5）均匀、缓慢地吹去桌面上的尘土。

（6）发带有 hei 音的狗喘气音：闭口松喉，展开下肋，用笑的感觉（不出声）使膈肌作有节律的颤动。锻炼膈肌的力量。

（7）弹发练习：

①吸好气，弹发 ha 音，先慢后快，如京剧老生大笑状。

②吸好气，反复弹发 hei、ha、huo。

③吸好气，弹发"一二一、一二一、一二一、一、二、三、四"，如喊操状。

3. 呼吸综合训练

（1）朗读诗词训练：选择短小、平和、舒缓、轻快的诗词作为练习材料。读第一遍时，一口气读一句；读第二遍时，先吸一口气读前两句；读第三遍时，吸一口气将全诗四句读出。朗读时要求：第一，用较慢的速度将音节清楚地读出。特别是韵脚音节要读得饱满（指声母、韵母声调都要到位）。第二，声音要和诗的感情、意境结合，不能有字无句、有句无意。要做到声情并茂。

　　　　　鹅、鹅、鹅，曲项向天歌。
　　　　　白毛浮绿水，红掌拨清波。
　　　　　　　　　　　　　　　——骆宾王《咏鹅》

　　　　故人西辞黄鹤楼，烟花三月下扬州。
　　　　孤帆远影碧空尽，唯见长江天际流。
　　　　　　　　　　　　　——李白《送孟浩然之广陵》

月落乌啼霜满天，江枫渔火对愁眠。

姑苏城外寒山寺，夜半钟声到客船。

——张继《枫桥夜泊》

（2）朗读长句训练：选择内容较复杂的长句进行练习。读长句之前吸气量要大，读时要控制好气息，气要"拉住"，不能随意顿歇和补气，否则，就会破坏语意的完整。在发声训练中，意义永远占主导地位。必须坚持以情运声、以气托声、以声传情的原则，充分发挥感情在发声过程中的作用。

爸爸等于给我一个谜语，这谜语比课本上的"日历挂在墙壁，一天撕去一页，使我心里着急"和"一寸光阴一寸金，寸金难买寸光阴"还让我感到可怕；也比作文本上的"光阴似箭，日月如梭"更让我觉得有一种说不出的滋味。

——林清玄《和时间赛跑》（节选）

那次作伪证的意图是要从一个贫苦的土著寡妇及其无依无靠的儿女手里夺取一块贫瘠的香蕉园，那是他们失去亲人之后的凄凉生活中唯一的依靠和唯一的生活来源。

——马克·吐温《竞选州长》（节选）

北京人民广播电台。各位听众，现在播送北京市气象台今天晚上六点钟发布的北京地区天气预报。

中国全民教育2000年监测评估国家评估组和技术组由中国联合国教科文组织全国委员会牵头，教育部有关部门负责。自1998年以来，对我国31个省、市、自治区90年代的教育发展进行了全面的监测，完成了中国全民教育2000年监测评估国家报告。

（3）读下面的绕口令，尽可能一口气读完

出东门，过大桥，大桥前面一树枣儿，拿着杆子去打枣，青的多，红的少，一个枣儿，两个枣儿，三个枣儿，四个枣儿，五个枣儿，六个枣儿，七个枣儿，八个枣儿，九个枣儿，十个枣儿，十个枣儿，九个枣儿，八个枣儿，七个枣儿，六个枣儿，五个枣儿，四个枣儿，三个枣儿，两个枣儿，一个枣儿。这是一段绕口令，一气说完才算好。

一个葫芦两个瓢，两个葫芦四个瓢，三个葫芦六个瓢，四个葫芦八个瓢，五个葫芦十个瓢，六个葫芦十二个瓢，七个葫芦十四个瓢，八个葫芦十六个瓢，九个葫芦十八个瓢，十个葫芦二十个瓢，五十个葫芦一百个瓢，一百个葫芦一堆瓢。

（4）朗诵《长江之歌》

> 你从雪山走来，春潮是你的风采；
> 你向东海奔去，惊涛是你的气概。
> 你用甘甜的乳汁，哺育各族儿女；
> 你用健美的臂膀，挽起高山大海。
> 我们赞美长江，你是无穷的源泉；
> 我们依恋长江，你有母亲的情怀。
>
> 你从远古走来，巨浪荡涤着尘埃；
> 你向未来奔去，涛声回荡在天外。
> 你用纯洁的清泉，灌溉花的国土；
> 你用磅礴的力量，推动新的时代。
> 我们赞美长江，你是无穷的源泉；
> 我们依恋长江，你有母亲的情怀。

第三节　共鸣控制

一、共鸣腔体及其作用

发音体之间的共振现象叫作共鸣。优美的声音，全靠有适宜的共鸣。人体发声的共鸣是指喉部的声带发出的声音，声带本身发出的声音是很微弱的，必须经过声道共鸣器官，引起它们的共振而扩大，才能变得震荡、响亮、圆润有弹性，刚柔适度，形成各种不同的色彩。这样的声音传送得远，可塑性强。

人的声道共鸣器官主要有：

1. 喉腔。它是人体第一个共鸣腔。如果它被挤扁，声音就会"横"着出来；如果喉部束紧，声音就会"拔高""单薄"，因此，它的形状变化对于声音质量有着较大影响。

2. 咽腔。它的容积较大，对于扩大音量和美化音色起着重要的作用。

3. 口腔。它灵活多变，是人体最主要的共鸣腔体。口腔的开合、舌头的伸缩、软腭的升降等都可以改变口腔的形状，产生不同的音色，从而对共鸣产生重要影响。

4. 鼻腔。它的共鸣作用是由于腔内空气振动和骨骼的传导产生的，它对于高音的共鸣作用很大。

5. 胸腔。随着声音的高低变化,胸部会感到有一个较为集中的响点。这一"胸腔响点"沿着胸骨的上下移动便产生了胸腔的振动。由这种振动造成的共鸣,可以使音量扩大,声音浑厚有力。

以上各共鸣腔体协调工作,就能使发出的声音明亮、坚实、丰满、浑厚。

二、三腔共鸣的方式

在口语表达中,人们主要运用的是以口腔为主,中、低、高三腔共鸣的方式。中音共鸣就是口腔共鸣,它是指硬、软腭以下,胸腔以上各共鸣腔体。低音共鸣主要指胸腔共鸣。高音共鸣主要是鼻腔共鸣,它是指硬、软腭以上的共鸣腔体。对于教师来说,高音共鸣过多,声音显得单薄、漂浮;低音共鸣过多,会使声音发闷,影响字音清晰。因此,"以口腔为主,三腔共鸣"的方式,才是语言工作者所需要的。不会共鸣的人,常有两种毛病;一种是气息直接从口中喷出,没有产生共鸣或只有口腔共鸣,表现为声音微弱;另一种是气息只送到鼻腔,进不了上腭,表现为鼻音很重。这会使语言暗淡枯涩,不明朗。有这两种毛病的人,要多做共鸣练习。

共鸣的感觉可以通过发声、哼歌曲得到。同时练习共鸣要注意保护好声带,呼气要均匀,减少声带的负担,经常练习"气泡音"活动声带,把发音器官锻炼得结实有力。

三、共鸣训练的方法

1. 胸腔共鸣练习

胸腔共鸣是由于喉结下降、喉管变粗、咽喉充分打开下连胸腔变成联合共鸣腔形成的。因此,训练时要学会放松胸部的呼吸方法,使声音浑厚、深沉、有力。

(1)用较低的声音发 ha 音,声音不要过亮,这时的声音是浑厚的,感觉是从胸腔发出,如感觉不明显可以逐渐降低音高,适当加大音量。也可以用手轻按胸部,用做练习音。从高到低,从实声到虚声发长音,体会哪一段声音上胸腔振动强烈,然后在这一声音段做胸腔共鸣练习。一般来说,较低而又柔和的声音易于产生胸腔共鸣。

(2)音高练习:有层次地爬高降低。选一句话,如"对不起,今天晚上我没有时间",在本人音域范围内,先用低调说,一级一级地升高,然后再一级一级地下降。一句高,一句低,高低交替,体会胸腔共鸣的加强。

(3)低读韵母练习:放松胸部,用低音读韵母,产生声音从胸腔透出的感觉,浑厚省力。

a—a—a—

iao—iao—iao—

ang—ang—ang—

(4)增加胸腔共鸣的适当音色后,用这一段的声音练习下列含有 a 音的
词(a 开口度大,易于产生胸腔共鸣)

懒散　宽泛　暗淡　反叛　散漫　武汉　计划　到达　出嫁

缠绵　肝胆　甜点　戛戛　两边　烂漫　开饭　白发　开展

然后用适当的声音练习下面的短诗,注意加强韵脚的胸腔共鸣。

春眠不觉晓,处处闻啼鸟。

夜来风雨声,花落知多少。

——孟浩然《春晓》

烟笼寒水月笼沙,夜泊秦淮近酒家。

商女不知亡国恨,隔江犹唱后庭花。

——杜牧《泊秦淮》

(5)朗诵诗:

雨　巷

戴望舒

撑着油纸伞,独自

又寂寥的雨巷,

我希望逢着

一个丁香一样的姑娘。

她是有

丁香一样的颜色,

丁香一样的芬芳,

丁香一样的忧愁,

在雨中哀怨,

哀怨又彷徨;

她彷徨在这寂寥的雨巷,

撑着油纸伞

像我一样

像我一样地

125

默默彳亍着，
冷漠，凄清，又惆怅。

她静默地走近
走近，又投出
太息一般的眼光，
她飘过
像梦一般地
像梦一般地凄婉迷茫。

像梦中飘过
一枝丁香地
我身旁飘过这女郎；
她静静地远了，远了，
到了颓圮的篱墙，
走尽这雨巷。

在雨的哀曲里，
消了她的颜色，
散了她的芬芳，
消散了，甚至她的
太息般的眼光，
丁香般的惆怅。

撑着油纸伞，独自
彷徨在悠长，悠长
又寂寥的雨巷，
我希望飘过
一个丁香一样地
结着愁怨的姑娘。

2. 口腔共鸣训练

口腔打开的程度与共鸣的关系很大，口腔开得过小，会使其空间缩小，不利于声音的传送；口腔开得过大，会使声音僵硬，没有伸缩的余地。口腔的适度打开才可获得良好的共鸣效果。训练时要掌握打开口腔的要领，适当地打开后槽牙，使气流通畅地打在硬腭上，让共鸣点集中在口腔中部。同时要注意前音稍后，后音稍前，开音稍闭，闭音稍开。这样发出来的音才会厚实响亮。

（1）唇齿贴近，提高声音明亮度。发音时有翘唇习惯的人，音色大多较暗而且混浊。可以用收紧双唇，使其贴近上下齿的方式来改善共鸣。先用单元音做练习，然后用小的句段进行练习比较它与自己的习惯发音音色有何不同。

（2）嘴角略微上抬，消除消极音色。有的人发音时习惯于嘴角下垂，不善于表现欢乐、积极的感情色彩，可以结合"提颧肌"，使嘴角略微上抬，声音色彩会有变化。先用单元音做练习，然后用小的句段进行练习，比较它与习惯发音的不同。

（3）牙关练习。放松下巴。用手扶住放松而微收的下巴，缓缓抬头以打开口腔，再缓缓低头以闭上口腔。

从容地反复发复韵母如 ai、ei、ao、ou(提示：打开后槽牙，不是张大嘴；读韵母时体会声束沿上腭中线前滑，挂在前腭的感觉。)

（4）竖起后咽壁练习。调节颈部姿势，使后咽壁竖起来，发单韵母 i、u、e、o，体会上下贯通的共鸣感觉。（提示：颈部的角度要适中，不直不僵，不松不软，才能把声音从喉咙中"吊"出来，使声音"站得住"）

3. 鼻腔共鸣训练

发鼻音音素或非鼻音音素时，要掌握软腭下降或上升的运动方式，以获得高亢、明亮的共鸣效果。发鼻音音素时，软腭下降，阻塞口腔通道，声音完全由鼻腔通过；发鼻韵尾时，软腭先上挺后下降，声音分别从口腔和鼻腔通过。

（1）体会鼻腔共鸣练习。鼻腔共鸣过多鼻音色彩过重。训练中必须防止出现非鼻音音素的鼻化现象。可用手捏着鼻翼两侧发非鼻音音节，如"学校""教室""口语"等。如果音节发闷，就证明带有鼻音色彩，主要原因是软腭无力。只有适当利用鼻腔共鸣才能美化声音。软腭抬起则减少鼻腔共鸣。可用 i 和 a 做练习。利用软腭下降将元音部分鼻化来体会鼻腔共鸣。

i——i(带鼻音色彩)

a——a(带鼻音色彩)

（2）交替发口音 a 和鼻音 ma。发口音时软腭上挺，堵住鼻腔通道，体会口腔共鸣；发鼻音时软腭下垂，打开鼻腔通道，体会鼻腔共鸣。反复练习，体会软腭上挺或下垂的不同感觉。

(3)鼻腔共鸣练习。鼻腔共鸣少的人可使用这一练习，但切勿使鼻腔共鸣过多而导致鼻音色彩过重。一般来说，a的舌位低鼻腔共鸣弱，软腭下降幅度可稍大些，i、u、ü舌位高，口腔通路窄，气流容易进入鼻腔，产生鼻腔共鸣。因此，软腭不可下降过多，否则会使元音完全鼻化。可用m、n开头的音做练习，体会鼻腔共鸣，然后再发其他音。

妈妈 买卖 猫咪 阴谋 弥漫 隐瞒 出门 戏迷 分秒

朽木 接纳 奶奶 头脑 困难 万能 南宁 温暖 妇女

4. 共鸣控制综合训练

灵活运用三腔共鸣，学会进行控制调节，使声音富于变化。

(1)夸张四声练习。选择韵母音素较多的成语或词语，运用共鸣技能作夸张声调的训练。

山—明—水—秀　　黑—白—分—明　　融—会—贯—通

兵—强—马—壮　　飞—檐—走—壁　　风—调—雨—顺

妖—魔—鬼—怪　　千—锤—百—炼　　灯—红—酒—绿

高—朋—满—座　　花—团—锦—簇　　乘—风—破—浪

(2)大声呼唤练习。假设一个目标在50～100米处，呼唤以下句子。

老—王—，等—一—等！

苗—苗—，早—点—回—家！

小—明，快—回—来！

呼唤时，注意控制气息，并这样延长音节，体会三腔共鸣。

(3)朗诵下列诗词，要求音节要清晰、圆润、饱满。

长江流，黄河流，滔滔岁月无尽头。

天下兴亡多少事，茫茫我神州。

情悠悠，思悠悠，炎黄子孙志未酬。

中华自有雄魂在，江河万古流。

——苏叔阳《江河万古流》

昔人已乘黄鹤去，此地空余黄鹤楼。

黄鹤一去不复返，白云千载空悠悠。

晴川历历汉阳树，芳草萋萋鹦鹉洲。

日暮乡关何处是？烟波江上有人愁。

——崔颢《黄鹤楼》

第四节　吐字归音

吐字归音是我国传统说唱艺术理论中在吐字、咬字训练上的一个术语。它把一个汉字的发音过程分为出字、立字、归音三个阶段。出字是指声母（包括韵头）的发音过程；立字是指韵腹的发音过程；归音是指发音的收尾（发韵尾）过程。吐字归音对发音的每个阶段都提出了具体的要求，以便取得字音的清晰、响亮饱满、弹发有力的效果。

一、汉字音节的特点

从音节的角度看，汉字音节通常由声母、韵母、声调三部分构成。一个音节可以没有声母，但不能没有韵母和声调。韵母又可以分为韵头、韵腹、韵尾三个部分。从吐字归音的角度看，汉字音节一般可以分为字头、字腹、字尾三部分。字头是一个汉字音节的开头部分，一般是组成这个音节的声母，有的还有韵头（介音）。如"响"这个音节中，声母和韵头共同构成字头；"来"这个音节中，声母单独构成字头。凡无声母的字，字头由韵头（介音）充当，或经由韵腹承担，如"阳"这个音节中，韵头单独构成字头。

字腹是组成汉字音节的韵腹部分，都由元音构成，发音时声带振动，声音响亮，可以延长，是音节中最能发挥共鸣作用、最有响度和穿透力的部分。如，"江"这个音节中，韵腹构成字腹；"枚"这个音节中，韵腹构成字腹；"啊"这个音节中，韵腹构成字腹。口语表达时字腹要发得长而稳，整个字才能发得响亮、圆润、富有色彩。

字尾是组成汉字音节的韵尾部分，是字的终了和归宿。如，"难"这个音节中，韵尾是字尾；"海"这个音节中，韵尾是字尾；"妙"这个音节中，韵尾是字尾。字尾都由元音或鼻辅音充当，发音时声带振动。字尾在整个音节中所占的时值很短，要在字腹引长到最后才能收尾、收韵。

二、吐字归音的要求

吐字归音的要求是：吐字清晰，立字饱满，归音到位。即在吐字发声时，字头要咬得快而准，字腹要吐得稳而长，字尾要收得清而短。每个字的头、腹、尾都要交代清楚。当我们发一个声母、韵母完整的字时，吐字归音过程就成了枣核形，中间（韵腹）发音动程大，占的时间长；两头（声母和韵头为一头，韵尾为一头）发音动程小，占的时间短。所以，字头和字尾发音时要严格控制和规范口型，字腹发音时要响亮、圆润。这样吐字才能达到字正腔圆、清晰饱满的效果。

三、吐字归音的方法

清代的徐大椿曾说："声各有形，声从形出，欲改其声，先改其形。形改而声无弗改也。人之声亦然……所以欲辨其真音，先学口法。口法真则其字无不真矣。"老艺人也常说："字头要咬得狠，字腹要吐得圆，字尾要收得巧。"又说："字头重，字用满，字尾轻。"可见吐字归音的方法在传统的说唱艺术中是非常讲究的。

1. 字头的咬法（出字）

出字是指吐字归音过程中对字头的处理。字头部分的发音虽然很短但却很重要，如果不咬紧字头就松开转字腹，字就会含混不清。如果字头咬得过紧就会使声音僵硬，出不来。因此对字头的处理方法是要叼住弹出，部位准确，力量适中。常见的咬准字头的练习方法有以下几个。

（1）喷崩法。在咬字时吸足气息，双唇紧闭，然后突然打开爆破成音。可用于发 b、p 声母的字。如：

乒乓　批判　颁布　斑白　偏旁　澎湃　评比　派别
平凡　旁边　臂膀　批评　爆破　标兵　普遍　排炮

绕口令

八百标兵奔北坡，
北坡炮兵并排跑；
炮兵怕把标兵碰，
标兵怕碰炮兵炮。

白庙外蹲着一只白猫，
白庙里有一顶白帽；
白庙外的白猫看见了白帽，
叼着白庙里的白帽跑出了白庙。

一座棚傍峭壁旁，
峰边喷得瀑布长；
不怕暴雨瓢泼冰雹落，
不怕寒风扑面雪飘扬；
并排分班翻山攀坡把宝找，
聚宝盆里松柏飘香百宝藏；

背宝飞跑抱矿炮劈山，

篇篇捷报飞伴金凤凰。

(2)弹舌法。用舌头的弹力将字音有力地弹发出来。可用来练习 d、t
声母的字。如：

单调　大胆　团体　体态　梯田　奠定　滔天　地点

探讨　道德　跳台　等待　电台　到达　吞吐　谈吐

绕口令

调到敌岛打大盗，

大盗太刁投短刀，

推打顶挡短刀掉，

踏盗得刀盗打倒。

会炖他的炖冻豆腐，

来炖他的炖冻豆腐，

不会炖他的炖豆腐，

就别炖他的炖冻豆腐，

要是混充会炖他的炖冻豆腐，

弄坏了他的炖冻豆腐，

就吃不成他的炖冻豆腐。

(3)开喉法。发音时用力打开口腔后部，蓄足气流，吐发有力，可用于
发 g、k、h 声母的字。如：

宽阔　慷慨　辉煌　航海　改革　巩固　骨干　刻苦

绘画　荷花　开垦　坎坷　海关　欢呼　概括　客观

绕口令

哥挎瓜筐过宽沟，

赶快过沟看怪狗；

光看怪狗瓜筐扣，

瓜滚筐空哥怪狗。

(4)震牙法：吐字时气流强烈冲击牙齿，使之震颤，以求字音的响亮有
力。练习 j、r 声母的字，牙齿有明显的震动之感。如：

急剧　竞技　积极　艰巨　容忍　仁人　仍然　柔软

2. 字腹的吐法(立字)

立字是指吐字归音过程中对字腹的处理。要求做到字腹立字饱满，拉

开立起。字腹是韵母中的主要元音，口腔开度最大，共鸣最丰富，声音最响亮。字腹发音的圆润饱满需要口腔开度适当扩大，以使元音间保有明显的对比，口腔随字腹立起而打开。需要注意的是，字腹的发音是在滑动中完成的，即使是单元音韵母，其发音动作也要在本音范围内做轻微移动，不可僵死不变。复元音韵母中，这种滑动更为明显。

字腹是 i、u、ü 等舌位较高元音时，口腔开度不要过小，否则声音会发暗，缺少圆润感。元音 a 作字腹时，常见的问题是口腔打不开，a 音接近于 e 音，影响字音的饱满清晰。而由于 a 是普通话语音系统中舌位最低的元音，口腔开度不够，势必缩短了高低舌位间的距离，整体语音面貌听觉感觉发扁。常见的练习方法有以下几种：

(1)字、词练习(提示：注意保持韵腹主要元音的圆润、响亮、饱满，主要元音应该"声挂前腭")

巴　擦　达　乏　洒　马　辣　咯

发痧　旮旯　打靶　遢遢　腊八　喇嘛　咔嚓　马趴　拿大　砝码

拔　泼　佛　叵　抹　破　磨　博

薄膜　婆婆　勃勃　默默　磨破　脉脉　饽饽　伯伯　泼墨　漠漠

哪　阿　饿　饿　额　惹　垩　扼

客车　隔阂　合辙　热核　折射　乐得　色泽　呵责　咋舌　各个

疵　司　瓷　慈　紫　死　自　四

字词　私自　刺字　子嗣　孜孜　四次　刺丝　孜孜　自私　恣肆

支　吃　时　职　使　纸　赤　日

制止　迟滞　知识　史诗　事实　支持　咫尺　矢志　实施　致使

失职　只是　试纸　志士　誓师　指斥　直至　智齿　支持　逝世

指示　值日　日食　适时　失实　支使　执事　吃食

儿　而　耳　鸸　饵　贰　洱　尔

而后　儿歌　尔曹　儿孙　而已　耳垢　耳轮　儿戏　儿女　耳语

鸡　西　迷　黎　匹　底　器　替

敝屣　激励　比拟　机器　羁縻　漆皮　奇袭　习题　脾气　匿迹

袭击　洗涤　戏迷　砥砺　蒺藜　机密　气息　积弊　启迪　淅沥

披靡　霹雳　喜气　栖息　济济　鄙弃　习气　比例　吉期　犀利

扑　夫　读　图　努　卤　住　入

补助　舒服　突出　互助　督促　粗鲁　图书　孤独　出路　瀑布

迂　渔　鱼　雨　玉　愈

区域　吕剧　剧序　曲旅　居雨　具渔　女婿　聚居　曲剧　龃龉

（2）练习发复韵母

前响复韵母：ai、ei、ao、ou，发音时注意突出前边的字腹，待字腹饱满发出后迅速转向字尾收音。

中响复韵母：iao、iou、uai、uei，发音时注意韵头（介音）一出即转向字腹，待字腹饱满发出后快速转向字尾收音。

后响复韵母：ia、ua、ie、ue、uo，发音时注意韵头（介音）一出即转向字腹，待字腹饱满发出后截气收音

（3）打开口腔的练习。下列成语的第一个音节都是容易体会打开口腔的音节，在朗读时，请你以第一个音节打开口腔的感觉，带后面的音节，使后面的音节也能尽量打开口腔开度的发音。

老当益壮　牢不可破　来龙去脉　来日方长　狼狈不堪　老生常谈
雷厉风行　冷嘲热讽　两袖清风　龙腾虎跃　包罗万象　超群绝伦
刀山火海　道貌岸然　调兵遣将　高风亮节　泛滥成灾　防患未然
放虎归山　光明磊落　高瞻远瞩　豪情壮志　江河日下　娇生惯养
矫枉过正　慷慨激昂　冒名顶替　脑满肠肥　鸟语花香　庞然大物
抛砖引玉　乔装打扮　相安无事　响彻云霄　逍遥法外　扬长而去
阳光大道　遥相呼应　咬牙切齿　耀武扬威　张冠李戴　浩浩荡荡

（4）改善音色的练习。这里的音色，主要指语音的音色特征。在不影响表义的前提下，可以适当调整口腔的开合度和发音部位。下面练习里的"开音"指口腔开度比较大的音节；"闭音"指开口度比较小的音节。以下练习均以前一个音节的发音位置带后一个音节的发音位置，使后一个音节的发音位置向前一个音节的发音位置略作改变。以便使语音更圆润响亮。

①以"开音"带"闭音"，达到"闭音"稍开。

男女　番茄　按理　傲气　奥秘　八股　巴黎　拔河　当局　斑竹　把戏
板栗　宝贝　保密　仓库　草地　抄袭　刀具　八旗　打击　刚毅　傻气

②以"闭音"带"开音"，达到"开音"稍闭。

毒打　抵挡　滴答　里拉　寄放　库房　立方　激发　苦瓜　渔霸　提拔
积压　哭瞎　惊吓　复杂　图章　抵达　出嫁　蓖麻　巨大　居丧　堤坝

（5）字音延长练习。发字头、字腹、字尾完整的词语，发音时将字腹有意识延长。

健—美　保—险　交—流　留—恋　会—标　号—令
浪—潮　外—来　台—北　长—江　昆—仑　山—川

3. 字尾的收法

归音是对字尾的处理，表达中字的收尾是关系一个字的完整、准确的问题，要根据字的不同韵尾，在字的发时值接近完成的时候，改变口形、舌位，适时地、轻轻地、干净地收声归韵。因此，对字尾的处理要到位弱收。

（1）展唇练习。反复发尾音是 i 的词语，归音时要做到嘴唇微展，唇形扁平。

爱戴　买卖　彩带　灾害　塞外　徘徊　海外　衰败　蓓蕾　贵妃　颓废
垂危　对垒　回归　配备　美味　时机　洗涤　字迹　立体　记忆　细腻

凉州词
唐　王翰

葡萄美酒夜光杯，欲饮琵琶马上催。

醉卧沙场君莫笑，古来征战几时回。

绕口令

槐树槐，槐树槐，

槐树底下搭戏台；

人家的姑娘都来了，

我家的姑娘还没来。

说着说着就来了，

骑着驴，打着伞，

歪着脑袋上戏台。

（2）聚唇练习。反复发尾音是 o、u 的词语，归音时应做到嘴唇聚拢，唇形微圆。

苗条　高潮　骄傲　碉堡　搞好　逍遥　巧妙　操劳　犒劳　报销　造谣
妖娆　糟糕　侨胞　懊恼　牢靠　斗殴　悠久　走狗　流寇　九州　秋收

军港的夜啊，静悄悄，

海浪把战舰轻轻地摇。

年轻的水兵，头枕着波涛，

睡梦中露出甜美的微笑。

海风你轻轻地吹，

海浪你轻轻地摇，

让我们的水兵好好睡觉。

——马金星《军港的夜》

常记溪亭日暮，
沉醉不知归路。
兴尽晚回舟，
误入藕花深处。
争渡，争渡，
惊起一滩鸥鹭。

——李清照《如梦令》

（3）抵舌练习。反复发尾音是 n 的词语，归音时要做到舌尖上抵，但不要抵得太死。

人参　匀称　认真　春分　紧跟　勤奋　沉闷　根本　蓝天　偏见　捐献
婉转　干旱　前言　肝胆　闪电　帆船　舢板　全盘　烂漫　蛮干　沿岸

长亭外，古道边，芳草碧连天。晚风吹拂笛声残，夕阳山外山。
天之涯，地之角，知交半零落；一杯浊酒尽余欢，今宵别梦寒。

——李叔同《送别》

舌头在咬字吐字中起着很重要的作用，咬不清字往往是因为舌肌不灵活，动作迟钝、无力，舌头成了障碍。舌肌越灵活，动作越敏捷，咬字就越清晰，声音也就越饱满、圆润。

（4）穿鼻练习。反复发尾音是 ng 的词语，归音时让气息灌满鼻腔。

汪洋　丰盛　雄鹰　轰动　从容　成功　阳光　蒙蒙　晶莹　工程　松动
帮忙　放荡　双簧　状况　冷风　秉性　蜻蜓　硬性　整风　萌生　升腾

一叶舟轻。双桨鸿惊。水天清，影湛波平。鱼翻藻鉴，鹭点烟汀。过沙溪急，霜溪冷，月溪明。
重重似画，曲曲如屏。算当年，虚老严陵。君臣一梦，今古空名。但远山长，云山乱，晓山青。

——苏轼《行香子·过七里濑》

送战友，踏征程，
默默无语两眼泪，
耳边响起驼铃声。
路漫漫，雾蒙蒙，
革命生涯常分手，

一样分别两样情。

战友啊战友，

亲爱的弟兄，

当心夜半北风寒，

一路多保重。

——王立平《驼铃》

四、基础发声综合训练

1. 绕口令练习

(1)白石塔，白石搭，白石搭白塔，白塔白石搭，搭好白石塔，白塔白又大。

(2)吃葡萄不吐葡萄皮，不吃葡萄倒吐葡萄皮。

(3)板凳宽，扁担长，扁担没有板凳宽，板凳没有扁担长，扁担绑在板凳上，板凳不让扁担绑在板凳上，扁担偏要绑在板凳上。

(4)东洞庭，西洞庭，洞庭山上一条藤，藤上藤下挂铜铃。风吹藤动铜铃动，风停藤停铜铃停。

(5)武汉商场卖混纺，红混纺，黄混纺，粉红混纺，粉黄混纺，黄红混纺，红黄混纺，样样混纺销路广。

(6)四是四，十是十，十四是十四，四十是四十。谁能说准十四、四十、四十四，谁来试一试。谁说十四是四四。就罚谁十四，谁说四十是细席，就罚谁四十。

2. 朗读下面短文，要求把每一音节的出字、立字、归音按要领读好。

为了看日出，我常常早起。那时天还没有大亮，周围很静，只听见船里机器的声音。

天空还是一片浅蓝，很浅很浅的。转眼间，天水相接的地方出现了一道红霞。红霞的范围慢慢扩大，越来越亮。我知道太阳就要从天边升起来了，便目不转睛地望着那里。

果然，过了一会儿，那里出现了太阳的小半边脸，红是红得很，却没有亮光。太阳像负着什么重担似的，慢慢儿，一纵一纵地，使劲儿向上升。到了最后，它终于冲破了云霞，完全跳出了海面，颜色真红得可爱。一刹那间，那深红的圆东西发出夺目的亮光，射得人眼睛发痛。它旁边的云也突然有了光彩。

有时候太阳躲进云里。阳光透过云缝直射到水面上，很难分辨出哪里是水，哪里是天，只看见一片灿烂的亮光。

有时候天边有黑云，云还很厚。太阳升起来，人看不见它。它的光芒给黑云镶了一道光亮的金边。后来，太阳慢慢透出重围，出现在天空，把一片片云染成了紫色或者红色。这时候，不仅是太阳、云和海水，连我自己也成了光亮的了。

这不是伟大的奇观么？

——巴金《海上日出》

享受幸福是需要学习的，当幸福即将来临的时刻需要提醒。人可以自然而然地学会感官的享乐，人却无法天生地掌握幸福的韵律。灵魂的快意同器官的舒适像一对孪生兄弟，时而相傍相依，时而南辕北辙。幸福是一种心灵的震颤。它像会倾听音乐的耳朵一样，需要不断地训练。当春天来临的时候，我们要对自己说，这是春天啦！心里就会泛起茸茸的绿意。幸福的时候，我们要对自己说，请记住这一刻！幸福就会长久地伴随我们常常提醒自己注意幸福，就像在寒冷的日子里经常看看太阳，心就不知不觉暖洋洋亮光光。

——毕淑敏《提醒幸福》（节选）

天上飘着些微云，
地上吹着些微风。
啊！
微风吹动了我的头发，
教我如何不想她？

月光恋爱着海洋，
海洋恋爱着月光。
啊！
这般蜜也似的银夜，
教我如何不想她？

水面落花慢慢流，
水底鱼儿慢慢游。
啊！
燕子你说些什么话？
教我如何不想她？

枯树在冷风里摇，

野火在暮色中烧。

啊！

西天还有些儿残霞，

教我如何不想她？

———刘半农《教我如何不想她》

3. 朗读：

我如果爱你——

绝不像攀援的凌霄花，

借你的高枝炫耀自己；

我如果爱你——

绝不学痴情的鸟儿，

为绿荫重复单调的歌曲；

也不止像泉源，

常年送来清凉的慰藉；

也不止像险峰，增加你的高度，衬托你的威仪。

甚至日光。

甚至春雨。

不，这些都还不够！

我必须是你近旁的一株木棉，

作为树的形象和你站在一起。

根，紧握在地下，

叶，相触在云里。

每一阵风过，

我们都互相致意，

但没有人

听懂我们的言语。

你有你的铜枝铁干，

像刀，像剑，

也像戟，

我有我的红硕花朵，

像沉重的叹息，

又像英勇的火炬，

我们分担寒潮、风雷、霹雳；

我们共享雾霭流岚、虹霓，

仿佛永远分离，

却又终身相依，

这才是伟大的爱情，

坚贞就在这里：

不仅爱你伟岸的身躯，

也爱你坚持的位置，

脚下的土地。

——舒婷《致橡树》

我站在高山之巅，望黄河滚滚，

奔向东南……

金涛澎湃，掀起万丈巨澜；

浊流万转，结成九曲连环。

从昆仑山下奔向黄海之边，

把中华大地劈成南北两面。

啊！黄河！你是我们民族的摇篮，

五千年的古国文化，从你这儿发源。

多少英雄的故事，在你的周遭扮演！

啊！黄河！你是伟大坚强！像一个巨人，

出现在亚洲平原之上。

用你那英雄的体魄，

做成我们民族的屏障。

啊！黄河！你一泻万里，浩浩荡荡，

向南北两岸伸出千万条铁的臂膀！

我们民族的伟大精神，将要在你的保育下发扬滋长，

我们祖国的英雄儿女，将要学习你的榜样。

像你一样的伟大坚强！

像你一样的伟大坚强！

——光未然《黄河颂》

第五节　口语表达技巧

法国哲人丹纳说过："人的喜怒哀乐，一切骚扰不宁，起伏不定的情绪，连最微妙的波动，最隐蔽的心情，都能由声音直接表达出来，而表达的有力、细致、正确，都无与伦比。"在口语表达中，表达者根据传情达意的需要，加上自身的年龄、文化、气质、修养等方面的因素，声音或快或慢，或高或低，或急或缓，或一气呵成，或一字一顿，这些声音上的丰富变化，形成了各种各样的语调，使得人的说话声音能够表达各种委婉、复杂、细致、微妙的思想感情。我们要学习运用有声语言表情达意，就需要练习口语表达的基本技能，这种技能主要包括停顿、重音、快慢、升降等。

一、停顿

停顿，指的是语流中声音的中断。说话要有停顿，这首先是呼吸的需要。如果一个人说话没有停顿，一口气讲下去，别说听话人不习惯，就是讲话人也喘不过气来。讲话应在呼吸顺畅、气息充足的情况下进行。这就要求说话要有停顿，要一句一句地讲。停顿的另一个目的，就是为了把话说清楚，把语言的意思表达准确，让听话的人听个明白。另外，停顿还可以更强烈地表达思想情感，更分明地显示话语的节奏等，是口语表达技巧的重要因素。

(一)停顿的位置

停顿一般分为结构停顿和强调停顿。

1. 结构停顿

结构停顿，又称语法停顿。它是按照篇章和句子的语言结构关系来确定的停顿。段与段之间的停顿较长，句群的各句之间的停顿稍短，句子内部成分之间的停顿则更短。例如：

(1)天｜冷极了，下着雪，又快黑了。

(2)她的一双小手｜几乎冻僵了。

(3)春天｜像刚落地的娃娃，从头到脚都是新的，它｜生长着。

　　　　(表示主谓间停顿)

(4)她诚然是｜逃出来的。

(5)烈火在他身上烧了半个多钟头才渐渐熄灭，这个伟大的战士，直到最后一息，也没有挪动｜一寸地方，没有发出｜一声呻吟。

（6）离它们不远的那颗星，叫｜北斗星。

　　（表示动宾间停顿）

（7）有这么一个传说：古时候，天上有十个太阳，晒得｜地面寸草不生。

（8）小女孩只好赤着脚走路，一双小脚冻得｜红一块青一块的。

（9）莫高窟是华夏文明的早期屏障，早得｜与神话分不清界限。

（10）这是一道奇异的｜火光！

（11）多么温暖｜多么明亮｜的火焰啊，简直像一支小小｜的蜡烛。

　　（表示修饰被修饰间的停顿）

（12）这些石狮子，有的｜母子相抱，有的｜交头接耳，有的｜像倾听水声，千姿百态，惟妙惟肖。

　　（表示总分关系，分别列举）

（13）黑暗的旧中国，地｜是黑沉沉的地，天｜是黑沉沉的天。灾难深重的人民哪，你身上｜戴着沉重的锁链，头上｜压着三座大山。

　　（对举，对偶）

（14）但是，人民｜是杀不绝的，革命｜是扑不灭的，共产党人｜是吓不倒的！

　　（排比）

　　有标点符号的地方，一般就按标点符号所表示的间歇进行处理。停顿的时间不确定，一般是：顿号短，逗号稍长，分号、冒号又稍长，句号、问号、叹号、破折号、省略号又稍长些。例如：

（15）他给了你那么多｜书、本、纸、笔，你应该学习他这种｜助人为乐、先人后己的精神。

　　朗读这句话，顿号处稍稍休止，而声气不断，几乎是连着读出来，只在逗号出作稍长停顿。这样朗读，显得清晰顺畅，语意诚恳。

（16）前面有两条路：一条通往主力转移的方向，走这条路可以很快追上部队，可是敌人跟在身后，容易暴露人民群众和部队主力；另一条是通向三面悬崖的莲花瓣、棋盘陀顶峰。走哪一条路呢？为了保护人民群众和部队主力，班长斩钉截铁地说了一声："走！"带头向莲花瓣走去。

　　这段话里有顿号、逗号、分号、句号、问号、叹号、引号等标点符号，朗读时，要用不同的停顿显示出层次感，表现出班长和战士们那种顾全大局、不畏艰险的高贵品质。

2. 强调停顿

强调停顿，又称逻辑停顿或感情停顿。它是句中特殊的间歇，是为了强调某一事物，突出某种语意或情感，或是为了加强语气，而在不是结构停顿的地方确定一个适当的停顿，或者在结构停顿的基础上变更停顿的时间。强调停顿的时间，往往比结构停顿的要<u>长</u>些；强调停顿的位置，也是随表情达意需要而灵活设定的。

强调停顿一般分为前停、后停、前后都停三种。

（1）前停。前停是在被强调的字词或结构前面确定的停顿。它能给听众一种引起注意和带来期待的作用，从而增强朗读的感染力。例如：

> 有的人活着，
>
> 他已经｜死了，
>
> 有的人死了，
>
> 他还｜活着。

前一停顿强调的是"死了"，指出这种人生等于死；后一停顿强调的是"活着"，表达了作者对这种"虽死犹生"的人的赞美、追念之情，对比十分强烈而鲜明。

> 只见灵车去，不见总理｜归。

在"归"字前面停顿一下，就强调了全国人民企望总理还能"归"来的悲切心情，有感人肺腑、催人泪下的表达效果。

> 俱往矣，数风流人物，还看｜今朝。

这一停顿，强调了"今朝"，提示听众去细细体味毛泽东同志这一词句的深刻含义——"唯有当今时代的无产阶级及其代表人物，才是创造世界历史的真正英雄"。

（2）后停。后停是在被强调的字词或结构后面确定的停顿。它能让听众的思绪在此流连，回味，深刻领会作品意蕴。例如：

> 人，不能低下高贵的头，
>
> 只有怕死鬼｜才企求自由；
>
> 毒刑拷打算得了什么！
>
> 死亡｜也无法叫我开口！

在"鬼"后一停顿，让人领会作者所指——革命的叛徒，与上面的"人"形成鲜明的对照。前者坚贞，后者变节；前者伟大，后者卑劣。其余两处，都着意刻画了共产党人的英雄气概。

"啊！地狱？"我很吃惊，只得支吾着。"地狱？——论理，就该｜也

有，——然而｜也未必，……谁来管这等事……"（《祝福》中的"我"对祥林嫂的回答）

这两处停顿的运用，就把"我"的那种边思索边回答的惶急心境表达了出来。

（3）前后都停。前后都停是强调两停之间的字词或结构的停顿。它突出了中间部分的语意，给人深刻的印象或强烈的撼动。例如：

海鸥｜在暴风雨来临之前｜呻吟着，——呻吟着，它们在大海上飞窜，想把自己对暴风雨的恐惧，掩藏到大海深处。

强调了"在暴风雨来临之前"这一特定时间，揭露出这些"海鸥"们畏惧风暴的丑态。（实则暗指那些机会主义分子们畏惧革命风暴的丑态）

森林爷爷｜一点儿｜也不着慌。

强调"一点儿"，充分显示出森林爷爷战胜风魔王的决心和力量。

大家都说，糟了，怕是遭了狼了。再进去；他果然躺在草窠里，肚里的五脏｜已经都给｜吃空了；手上｜还紧紧地捏着｜那只小篮子呢。……

强调"已经都给"四个字，突出言状阿毛死后的惨相——五脏全都被吃空了，简直目不忍睹；强调"还紧紧地捏着"，则突出地表现了阿毛至死也不曾忘记"给妈妈剥豆"的使命。这两处强调，非常传神地再现了祥林嫂在失去儿子后诉说"阿毛的故事"时的那种悲痛情态，给人以强烈的震撼，令人揪心垂泪。

停顿的实现，主要方法是合理控制气息的状态，强弱急缓，停连延收，都要恰到好处。同时，最好能做到停中有连，连中有停，而不读破句意。

（二）停顿的方式

1. 落停

这种方式一般用在一个完整的意思讲完之后（带回味性的意思有例外）。它的特点是：停顿时间较长，停时声止气也尽（"气也尽"是指声音停止的时候，感觉气也正好用完，没有过多余存，并不是指生理上的停止呼吸），句尾声音顺势而落，停住。

2. 扬停

这种方式一般用在句中无标点符号之处，或一个意思还没有说完而中间又需要停顿的地方。它的特点是：停顿时间较短（有时仅仅是一挫而已）停时声停气未尽（有时甚至虽停却不换气），停之前的声音稍上扬或是平拉开。例如这样一段话：

中央人民广播电台！现在播送北京市气象台今天上午十点发布的天气

预报。

这段话中可以有几处停顿，都可以采用扬停的方式。

(三)停顿训练

标上停顿符号，体会并朗读下列片段：

(1)……但是，人民是杀不绝的，革命是扑不灭的，共产党人是吓不倒的。

(2)俱往矣，数风流人物，还看今朝。

(3)她吓昏了，转身向着他说："我……我……我丢了佛来思节夫人的项链了。"

(4)一条翻身藤，一串幸福花。支书的身影远远地去了，大娘她久久地，久久地站在月下……

(5)这正是我们在决定国家命运的重要关头所采取的唯一正确的方针，所表现的大公无私的态度。毛泽东亲自去重庆，更是为国家民族而置个人安危于度外的大义大勇的行为。单是这一点，已经可以昭革命大信于天下了。

二、重音(用实心"·"表示)

重音是指语句中读得重的字词或结构成分。恰当地确定语句中的重读，并恰当地实现重读，能突出语句的重点和作品的主题，能增强语言的节奏感和表现力。

(一)重音的类型

重音一般分为语法重音和强调重音。

1. 语法重音

语法重音是根据句子的语法结构确定的重音，位置比较固定。例如：

(1)鲁迅│绍兴人。

(2)全世界无产者，联合起来！

(3)这一年的清明，分外寒冷。

（短句里的谓语部分常常重读）

(4)我这时突然感到一种异样的感觉，觉得他满身灰尘的后影，刹时高大了，而且愈走愈大，须仰视才见。而且他对于我，渐渐的又几乎变成一种威压，甚而至于要榨出皮袍下面藏着的"小"来。

（句子中定语、状语、补语常常重读）

(5)独有这一件小事，却总是浮在我眼前，有时反更分明，教我惭愧，催我自新，并且增长我的勇气和希望。

（句中定、状、补及兼语结构常常重读）

(6)李奶奶指着鸠山问道："你这是什么话！是你们把我的儿子抓起来，是你们杀害中国人。你们犯下的罪过，难道要我这老婆子来承担吗！"

(句中的人称代词、指示代词、疑问代词常常重读)

(7)春天像小姑娘，花枝招展的，笑着，走着。

(8)春天像健壮的青年，有铁一般的胳膊和腰脚，领着我们向前去。

(比喻句中的比喻词和喻体常常重读)

2. 强调重音

强调重音，又称逻辑重音或感情重音。它是为了有意突出某种特殊的表达需要或思想感情确定的重音，能使语意更加鲜明、生动、有感染力。强调重音没有固定的位置及规律，常常由朗读者根据具体的语境和表情达意的需要来确定。例如朗读"我喜欢花鼓戏"这句话，重音不同，表意有别：

我喜欢听花鼓戏。（强调"我"喜欢……）

我喜欢听花鼓戏。（谁说我"不喜欢"？）

我喜欢听花鼓戏。（不喜欢"看"或"唱"）

我喜欢听花鼓戏。（不是"花鼓戏"不喜欢听）

四处重音，四个作用，朗读时要根据上下语言环境，选用其中合适的一种。

她们俩在光明和快乐中飞走了，越飞越高，飞到那没有寒冷，没有饥饿，也没有痛苦的地方去了。

读出上述重音，强调小女孩的希望"终于实现了"的"喜人"情景。作者寄予小女孩的深切同情和美好愿望在这里得以升华，全篇文章的悲剧气氛至此达到高峰。

人固有一死，或重于泰山，或轻于鸿毛，为人民利益而死，就比泰山还重；替法西斯卖力，替剥削人民和压迫人民的人去死，就比鸿毛还轻。

人的生死意义在这里得到公平论定，孰重孰轻，标准分明。朗读时突出对比，轻重分明，让听众清清楚楚地感悟到毛泽东论述的生死观的深刻含义，从而受到教育，受到启迪。

希望本无所谓有，无所谓无的。这正如地上的路；其实地上本没有路，走的人多了，也便成了路。

重读的地方，都是这番话的关键处，朗读时要加重音量，读得坚实凝重。这样，会使这番哲理性本来很深刻的话，显得更加精辟，更为掷地有声，更富诗一般的韵律。

强调重音比较复杂，不能随意确定。朗读者必须在深入理解作品思想内容的基础上，根据语意表达需要来酌定。有时，还要与语法重音联系起来考虑。一句话中重音不宜过多，多了反而伤文害意。

（二）重音的表达方式

实现重音，一般采用三种方式：

1. 加强音量，提高声势。例如：

（1）你这个人好糊涂啊！

（2）有人把钱看得比磨盘还大，那种人我最看不上眼。

（3）别了，我爱的中国，我全心爱着的中国！

2. 拖腔重读，延长音程。例如：

（1）战士们高呼："为董存瑞报仇——！"

（2）天——哪！我可怎么活——呀！

3. 低声弱气，重音轻念。

（1）啊，故乡的小河，你是我永远的思念。

（2）漓江的水真清啊，清的可以看见江底的沙石。

（三）重音训练

阅读体会下面两段文字，标上重音符号，然后朗读：

1. 真的猛士，敢于直面惨淡的人生，敢于正视淋漓的鲜血，这是怎样的哀痛者和幸福者？然而造化又常常为庸人设计，以时间的流驶，来洗涤旧迹，仅使留下淡红的血色和微漠的悲哀。在这淡红的血色和微漠的悲哀中，又给人暂得偷生，维持着似人非人的世界。我不知道这样的世界何时是一个尽头！

2. 我不禁一颤：多可爱的小生灵啊！对人无所求，给人的却是极好的东西，蜜蜂是在酿蜜，又是在酿造生活。蜜蜂是渺小的，蜜蜂却又多么高尚啊！

透过荔枝树林，我望着远远的田野，那儿正有农民立在水田里，辛勤地分秧插秧。他们正用劳力建设自己的生活，实际上也是在酿蜜——为自己，为别人，也为后代子孙酿造生活的蜜。

三、语调

语调又称句调，是指朗读者读语句时声音的高低曲直的变化。语调与音高、音强、音长和音色都有关系，其变化主要表现在句子的末尾。语调与语气密切相关，不同的语调表达不同的语气。语调是感情的产物，情感丰富多彩，语调也无固定格式，要以适合全句思想表达为准绳。常用的语调有四种：平调、升调、降调、曲调。

（一）平调（用"→"表示）

平调即平直调。句子语势平直舒缓，没有显著变化。陈述、说明的句子常用平直雕，表示庄重、悲痛、冷淡等感情。例如：

1. 我也曾月夜里来到天安门广场，（→）

　　群众在这里设下最庄严的灵堂。（→）

　　悲痛的人群排成肃穆的长队，（→）

　　等候着把精心赶制的花圈献上。（→）

　　　　（表示庄严肃穆）

2. 我们都是来自五湖四海，为了一个共同的革命目标走到一起来了。（→）

　　　　（陈述一个事实）

3. 事物的矛盾法则，即对立统一的法则，是唯物辩证法的最根本的法则。（→）

　　　　（说明一个道理）

（二）升调（用"↗"表示）

升调即上升调。句子语势先低后高，句末音节或结构稍稍上扬。疑问句、感叹句常用上升调，表示疑问、反诘、号召、惊讶等感情。例如：

1. 世界上还有比这样在敌人刑场上举行婚礼更动人的吗？（↗）

　　　　（反诘）

2. 起来，不愿做奴隶的人们！（↗）

　　　　（号召）

3. 沉默啊，沉默！不在沉默中爆发，就在沉默中灭亡！（↗）

　　　　（愤怒）

（三）降调（用"↘"表示）

降调即降抑调。句子语势先高后低，句末音节或结构读得低弱而短促。表示坚决、肯定、赞扬、祝愿、感叹、恳求等感情。例如：

1. 罗盛教烈士的国际主义精神与朝鲜人民永远共存。（↘）

　　　　（赞扬）

2. 像朝阳初升，一样的合理；（↘）

　　　像婴儿落地，一样的合情。（↘）

　　　　（肯定）

3. 韶山的路，是多么令人心驰神往的路啊！（↘）

　　　　（感叹）

（四）曲调（用"∧↗"或"∨↘"表示）

曲调即曲折调。全句语调的高低有曲折变化。一般表现为：有的句子，开头和结尾的语调都比较低，中间声音比较高；有的句子，则呈现出"低、高、低、高"式的变化。表示惊讶、怀疑、讽刺、反语、双关等复杂的感情。例如：

1. 好个国民党政府的"友邦人士"！（∨↘）是些什么东西！（∨↘）

　　（反语）

2. 啊，（∧↗）亲爱的狼先生！（∨↘）那是不会有的事，（↘）去年（→）我还没有生下来呢！∧↗

　　（惊讶、讽刺、反驳）

（五）语调训练

朗读《皇帝的新装》片段，注意句调的变化。

"哎呀，美极了！真是美妙极了！"老大臣一边说，一边从他的眼镜里仔细地看，"多么美的花纹！多么美的色彩！是的，我将要呈报皇上，我对这块布料非常满意"。

"这是怎么一回事呢？"皇帝心里想，"我什么也没有看见！这可骇人听闻了。难道我是一个愚蠢的人吗？难道我不够资格当一个皇帝吗？这可是我遇到的一件最可怕的事情。""哎呀！真是美极了！"皇帝说，"我十二分的满意！"

四、语速

语速，又称快慢或节奏。它是指朗读时语流行进的速度。语速快慢是由内容表达需要决定的，适当的语速才能表达作者在文章中所寄托的思想感情。一般说来，叙述、写景的地方，情绪平静、沉郁、失望、气氛庄严、行动迟缓等内容或较难理解的语句，读的时候速度都要慢一些；悲哀的地方，应读得深沉清晰，速度更慢，表达出沉痛的感情；情绪紧张、热烈，或在愉快、兴奋、慌乱、惊惧的时候，以及激昂慷慨、愤怒、反抗、驳斥、申辩等内容，读的时候速度可适当快一些。例如孙犁《荷花淀》片段：

她们轻轻划着船，船两边的水，哗，哗，哗。顺手从水里捞上一棵菱角来，菱角还很嫩小，乳白色，顺手又丢到水里去。那棵菱角就又安安稳稳浮在水面上生长去了。

"现在你知道他们去了哪里？"

"管他呢！也许跑到天边上去了。"

她们都抬起头往远处看了看。

"哎呀！那边过来一只船。"

"哎呀，日本！你看那衣裳！"

"快摇！"

小船拼命往前摇。她们心里也许有些后悔，不该这么冒冒失失走来，也许有些怨恨那些走远了的人。但是立刻就想：什么也别想了，快摇，大船紧紧追过来了！

大船追得很紧。

辛亏是这些青年妇女，白洋淀长大的，她们摇得小船飞快。小船活像离开了水皮的一条打跳的梭鱼。她们从小跟这小船打交道，驶起来就像织布穿梭，缝衣透针一般快。

假如敌人追上了，就跳到水里去死吧！

后面大船来得飞快。那明明白白是鬼子。这几个青年妇女咬紧牙，制止住心跳，摇橹的手并没有慌，水在两旁大声地哗哗，哗哗，哗哗哗！

"往荷花淀里摇！那里水浅，大船过不去。"

这是《荷花淀》中写得很精彩的一段，如果想把它很生动地再现出来，处理好语速快慢是一个很重要的技巧因素。

开头几个年轻妇女，心情舒畅、平静、闲适，她们划着小船去看自己的丈夫，一路欣赏着淀上的优美景色。这里宜用舒缓型，较慢。下面女人们开始对话，宜用轻快型，稍快。下面见到了鬼子兵，宜用紧张型，语速应加快。下面一段心理描写先慢后快。再下面一段插入性文字，也是先慢后快。最后在敌人紧紧追赶的情况下拼命划船的一段又是紧张型，要读得再快一些。

五、朗读下列作品，体会停顿、重音、升降、快慢。

都江堰

余秋雨

我以为，中国历史上最激动人心的工程不是长城，而是都江堰。

长城当然也非常伟大，不管孟姜女们如何痛哭流涕，站远了看，这个苦难的民族竟用人力在野山荒漠间修了一条万里屏障，为我们生存的星球留下了一种人类意志力的骄傲。长城到了八达岭一带已经没有什么味道，而在甘肃、陕西、山西、内蒙古一带，劲厉的寒风在时断时续的颓壁残垣间呼啸，淡淡的夕照，荒凉的旷野溶成一气，让人全身心地投入对历史、对岁月、对民族的巨大惊悸，感觉就深厚得多了。

但是，就是秦始皇下令修长城的数十年前，四川平原上已经完成了一个了不起的工程。它的规模从表面上看远不如长城宏大，却注定要稳稳当当的造福千年。如果说，长城占据了辽阔的空间，那么，它却实实在在地占据了邈远的时间。长城的社会功用早已废弛，而它至今还在为无数民众输送汩汩清流。有了它，旱涝无常的四川平原成了天府之国，每当我们民族有了重大灾难，天府之国总是沉着地提供庇护的濡养。因此，可以毫不夸张地说，它永久性地灌溉了中华民族。

有了它，才有诸葛亮、刘备的雄才大略，才有李白、杜甫陆游的川行华章。说得近一点，有了它，抗日战争中的中国才有一个比较安定的后方。

它的水流不像万里长城那样突兀在外，而是细细浸润、节节延伸，延伸的距离并不比长城短。长城的文明是一种4的雕塑，它的文明是一种灵动的生活。长城摆出一副老资格等待人们的修缮，它却卑处一隅，像一位绝不炫耀、毫无所求的乡间母亲，只知贡献。一查履历，长城还只是它的后辈。

它，就是都江堰。

故乡的野菜
周作人

我的故乡不止一个，凡我住过的地方都是故乡。故乡对于我并没有什么特别的情分，只因钓于斯游于斯的关系，朝夕会面，遂成相识，正如乡村里的邻舍一样，虽然不是亲属，别后有时也要想念到他。我在浙东住过十几年，南京东京都住过六年，这都是我的故乡，现在住在北京，于是北京就成了我的家乡了。

日前我的妻往西单市场买菜回来，说起有荠菜在那里卖着，我便想起浙东的事来。

荠菜是浙东人春天常吃的野菜，乡间不必说，就是城里只要有后园的人家都可以随时采食，妇女小儿各拿一把剪刀一只"苗篮"，蹲在地上搜寻，是一种有趣味的游戏的工作。

那时小孩们唱道："荠菜马兰头，姊姊嫁在后门头。"后来马兰头有乡人拿来进城售卖了，但荠菜还是一种野菜，须得自家去采。关于荠菜向来颇有风雅的传说，不过这似乎以吴地为主。《西湖游览志》云："三月三日男女皆戴荠菜花。谚云：三春戴荠花，桃李羞繁华。"顾禄的《清嘉录》上亦说，"荠菜花俗呼野菜花，因谚有三月三蚂蚁上灶山之语，三日人家皆以野菜花置灶陉上，以厌虫蚁。清晨村童叫卖不绝。或妇女簪髻上以祈清目，俗号眼亮花。"但浙东人却不很理会这些事情，只是挑来做菜或炒年糕吃罢了。

黄花麦果通称鼠曲草，系菊科植物，叶小微圆互生，表面有白毛，花黄色，簇生梢头。春天采嫩叶，捣烂去汁，和粉作糕，称黄花麦果糕。小孩们有歌赞美之云：

> 黄花麦果韧结结，
>
> 关得大门自要吃，
>
> 半块拿弗出，一块自要吃。

清明前后扫墓时，有些人家——大约是保存古风的人家——用黄花麦果作供，但不作饼状，做成小颗如指顶大，或细条如小指，以五六个作一攒，名曰茧果，不知是什么意思，或因蚕上山时设祭，也用这种食品，故有是称，亦未可知。自从十二三岁时外出不参与外祖家扫墓以后，不复见过茧果，近来住在北京，也不再见黄花麦果的影子了。日本称作"御形"，与齐菜同为春天的七草之一，也采来做点心用，状如艾饺，名曰"草饼"，春分前后多食之，在北京也有，但是吃去总是日本风味，不复是儿时的黄花麦果糕了。

扫墓时候所常吃的还有一种野菜，俗称草紫，通称紫云英。农人在收获后，播种田内，用作肥料，是一种很被贱视的植物，但采取嫩茎滴食，味颇鲜美，似豌豆苗。花紫红色，数十亩接连不断，一片锦绣，如铺着华美的地毯，非常好看，而且花朵状若蝴蝶，又如鸡雏，尤为小孩所喜，间有白色的花，相传可以治痢。很是珍重，但不易得。日本《俳句大辞典》云："此草与蒲公英同是习见的东西，从幼年时代便已熟识。在女人里边，不曾采过紫云英的人，恐未必有罢。"中国古来没有花环，但紫云英的花球却是小孩常玩的东西，这一层我还替那些小人们欣幸的。浙东扫墓用鼓吹，所以少年常随了乐音去看"上坟船里的姣姣"；没有钱的人家虽没有鼓吹，但是船头上篷窗下总露出些紫云英和杜鹃的花束，这也就是上坟船的确实的证据了。

永远的蝴蝶

陈启佑(台湾)

那时侯刚好下着雨，柏油路面湿冷冷的，还闪烁着青、黄、红颜色的灯火。我们就在骑楼下躲雨，看绿色的邮筒孤独地站在街的对面。我白色风衣的大口袋里有一封要寄给在南部的母亲的信。

樱子说她可以撑伞过去帮我寄信。我默默点头，把信交给她。

"谁叫我们只带来一把小伞哪。"她微笑着说，一面撑起伞，准备过马路去帮我寄信。从她伞骨滑下来的小雨点溅在我眼镜玻璃上。

随着一阵拔尖的煞车声，樱子的一生轻轻地飞了起来，缓缓地，飘落在湿冷的街面，好像一只夜晚的蝴蝶。

虽然是春天，好像已是深秋了。

她只是过马路去帮我寄信。这简单的动作，却要叫我终身难忘了。我缓缓睁开眼，茫然站在骑楼下，眼里裹着滚烫的泪水。世上所有的车子都停下了，人潮涌向马路中央。没有人知道那躺在街面的，就是我的蝴蝶。这时她只离我五公尺，竟是那么遥远。更大的雨点溅在我的眼镜上，溅到我的生命里来。

为什么呢？只带一把雨伞？

然而我又看到樱子穿着白色的风衣，撑着伞，静静地过马路了。她是要帮我寄信的，那，那是一封写给在南部的母亲的信，我茫然站在骑楼下，我又看到永远的樱子走到街心。其实雨下得并不大，却是一生一世中最大的一场雨。而那封信是这样写的，年轻的樱子知不知道呢？

妈：我打算在下个月和樱子结婚。

第六节　态势语

态势语是通过表情、手势、身姿等来传情达意的非口语形式，是配合有声语言传递信息的重要手段，又称为体态语。它是一种没有声音的伴随性语言，在交际中它主要对有声语言起辅助作用。

美国心理学家艾伯特·梅瑞宾发现，在一条信息的传递效果中，词语的作用占 7％，声音的作用占 38％（包括音调、变音和其他声响），而面部表情的作用占 55％。由此可见，处于辅助地位的态势语有其巨大的信息容量。

一、态势语的功能

在口语交际中，形形色色的态势语言交往符号，可以表达出交际者许多想说而又未说出来或不便说出口的意义，具有丰富的表情达意的功能。

1. 替代功能

态势语言信息含量丰富，虽然大多处于辅助地位，但有时它也可以替代有声语言而直接进入交际场合。

刘鹗在他的小说《老残游记》中有一段关于艺人王小玉上台说唱的描写："……她将鼓捶子轻轻地点了两下，方抬起头来，向台下一盼。那双眼睛如秋水、如寒星、如宝珠、如白水银里头养着两丸黑水银，左右一顾、一看，连那坐在远远墙角里的人都觉得她看见自己了。那坐得近的，更不必说。她的眼神的意思是：我已经注意到各位了！"

这眼神奇妙绝伦，就像无声的问候和命令，比高叫一声"请大家安静"更起作用。

2. 辅助功能

交际中，态势语如果能配合有声语言加以运用．可以大大加强语势，更充分地表达语义，收到良好的表达效果。

尼克松在回忆与周总理交谈时说："他经常靠在椅背上，用富有表现力的手势来增强谈话效果，当要扩大谈话范围，或从中得出一般性结论时，他经常用手在面前一挥；在搁浅的有了结论时，他又会把两手放在一起，十指相对。在正式会议中，他对一些俏皮话暗自发笑，在闲聊时，他又变得轻松自如，有时对善意的玩笑发出朗朗的笑声。"从这里可看出，周总理在交际中，善于根据谈话的内容把有声语言与态势语巧妙地配合起来，从而以沉着的举止、儒雅的风度出现在各种场合。

而赫鲁晓夫在 1960 年 9 月出席联合国大会时，经常违反大会规定，随意站起来打断别人的发言。更有甚者，当西班牙代表发言时，他竟脱下皮鞋，敲打桌子。当时新闻界评论他"是一个粗鲁而不懂规矩的乡下人"。大大损害了当时苏联在国际上的形象。

3. 调节功能

态势语在无意识中可以按交际的需要进行自我调节，以适应交际的需要。比如，你在交往中如果显得比较紧张时，可以拿一个熟悉的物品摆弄，以此来调整心态，消除紧张。再看一个实例：

美国企业巨子哈里斯是一位谈判高手，谈判时他总是巧舌如簧，畅所欲言。每次谈判成功后，他总是轻松地站起来脱掉外衣，大笑几声，然后伸出手与对方热情道别。

这里哈里斯的"站起来""脱掉外衣""大笑几声""伸出双手"等就是在利用态势语实现交际中的功能。

二、态势语的运用原则

1. 协调

态势和有声语言内容、语调、响度、节奏等要协调，与说话者或听话者的心态、感受相吻合，与特定的语境相适应，与交际目的相一致，这样才能给人以美感。

2. 自然

各种态势动作要自然大方，不应限定僵化的、统一的模式，不造作，不勉强，而应是情之所至，语之所需。

3. 适度

态势语在运用时要有所控制，不可太少太弱，也不可太多太滥。动作幅度不宜过分夸张，力度要适中，形式不宜复杂，要有助于口语表达，而不要喧宾夺主。特别是在感情激动时，要有节制，防止失态，弄巧成拙。

三、态势语的种类

根据态势语的表情达意的部位，可以将态势语分为表情语、手势语、身姿语和服饰语等。

(一)表情语

所谓表情，是指眉、目、鼻、嘴组成的"三角区"和脸部的肌肉、脸色等对于情感体验有反应的动作。著名作家罗曼·罗兰说过："面部的表情是多少世纪培养成功的语言，比嘴里讲的更复杂到千万倍的语言。"

表情语中的核心是目光语和微笑语。

1. 目光语

目光语是通过眼的动作和眼神来传递信息的。目光历来被认为是最具有传递信息能力的载体，意大利艺术大师达·芬奇在《笔记》中说："眼睛是心灵的窗户"，芬夫·瓦多·爱默生也说："人的眼睛和舌头所说的一样多，不需要字典，却能够从眼睛的语言中了解整个世界"。

目光语训练

(1)把下面两句话加上目光语，变成疼爱、娇嗔的话。

①我讨厌你，不许再打搅我！

②妈妈，你真啰唆，我不听！

(2)比较下列问答的目光语设计，哪一种比较合适，为什么？

问：一个青年成熟的标志是什么？（目光设计：①斜视，视线游移；②仰视，视线向上；③凝视，视线专注而柔和）

答：温柔而不软弱，成熟而不世故，谨慎而不拘泥，忍让而不怯懦，刚强而不粗暴，自信而不狂妄，热情而不蛮干，勇敢而不鲁莽，好学而不盲从，纯真而不清高，敏锐而不轻率。（目光设计：①凝视，视线集中一点；②仰视，视线向上；③由正视转为环视，关注全场）

(3)为下列句子设计目光语。

①同学们，告诉大家一个好消息，我们的实验成功了！

②啊，多好的地方呀！

③她走了，她永远不会回来了。

④哼，什么玩意！

⑤这到底是怎么回事呢？

⑥我，我，这事不是我干的。

⑦噢，我明白了，原来是这样啊！

⑧乡医院门前，围满了学生和家长，大家都在期盼着，期盼着那弯弯的眼睛，甜甜的笑容。终于，徐老师被抬出来了，她静静地躺着，身上蒙着一条白被单。沉默，死一样的沉默，人们显然不相信这是事实，突然，几个孩子扑上去哭叫着：

"徐老师，你醒醒，你醒醒呀！"徐老师的眼睛再也没有睁开，永远带走了她弯弯的眼睛，甜甜的笑容。

2. 微笑语

微笑在口语交际中的有着神奇的表现力和感染力。人们把它称为人际交往的"灵丹妙药"、吸引顾客的"磁石"、办事的"通行证"、爱情的"催化剂"、息怒的"灭火器"等。

在言语交际中，微笑能强化有声语言的沟通效力。

微笑语训练

根据下列情境设计自己的微笑语。

(1)新生推门进入寝室后，已有几个室友在聊天，请设计用微笑语向他们做自我介绍。

(2)在大街上，迷了路，见到一位清洁工，请用微笑语向他问路。

(3)一位同学的作业最近写得有些潦草，请你用微笑语劝他今后把作业写工整。

(二)手势语

手势是根据有声语言的思想内容、感情需要，手与胳膊所做的挥送、摆动、比画等动作。手势语是通过手指、手掌或手臂的动作变化来传递信息的一种语言。

1. 手势语的分类

从表达的含义来看，一般可分为以下三种：

指示手势：用手指明要说的人、事物、方位等。

摹形手势：用手比画、摹拟具体事物或人的形貌。

象征手势：用来表达抽象概念。

从活动范围来看，又可分为以下三个区域：

上区：肩部以上。表示奔放、积极、振奋、张扬等感情。

中区：腰部以上至肩。多表示坦诚、平静、和气等叙述、说明的中性意义。

下区：腰部以下。多表示否定、蔑视、憎恶等贬义。

运用手势，要做到以下几点：

适度。手势要根据有声语言表达的内容感情的需要设计，注意分寸，把握幅度，切忌过多过频，也不要过少或没有。

自然。手势贵在自然、得体、大方，符合表达者的身份，要做到情至势随，以势托情。

协调。手势要与声音、姿态、表情等密切配合，做到手随心行，话到手到。出势要稳，收势要慢，停势要准。

2. 根据提示，做出下列的手势动作

(1)请往这边走。(指示手势：中区，用右手指"这边")

(2)猴王找了个大西瓜。(摹形手势：中区，用双手摹拟西瓜)

(3)这是勇敢的海燕，在怒吼的大海上，在闪电之间高傲地飞翔！(象征手势：上区，单手，手心向上)

(4)月光洒落在小溪和树林上。(象征手势：中区，双手，手心向上)

(5)死一般的沉寂笼罩着大地。(指示手势：中区，双手，手心向下)

（6）让我们用一双双天使般的手，从东方的大海上，捧起一轮火红的太阳，迎接新黎明的到来！（象征手势：上区，双手高举，手心向上）

3. 给下面的两段话设计手势动作

（1）朋友，微笑吧，微笑是沉静的美，

同志，微笑吧，微笑是文明的桥。

让全世界都投来惊喜和美慕，

在中国充满了微笑！

（2）看，从黑龙江的边陲到海南岛的天涯海角，从喜马拉雅马拉雅山麓到东海之滨的上海，一个个青年在改革的风口上伫立。他们无所畏惧，他们有胆有识，他们敢作敢为，他们无愧是改革的弄潮儿。

（三）身姿语

身姿主要指站姿、走姿、坐姿。身姿不仅可以强化口语信息的表达效果，还可以反映一个人的气质、风度、素养和内心活动。人们常说："坐如钟，站如松，行如风"，在生活中，要站有站相，坐有坐相，走有走相，符合自己的身份和交际环境，做到自然、大方、端庄。

（四）服饰语

服饰是指人的仪表和服装，它们同人的行为举止一样，也是一种能传递信息的态势语。在人际交往中，服饰得体、优雅大方，能显示出人的职业、爱好、品位、性情气质、文化修养，带给人良好的"自我感觉"，提高个人的自信心，有利于交往的成功。

态势语训练

（1）练习上下台的身姿态势。

①从座位上沉稳站起。

②迈步走上讲台时，要精神饱满、神态自然，步子稳健，面带微笑，不左顾右盼。

③上台后站直站稳，轻轻吸一口气，环视听众。

④问候听众，面对听众讲话。

⑤讲完话后对听众致谢。

⑥下台动作沉稳，体态端庄，走姿与上台相同。

（2）为下列名言设计整体态势，设计好后上台演示。

①伟人之所以伟大，只因为我们自己在跪着，站起来吧！

②人生最重要的事，必须有一个伟大的目标，更要有达到这一目标的

决心。

③世界上最宽阔的是海洋,比海洋更宽阔的是天空,比天空更宽阔的是人的心灵。

(3)讲述《"0"的断想》,注意表情、眼神、手势、身姿与口语的协调配合。

"0"的断想
手势建议

0是谦虚者的起点, （掌心向上抬起,中区。

是骄傲者的终点。 翻转掌心向下压）

0的负担最轻, （抬臂,掌心向上,轻晃。

但任务最重。 紧握拳,用力,拳心向内）

0是一面镜子, （举臂,掌心向内,

让你认识自己。 目视掌心）

0是一只救生圈, （掌心向下,画圈,

让弱者随波逐流, 由内向外缓缓移动）

0是一面敲响的战鼓, （上举拳,有力,

使强者奋勇前进! 伸掌指上前方,用力）

(4)为《在希望的田野上》设计整体态势。

在希望的田野上

我们的家乡

在希望的田野上,

炊烟在新建的

住房上飘荡,

小河在美丽的

村庄旁流淌,

一片冬麦,

一片高粱,

十里荷塘

十里果香,

我们世世代代在这

田野上生活,

为她富裕,

为她兴旺。

第三章　常用口语表达

第一节　交谈与说话

一、交谈的种类与特点

交谈也称会话或对话，是指两人或多人之间进行的口语交际活动，它是生活中最基本的、最常用的一种语言形式，交谈的参与者交替说话，相互承接，既要听，又要说，完全不凭借文字材料，是一种即兴的、相互制约的、听说并行的言语活动。

（一）交谈的种类

交谈从不同的角度可以分为不同的种类：

（1）从表达方式上，可以分为面对面交谈和电话交谈，即利用电话进行远距离的对话。电话交谈与面对面交谈的区别在于，听话人不在面前，交谈双方无法借助任何辅助手段，完全靠话筒来传达声音来判断对方态度和表情。

（2）从表达目的上可以分为聊天、谈心、问答、洽谈等。

聊天，是一种随意的、非正式的交谈。交谈双方在谈话时比较放松自由，没有具体目标，形式灵活，不需要做任何准备。

谈心，是一种双方或一方向另一方倾诉心里话的交谈。谈心时往往针对某一个思想问题而展开，谈心往往在上下级或师生、亲人、朋友等关系比较亲密的人之间进行。

问答，是一种有问有答的双向交谈。问答式交谈针对性强，目标明确，多出现在课堂教学、请教问题、咨询或采访时。

洽谈，是一种与他人商量彼此相关事宜，以达成某种协议的交谈。参与洽谈的双方目的明确，常常围绕一个中心议题各自阐明观点，经过互相商讨，形成统一的认识。如国际政治交往中的谈判。

（二）交谈的特点

1. 双向配合，相互制约

交谈是一种双向性的言语交际活动，交谈双方互为听众，互为发言人，在一种共同的信息交换中，围绕共同的话题，发表各自的意见，因此，交谈的内容、情绪等都要受对方的制约，交谈是否能成功、融洽，需要对方的呼应、配合、激发或补充。各说各的，互不适应，则只能谈而不交，谈话一定会失败。

例如：

甲：这件衣服很漂亮，对吗？

乙：是的，很时髦。

甲：我陪你也去买一件吧？

乙：我赞成赶时髦，因为它有敢于试一试新东西的勇气和适应时代的积极性。

甲：你什么时候下班？我等你一起去。

乙：在瞬息万变的现代社会里，得朝前奔不能等，赶时髦是朝前奔。

甲：什么？你这人真不知好歹。

乙：算了，我觉得自己的主张是对的。

这两个人显然是按各自的思维各讲各的，不管对方的意思，也不去适应对方的话题。所以只能是不欢而散，是一次失败的交谈。

2. 听说并行，灵活机变

交谈因为是双向的话语活动，这就决定了在交谈过程中要做到听说并行，保持积极的听说态度和正确的听说方法。不仅要善于说，而且要善于听，不仅听懂发言人的话语的表层意思，还要明白话外之音；不仅要弄清对方话语的真意，还要灵活机变地应答。

一方面，交谈双方在交谈过程中要互相配合，既要把自己的意思完整清晰地表达出来，也要观察对方的反应，不能一个人"滔滔不绝"，也要给对方留下说话的机会，调动对方的积极性。听话的时候，要集中注意力，不要开小差，答非所问，挫伤对方交谈的积极性。

另一方面，交谈双方要互相理解，互相尊重，互相信任，只有在这样的基础上才能顺利地进行。

【示例一】

某人的儿子要去岳父家，其父亲对他说："你到了岳父家，岳父若问咱家的老黄牛，你可答'老牛何足道哉'。问起今年的收成，可答'父亲所管，小婿不知'。问你扇子上是什么画，可答'水墨淡画'。"儿子默记几遍，便来到岳父家。岳父问："令尊身体可好？"儿子想起父亲教的第一句话，忙答："老牛何足道哉！"岳父一听，以为他没听清楚，又问："小女近来身体可好？"儿子按父亲教的第二句话，答道："父亲所管，小婿不知。"岳父一听大怒，问："你这是什么话！"儿子忙答："这是水墨淡画。"岳父已经气得说不出话了。

【示例二】

有一对恋人在握手道别时，姑娘说："亲爱的，今晚别再打电话给我，昨晚你打了四次。"小伙子听后有点失望，以为姑娘对他不满，刚想回话，可仔细一想，理解了姑娘委婉的话意，于是马上转变话锋说："好吧，请记住：电话铃不响，就是我！"晚上，他便亲自上门去拜访姑娘，使电话铃声变成了门铃声，姑娘很为小伙子的聪明而高兴。

示例一，由于不听明白对方问话的意思，一直想着备好的内容，只能是张冠李戴，笑话百出。

示例二，小伙子不是机械地按部就班地回答姑娘的话，听懂了姑娘的言外之意，灵活机变的应答给了姑娘一个惊喜。

3. 自然明快，口语性强

交谈用语一般不需要作书面准备，多是现想现说，由于语言信息传递得比较快，说话人往往来不及进行加工和润色，而是用平实自然的语言来互相交流。因此，交谈的用语是一种口语性极强的语体。具有一般口语的特点，句式简短，话语简洁，长句、复句较少；交谈中常出现方言俚语、行话、流行语等口语词汇；逻辑性、连贯性差，尤其是聊天，因为双方处于同一个语境中，有时会出现省略语、半截话、重复等现象。

二、交谈的技巧

1. 倾听

交际是在双向交流中进行的，良好的倾听是交谈能否顺利进行的必要条件，只有会听才能准确领会说话者的意图，提高交谈的质量。

会听主要体现在以下几方面。

（1）端正听话态度

交谈的前提是互相尊重，听话时要表现出对于对方的谈话非常重视，态度表情要自然，眼睛注视对方，不能漫不经心、左顾右盼，尤其是当听到与自己的意见不一致时，不要动辄反唇相讥。这样，说话者才能保持良好的说话兴致，把自己的意思表达完整，听者也能得到确切的信息。

（2）理解说话意图

听话不仅要听表层的意思，也要能听出言外之意，话外之音。一个会听话的人必须具有一定的理解能力，要能对别人的话进行分析、归纳和概括，还要善于体察说话人的言外之意，因为有些不能说、不便说或不忍说的意思通过一些委婉含蓄的话表述出来，需要听者透过这些言语的表面含义去理解出潜藏在里面未明说出的深层意思。

（3）主动及时反馈

听人谈话时及时主动对谈话做出反应，能极大地调动讲话者的热情。使讲话者愉快地将交谈继续进行下去。如在交谈过程中对讲话者投以欣赏、赞同的眼神，不时地点头、微笑，或在适当的时候给对方说"你说的对"、"就是这样"。

（4）不随意插话

随意打断或中止交谈者的谈话，是一种不礼貌的做法，在听别人讲话时，如果有问题需要讨论，应该在谈话者间歇或某一问题告一段落时，把你的想法以探讨和研究的口气提出来，而且话语要简短，切不可自以为是。

2. 巧问

问话是交谈的引线，只有问得准、问得巧妙，才能构成一场有声有色的交谈。成功的交谈必须善于提问。

（1）抓住要害，具体明白

交谈双方的话题应是双方共知的，问话时要抓住关键进行提问，那些大而宽泛的问题，往往让人摸不着头脑，难以回答。那些具体明白的问题反而容易打开话匣子。

（2）思路清晰，有条有理

在问对方问题时，要有自己的思路，哪些先问，哪些后问，由浅入深，由表及里，步步深入，条理清晰，注意前后的逻辑关系。这样，既有利于自己从对方的谈话中归纳总结出谈话的要点，也有利于谈话者回答问题。

【示例】

问：林弗女士，当今要想做好工作，擅于辞令是否很重要？

答：是的。流利的口才和引人入胜的讲话姿态，在今天的竞争气氛中颇为重要。

问：您所说的讲话姿态是什么？

答：讲话姿态是我们每人开口说话时表现出的某种感情或风格，其重要性大大超出讲话时使用的词句——如何措辞、发声。摆姿势，这一点决定着传递信息的效果。

问：这不仅仅是演讲技巧吧？

答：当然不是，个别谈话与对听众讲话，发表电视演说，在工商企业界或社交场合讲话的基本点完全相同。

我们教给学员一些基本的东西，这样他们可逐步培养出好的讲话风格。这些基本东西天天都用得上，并不用于某些特殊场合。经理须与职员交换情况，工人也要与老板打交道。不当演员或演讲教师也要有动人心弦的讲话姿态，这是我们个人生活和工作的基石。

问：就工商企业界人士来说，这些又有何重要意义？

答：有决定性的意义。推销员、证券经纪人、房地产代理人——任何与公众打交道的人，必须与顾客建立亲密的关系，这种关系都得通过语言这条渠道疏通。

……

这是一次专题性很强的交谈，交谈双方，主次分明，配合默契，目标明确，思路清晰，由浅入深，一步一步走向问话方想要的答案。

（3）方式灵活，主动机智

交谈应运用灵活多样的提问方式，问话要设计得巧妙，才能激起说话人的兴趣，才能使对方乐于回答，达到交谈的预期目的。否则会出现对方不愿回答或无法回答，用"无可奉告"或"我不知道"来推托。提问的方式多种多样，如：正问，即开门见山提出你想要了解的问题；侧问，即通过旁敲侧击迂回到正题上来；反问，即从相反的角度提出问题，令对方回答；设问，即假设一个结论，启发对方思考，诱导对方回答；追问，即循着谈话思路，打破砂锅问到底。不管用哪种提问方式，都要让对方感到轻松自然，愿意回答，使问话方满意。

【示例一】

某教堂内一位传教士在做祷告时，犯了烟瘾，便问他的上司："我祷告时可以吸烟吗？"结果他的上司狠狠瞪了他几眼。另一个传教士在祷告时也犯了烟瘾，便问："我吸烟时可以祷告吗？"上司却给予他肯定的回答。

【示例二】

有家咖啡店卖可可饮料可加鸡蛋。服务员问顾客："要加鸡蛋吗？"，顾客的回答有的是"要"，有的是"不要"，后来，一位人际关系专家建议他们改问："您要加一个鸡蛋，还是两个鸡蛋？"结果，这家咖啡店的生意更好。

这两个示例表明灵活的问话方式能使交谈受益。

3. 妙答

答话是交谈的核心，交谈正是在问答中进行、发展和深入的，回答是对提问的反馈，回答比提问显得被动。因此，对于一个有口才的人来讲，绝不是问什么就答什么，也绝不是怎样问就怎样答，而是要力图回答得既不失礼节,又巧妙得体。

(1)认清问话动机

在交谈中,并不是所有的问话都可以轻松地直接正面回答,有些问话的表面意思与其本意是一样的,有的问话包含着批评、讽刺或挑衅等动机。这时回答者要根据问话人的态度、动机,问话的背景、内容等,仔细辨认,然后根据问话的实质,给对方一个满意的答案,或巧妙地避开对方的陷阱。

【示例】

一次,周恩来总理在北京的记者招待会上,介绍了我国经济建设的成就以及我国的对外方针后,谦和地请记者们提问题:

一位西方记者急不可耐地站了起来,结结巴巴地说:"请问总理先生,中国可有妓女?"对于这样一个不怀好意的提问,总理坦然自若,双目盯住这位记者,思索一下,正色回答:"有。"这一问一答,引起了全场的骚动,总理紧接着说:"在中国的台湾省。"话音刚落,全场响起一阵掌声。那个西方记者又接着说:"请问,中国人民银行有多少资金?"

这句话,实质讥笑我国贫穷。周总理幽默地回答:"中国人民银行货币资金嘛,有十八元八角八分。"这一回答,使全体记者为之愕然!场内鸦雀无声,静听总理作解释。总理说:"中国人民银行发行面额为十元、五元、二元、一元、五角、二角、一角、五分、二分、一分的十种主辅币人民币,合计为十八元八角八分。中国人民银行是由中国人民当家作主的金融机构,有全国人民作后盾,信用卓著,实力雄厚,它所发行的货币,是世界上最有信誉的一种货币,在国际上享有盛誉。"总理的话,再次激起场内听众热烈的掌声。

在记者招待会上面对西方记者不怀好意的提问,周总理的回答以"奇"制胜,先造成戏剧性的悬念,给一个出人意料的答案,然后再从容阐述,使挑衅者处于狼狈的境地。

(2)掌握对接技巧

当交谈的一方提出问题或将话题转向另一方面时,接话一方应该及时巧妙地做出回应,把话接过去。接话人要思维敏捷,应对自如,言辞巧妙。

【示例一】

有人问一位党委书记:"你是怎样一下子成为党委书记的?"这位书记回答:"我是先成为共产党员,然后成为党委书记的,不是一下子,而是两下子。"

【示例二】

1972 年，美国总统尼克松访问苏联，当飞机准备在苏联机场起飞时，飞机的一个引擎突然发生故障。当时的苏联领导勃列日涅夫指着自己的民航局长问尼克松："我应该如何处分他?"尼克松马上回答道："提升他，因为在地面发生故障总要比在空中好。"

【示例三】

物理学家法拉第有一次在大庭广众之下做电磁学实验表演，有人问："先生，请问这有什么用?"法拉第回答："请问，新生儿有什么用?"

以上三例，回答者都是巧妙地接住对方的问话，或解释词语，或幽默风趣，或以问作答，既保持了自己的风度，又让对方满意。

(3)控制交谈进程

面对灵活多变的交谈过程，交谈者要善于控制交谈的局面，使话题不偏离中心或者把偏离中心的话题拉回来。有时交谈的原话题已经达到了目的，或原话题由于意想不到的原因无法深入下去，或者交谈中出现了必须谈论的新话题，这时就要用适当的方式转换话题。

【示例一】

作家谌容到美国访问，有人问她："听说您至今还不是中共党员，请问您个人对中国共产党的感情如何?"谌容回答："你的情报很准确，我确实还不是中国共产党党员。但我的丈夫是老共产党员，而我同他共同生活了几十年尚无离婚的迹象，可见，我同中国共产党的感情有多深。"

【示例二】

某青年的母亲给他介绍一位女朋友，而他另有意中人，在饭桌上母亲喋喋不休地谈论那位姑娘的好处，这时青年说："妈，快吃饭吧，看菜都凉了。"

以上两例都是礼貌地告诉对方，这个话题可以告一段落，应转另一个话题了。

此外，电话交谈作为一种特殊的交谈形式，因为交谈对象不是面对面，在打电话时注意以下几点：一是要训练自己敏锐的听力，要从对方的言辞、声调中弄清对方谈话的内容，不要随意打断对方的谈话，同时不时地用"是的"、"啊"、"对"等词作应答，给对方一个积极的反馈。二是要养成礼貌的打电话习惯。电话虽然方便快捷，但我们不知道对方正在干什么，所以打电话要选择适当的时机，不要在别人休息时打电话。打电话时要先告诉对方自己是谁，然后再谈论事情。接电话要先问好，如果不知道对方是谁，可以问"请问您是……"或者"您是哪位？"，而不要拿起电话就问"你是谁？"，这样会让对方感到很不舒服。三是要讲究说话的技巧，首先要让对方听清自己的声音，遇到一些重要的文字资料，要逐字逐句念清楚。说话的音量要适中，声音太大或太小都会让对方感到累。四是要简洁高效，不要在电话里喋喋不休，尤其是在公共场所打电话，还要注意不要影响别人。

三、普通话水平测试中的命题说话

普通话水平测试中的"命题说话"测试项，是考生根据命题内容的单向说话方式。目的是考察应试人在没有文字凭借的情况下说普通话的能力和规范程度。因此，对于受测人的陈述能力要求较高。它不是生活中很随意的谈话，而是一种考试。这就使得受测人不但要具有相对标准的语音和实际运用能力，而且还要有良好的心理素质、思维能力和语言组织能力。

（一）命题说话的要求

1. 语音标准

语音面貌在此测试项中占的分值比较高，对应试人的总成绩影响最大。因为语音面貌反映的是一个人普通话水平的基础，也最能反映出受测人的普通话水平和表达能力。影响语音面貌的几个主要因素是：

（1）语音错误

在前三个测试项中，看着文字，能够想起它的读音，而到了说话时，由于没有文字凭借，或者是准备不够充分，或精神高度紧张，或者受以前语言习惯的影响等，受测人会暴露出许多在前三个测试项掩盖的错误。错误是把一个音发成另一个音，比如把翘舌音声母发成平舌音声母，把后鼻音发成前鼻音，把边音发成鼻音等。还有的是一些习惯错音，把"因为"的"为"读成阳平，把"比较"的"较"读成上声等。个别入声字的声调记不牢，按方言规律类推错误，如把"雪、铁、甲"等的声调推作阴平，把"他、她、它"等的声调推作上声，把"国、得、福"等的声调推作阴平等。

（2）语音缺陷

缺陷是指在发音时声母、韵母、声调等没有错误，但说出的话让人听着又不是纯正的普通话，其实仔细推敲会发现，这个问题就是语音缺陷，是声母、韵母或声调在发音时没有发到位。有的是声母的部位不太准确，如翘舌音的舌位靠前，但又没有发成平舌音，舌面音发音时舌尖碰到齿背，发成尖音；有的是韵母的开口度不够，或收音不到位，复韵母单韵母化等；有的是声调的调型不错，但调值不到位。在说话中虽然不扣缺陷分，但这些缺陷的存在影响了语音的整体面貌，也会造成失分。

（3）方言语调

方言语调一方面体现在语流中出现过多的缺陷，另一方面虽缺陷并不多，但是说出的整个句子没有按照普通话的语调说出来，而是带有明显的方言语调的色彩，让人听起来觉得只是普通字，而不是普通话。比如有些地区的人说普通话全是升调，或者全是降调。

2. 词汇语法规范

在说话测试项中，词汇语法规范程度占的分值比较小，但有些人在测试中也还是会出现一些不合乎普通话规范的词或语法，具体表现在：

（1）使用方言词

一些受测人的语音面貌很好，说起话来相对标准，只是在话语中不时加上一些方言词。例如："中"（"行"或"好"），语尾助词过多使用"嘞"，副词使用过多的"恁"（那么）、"老"、"歇"（很）等。"辣椒"说成"秦椒"，"被子、褥子"说成"铺里、盖里"，"馒头"说成"馍"等。这些方言词的出现使词汇的标准度大打折扣。

（2）不合语法

普通话是以典范的现代白话文著作为语法规范，对于平时用方言交际的受测人来说，尽管他们的书面语语法规范程度较高，但在平时的口语交际中，除了方音以外，还出现一些不规范的语法现象。在普通话测试中，由于场地气氛的影响，会出现语序错误、用词不当等现象，有的则是受方言影响没有改过来，如有的方言把"不知道"说成"知不道"，有的方言把"一条裤子"说成"一根裤子"。

3. 表达自然流畅

说话是考察应试人在没有文字凭借的情况下讲普通话的能力，主要考察的是标准程度、流利自然程度。因此，这里的说话不是演讲，不是口头作文，其用词、句式及语调与书面语相比有自身的要求。

（1）词汇方面少用或不用书面语、文言词，以口头使用的词语为主。

（2）句式上，多用短句、单句、散句，少用或不用附加成分多的长句、复句、整句等。可把复句拆成单句，省略或少用其中的关联词语；将长句的附加成分独立出来，使之成为一个个短句；必要时可以使用独立成分如"我觉得"、"依我看"、"就是说"。

（3）语调上应呈现出日常口语的自然状态，没有大起大落，不需要刻意地抑扬顿挫。

口语话的表达是自然的，与此同时，还要注意流畅，干净利落，言简意赅，没有重复信息和多余的信息。说话时每一句话都要表现出内在的连贯性，轻声、儿化、变调、语气词"啊"的音变等均按要求去说。

（二）命题说话应试指导

1. 掌握评分标准

说话项是为了测试应试人在没有文字凭借的情况下说普通话的水平，重点测查语音标准程度、词汇语法规范程度和自然流畅度。话题从《普通话水平测试用话题词》中选取，由应试人从给定的两个话题词中任选一个，围绕话题单向连续说话3分钟。

（1）语音评判标准

说话项的重点是考察应试人的语音标准程度，语音的评分采取定量和定性相结合的原则，定量主要是指出现的语音错误量，按次数多少扣相应的分值；定性主要是指在量化分析的基础上，按照方音是否明显的程度划分档次。方音主要是指语音缺陷，即声、韵、调及音变的缺陷，还有表现在语调、节奏、重音等方面成系统的错误或缺陷。

（2）词汇语法评判标准

词汇语法规范程度分三档：词汇、语法规范，即合乎普通话的词汇语法规定；词汇、语法偶有不规范的情况；词汇、语法屡有不规范的情况。词汇语法的不规范有两种情况：一是受方言影响出现的语法结构错误或方言词汇；二是由于自身语言素养问题，出现的用词不当或词语搭配错误，与方言无关。

（3）自然流畅程度的评分标准

自然流畅程度也分三档：语言自然流畅；语言基本流畅，口语化较差，有背稿子的表现；语言不连贯，语调生硬。

2. 掌握测试技巧

（1）把握体裁，归类编组

"说话"测试项的三十个"说话"题目，根据表达方式即体裁的不同，大致可以分为记叙描述类、议论评说类和说明介绍类三类。

① 记叙描述类

这类题目以叙述为主要表述方式，要做到头绪清楚，脉络分明，详略适当，重点突出。从内容上看，这一类又可细分为说人、说事、说景和说物四类。

以人为说话中心的题目有《我尊敬的人》《我的朋友》《我喜欢的明星（或其他知名人士）》等。它们的共同之处是，叙述人物的经历和事迹，突出他们的优秀品质或性格特征。以此为中心组织材料，让听者对人物有清晰的了解。说人离不开说事，说事是为表现人服务的，所以，要以人为核心，从"能体现人物性格特征"为出发点来讲述事例。

以事为说话中心的题目有《我的学习生活》《童年的记忆》《难忘的旅行》《我的假日生活》等。这类题目一般都要求讲清楚时间、地点、人物、什么事情、怎么发生的、结果是怎样的。当然，叙述时不要求这几方面全都介绍到，但事情的大体过程要表述出来，让人对整个事情发展有个完整的印象。

把"景"和"物"作为说话中心的题目有《我向往的地方》等。为了给人以身临其境、如见其物的感受，往往要描述"景"和"物"的状态。描述时，要尽量具体、细致，抓住景物或动植物的特点，鲜明生动地展现出来。

②议论评说类

这类题目是对客观事物进行评论，以表明自己的观点和态度。这种体裁的基本特征是具有"说服性"，它要求说话者亮明自己的想法和看法，而且要充分证实自己的观点和态度是正确的。这类题目有《学习普通话的体验》《我所在的集体(学校、机关、公司等)》《我的愿望》《我喜爱的职业》《我喜爱的文学(或其他艺术形式)》《谈谈卫生与健康》等。一般来说，一个说话题目最好突出一个论点、谈论一个问题，以便集中论述，防止离题太远或阐述不清。

③说明介绍类

这类题目有《我喜爱的动物(或植物)》《我知道的风俗》《我喜欢的季节》《我的家乡(或熟悉的地方)》《我喜欢的节日》等。以说明为主，即要求对所要说明的事物进行恰如其分、实事求是的"解说"。例如，"说话"练习材料《家乡的风俗——蒸枣馒头》，讲述家乡过春节时蒸枣馒头的传统风俗，解说时按照蒸枣馒头工序的先后，条理清楚地进行说明，并且在开始和结束时，于叙述中融入抒情，语气轻松明快，流露出对家乡、对生活的热爱。

以上我们对三种题目类型的划分，是根据体裁特点进行的大体的区分，而不是绝对的。因为，一是对同一题目，不同人可以有不同的理解和归类，同一人也可以从不同角度采用不同的表述方式，只要是没有跑题，在题目规定的范围内述说，都是允许的；二是人们通常都喜欢说记叙描述类的，有这么两句俗话，"事儿好说，理儿难讲，抒情只有一点点"、"理不够，事儿来凑"就是这个道理。如《我最喜欢的一种动物(或植物)》，既可以说成以讲其生长习性、栽培方法、生态特点、实用价值为主要内容的说明介绍类，也可以说成以叙述它在自己生活中的意义或有趣的事为主，描绘它、赞美它的记叙描述类。"说话"题目诸如此类情况的还有，如《我的业余生活》《我所在的集体（学校、机关、公司等）》等题目。

总之，每一个题目都有一定的原则可以遵循，但绝无严格而固定的标准和模式。另外，表述是为内容服务的，最终一个题目以什么方式去说，还取决于题材和中心。

3. 明确中心，筛选材料

中心明确是说话成功的关键，即要解决"说什么"的问题。为了避免测试时出现"不知所云"、"不知从何说起"的情况出现，考前应当对每个题目进行审定，并将与中心有关的材料筛选出来备用。例如，《我的家乡（或熟悉的地方）》一题，"我"是限制选材范围，"家乡"是此题的重点。可从其他方面来写，也可从变化这个侧面来写，常用的就是对比手法，谈以前怎样，现在又怎样了。至于对比的角度，可以是人们的衣、食、住、行，也可以是城乡建设，还可以是人们的精神面貌。然后，进一步考虑形成变化的原因，变化过程中人们付出的努力，以及变化对将来的意义……总之，只要扣住了"变化"这一中心，选材的范围是很广泛的。

审题时还要打开思路，活跃思维，调动生活中的积累，确定说话的重点。例如，《我喜爱的职业》一题，如果你是一名教师，你就可以"实话实说"，谈谈你对这一职业的理解、你的经历、你的观察和思考；如果你将要成为教师队伍中的一员，就可以设想，你将怎样以自己的工作和努力，来维护这一职业的神圣；还可以回忆，在你的学习生活中，或者在你的心目中，是否有过一位优秀的教师形象，在他的身上体现了教师这一职业的美德。这样，对于这一个题目，就不至于有不知从何说起的困惑了。前面提到的写景状物的叙述描写类，你若不擅长描述，不妨将话题转向叙述跟"景"或"物"有关的"事"上，这样一来，"话匣子"就打开了。例如，《我喜爱的一种动物（或植物）》，像金鱼、小狗、小猫，有人描述了动物的外形、动作的可爱之处后，再述说主人与小动物在日常生活接触中的几件趣事或经历，就会突出"我喜爱"这个主题，并且容易产生生动幽默的效果。又如"说话"练习材料《生活中的一件事》，从具体的生活琐事中，体现了父子之间的亲情。

可见，在准备材料时，一定要选择自己熟悉的、典型的、足以表明中心意思的材料。这些事例要么是亲身经历、亲眼所见，要么是感触深刻、久久难忘。这样在"说"的时候，就可以具体细致，就可以左右逢源，不至于出现对某一内容用两句空泛的话一概括就完了，再想多说几句，脑子里就没有这方面的素材的情况了。例如，《学习普通话的感受》，许多人自以为很了解自己的家乡话，其实他们知道的也不过是几个方言词、个别方音，根本说不上几句。这时，可调整说话角度，从家乡话给工作或生活造成的交流障碍的事实，谈谈学习普通话的必要性和重要性。当然，对于一些敏感的内容也要尽可能地回避，如《我尊敬的人》等题目，有人一开口，想起被病魔缠身或已故的亲人，就禁不住痛哭流涕，哽咽得说不下去或说不清楚。应该尽量抑制这方面的情绪，绕过这样的话题，谈与父母亲之间一些令人高兴的事。

此外，在选材时可以把几个中心或内容相关的题目合并，选取一些具有共性的材料备用，这样临场遇到不同的题目，可以用准备好的同一内容来对付，做到以不变应万变；同时大大压缩了准备量。例如，《我的学习生活》《我的业余生活》《我的假日生活》等，几个题目可以作为一组，都可以谈"读书"，只是各有侧重罢了。关于这一点，我们已在前面各种体裁的归类编组中涉及了，此处只点一下，不再重复。

4. 理出思路，组织材料

确定了中心，选出了材料，下面就要解决"怎么说"的问题了，即怎样将材料组织在一起，并表述出来。所以，拿到一个题目后，先说什么后说什么，怎么开头怎么结尾，哪些详细哪些一带而过……这些都要考虑到。各类题材和体裁通用的一般规律是：开头点题，引出所要说的话题，然后顺着一条线（可以按时间顺序，也可以按空间顺序，或是按由因到果、由主到次、由浅到深、由部分到整体等的逻辑顺序），有条不紊地慢慢道来，最后总结概括，或交代结果，或再次扣题。这样的结构方式，符合完整、有条理的要求。例如，若拿到《我和体育》一题时，我们可以开门见山地说：什么体育运动是"我"最喜爱的，然后有层次、有重点地罗列喜爱它的理由或者它带给"我"的好处。在说话时，我们的着眼点应始终放在"关系"这两个字上，我们的思维定式，不能脱离这项运动与"我"之间存在的一种独特的关系——喜爱与被喜爱。与此联系不大的内容，我们可以少说或不说；与此有关的内容，我们应选择最能说明问题和最有分量的来说。如果能讲自己身边和熟悉的事，那才会有激情和感染力。后附的同题"说话"练习材料给我们提供了借鉴：说话内容思路清晰，始终围绕"跑步"来展开，先说自己体弱，开始害怕跑步，再说在老师和门卫老伯伯的鼓励下，经过锻炼喜欢上了跑步，最后说跑步带来的种种好处。全篇都是讲自己亲身经历的事，用词规范恰当，多为口语化的短句子，简洁明快。

为了更好地理清思路，避免漫无边际、语无伦次的现象，我们主张平时准备时，一定要列提纲，只有按照提纲的路子走，才不会跑题，不会东拉西扯，不会出现思路中断的现象。但不必准备到字句，那样会造成约束，说话时像背诵课文，若忘掉其中一两个词句，便不易连贯下来，易出现"卡壳"现象，造成心理情绪上的负影响——慌乱、结巴甚至说不下去。

5. 说话的练习步骤

第一步：个人按提纲说，限定时间，有条件的可以录音，以纠正语音错误，换掉出现频率高又易说错的字词；材料不足应及时补充，或改变详略，或调整内容，或重新确定谈话的中心"焦点"。

第二步：分组练习，与别人互相说互相听，及时交换意见，彼此启发，纠正错误；然后登台试说，练胆量练心态，纠正错误发音和方言词语，斟酌语法结构，尽量做到生动完整，自然流畅。

【训练】

1. 根据下面的采访话题、语境，重新设计一段采访。要求：问话目的明确，亲切自然，可答性强。

在党的改革开放政策指引下，渤海湾的渔民富起来了，一位记者想写一篇引导渔民正当消费的稿件，来到渔村采访。

记者：大伯，今年渔业收入很好啊！

老渔民：（很高兴）不错，家家户户都富起来了。

记者：您有了这么多钱，准备作啥用啊？（本意想引导买渔具、船只，以扩大再生产）

老渔民：噢！盖几间房。

记者：盖了新房，还干啥呀？

老渔民：买彩电。

记者：买了彩电，还干啥呀？

老渔民：（不耐烦了）买冰箱。

记者：（没觉察对方反应）买了冰箱，还干啥呀？

老渔民：（急了）你管得着吗？我的钱，我爱干啥就干啥。

2. 情境练习

（1）购物

由大家推选两位同学，一位扮演售货员，一位扮演购某种物品的顾客，二人进行一番交谈。

（2）采访

请一位同学自告奋勇扮演某新闻单位的记者，由他随意在班内挑选三位同学进行采访，主题是：大学的学校生活。

（3）邂逅

假定时间向后推移十年，两位不通音信的老同学突然在街头相遇，感慨万分，进行亲切兴奋的交谈。选八人分四组进行。

（4）探视病人

交谈由一个组的同学参加，一位同学扮演生病住院的老师，其他同学扮演去探视的学生，双方进行交谈。

（5）请教

两人一组，每组一人扮演老师，一人扮演学生，学生向老师请教一个问题，双方进行专题性交谈。

（6）坐火车

放假了，你独自一人坐火车回家，假如你周围是下列不同身份的人，你应该同他们谈些什么？他们是：

①一位大学生

②一位教师

③一位解放军

④一位农民老大爷

⑤文静的姑娘拿着一本你熟悉的小说

⑥从城市回乡探亲的打工仔

（7）待客访友

两人一组，要求：①轻松愉快地问候，寒暄；②询问近况；③注意聆听和控制话题；④热情话别。

（8）求职应聘

两人一组，自定情景和社会角色

要求：①招聘单位简单口述招聘要求；②招聘人员通过问话了解应聘人员的业务能力、思维能力、品德素养、应变能力等；③应聘人员答话要积极主动，并适时询问招聘单位的某些情况；④谈话小结，礼貌话别。

第二节　朗读和朗诵

一、朗读与朗诵的意义

朗读与朗诵，都是把书面语言转化为口头语言的一种语言再创造活动。它们的共同点是：都是以书面材料为表达内容，通过逐步念读和深入理解，然后将自己对作品的理解通过反复的体味和揣摩来确定一种最佳的表达方式转化为正式的朗读或朗诵，都要求发音清晰，字音正确，语句流畅，语调语气和谐，能充分表情达意。

朗读和朗诵在日常生活和工作中，是一种比较常见的口语表达形式，是语文学习的最常用的方法，也是宣传教育工作的重要手段，是普通话学习与训练的有效途径。

朗读和朗诵的区别：

1. 选材范围不同

朗读的适用范围很广，几乎可以说，只要是文字，都可以朗读，从数学习题到寻人启事，从诗歌、散文、议论文、说明文到社论、新闻直至家信、打油诗，无一不可朗读。而朗诵的适用范围要小得多，对文稿的艺术特点要求较严，一般以文学作品为主，而且只有那些辞美、意美、情美的篇章，才适合朗诵。

2. 运用场合不同

朗读是一种宣传或教学的主要形式，主要用于课堂学习，以及电台、电视台播音等。而朗诵是一种艺术表现形式，多在舞台上，在文娱活动中使用。

3. 表现形式不同

朗读对声音再现的要求是接近自然、生活化、本色化，它注重于声音的洪亮且音量均匀，吐字节奏、停顿及声音高低对比度可根据表达需要而有所变化，但变化的幅度不大，可以依照作品，边看边读，目的在于准确表达原作的思想内容，让听者理解，一般是一个人读，对朗读者的形体、态势、表情、眼神均无明显的要求，如教师可以在走动中朗读课文，播音员可以坐着读新闻等。而朗诵的目的在于艺术表演，使听众受到思想感情的陶冶和语言美的享受，对声音再现的要求则是个性化、风格化，甚至可以是戏剧化的。在朗诵的过程中，要求形体、态势、表情、眼神的协调配合，和谐统一。为了烘托气氛，朗诵可以是独诵，也可以是对诵或者集体朗诵，有时还需要化妆、配乐、使用舞台灯光、背景等来增强有声语言的表演效果。

二、朗读与朗诵的基本要求

（一）全面感知，整体设计

朗读和朗诵前，必须认真研读作品，深入体会作者的意图，正确把握作品的主题，明确作品的社会意义。把握全篇的主题和各层次之间的逻辑关系，明确重点段落和重点语句，全面理解和驾驭作品。同时在分析理解的基础上，还要从语音表达角度对语调语气处理和节奏变化、态势等进行总体设计，这是朗读与朗诵成功的前提。如朗读或朗诵余光中的《乡愁》：

> 小时候
> 乡愁是一枚小小的邮票
> 我在这头
> 母亲在那头
>
> 长大后
> 乡愁是一张窄窄的船票
> 我在这头
> 新娘在那头
>
> 后来啊
> 乡愁是一方矮矮的坟墓
> 我在外头
> 母亲在里头
>
> 而现在
> 乡愁是一弯浅浅的海峡
> 我在这头
> 大陆在那头

这首诗共分四小节，诗人通过暗喻、衬托等手法，把抽象的"乡愁"表现得生动具体、耐人寻味，集中表达了台湾人民渴望亲人团聚的强烈心愿。根据作品的主题思想和朗读目的，可确定全诗的基调为沉郁舒缓，语气多抑少扬，深长隽永。全诗选用了四个喻体："邮票"、"船票"、"坟墓"、"海峡",交织着时空事态的运动,内涵丰富细腻。从整体看,前三个诗节是对后一节的映衬,朗读时要注意语调的变化。读到后一节,声音应略提高,并加重音强,放慢语速,以突出主题。

(二)字正腔圆,气足声亮

朗读和朗诵都要做到:语音规范标准,字正腔圆,气息饱满,声音清晰响亮。

所谓字正,是指声母清晰准确,韵母饱满悦耳,声调到位自然。朗读时,要做到不丢字,不添字,不颠倒,不重复,不中断,自然流利,干净利索。朗诵时,还应做到声音明亮,气力充沛,富有弹性,以气托声,以声传情。只有字正腔圆,气足声亮,朗诵才能做到高低自如,强弱得体,激昂如大江东去,委婉如涓涓流水,具有较强的艺术感染力。

(三)语调适当,气脉一贯

朗读和朗诵的语调都应既朴实自然又灵活生动,不可拿腔捏调,改变自然的音色。做到气脉一贯,即朗诵者的气息状态要保持相对的统一,把作品内在的文气通过停而不断的语气表现出来。语调语气应合文气,顺文势。但是,语调在朗读和朗诵的运用上又有所不同。

朗读的语调自然平实,节奏平稳,语速适度,既有内在感情色彩的丰富变化,又保持着声音形式的质朴无华。

朗诵作为一种表演形式,为了适应作品高低起伏、抑扬顿挫的语势要求,朗诵者的用声要有一定的幅度和强度的变化;同时为了体现作品的不同色彩并抒发变化丰富的情感,朗诵者的用声要有刚柔虚实、控纵自如的艺术变化,来加强语言的表现力和感染力。但是,语调的艺术变化又必须适度。这个"度",便是内心感受的程度。如果情感体验没有达到一定的真切度,一味追求声情的起落强弱,只会给人矫揉造作之感。

【训练】

1. 朗读《桂林山水》选段,体会语调语气的特点。

人们都说:"桂林山水甲天下。"我们乘着木船,荡舟漓江,来观赏桂林的山水。

我看见过波澜壮阔的大海,欣赏过水平如镜的西湖,却从没看见过漓江这样的水。漓江的水真静啊,静得让你感觉不到它在流动;漓江的水真清啊,清得可以看见江底的沙石;漓江的水真绿啊,绿得仿佛那是一块无瑕的翡翠。船桨激起的微波扩散出一道道水纹,才让你感觉到船在前进,岸在后移。

　　这段文字描写了漓江的水美，朗读时应仔细揣摩体会漓江水的"静、清、绿"，让这些词句在朗读者的心中"活"起来，用情真意切、起伏适度的语调语气，把这些文字化为生动可感的声音形象。

　　2.朗诵《雪花》选段，体验语调的跌宕起伏变化。

　　你来了，袅袅娜娜，悄然无声，仿佛是九天仙子降落凡尘。你玉骨冰肌，晶莹圣洁，莫不是美的精灵？

　　你姿态潇洒，胸襟博大，把万物包容。需要荡涤的，就去荡涤，需要滋润的，就去滋润……哦，你原是善的化身！

　　你没有一丝伪饰，没有半点欺蒙，你表里如一，通体透明。这就是你最可贵的品质——洒满人间的真诚。

　　雪花，我赞美你，你是真善美的化身。

这段文章采用拟人、象征等手法，以美、善、真为抒情层次。热情歌颂了雪花真善美的品质，表达了对人间真善美的追求和向往。请声情并茂地朗诵这段文章，注意语调语气的起伏变化。

（四）态势自然，交流得体

　　在朗读和朗诵的过程中，态势是不可缺少的辅助手段，但朗读和朗诵的态势要求不一样，朗读的态势幅度较小，一般表现为面部表情和眼神的恰当运用。朗诵的态势则显得特别重要，它是朗诵成功与否的必要条件。

　　朗诵者一上台，就要全身心地投入到"角色"中，感情定位要准确。恰当地运用身姿、眼神给观众一个美好的第一印象。朗诵过程中，朗诵者的眼前要有"视像"，要有如临其境、如见其形、如闻其声的真实感，切忌目光不定，眼中无神，眼中无人。在朗诵过程中，需要动作配合时，要大大方方地把动作做出来，做到手随音行，话到手到；停势要稳，不可乱晃；收势要慢，自然灵活。朗读作品时，同样要有"视像"，要充分调动感情和生活体验，用眼神和表情来生动地再现作品内容。

三、不同文体的朗读风格

　　朗读是要忠实地再现原文的思想内容，不同的文体有不同的风格，朗读时也要体现出风格的多样化。

　　朗读通常会遇到以下几种文体：即议论文体、记叙文体、说明文体、新闻报道、散文文体等。

　　对于议论文体，如政论性的文字材料，各类文件、评论材料等，这些材料往往立场鲜明，态度明确，褒贬色彩清晰。因此这类文体的朗读风格应该以庄重为主，语言铿锵有力，表述发音饱满，以中区为主，较少出现高低音区的对比变化，语速节奏均匀舒缓，一般不会忽快忽慢。对朗读者的要求是要把握好感情投入的"度"，让听者能感觉出来作品的立场，增强原材料的说服力。

对于记叙文体，通常是带有情节描述的材料，很少说教成分。这种文体在朗读时的风格应是朴实自然的，不要求有太多的艺术加工。对语言的要求主要是通过对情境、背景的描绘，人物语言的身份、个性、年龄特点来略作处理，使听众有情境感，而不要求听众入情入境。

对于说明文体，它是以介绍事物、说明过程等为目的的文字材料，一般既无褒贬色彩区别，又无是非立场的辨析。朗读时，重点把事物的基本特性解说清楚，表达要求客观确切，平实舒展。但是也要在关键词或中心词位置加重分量，以避免朗读说明文时的机械、呆板和平淡。

新闻报道现在的出现也很频繁，在学校、工厂、农村等地方都有自己的广播站，因此，读新闻报道已不再是电台、电视台专业播音员的"专利"。新闻报道文体的朗读风格是客观性，语言情感以中性为主，在朗读时不能显现出"喜怒哀乐"等个人成分，与其他材料相比，语言相对平淡些，这就对朗读者的发声清晰、共鸣准确提出了更高的要求，为了防止和杜绝听众误解等"歧义"现象的发生。

散文是一种灵活自由、不受拘束的文学体裁，它的特点是"形散而神不散"，具有强烈的抒情性和教育意义，散文适合朗读，有些也适合朗诵，如散文诗。散文在朗读时的风格应是抒情型的，以情运气，以声传情。语言比较灵活，在朗读的过程中就能感受到情绪的变化，给听众以感染或教育。

四、朗诵的整体创作

再现一部艺术作品要从整体的角度进行观照的，在此基础上力求使各个细节臻于完美。特别是在整体美与细节美发生冲突时，要宁可舍弃细节美而选择并强化整体美，这应该是艺术创作的一个通例。

（一）交流互动

交流互动，指的是朗诵者在进行诗歌朗诵艺术创作时与听众之间进行的主题内容、情绪情感、审美情趣的相互沟通与影响。朗诵者在进行诗歌朗诵艺术创作时，要使诗歌的主题内容达于听众之耳，要使听众感受到自己的情绪情感状态，要使自己与听众在审美情趣的层面达成共识并进而产生共鸣。这样的朗诵对于朗诵者来说才算真正进入了创作的层面，对于听众来说才算真正欣赏了朗诵艺术，朗诵艺术的魅力才能真正体现出来。

交流互动重在交流，没有交流就谈不上互动，谈不上诗歌朗诵创作的欣赏性和大众性。而交流的主要一方是朗诵者，我们不能借口听众不懂得欣赏而降低对自己朗诵功力的锤炼。比如艾青的诗歌《我爱这土地》结尾两句：

> 为什么我的眼里常含泪水？
>
> 因为我对这土地爱得深沉……

在朗诵完第一句以后，朗诵者可以稍作停顿，并满怀深情地环视一下在场的听众，然后再发自内心地说出自己对这片土地的热爱。这里的停顿与环视，实际上是朗诵者在与听众进行沟通，它代替了简单的问与答，使得朗诵者的情感表达更加深挚。

（二）善用体态

体态也是一种"语言"，是人们用来辅助有声语言进行表达的有效手段。社会学研究表明，大部分体态语是一个人内在涵养的自然流露，体态语能体现一个人的成长背景、文化层次、性格、修养等信息。正确、得体、优雅、端正、落落大方的体态语，可以使人有更加良好的精神状态，从而产生吸引人的力量，给人留下美好的印象。不过，在朗诵的时候，我们不能满足于体态语的自然显露，而应该在训练初期作一些设计，待到习惯成自然之后，我们才有可能毫无雕琢痕迹地去使用体态语。比如李白《将进酒》的头两句：

> 君不见黄河之水天上来，
>
> 奔流到海不复回。

朗诵开始时目光可以投向高远处，在朗诵到"天"字时，可以侧举胳膊，展开手掌，然后随着语流的行进向相反方向的下侧挥动，眼神也相应地跟上。这一体态语的运用，可以使黄河之水由上游奔流到海的过程更加形象化，同时在体态语的配合下，河水奔流的气势也得以增强。

（三）站位合理

朗诵站位指的是朗诵者在朗诵过程中所处的位置、方向、与其他朗诵者和听众的位置关系及距离等。不同的站位会传达出不同的信息，营造不同的氛围，产生不同的效果。

根据朗诵形式的不同，站位可以有一人、二人和多人之分，我们应区别对待。

（四）配乐巧妙

配乐朗诵是一种常见的朗诵形式。由于有了音乐的配合，朗诵者的情感更容易被调动起来，诗歌蕴含的氛围更容易被营造出来，同时也更容易使听众在欣赏的过程中进入朗诵者和诗歌所努力规定的情境中去。

五、朗读与朗诵训练

1. 朗读下面的文章

散步

莫怀戚

我们在田野散步：我，我的母亲，我的妻子和儿子。

母亲本不愿出来的。她老了，身体不好，走远一点就觉得很累。我说，正因为如此，才应该多走走。母亲信服地点点头，便去拿外套。她现在很听我的话，就像我小时候听她的话一样。

天气很好。今年的春天来得太迟，太迟了。有一些老人挺不住。但是春天总算来了。我的母亲又熬过了一个严冬。

这南方初春的田野，大块大块的新绿随意地铺着，有的浓，有的淡；树上的嫩芽也密了；田里的冬水也咕咕地起着水泡。这一切使人想着一样东西——生命。

我和母亲走在前面，我的妻子和儿子走在后面。小家伙突然叫起来："前面也是妈妈和儿子，后面也是妈妈和儿子。"我们都笑了。

后来发生了分歧：母亲要走大路，大路平顺；我的儿子要走小路，小路有意思。不过，一切都取决于我。我的母亲老了，她早已习惯听从她强壮的儿子；我的儿子还小，他还习惯听从他高大的父亲；妻子呢，在外面，她总是听我的。一霎时我感到了责任的重大。我想一个两全的办法，找不出；我想拆开一家人，分成两路，各得其所，终不愿意。我决定委屈儿子，因为我伴同他的时日还长。我说："走大路。"

但是母亲摸摸孙儿的小脑瓜，变了主意："还是走小路吧。"她的眼随小路望去：那里有金色的菜花，两行整齐的桑树，尽头一口水波粼粼的鱼塘。"我走不过去的地方，你就背着我。"母亲对我说。

这样，我们在阳光上，向着那菜花、桑树和鱼塘走去，到了一处，我蹲下来，背起了母亲，妻子也蹲下来，背起了儿子。我的母亲虽然高大，然而很瘦，自然不算重；儿子虽然很胖，毕竟幼小，自然也轻。但我和妻子都是慢慢地，稳稳地，走得很仔细，好像我背上的同她背上的加起来，就是整个世界。

能吞能吐的森林

说起森林的功劳，那还多得很，它除了为人类提供木材及许多种生产、生活的原料之外，在维护生态环境方面也是功劳卓著的，它用另一种"能吞能吐"的特殊功能孕育了人类。因为地球在形成之初，大约在四亿年之前，陆地才产生了森林。森林慢慢将大气中的二氧化碳吸收，同时吐出新鲜氧气，调节气温：这才具备了人类生存的条件，地球上才最终有了人类。

森林，是地球生态系统的主体，是大自然的总调度室，是地球的绿色之肺。森林维护地球生态环境的这种"能吞能吐"的特殊功能是其他任何物体都不能取代的。然而，由于地球上的燃烧物增多，二氧化碳的排放量急剧增加，使得地球环境急剧变化，主要表现为全球气候变暖，水分蒸发加快，改变了气流的循环，使气候变化加剧，从而引发热浪、飓风、暴雨、洪涝及干旱。

为了使地球的这个"能吞能吐"的绿色之肺恢复健壮，以改善生态环境，抑制全球变暖，减少水旱等自然灾害，我们应该大力造林、护林，使每一座荒山都绿起来。

2. 朗诵下面的诗歌

祖国颂

在世界的东方，有一个古老的国度，美丽而宽广，

在世界的东方，有一个伟大的民族，勤劳而坚强；

奔腾不息的黄河是她的血脉，

巍峨屹立的泰山是她的脊梁，

这就是我们的祖国——中国！

1949，一位伟人挥动着巨臂，一声宣告，驱散了神州五千年的阴霾；

1978，一位巨人以超人的胆识，审时度势，将尘封的国门向世界洞开！

1997，她迎来了紫荆花的清香，

1999，她又增添了水莲花的芬芳！

走过世纪的风雨，万里长城像巨龙在云中穿梭，

跨过岁月的长河，珠穆朗玛峰像雄鹰傲立世界最高坡。

我们的共和国从没有像今天这样威武强大，

我们的人民从没有像今天这样斗志昂扬！

刚刚过去的一年多么精彩，

2008北京奥运会的申办成功，给祖国的山河增添了美丽的色彩，

WTO的顺利加入，中国足球队的胜利出线，使中国走向更加繁荣的时代；

从此，我们的人民扬眉吐气，意气风发，自己的命运由自己主宰，

从此，我们的祖国啊，日新月异，流光溢彩，正快步跨入崭新的时代！

我骄傲，我是中国人

王怀让

在无数蓝色的眼睛和红色的眼睛之中，

我有着一双宝石般的黑色的眼睛，

我骄傲，我是中国人！

在无数白色的皮肤和黑色的皮肤之中，

我有着大地般黄色的皮肤，

我骄傲，我是中国人！

我是中国人——

黄土高原是我挺起的胸脯，

黄河流水是我沸腾的血型，

长城是我扬起的手臂，

泰山是我站立的脚跟。

我是中国人——

我的祖先最早走出森林，

我的祖先最早开始耕耘。

我是指南针、印刷术的后裔，

我是圆周率、地动仪的子孙，

在我的民族中，

不光有史册上万古不朽的

孔夫子、司马迁、李自成、孙中山，

还有那文学史上万古不朽的

花木兰、林黛玉、孙悟空、鲁智深。

我骄傲，我是中国人！

我是中国人——

在我的国土上不光有

雷电轰不倒的长白雪山、黄山劲松，

还有那风雨不灭的井冈传统、延安精神。

我是中国人——

我那黄河一样粗犷的声音

不光响在联合国的大厦里，

大声发表着中国的议论；

也响在奥林匹克的赛场上，
大声叫喊着："中国得分"！
当掌声把五颗金星托上蓝天，
我骄傲，我是中国人！
我是中国人——
我那长城一样巨大的手臂，
不光把采油钻杆钻进
外国人预言打不出石油的地心，
也把通讯卫星送上天
祖先们梦里也没有到过的白云，
当五大洲倾听东方声音的时候，
我骄傲，我是中国人！
我是中国人，
我是莫高窟壁画的传人，
让那翩翩欲飞的壁画与我们同往，
我就是飞天，
飞天就是我们，
我骄傲，我是中国人！

桂林山水歌

贺敬之

云中的神呵，雾中的仙，
神姿仙态桂林的山！
情一样深呵，梦一样美，
如情似梦漓江的水！
水几重呵，山几重？
水绕山环桂林城……
是山城呵，是水城？
都在青山绿水中……
呵！此山此水入胸怀，
此时此身何处来？
……黄河的浪涛塞外的风。
此来关山千万重。

马鞍上梦见沙盘上画：
"桂林山水甲天下"……
呵！是梦境呵，是仙境？
此时身在独秀峰！
心是醉呵，还是醒？
水迎山接入画屏！
画中画——漓江照我身千影，
歌中歌——山山应我响回声……
招手相问老人山，
云罩江山几万年？
——伏波山下还珠洞，
宝珠久等叩门声……
鸡笼山一唱屏风开，
绿水白帆红旗来！
大地的愁容春雨洗，
请看穿山明镜里——
呵！桂林的山来漓江的水——
祖国的笑容这样美！
桂林山水入襟，
此景此情战士的心——
江山多娇人多情，
使我白发永不生！
对此江山人自豪，
使我青春永不老！
七星岩去赴神仙会，
招呼刘三姐呵打从天上回……
人间天上大路开，
要唱新歌随我来！
三姐的山歌十万八千箩，
战士呵，指点江山唱祖国……
红旗万梭织锦绣，
海北天南一望收！
塞外的风沙呵黄河的浪，

春光万里到故乡。

红旗下：少年英雄遍地生——

望不尽：千姿万态"独秀峰"！

——意满怀呵，情满胸，

恰似漓江春水浓！

呵！汗雨挥洒彩笔画：

桂林山水——满天下！……

3. 朗诵下列散文

海燕之歌

［苏联］高尔基

在苍茫的大海上，狂风卷集着乌云。在乌云和大海之间，海燕像黑色的闪电，在高傲的飞翔。

一会儿翅膀碰着波浪，一会儿箭一般地直冲向乌云，它叫喊着，——就在这鸟儿勇敢的叫喊声里，乌云听出了欢乐。

在这叫喊声里——充满着对暴风雨的渴望！在这叫喊声里，乌云听出了愤怒的力量、热情的火焰和胜利的信心。

海鸥在暴风雨来临之前呻吟着，——呻吟着，它们在大海上飞窜，想把自己对暴风雨的恐惧，掩藏到大海深处。

海鸭也在呻吟着，——它们这些海鸭啊，享受不了生活的战斗的欢乐：轰隆隆的雷声就把它们吓坏了。

蠢笨的企鹅，胆怯地把肥胖的身体躲藏到悬崖底下……只有那高傲的海燕，勇敢地，自由自在的，在泛起白沫的大海上飞翔！

乌云越来越暗，越来越低，向海面直压下来，而波浪一边歌唱，一边冲向高空，去迎接那雷声。

雷声轰响。波浪在愤怒的飞沫中呼叫，跟狂风争鸣。看吧，狂风紧紧抱起一层层巨浪，恶狠狠地把它们甩到悬崖上，把这些大块的翡翠摔成尘雾和碎末。

海燕叫喊着，飞翔着，像黑色的闪电，箭一般地穿过乌云，翅膀掠起波浪的飞沫。

看吧，它飞舞着，像个精灵，——高傲的、黑色的暴风雨的精灵，——它在大笑，它又在号叫……它笑这些乌云，它因为欢乐而号叫！

这个敏感的精灵，——它从雷声的震怒里，早就听出了困乏，它深信，乌云遮不住太阳，——是的，遮不住的！

狂风吼叫……雷声轰响……

一堆堆乌云，像青色的火焰，在无底的大海上燃烧。大海抓住闪电的箭光，把它们熄灭在自己的深渊里。这些闪电的影子，活像一条条火蛇，在大海里蜿蜒游动，一晃就消失了。

——暴风雨！暴风雨就要来啦！

这是勇敢的海燕，在怒吼的大海上，在闪电中间，高傲的飞翔；这是胜利的预言家在叫喊：

——让暴风雨来得更猛烈些吧！

朋友和其他

杏林子

朋友即将远行。

暮春时节，又邀了几位朋友在家小聚。虽然都是极熟的朋友，却是终年难得一见，偶尔电话里相遇，也无非是几句寻常话。一锅小米稀饭，一碟大头菜，一盘自家酿制的泡菜，一只巷口买回的烤鸭，简简单单，不像请客，倒像家人团聚。

其实，友情也好，爱情也好，久而久之都会转化为亲情。

说也奇怪，和新朋友会谈文学、谈哲学、谈人生道理等等，和老朋友却只话家常，柴米油盐、细细碎碎，种种琐事。很多时候，心灵的契合已经不需要太多的言语来表达。

朋友新烫了个头，不敢回家见母亲，恐怕惊骇了老人家，却欢天喜地来见我们，老朋友颇能以一种趣味性的眼光来欣赏这个改变。

年少的时候，我们差不多都在为别人而活，为苦口婆心的父母活，为循循善诱的师长活，为许多观念、许多传统的约束力而活。年岁逐增，渐渐挣脱外在的限制与束缚，开始懂得为自己而活，照自己的方式做一些自己喜欢的事，不在乎别人的批评意见，不在乎别人的诋毁流言，只在乎那一份随心所欲似的舒坦自然。偶尔，也能纵容自己放浪一下，并且有一种恶作剧的窃喜。

就让生命顺其自然，水到渠成吧，犹如窗前的乌桕，自生自落之间，自有一份圆融丰满的喜悦。春雨轻轻落着，没有诗，没有酒，有的只是一份相知相属的自在自得。

夜色在笑语中渐渐沉落，朋友起身告辞，没有挽留，没有送别，甚至也没有问归期。

已经过了大喜大悲的岁月，已经过了伤感流泪的年华，知道了聚散原来是这样的自然和顺理成章，懂得这点，便懂得珍惜每一次相聚的温馨，离别便也欢喜。

牵手

"因为爱着你的爱，因为梦着你的梦，所以悲伤着你的悲伤，幸福着你的幸福；因为路过你的路，因为苦过你的苦，所以快乐着你的快乐，追逐着你的追逐……"每次听到台湾歌手苏芮演唱的《牵手》，总有一种感动在心头回荡，眼泪控制不住要掉下来。

听说过一个故事：一所大学里，教授请一个女生跟他做一个游戏。教授说："请你在黑板上写下你难以割舍的二十个人的名字。"女生照着做了，她写下了一串自己的邻居、朋友和亲人的名字。教授说："请你划掉一个这里面你认为最不重要的人。"女生划掉了她的邻居。教授又说请你再划掉一个，女生划掉了一个她的同事。在教授的一再要求下，女生划掉了一个又一个她认为不重要的人。

最后，黑板上只剩下四个人：她的父母、丈夫和孩子。

教室里安静极了，同学们已经不认为这是一个游戏了。教授平静地说："请再划掉一个。"女生迟疑着，艰难地做着选择……她划掉了自己父母的名字。

"请再划掉一个！"教授的声音在静得可怕的教室里响起，女生拿起粉笔，颤悠悠地划掉了自己儿子的名字，紧接着，她"哇"的一声哭了，样子痛苦极了。

教授待女生情绪稳定之后，问道："和你最亲的人应该是你的父母和你的孩子，因为父母是养育你的人，孩子是你亲生的，而丈夫是可以重新去找的，但为什么他反倒是你最难割舍的人呢？"

教室里几十双眼睛看着女生，等待着她的回答。女生缓慢而坚定地说："随着时间的推移，父母会先我而去，孩子长大独立后也会离我而去。而真正能陪伴我度过一生的只有我的丈夫！"

父母给了你身体，却不能陪伴你的一生；你抚育了儿女们成长，终究他们会远走高飞。人的一生，真正能与自己携手到老的，只有自己的伴侣。

如果我们再做一个小测验，询问已步入婚姻殿堂的男女一个问题："这个世界上你最爱的人是谁？"我想十有八九的人会说："我最爱的人是我的老婆(公)!"你要问到底为什么,不外乎我的那个他(她)在我心目中的位置太重要了,哪怕是他(她)刚刚惹你生了气。

一个不到三十岁失去丈夫的女人在含辛茹苦把三个子女拉扯大,孩子相继到外地工作后,这个已近七旬的老人终于忍受不了孤独,在一个阳光灿烂的日子离开了人世,她的子女在整理遗物时,发现了一张他们父亲年轻时的相片,在照片的后面,他们的母亲写着:"我的阳光"。他们的母亲临死前,喃喃自语:"你说过要陪我一辈子的,你为什么说话不算数,孩子他爹,你在天堂等了三十年,一定等久了,我来了……"

这是怎样的一段刻骨铭心的爱呀!

孩子们被震撼了,他们以为报答母亲的养育之恩就是衣食上的关爱,却忽略了他们的母亲三十年来忍受的是一个多么大的痛苦和孤独。

执子之手,与子偕老!

大凡年届古稀的老人感觉生命中最美好的时光,就是与爱人牵手走过人世的每一次坎坷和苦难。

"也许牵了手的手,前生不一定好走,也许有了伴的路,今生还要更忙碌;所以牵了手的手,来生还要一起走,所以有了伴的路,没有岁月可回头。"歌中所诠释的不正是人世间的一种真谛吗……

第三节 演讲与辩论

一、演讲

演讲是就某个问题在一定场合发表见解、抒发情感以影响听众的特殊口语表达形式。

(一)演讲的特征

1. 实用性

演讲是人类为满足精神需求、唤起民众、推动社会发展、加强思想修养、传播文明的一种社会实践活动。古今中外一切正义的演讲家:林肯、列宁、丘吉尔、孔子、孟子、孙中山、鲁迅、闻一多等,都以其真知灼见为国家、民族的命运呐喊,批判邪恶,唤醒民众,捍卫真理,为推动社会的发展起了独特的作用。在社会主义革命和建设中,著名演讲家张海迪、李燕杰、曲啸、蔡朝东等人的演讲,大大激发了当代青年的爱国热情,具有强大的现实教育作用。因此，演讲是为现实服务的，是一种精神实用艺术。

2. 论辩性

演讲必须以严密的逻辑力量来征服听众，因而具有鲜明的论辩性。演讲者要把自己对某一问题的意见和态度表达出来，就不能不旁征博引来论证自己赞同的观点，就不能不引经据典去批驳自己反对的谬误。只有观点鲜明，论据确凿，说理精辟，才能真正使人叹服。

3. 艺术性

演讲虽然不是艺术表演，但它与一般口语表达存在明显的差异，其中最重要的一点在于它是具有艺术性的口语表达活动。主要表现在：第一，它既追求有声语言的形式美，又追求体态语言的视觉美；第二，它强调有声语言和体态语言的完美结合；第三，它追求演讲内容的文质兼美。这些特性都不是一般口语表达所能达到的。

4. 鼓动性

演讲在材料的运用、观点的确立、语言的表达、感情的抒发诸多方面，都应有强烈的鼓动作用和号召力量。因此，演讲过程的始终，都应充满激情，给听众打气鼓劲，动之以情，导之以行，激起听众的积极性，引发听众沉积已久的各种情绪，使之振奋精神，提高兴趣，情绪高昂。

1775 年，美国政治活动家、演讲家帕特里克·亨利发表了为独立而战的《弗吉尼亚州议会上的演说》。当他讲完后，整个会议厅寂静得鸦雀无声，直到几分钟后，议会的一部分成员从座位上跳起来，兴奋地喊出："拿起武器！"接着，大厅像刮起旋风一般，"拿起武器！"的吼声此起彼伏，人们眼里闪烁着爱国热情的火花。他的演讲很快传遍全美各英殖民地，成为美国人民反击殖民统治的战斗动员令和争取独立自主的宣言书，使千百万人觉醒，掀起了一场为独立和自由而战的伟大战争。其说服力之强、鼓动性之大，真是"一人之辩，重于九鼎之宝；三寸之舌，强于百万之师"。

(二)演讲的三要素

好的演讲离不开三个要素：演讲者、演讲稿和演讲技巧。

1. 演讲者的要求

(1)文化知识修养

我们的时代是"知识爆炸"的时代，各门科学知识。都在急速发展。在这样的时代里生活，要想站在时代的前面，而不被时代所淘汰，就必须勤奋学习，刻苦钻研，勇攀科学文化知识的高峰。演讲本身是一门具有综合性知识和应用性特征的社会科学，它牵涉哲学、美学、社会学、伦理学、教育学、心理学、逻辑学、语言学和文章学等广泛的知识领域。所以，演讲者要想学会演讲，就必须博览群书，上至天文，下至地理。古今中外的史料传记、名人逸事、风土人情、宗教信仰等，都应该有所了解，使自己成为一个知识丰富的"杂家"。

例如，胡耀邦在一次剧本创作座谈会上的讲话中，就运用了丰富的知识，他引用了许多领袖和文学家的言论；与听众同温了《战国策》中《邹忌讽齐王纳谏》的故事；评价了马雅可夫斯基的《开会迷》和我国的相声作品《假大空》；批评了南北朝时庾信《哀江南赋》中的两句话"天道周星，物极不反"的悲观情绪；赞扬了果戈理《钦差大臣》对沙皇时代官场的深刻揭露，概述了托尔斯泰修改《复活》的精益求精态度；明引了晋朝陆机《文赋》中的名句"精骛八极，心游万仞"和杜甫的"读书破万卷，下笔如有神"；暗引了李清照《声声慢》词的起句大意，并围绕演讲宗旨，旁征博引，纵横联系，从而开拓了听众的思路，明确了剧本创作的方向。

(2)演讲艺术修养

一个合格的演讲者，除了具有一定的思想品质修养和文化知识修养外，还应具有一定的演讲艺术修养。

首先，要研究演讲稿的写法。"工欲善其事，必先利其器"，一篇好的演讲稿是合格演讲的先决条件。一篇好的演讲稿，除了在内容上要求观点正确、态度鲜明、符合国家和政府的方针政策、企事业单位的各种决定之外，还应该注意它的写法。如怎样开头、结尾；怎样"过渡"和"照应"；怎样加强行文的逻辑性和突出重点等。

其次，要注意演讲的语言表达。其中包括口头语言表达和态势语言表达两个方面。在口头语言表达方面，除了应该做到语音准确、语言流利、语气恰当之外，还应该做到通俗易懂，有时还要具有鼓动性。在态势语言表达方面，要借助表情、手势等辅助手段来深化演讲的内涵，加强演讲的效果。

此外，还可以借助艺术手法。演讲虽然不同于文艺表演，但却可以适当借助一些艺术手法来增强本身的感染力和说服力。有演讲经验者，他们常常在演讲中使用一些艺术手法，使听众不仅能"晓之以理"，而且能"动之以情"，因此收到良好的效果，深受听众欢迎。但是，我们在演讲中借助于艺术手法的时候，千万不能喧宾夺主，忘记了演讲的目的和宗旨。正如黑格尔在《美学》第三卷中所指出的："一般说来，演讲家在演讲里最终极旨趣并不在于艺术性的描述和完美的刻画，他还有一个越出艺术氛围的目的，他的演讲的形式结构毋宁说只是一种最有效的手段，利用来实现一种非艺术性的目的或旨趣。从这个观点来看，他感动听众，不单是为感动而感动。听众的感动和幸福也只是一种手段，便于演说家所要实现的意图。所以，对听众来说，演说家的描述也不是为描述而描述，也只是一种手段，用来使听众达到某一种信念，做出某一种决定，或采取某一种行动。"

当然，演讲者明确了自己应该具备的修养，并不等于就会演讲。理论只有通过不断的实践，才能转化为技能技巧。有了演讲理论还应该勤于演讲的联系和实践。演讲联系和实践的方法多种多样，但概括起来就是"七勤"，即勤看、勤记、勤背、勤朗读、勤听、勤讲、勤总结。

2. 演讲稿的要求

演讲稿又称演讲词，它是演讲者在演讲前事先准备的供演讲使用的文稿。演讲稿是演讲内容的主要依据，它的好坏直接影响到演讲的成功与失败。

（1）演讲稿的选题

选择演讲题目，是准备演讲的第一步，它直接决定着演讲的价值。选择题目，应注意以下几点：①题目要有现实意义和时代特征；②要适合演讲者的年龄、身份、气质要求；③要适合听众的心理需求，反映听众盼望解决的问题；④要符合演讲环境及演讲主持人的要求。

演讲的题目要贴切、简洁、醒目。贴切，是指题目与内容的范围合适；简洁，是指用语干净、利落；醒目，是指提法新颖、生动，不落俗套。

（2）演讲稿的选材

第一，围绕主题。主题是选材的依据，选材必须紧紧围绕主题，否则，材料本身再生动也不能用。

例如，公元前44年，古罗马大演说家安东尼在恺撒葬礼上发表了为恺撒辩护的演讲，他选取的材料很有说服力，他讲道：

现在我得到布鲁托的允许——因为他是正人君子，他的人也是正人君子——我到恺撒葬礼上讲几句话。

恺撒是我的朋友，对我忠诚公正，可是布鲁托说他有野心。布鲁托既是正人君子，他说得可能会对。

恺撒曾经给罗马带来许多俘虏，所得赎金充实了我们的国库。恺撒这样做，能说他有野心？穷人哭泣时，恺撒就流泪，野心应该具有更硬的心肠。然而，布鲁托说他有野心……你们都看见，就在卢柏克节那天，我一连三次献给恺撒一顶王冠，三次他都拒绝。这难道是野心？然而，布鲁托说他有野心。当然，布鲁托是正人君子，我不是要反对布鲁托所说的话，我只是把我知道的说出来。你们过去都爱过恺撒不是没有理由，那是什么理由使你们不为他哀悼？公道啊，你已经飞到野兽身上，人们都失去了理性！原谅我，我的心已随恺撒到了棺木中去了！我得等一下，等公道重新飞回来。

这是一篇论辩性演讲，很有鼓动性和说服力。布鲁托借故谋杀了恺撒，安东尼在演讲中不直接攻击布鲁托，只注意选用事实材料与布鲁托的谎言相对照，从而去分清是非，扭转人们的认识。他用"恺撒曾经给罗马带来许多俘虏，所得赎金充实了我们的国库"，说明恺撒忠于祖国，没有野心；"穷人哭泣时，恺撒就流泪"，说明恺撒关心穷苦人，富有同情心；用"一连三次献给恺撒王冠，三次他都拒绝"，说明他在政治上谦让，没有野心。安东尼的演讲没有直接说布鲁托及其同党一句坏话，但演讲结果却激起了群众对布鲁托等人的强烈愤怒。人们放人烧了布鲁托及其同谋的住宅，并把倾向于布鲁托的大法官撕得粉碎。暗杀恺撒的那伙人，也被群众逐出罗马，由此可见，恰当选材在演讲中何等重要，演讲词通篇一条红线，选材处处紧扣中心。

第二，针对听众。演讲稿的选材在紧紧围绕主题的基础上，还要注意针对听众实际，做到"因人制宜"。演讲前要了解听众的年龄、职业、文化程度和思想状况等。然后再根据这些具体情况进行有针对性的、实事求是的分析。"晓之以理"才能"动之以情"，演讲才能收到良好的效果。

第三，内容真实、准确。演讲是一个"真实的社会活动"，它与文艺创作不同。因此，演讲的材料必须真实、准确，绝对可靠，不能"道听途说"或"合理想象"。马克思从来不满足于间接得来的材料，总要找到原著寻根究底，即使是为了证实一个不重要的事实，他也要特意到大英博物馆去一趟。因此，他的演讲具有很强的说服力。

（3）演讲稿的结构

演讲稿的文体归属于论说文的范围。它的结构基本上分为三大部分，开场白、正文和结尾。

开场白

好的开始是成功的一半。从心理学角度来看，一次活动开始时的二三分钟是人的注意力最集中的时候，因此，演讲中的开场白肩负着组织听众注意的特殊使命，它自始至终左右着听众的注意指向。

常用的开场白有以下几种方式。

第一，直入式（即"开门见山"）。它直截了当地提出演讲的中心论题，没有赘言，言简意赅，单刀直入。有时间限制的短时间的演讲，宜采用此法。

例如，朱沪萍的演讲《女人——不是月亮》是这样开始的：

有人说"女人是月亮，她温柔、耐看、有回味，阳刚之气中，有阴柔的关怀和温和"。然而，我要说，在改革开放的汹涌浪潮中，女人不仅仅是月亮，她还将是一轮耀眼夺目的太阳。

第二，背景式。这种开场先用三言两语向听众说明这次演讲的背景、起因等，然后顺水推舟进入下文。1987年美国航天飞机"挑战者"号，在升空后突然爆炸，当时美国总统里根在遇难机组人员悼念仪式上的演讲，开头是这样的：

今天，我们聚集在一起，哀悼我们所失去的7位勇敢的公民，共同分担内心的悲痛。

第三，新闻式。新闻的特点是"新"。有些演讲者先当众宣布一条引人注目的新闻，以引起听众高度的注意，然后再阐述自己的观点和主张。

例如，1941年7月3日，斯大林的《广播演说》是这样开始的：

希特勒德国从6月22日向我们祖国发动的背信弃义的军事进攻，正在继续着。虽然红军进行了英勇的抵抗，虽然敌人的精锐师团和他们的精锐空军部队已被击溃，被埋葬在战场上，但是敌人又往前线调来了生力军，继续向前闯进。希特勒军队侵占了立陶宛、拉脱维亚的大部分地区、白俄罗斯西部地区、乌克兰西部一部分地区。法西斯空军正在扩大其轰炸区域，对摩尔曼斯克、奥尔沙、莫吉廖夫、斯摩棱斯克、基辅、敖德萨、塞瓦斯托波尔等城市大肆轰炸。我们的祖国面临着严重的危险。

第四，即兴式。其特点是"随机应变"，往往以演讲现场的某个事物或某个发言作为"媒介"，进行临时的发挥。例如，1929年1月，田汉的《在南京晓庄师范学校的致答词》是这样开始的：

陶先生说，他是以"田汉"的资格欢迎田汉，实不敢当！我是一个"假田汉"，陶先生是个真"田汉"，我这个假"田汉"能够受到陶先生这个真"田汉"以及在座的许多真"田汉"的欢迎，实在感到荣幸！

第五，设问式。被誉为中国第一演讲家的马相伯，在一次广播演讲中，一开头就是："请看，今日的中国，是谁家的天下？"发人深省，催人奋进，有发聋振聩的威力。

设问式开头还可以起到集中听众注意力的作用。复旦大学1980年举办了以"青年与祖国"为题的演讲比赛，有五六位同学演讲，会场始终嘈杂不静，最后一位同学上台，他一开始就说："我想提个问题，谁能用一个字来概括青年和祖国的关系呢？（停顿）这个关系就是一个'根'字"。立即扭转了混乱的局面。

第六，名言式。这种开场白没有废话，用好了会很精彩。如李燕杰教授常用诗开头。有一次演讲时，他是这样开头的："我今天发言的主题思想用一句话概括，叫：海到天边天作岸，山恒绝顶我为峰。是什么意思呢？"形成一种学者演讲的气氛。

第七，故事式。它的特点是情节生动，扣人心弦，演讲者如能运用得当，则可使演讲的"磁性"备增。例如，2004年7月，在云南省《道路交通安全法》的演讲赛中荣获一等奖的解放军战士祁晋疆的演讲《一个军人最大的遗憾》是这样开始的：

记得小时候，一部风靡一时的电影《巴顿将军》，让观众深深记住了这位性格张扬、功勋卓著的一代名将巴顿，就是这样一位叱咤风云的英雄，没有折戟沙场，却在战后一场车祸中不幸丧生，一代将星就此陨落。而他那句经典名言——"军人最大的遗憾就是没有牺牲在战场上"，似乎成为他不祥的预言。

正文

正文是演讲的中心内容，其基本要求是：

第一，紧扣主题，语不离宗。

刘勰说："总文理，统首尾。"从开头到结尾，展开论证也好，进行叙述也好，纵然千回百转，也要紧扣主题。一个问题可能是多侧面、多角度的，但无论多少个侧面和角度，必定有其主要的一面；一篇演讲可能包含几个问题，但无论多少个问题，它们都应当相互联系，并有主次之分。演讲者必须抓住主干，理清支脉，分清主次，不可"开口千言，离题万里"。

第二，条理清楚，层次分明。

材料的组织安排一定要井然有序、有条不紊。要做到这一点，就必须在科学分析的基础上，把散乱的材料分门别类，分清主次和先后，把它们组织好，从而更充分、更有利地表现主题。

演讲词的层次，是指思想内容表达的先后顺序。演讲词层次的清楚与否，直接关系到演讲词中心思想表达得是否清楚。

第三，"过渡"和"照应"。

所谓"过渡"与"照应"，也叫起承转合。"过渡"是指上下文之间的衔接与转换。它能起到承上启下的作用，使听众的思路顺利地由前面过渡到后面。"照应"，是指前后内容上的关照呼应。前面提到的问题，后面要有着落和结果，后面提到的问题前面要先有交代和暗示，这样才能前后呼应，浑然一体，而不至于有头无尾或有尾无头。

第四，有张有弛、跌宕起伏。

讲述的内容应当有起有伏，使整个结构富于变化，多姿多彩，以其结构的艺术性吸引、打动并说服听众。

例如郭海燕在讲爱情美学时，就曾朗诵香港诗人何达的诗《忠诚》：

> 我是不会变心的，
>
> 就是不会变。
>
> 大理石雕成的塑像，
>
> 铜铸成的钟，
>
> 而我这个人，
>
> 是用忠诚制造的。
>
> 即使是碎了、破了，
>
> 我留下的每一片片，
>
> 仍然是忠诚。

这种诗的引用方式为演讲增添了色彩，使演讲的形式变化多姿。

结尾

演讲的结尾是演讲走向成功的最后一步。常言道"编筐编篓，难在收口"，又说"头难起，尾难落"，好的结束语应该既水到渠成又戛然而止，既铿锵有力又余音缭绕，既别开生面、不落俗套又自然得体。

演讲的结束语方式很多，一般常见的有如下几种：

(1)呼吁式。呼吁式结束语是演讲者利用感情激昂、动人心弦的语言对听众的理智和感情进行呼唤，并指明具体的行动方向，以此来结束演讲。

例如，在美国独立战争前夕，国务卿帕特里克·亨利在弗吉尼亚州会议上的演讲便是采用这一方式结束的：

我们的同胞已经身在疆场了，我们为什么还要站在这里袖手旁观呢？先生们希望的是什么？想达到什么目的？生命就那么可贵？和平就那么甜美？甚至不惜以戴锁链、受奴役的代价来换取吗？全能的上帝啊，阻止这一切吧！在这场斗争中，我不知道别人会如何行事，至于我，不自由，毋宁死！

(2)总结式。这是演讲中常用的方法。它把演讲词的主要意思加以概括、强调，以便给听众留下深刻的印象。

例如，王洁的演讲《一个女海员的思念》是这样结尾的：

毛泽东同志一生都在圆着一个梦，这就是中华繁荣富强之梦。今天，邓小平同志忠实地延续了毛泽东同志的未竟事业，在改革开放的三十多年中，把毛泽东同志的中华振兴之梦一步步地变为现实。今天的中国人民终于认识到一个真理：只有坚持毛泽东思想，坚持邓小平同志建设有中国特色的社会主义理论，才是中华振兴的唯一出路。

(3)点题式。这是指在演讲的末尾点出中心论题。它能起到突出重点，深入主题的作用。

例如，1984年7月，沈阳市一位青年的演讲《像父辈那样去爱》是这样结尾的：

青年，是人类的春天，是国家的未来！我们应该以青春之我，创造青春之家庭，青春之工厂，青春之国家，青春之人类。假如你想完成这一使命的话，那么请记住：首先要像父辈那样去爱……

(4)展望式。这是以预言展现作结的方法。它以美好的前景来吸引听众，增强听众实现美好理想的信心和决心。

例如，1963年8月28日，马丁·路德·金的演讲《我有一个梦》是这样结尾的：

朋友们，今天我要告诉你们，尽管我们面临着今天和明天的困难，我仍然存有一个梦想，这梦想深深扎根于美国之梦。

我梦想着有朝一日，这个国家会重新崛起，并将按其信条的真正含蕴去生活—毫无疑问，人生来是平等的，我们坚信这些真理。

我梦想有一天，乔治亚州的红土地上，奴隶的子孙和奴隶主的子孙会视如手足。

我梦想有一天，甚至在密西西比州—正燃烧着不公正的烈火，燃烧着压迫的烈火，—也会变成自由、公正的绿洲。

我梦想有一天，我的4个孩子生活在这样一个国家里，人们不再按其肤色，而是凭着他们的品行相互对待。

我梦想有一天，阿拉巴马的州长、一个刻薄的种族主义者，不再提否决和无效之辞—总有一天，就在阿拉巴马，黑人小男孩和小女孩能同白人的小男孩和小女孩像兄弟姐妹一样携起手来。

我梦想有一天，每一个山谷都将填平，每一座丘陵、高山都将夷为平地，所有的坎坷之地都变成了平原，所有的曲折之处都将平直。上帝的光荣将再次显现，各位都会亲临这一切。

这是我们的愿望，我将带着这愿望回到南方。有了这一愿望，我们就能从绝望的群山中凿出一块希望之石；有了这一愿望，我们就能把喋喋不休的争吵灌制一曲和谐美妙的交响乐；有了这一愿望，我们就能一起工作，一起娱乐，一起斗争，一起入狱，一起捍卫自由。坚信吧，总有一天我们会自由……

(5)祝愿式。这是以最后发出祝福的话语作为结束语的，以引起共鸣。

例如，2004年第九期刊登了一篇名为《一个军人最大的遗憾》的演讲稿，作者祁晋疆是这样结尾的：

这是一场没有硝烟的战争，这是一场没有止境的战争。亲爱的朋友们，亲爱的战友们，为了那些逝去生命不再遗憾，为了那些活着的人们不再落泪，为了不再有同情者的扼腕叹息，我以一名车祸遇难者家属的名义，我以一名普通军人的名义，祝福：美好人生，系于安全，尊重生命，关爱他人，从走出演讲大厅的那一刻起，平安幸福永远伴随你、我、他，伴随每一个遵守交规的人！

(6)启发式。这是用提出问题作结的方法，以引起听众的深思和共鸣。

例如，1923年12月20日，鲁迅的《娜拉走后怎样》是这样结尾的：

可惜中国太难改变了，即使搬动一张桌子，改装一个火炉，几乎也要流血；而且即使有了血，也未必一定能搬动，能改装。不是很大的鞭子打在背上，中国自己是不肯动弹的。我想这鞭子总要来，好坏是别一问题。然而总要打到的。但是从哪里来，怎么地来，我也是不能确切地知道。

我这演讲也就此完结了。

(7)名言式。这是用格言、警句和谚语等名言作结的方法，它小仅适用于开场白，同时也适用于演讲的结尾。它用在结尾可以起到深化主题的作用。

例如，演讲《忘我的爱》的结尾：

青年朋友们！在未来的社会面前，横着一条时间的长河，知识的长河。我们只有将青春的心贴在一起，互相扶持着，彼此温暖着，去接受命运的挑战，去托起明天的太阳。对于明天，让我们和英国剧作家莎士比亚一起来祝福吧——"愿太阳放出永恒的光和热，愿人间永远充满安慰和温暖"。

这是引用哲理名言结尾，它能收笼全篇，深化主题，发人深思，耐人寻味，使人感到"曲终而音韵无穷"。

(8)诗词式。这是以著名的诗词佳句作结。因为好的诗词饱含着丰富的想象和感情，具有鲜明的节奏、和谐的音调和凝练的语言。所以它往往能引起听众强烈的共鸣。

例如，王锦萍的演讲《焦裕禄告诉我》是这样结尾的：

在纪念党的七十周年时，银幕上传来这样一首歌，现在我用它来结束我的演讲：

老百姓的嘴是那无形的碑，白是白，黑是黑，评说千秋功罪。

老百姓的心，是那有情的水，能载舟，能覆舟，沉浮多少权贵。

天不可怕，地不可怕，只怕老百姓戳脊梁背。

"得人心者得天下"，一句老话讲到今，令人常品味！

(9)赞语式。这是以赞颂的语言作结的方法，它可以增强听众的自豪感、荣誉感和责任感，从而激励他们奋发向上。

例如，1901 年 11 月 3 日，美国马克·吐温的《我也是义和团》(即《在公共教育协会上的演讲》)是这样结尾的：

试看历史怎样在全世界范围内重演，这是多么奇怪。我记得：当我还是密西西比河上一个小孩子的时候，曾有同样的事发生过。有一个镇子也曾主张停办公立学校，因为那太费钱了。有一位老农站出来说话了。说他们要是把学校停办的话，他们不会省下什么钱。因为每关闭一所学校，就得多修造一座牢狱。这如同把一条狗身上的尾巴用作饲料来喂养这条狗。它肥不了。我看，支持学校要比支持监狱强。你们这个协会的活动，和沙皇和他的主体臣民比起来，显得具有更高的智慧。这倒不是过奖的话，而是说的我的心里话。

(10)幽默式。这是以幽默诙谐的手法作结，它能使听众在轻松愉快的笑声中受到深刻的教育和启发。

例如，1930 年 2 月 21 日，鲁迅的《在上海中华艺术大学的演讲》是这样结尾的：

以上是我近年来对于美术界观察所得的几点意见。今天我带来的一幅中国五千年文化的结晶，请大家欣赏欣赏。

说时一手伸进长袍，把一卷纸徐徐从衣襟上方伸出，打开看时，原来是一幅病态十足的时髦女郎月份牌，引得哄堂大笑。在笑声和掌声中结束了他的演讲。

除此 10 种结尾之外，还有故事式、比较式等。总之，只要符合演讲结尾"概括演讲的主题"和"加深听众的印象"的两个原则，用什么样的结尾都行。结尾无定法，妙在巧用中。

演讲结尾常见的毛病有漫无边际、拉杂冗长、枯燥平淡和偏离论题等，这些在演讲时都应该尽力避免。演讲的"结尾"最忌画蛇添足，冗长啰嗦。如"最后，讲一点……"、"还有一点要补充一下……"、"我讲得不好，希望大家多提意见……"，这种结尾只能冲击演讲给听众的积极影响，使听众扫兴。

3. 演讲的表达技巧

(1)演讲口语表达

演讲是一种表达艺术，表达是演讲者的基本技能。演讲中的口语表达有叙述、描述、议论、抒情、说明等。

①叙述

叙述是述说人物经历和事物发展变化过程的一种表达技能。演讲的叙述要自然真实。叙述人称要清晰，叙述过程要清楚，叙述内容要有详有略，叙述速度要有快有慢，叙述语调要有低有高，这样才能做到波澜起伏，引人入胜。

让 32 号从明天开始

朋友们：

我曾看到这样一则报道：某边远山区一个中学生，一天在家复习功课，一旁的已过入学年龄的小弟弟拿他的铅笔在纸上书写着，涂着画着，突然若有所思地仰起小脸，眨巴几下小眼睛，认真地问："哥哥，什么时候才到 32 号呀"这位中学生看着天真的小弟弟，笑着逗着："32 号你要干啥?""爸爸说，到 32 号才能送我上学。"中学生望着可爱的小弟弟，内心针扎般难受：父母为了供自己上学，整日操劳，身体都累垮了，哪还有能力再供弟弟上学了啊！32 号……

②描述

描写是演讲者在演讲中通过丰富的想象，具体形象地描绘人、事、景的状貌的一种表达方式，描写有人物描写、景物描写、场面描写三种，在实际运用中往往是综合表现的。描写时要形象逼真，使听众如闻其声，如见其人，如临其境，才能够留给听众鲜明深刻的印象，达到刻画人物和景物、表现主题的目的。

不能忘却的眼睛

那是一个寒冷的冬天，一个大雪纷飞的上午，我们上第二节课时，忽然听见房梁断裂的声音，徐老师喊："快跑！"可一个吓呆了的小女孩却躲在墙角里不知所措。徐老师奔过去，拉着她往外就跑，谁知刚到教室门口，房梁"咔嚓"一声砸了下来，徐老师猛地把她往外一推，自己却倒在了瓦砾堆中……

③议论

议论是演讲中最重要的表达技能，为了使听众心服口服，演讲者无论从正面还是从反面论述自己的主张和看法，论点必须正确鲜明，有现实意义。论据必须真实典型新颖生动。语气语调必须发自于衷，情理交融，这样，才能达到说服、教育和鼓舞听众的作用。

我们今天是桃李芬芳，明天是社会的栋梁。朋友们！中华民族的振兴和强盛需要你我用火热的生命去开创，时代赋予的振兴教育的重任需要你我用年轻的双肩负起！现在，新的生活之路已经开始。任重道远，愿你们勇敢地充满信心地开始你们的壮行！在远方，有一个成功的美神在等待着你们！

④抒情

情感是艺术的灵魂，也是演讲磁力的源泉。演讲者的抒情一定是真情实感的流动、跳跃和燃烧，一定要使听众闻其言，知其声，见其心，达到感情上的融洽，从而产生强烈的共鸣。庄子曰："真者，精诚之至也，不精不诚，不能动人。故强哭者虽悲不哀，强怒者虽严不威。"只有真情实感，才能叩开听众的心扉，产生征服人心、震撼灵魂的演讲效应。

敬爱的故乡母亲：

面对你焦虑的面容，我怎能忘记您的养育之恩！为了您的白发早日复苏青春的光华，为了您疲倦的腰身重新变得挺拔，我要无怨无悔地走进您简陋的校园，登上那寂寞多时的讲台，教孩子们用书声、歌声文明您的天空，让孩子们背着小书包的五彩身影花朵一样缀满您的田野，让您的脚步也像外面的世界一样早日踏出现代化的节奏——这是女儿应该的报答！

（2）演讲中的态势语

演讲的态势语是指演讲者的姿态，面部表情、手势等，它不仅有一定的独立表达思想和情感的作用，而且能辅助有声语言和加强有声语言的作用。在整个演讲过程中，如果缺少了态势语言的辅助，演讲就不可能有强烈的感染力，就不会传递更多的信息。

在演讲态势语中，面部表情是最重要的，在面部表情中，眼神给人的影响至关重要。

1. 环顾法

即用眼睛环顾听众的方法。这种方法一般用于演讲的开头，起到和听众沟通感情的作用。

各位评委、各位领导、女士们、先生们：

我看了看今天参加演讲的，有如花似玉的姑娘，有英俊潇洒的小伙子，还有风姿绰约的少妇，唯有我是位年过半百的人。要问这么大岁数了，为什么还来凑这份热闹？我想用曹孟德的诗句表达自己的心声："老骥伏枥，志在千里；烈士暮年，壮心不已。"今天我演讲的题目是：向生命的极限挑战。

（2）虚视法

演讲者用眼睛注视全场听众，其实谁也不看，这种眼神能够控制全场，还可以克服怯场的心理。在回忆和描述某种情景时，虚视还可以表示思考和遐想，把听众带进想象的境界。

（三）演讲训练

演讲是一种综合艺术。演讲者不仅要有超群出众的口才，自然得体的态势，还要有高尚的道德情操，渊博的知识，敏捷的思维，良好的心理素质。而要具备这些能力，就要勇于实践。

【训练】

从下面演讲词中任选一段，充分准备后，上台演讲。

为了明天的挑战（节选）

朋友们，面对明天的世界，提出学会生存，绝不单单是对能否胜任工作而言，更重要的是对能否更好地生活而言。科学，无疑的将会而且已经渗透到个人家庭生活的每个角落，文化、艺术、审美意识，思想观念也会大大发展，也需要相应提高人各方面的素质，否则，面对五彩缤纷、日新月异的世界，人就很难得到自由、自尊和幸福。青年朋友，"想使人生和世界更美好，就要为未来作准备。"学会培训自己吧！激励自己的求知欲，同愚昧无知作斗争，这是时代的大潮，这是未来的呼唤，这是对明天最积极的挑战。

永远的第11位教师（节选）

朋友们：

今天，我读了一个故事，一个真实的故事，一所偏远山村的小学校，因办学条件很差，一年内已经先后走了七八位教师。当村民和孩子们依依不舍地送走第十位教师后，人们寒心地说：再不会有第十一位教师能留下来了！乡里实在派不来教师，只好临时请了一位刚刚毕业、等待分配的女大学生来代一段时间课。三个月后，女大学生的分配通知到了，在女大学生含泪告别纯朴的山民走下山坡的时候，她背后突然意外地传来孩子们朗朗的读书声："离离原上草，一岁一枯荣。野火烧不尽，春风吹又生……"那声音在山谷间低回传诵，久久不绝，那是她第一节课教给孩子们的诗。年轻的女大学生回头望去，顿时惊呆了：几十个孩子齐刷刷地跪在高高的山坡上——谁能受得起那天地为之动容的长跪呀！她顷刻明白了：那是渴求知识的孩子们纯真而无奈的挽留啊！

女大学生的灵魂就在那瞬间的洗礼中得到了升华，她决然抛弃了山外的诱惑，重新把行李扛回小学校，她成了山村的第十一位教师。以后的日子，她从这所小学校里送走了一批又一批去读初中、念高中、上大学……这一留，就是整整二十年。

后来，这位女教师积劳成疾，被送往北京治疗。当乡亲们把她接回山村时，人们见到的，只有装在红色木匣内的她的骨灰！

从此，这个小山村就有了一个不成文的规定：无论谁来接班，永远都是第十一位，这是所有能在那里工作的教师的光荣！

……

这个故事让我流泪了！此时，我仿佛听见远山传来童稚的声音："离离原上草……春风吹又生……"这声音真叫人感动！亲爱的故乡母亲，我怎么突然觉得：您就是那小山村，我就是那位女教师？

是的，第十一位教师应该得到永生！

面对台湾的地图

汪洋

尊敬的各位领导，各位评委，各位来宾：

大家好！

今天我演讲的题目是《面对台湾的地图》。

过去，面对世界的地图，我首先看到的是中国，这个破晓的雄鸡，这条腾飞的巨龙；如今，面对中国的地图，我更多的是想到台湾，这个富饶的宝岛，这颗璀璨的明珠。

面对中国的地图，我想到了隔海相望、一衣带水的台湾与大陆，我想到了骨肉相连、血浓于水的炎黄子孙，我想到了归心似箭的游子和望穿秋水的母亲，还有那三万六千平方公里未统一的土地，还有那两千一百万双盼归的眼睛，还有那一颗颗随祖国命运一起跳动的爱国之心。

面对台湾的地图，我想起了日月潭边的凉亭，我想起了鹅銮鼻上的灯塔，我想起了赤嵌楼上的鲜血，还有那"走在乡间的小路"，还有那"外婆的澎湖湾"，还有那"冬季台北的雨"……多少次梦里神游，然而醒来后，一湾海峡仍横在我的面前。

面对台湾的地图，我想起了宝岛沧桑的岁月，我想起了台湾屈辱的历史，我想起了它那多灾多难、不堪回首的往事。历史不会忘记，1624年荷兰殖民者肮脏的脚印；历史不会忘记，1895年后日本强盗的血腥统治；历史也不会忘记，1949年以来跳梁小丑荒唐的闹剧……往事不堪回首，一道无形的鸿沟挡住了两岸的脚步。

面对台湾的地图，我想起了狐死首丘的典故，我想起了叶落归根的自然规律，我想起了两地相悬的骨肉亲情。读陆游的"王师北定中原日，家祭无忘告乃翁"我想起了台湾；读黄遵宪的"我高我曾我祖父，艾杀蓬蒿来此土"我更想起了台湾。

面对台湾的地图，我想起了一九九七年七月一日香港升起的紫荆花区旗，我想起了一九九九年十二月二十日澳门升起的莲花区旗，我也想起了一九九七年春节联欢晚会那难忘的一瞬——取自长江、香江、日月潭的水合而为一。世界潮流，浩浩荡荡，顺之者昌，逆之者亡，两岸统一，大势所趋，人心所向。

台湾自古以来是中国的领土。三国时期吴国大将卫温在这里播下了友谊的种子，明朝末年的郑成功在这里洒下了英勇的鲜血，汪辜会谈在这里留下了佳话美名。世上只有一个中国，中国台湾问题白皮书的发表可以说明，全世界正义的人们的良心可以证明。

面对台湾的地图，我看到了历史在前进，民魂在壮大，中华在崛起！邓小平提出的"一国两制"的构想是何等的英明！江泽民提出的"八条主张"是何等的英明！请听听人民的呼声吧！台湾诗人李一羽说："水是故乡甜，月是故乡明，都是中国人，谁无思乡情，归去来兮！"这一点是自欺欺人的台独分子们无法体味的。听吧！国民党元老于右任临终前写的诗："葬我于高山之上兮，望我大陆。大陆不可见兮，只有痛哭！葬我于高山之上兮，望我故乡。故乡不可见兮，永不能忘！"

面对台湾的地图，我想起了郭沫若的《天上的街市》——"那浅浅的天河定然是不甚宽广/那隔着河的牛郎织女定能够骑着牛儿来往……"我也敢大胆地预言："那浅浅的海峡定然是不甚宽广，那隔海相望的同胞定能骨肉团聚。"

谢谢大家！

在"挑战者"号航天飞机遇难机组人员
悼念仪式上的演说(节选)

[美]里根

今天，我们聚集在一起，哀悼我们所失去的7位勇敢的公民，共同分担内心的悲痛。对家庭、朋友以及我们的宇航员所爱着的人们来讲，国家的损失首先是他们个人的巨大损失，对那些失去亲人的父母、丈夫和妻子们，对那些兄弟姐妹，尤其是孩子们，在你们沉痛哀悼的日子里，所有的美国人都和你们紧紧地站在一起。

我们所说的一切远不能表达我们内心的真实情感，语言在我们的不幸面前已是如此软弱无力，似乎根本无法寄托我们的哀思。……

英雄之所以是英雄，决不在于我们颂扬的语言，而在于他们的高度责任感和为了实践真正的生活直至献出生命。

你们所热爱的人们牺牲了，这个悲剧震动了整个国家。在痛苦中我们认识到了一个意义深远的道理，走向未来的道路并不平坦，整个人类的历史就是与一切艰难险阻搏斗的历史。我们又一次认识到美国，阿拉伯·林肯称为地球上人类最大希望的美国，是在英雄主义和崇高献身精神的基础上建立起来的，是由像我们7位宇航员那样的男人和女人构成的，是由那些把全社会的责任作为己任的人，那些为人类做出贡献而不企求报答的人们构成的。

我们常常回想起100多年前的开拓者们，他们带着家眷和财产，带着刚毅和勇敢去开发荒漠般的美国西部。现在我们沿着里根公路，仍然能看见那些先驱的墓碑。而今天的荒漠，就是太空，就是人类的知识还没有达到的疆域，我们有时会感到力不从心，但我们应该也必须振奋起来，忍受着磨难不断前进……

二、辩论

辩论是立场或观点对立的双方就某一个问题进行的针锋相对的争论，以说服或驳倒对方的口语交际活动。

（一）辩论的特点和种类

1. 辩论的特点

（1）对抗对立

辩论总是以相对立的命题 A 和非 A 的形式出现。正反方的观点和立场是截然相反的，具有鲜明的对抗性。在辩论过程中，辩论者既要千方百计地证明并要对方承认自己观点的正确性，又要针锋相对地批驳对方的观点，以迫使其放弃这种认识。这就决定了双方的立场是不可调和的，辩论之所以能进行下去，就在于其全过程都处在一种交锋的状态，而且是尖锐的交锋，如果没有交锋就没有辩论了，交锋不尖锐，辩论也就不精彩。

（2）攻守相济

辩论是持不同观点的双方的唇枪舌剑，一方面要保证自己的观点正确、鲜明，阐述合乎逻辑，战术灵活适当，令对方无懈可击；另一方面还要善于从对方的阐述中寻找纰漏，抓住破绽，打开辩驳的缺口，这样有攻有守，才构成了辩论的全过程。这也使得双方在辩论过程中思维逻辑要严密，否则稍一疏忽，就会被对方抓住把柄，使本方陷入窘境。如在 1999 年国际大专辩论赛决赛中，马来西亚大学代表队作为正方与作为反方的西安交通大学代表队就"美是主观感受还是客观存在"这一辩题进行辩论时，正方二辩问反方三辩，自己美不美时，反方三辩路一鸣这样回答：

对方二辩非常美，但这个观点只代表我个人的感受，有没有人认为对方二辩不美呢？如果有人胆敢说对方二辩不美，我们要不要踏上千万只脚让他永世不得翻身呢？如果美的标准是客观的话，你何必问我你美不美，你只要评价、衡量，拿自己的标准去衡量一下那个客观的标准，何必问大家你美不美呢？

在这里正方的二辩在攻对方的时候，留下了让对方攻进来的缺口，从而让对方步步逼近，使自己处于被动的地位。

（3）机敏活跃

辩论场风云瞬息万变，机会与陷阱同在，任何一方都不可能完全估计到变幻莫测的辩论进程，都难以完全把握对方的论点和论据。论辩双方必须机智敏捷、反应迅速、随机应变，思维要高度活跃、紧张、快速而周密。不仅必须兵来将挡，水来土掩，坚守本方的阵地，高度防备自己的观点被反驳，而且要洞察秋毫，抓住对方言语中或逻辑中的破绽，伺机反击。还是在1999年国际大专辩论赛决赛中，自由辩论时正方问反方，"长城的美存不存在"这一问题时，反方回答：

长城的美在我们中国人的心目中就非常的美，而当我们中国健儿在长城口砍杀日本侵略者的时候，那些侵略者会觉得它美吗？

反方及时抓住正方提问中语言不严密的破绽，不失时机地举出实例对正方进行反击，收到了很好的效果。

2. 辩论的种类

辩论根据其特点可以分为广义的辩论和狭义的辩论。狭义的辩论指生活辩论、法庭辩论和辩论比赛；广义的辩论除了狭义的辩论以外还有其他如学术辩论、谈判中的辩论和论文答辩等。

按照辩论的目的可将辩论分为应用辩论和赛场辩论。

应用辩论是针对现实生活中的某种特定的需要进行的辩论，多以辨明是非、真伪、曲直为目的。因此又称专题辩论，根据辩论的具体内容和目的，又可分为学术辩论、决策辩论、法庭辩论、外交辩论等。

赛场辩论是在一定的场所，紧扣某一辩题，双方展开激烈的辩论，以决胜负，它是以培养辩才培养机辩能力为目的。具有高度的挑战性和观赏性。

3. 辩论的要求

(1)透析辩题

在辩论中双方都必须紧紧围绕论辩题发表意见，因为双方的观点相反，需要通过辩论分清是非，所以只有仔细地分析辩题，才能把握中心，形成针锋相对的话语交锋，如果双方背离了辩题，互不交锋，就不成其为辩论了。例如，首届国际大专辩论会决赛中，台湾大学与复旦大学就"人性本善"这个辩题展开激烈的论争，反方复旦大学从正方观点出发合理地引申出"善花结恶果"的错误命题，穷追不舍。以排山倒海之势连续五次追问对方"善花是如何结出恶果来的？"使正方难以招架，一再回避。结果，反方占了上风，最后获胜。

(2)充实理据

由于辩论双方的思想、言语都暴露在论敌的眼前，随时接受对方的反驳或质问，所以，无论是阐述自己的观点，还是辩驳对方的议论，都必须做到理据充分，用来证明论点的事实、数据、典籍等材料一定要确凿可靠，具备制胜的力量，不能一开口就让对方抓住把柄，不堪一击或一攻就破。

例如，在 1993 年国际大专辩论会决赛中，反方复旦大学的季翔之所以能有力地反驳正方的"人性本善"的观点，就在于他充分用例、巧于用例，并有的放矢地引用辩论会举办地的材料以及评判学者的相关观点作为自己立场的佐证，逻辑严密，拥有强大的批驳力：

……人性本恶是古往今来人类理性认识的结晶。早在两千年前，所谓人类文明的轴心时代，荀子的性恶论与犹太教的原罪说便遥相呼应。而到近代，从马基雅维里到弗洛伊德，无一不主张人性本恶，这难道仅是历史的巧合吗？不！伟大的哲学家黑格尔一语道破天机，"人们以为当他们说人性本善时是说出了一种伟大的思想；但他们忘记了，当他们说人性本恶时，他们说出了一种伟大得多的思想。"（掌声）令人遗憾的是，对方辩友面对这样的真知灼见，至今未能幡然醒悟，这不由得使我想起乔西·比林斯的那句话，"真理尽管稀少，却总是供过于求"。（掌声）

人性本恶是日常生活一再向我们显示的道理。从李尔王的不孝儿女们到《联合早报》上拳击妻子脸部的丈夫们，从倒卖血浆的联合国维和部队到杀人不眨眼的拉美毒枭，恶人恶事真可谓横贯古今，不胜枚举。对方辩友，难道你还要对着《天龙八部》中恶贯满盈、无恶不作、凶神恶煞、穷凶极恶这四大恶人谈什么人性本善吗？（掌声，大笑）

（3）注重风度

辩论，目的在于明是非、权利弊、求真理，在于促进学术的蓬勃发展，法律的正确实施等。因此，在辩论中必须强调高尚的道德，做到尊重对方人格，讲理不伤人，以理服人，以据服人，而不要以势压人，以声吓人；对于不同的意见的辩驳要有度，不能动辄上纲上线、"棍棒"满天飞，把是非问题搞成敌我问题，把学术争论扯成政治斗争；不故意歪曲他人原意，不在对手申述自己观点和论据过程中拦腰截断，抢话反驳，不在对手已经失败并停止辩驳时，继续穷追不放，要表现出良好的教养。

（二）辩论的基本方法技巧

辩论的任务有两个，一个是证明自己，一个是反驳对方。因此，辩论的方法，实际上就是陈述和反驳的方法。

1. 陈述的技巧

（1）陈述要具体

用一些具体形象的词语，确凿有力的事实，来证明自己的观点。给人以明确可信的感觉，不能只泛泛而谈，让人摸不着头脑。

例如，在"儒家思想可以抵御西方歪风"的辩论中，反方进行了这样的阐述：

儒家思想不可以抵御西方歪风。这是因为在儒学数千年的流变过程中没有抵御。董仲舒的"天人感应"变成了迷信；宋明理学的"灭人欲"又是何其残忍；至于八股取士更是扼杀了多少像对方这样的青年才俊啊。难道能凭这些已被戴东原、鲁迅、殷海光等大师否定过的儒学糟粕来抵御现代的西方歪风吗？显然不可以。我们再看看新儒学在当代的地位，不知对方同学可知道台大历史系黄俊杰先生的著名论断："儒学在当今的东亚社会还是一只命运未卜的凤凰。也就是说，如果儒学不摆脱自身旧有的道德观，它就无法在现代社会立足，而我们又怎能要求一个自己没有涅磐的思想去超度西方歪风之下的芸芸众生呢？"

这段陈述，在选取事例时，由古至今，以点串线，具体可信，而选用对方所在台大学者的论断则是以子之矛，攻子之盾，别具匠心，使得阐述更具说服力。

（2）陈述要切合实际

要想让人承认自己的主张和观点，就要使自己的立论鲜明，言之有据，言之成理，并且使论点与论据之间紧密相连，让人心悦诚服。

例如，1936 年，"西安事变"爆发后，张学良、杨虎城手下的军官情绪激动，坚决要杀掉蒋介石。周恩来受中共中央委托，亲赴西安，争取和平解决。周恩来面对愤怒异常、言辞激烈的军官，力排众议道：

杀他还不容易？一句话就行了，可是杀他以后怎么办？局势会怎么样呢？日本人会怎么样？国家和民族的前途会怎么样？各位想过吗？这次抓了蒋介石不同于十月革命逮住了克伦斯基，不同于滑铁卢擒获了拿破仑。前者是革命胜利的后果，后者是拿破仑军事失败的悲剧。现在呢？虽然捉了蒋介石，可并没有消灭他的实力，在全国人民抗日高潮的推动下，加上英美也主张和平解决西安事变，所以逼蒋抗日是可能的。我们要爱国，就要从国家的民族的利益考虑，不计较个人的私仇。

这段话说得主张杀蒋的人心服口服，在于周恩来没有说假话、大话、空话、吓人的话，而是说得入情入理，切合当时的实际，令人折服。

（3）陈述要严谨精练，生动活泼

由于论辩的双方都想出奇制胜，所以在陈述时不管是语词的组合、语句的排列、名式的选择，都要字斟句酌，谨防留下把柄给对方抓住。同时陈述时也要生动活泼，不要诘诎难懂。在陈述时有时可以用对方的话作为引子来阐述自己的观点。如"正像您刚才说的……"、"借您的话说，就是……"等等。有时也可以用反问的方法来争取主动，强化自己的立场。

例如，有人问刘吉（青年思想教育艺术家）："你认为研究思想政治工作也是一门专业吗？"刘吉答道："研究牛、马、羊、鱼、鸟、虫都称为专业，为什么研究高级动物——人的思想变化却不能成为专业呢？人的思想变化不是比动物更复杂吗？问题是我们建立起称作学科的体系。"

这段陈述运用对比、反问，既准确精练又轻松活泼。

2. 反驳的技巧

辩论是双方在各自陈述自己观点的基础上进行的话语交锋，要交锋就要以充足的论据去批驳对方言论的错误。按照一般的驳论法则，通常有驳论点、驳论据和驳论证三种。

（1）反驳论点

证明对方的论点是错误的。反驳论点通常有直接反驳和间接反驳两种形式。直接反驳是在辩论中针对对方的论点组织充分的论据加以批驳；间接反驳论点，是指辩驳者不直接针对对方的议论进行辩驳，而是针锋相对地提出一个与对方的论点相排斥、相对立的论点，并且努力证明这一论点的正确性。这样，依据逻辑学中的排中律，既然这一论点是正确的，那么对方那个与之相对立的议论就一定是错误的。

（2）反驳论据

证明对方的论据是虚假的。论据是支持论点的支柱，用以支持论点的论据被驳倒，论点也就不驳自倒了。因为错误的论点总是建立在虚伪的、片面的论据之上，或狡辩某些事理，或伪造某些所谓的"事实"，或篡改某些权威论断，或曲解法律、典籍的有关规定。因此揭露对方议论的说理不真、事例不确、引证有误、所依不当，也是辩论中反驳的重要方法。这种驳论据的方法，在否定了对方的论据后，一定要回到所驳论点上去。

（3）反驳论证

即指出对方的论据和论点之间没有必然的联系，或者是论据推不出论点。例如揭露对方偷换概念、转移论题、自相矛盾、虚拟前提等。反驳论证过程或论证方式，最好与反驳论点、反驳论据结合起来，才会更有力量。

（4）归谬反驳

即先假定对方的论点是正确的，然后在此基础上作逻辑推理，推出十分荒谬的结论，从而驳倒对方。

例如：

一位加拿大外交官竞选省议员，遭到反对派的攻击，理由是他出生在中国（其父母均为美籍传教士），吃过中国奶妈的奶，因此，"身上有中国血统"。对此，这位外交官反驳道："诸位是喝牛奶长大的，我不得不遗憾地指出，你们都有牛的血统！"他的朋友也补充道："各位有喝羊奶，吃猪排，啃鸡脯，这样你们的血统实在是很难断定了！"

这位官员运用的就是典型的演绎归谬法，先假定吃什么奶就有什么血统，并以之为前提，针对反对派的恶意攻击，就自然演绎出一个更为荒谬的结论——你们都有牛的血统！这样放大对方的谬误，使其不能自圆其说。有力地驳斥了对方险恶用心。

再如：

有个秀才吟诗："天上下雪不下水，雪到地上变成水。早知雪要变成水，何不当初就下水。"一农夫听后也吟了一首诗："秀才吃饭不吃屎，饭到肚里变成屎。早知饭要变成屎，何不当初就吃屎。"

这里农夫按照秀才的道理，提出了类似而又荒谬的议论，朴素而有力地驳斥了对方的荒谬道理。

（5）比喻反驳

辩论的一方不直接建立论据，而是运用比喻的方法，寻找一个相似的事例与之进行比较，从大家熟悉的喻体的荒谬中去揭露本体的荒谬。例如，1937年，上海各界人士集会，欢迎郭沫若先生回国和沈钧儒等"七君子"获释返沪。会上，有人发言鼓吹国民党一党专政和抗日必须统一于"政府之下"。郭老对此进行了精彩的反驳：

政府好像是火车司机，人民好比是火车上的乘客。司机、乘客是向着同一目的地。但是如若替我们开车的司机，是个喝了酒的醉汉，或者已经睡着了，这个时候全车乘客都将有生命之虞，更不能安全到达目的地。这样我们就不能再服从他，而应该叫醒他了！即使他没有喝醉，没有睡着，而这个司机不是个好司机的话，那他也是不会注意行车安全的。像前面轨道上，堆放着许多石块、障碍物，他还是硬往前开，全车乘客的生命危在旦夕，这时我们全车的人，为着自己的生命，为着胜利达到目的地，也就不能盲目地服从他。大家应该命令他停车。

这里郭沫若同志把"政府"比作火车司机，把人民群众比作乘客，形象地把国民党的消极抗日、积极反共，以及人民应该采取的态度表达出来，巧妙地驳倒了国民党的谬论。

（6）以矛攻盾

根据形式逻辑的矛盾律，在同一时间内，对同一事物的同一方面所作的一对相互否定的论断不可能都正确。由其中一个判断的正确就可以必然推出另一个论断的错误。在辩论中，辩手不但自己要严格遵守矛盾律，而且要特别留心对方是否有相互抵牾的地方，一旦发现对方犯了自相矛盾的错误，就要立即抓住，加以回击。也就是用对方自己的手打他自己的脸。

（7）针锋相对

即针对对方的论点或论据，直接地、面对面地加以辩驳。关键要对准对方的要害，"仅以一击，给予致命的创伤"。例如：

嘴上无毛，就一定办事不牢吗？毛泽东同志担任工农红军第四军党代表时，只有35岁，担任中华苏维埃共和国临时中央政府主席时，也才38岁。贺龙同志在31岁时就担任了南昌起义的部指挥，指挥千军万马打响了武装起义的第一枪。邓小平同志在28岁就领导了著名的百色起义，并担任了红七军的政委。陈毅同志也是在27岁时就担任了红四军的军委书记。由此可见，嘴上无毛与办事牢与不牢之间并没有必然的联系，关键是有没有德才。有德有才，少年即可成英雄，无德无才，老大只有徒伤悲。

这里的答辩者运用了充足的论据，直接面对对方的"嘴上无毛，办事不牢"的论点，事例确凿典型，最后得出办事牢与不牢与嘴上有毛无毛无关，关键是有德有才，说服力很强。

（8）诱蛇出洞

在辩论中，常常会出现胶着状态：一方死死守住自己的立论，任凭对手如何进攻，只用几句话应付，这时如果硬从正面进攻，辩论就不会有多大的进展。在这种情况下，可以从侧面或者并不相关的问题入手，牵引对方离开阵地，从而有力地出击，给对方造成被动局面。例如在首届国际大专辩论会上，悉尼大学队（正方）与复旦大学队（反方）关于"艾滋病是医学问题，不是社会问题"这一辩论展开，在辩论过程中，正方死守"艾滋病是由HIV病毒引起的，只能是医学问题"的主张，这时反方突然发问：

"请问对手，今年世界艾滋病日的口号是什么？"正方面面相觑，只好硬着头皮答道："更要加强预防"，反方立即纠正："今年的口号是'时不我待，行动起来'，对方连这个基本的问题都不知道，怪不得谈起艾滋病问题还是不紧不慢的……"

这样，从正方严密的防线中打开了一个缺口，从而有力地批驳了正方的观点。

此外辩论的方法还有"欲擒故纵"、"借题发挥"、"以毒攻毒"等。在辩论中要根据具体情况灵活运用得体的技法。

第四章　教师职业口语

第一节　教学口语

教学口语是教师向学生传授知识技能的一种专门职业用语。它是教师在课堂上面对学生这一特殊的群体，根据一定的教学任务，使用规定的教材，运用口头语言讲述道理、传递教学信息，完成教学内容所使用的语言。同时还直接受教师个人的思想、学养、审美情趣及语言能力的影响，带有鲜明的个人风格色彩。按照教学口语的个性特征，熟练地掌握运用教师口语技能，是每位合格教师必备的基本功。

一、教学环节用语训练

按照课堂教学的主要环节，可以把教学语言大致分为：导入语、提问语、讲述语、小结语等。

（一）导入语

导入语是一节课开始时，教师在讲新课内容之前所讲述的与教学有关，能激发学生学习兴趣的话，又叫导语或开课语。良好的开端，是成功的一半。好的导入语如同联系着新课和旧课的桥梁，如同预示着精彩高潮和结局的序幕，如同引导着学生思维方向的路标，如同融洽师生关系的黏合剂。导入语经过教师的精心设计，可以起到先声夺人的效果，对整堂课起着"定向"的作用，导入语教师口语重要的一环。

导入语的内容和形式丰富多彩，常见的主要有以下几种：

1. 开门见山导入

这种导入语，开门见山，和盘托出，清楚明了，易于接受。这种形式有的是从教材的标题入手，也可以从某个定理、概念的解说入手导入新课。

［教例一］

讲莫泊桑的小说《项链》时，一位老师这样导入：

什么叫"项链"？"项"是颈项，就是脖子。项链，就是套在脖子上垂挂胸前的装饰品，多用金银、珍宝或珠玉制成，价格比较昂贵。

这篇小说，以项链为线索写了女主人公路瓦栽夫人为了参加一次舞会而借项链——丢项链——赔项链的故事。那么，这个女人为什么要借项链呢？这串项链是怎样改变她的命运的呢？她是否值得同情呢？有人说，"项链"就是"锁链"，你同意吗？这些问题，我们读完小说就知道了。

［教例二］

中学语文《活板》的导入语：

我们中华民族有举世闻名的四大发明——火药、造纸术、指南针、活板印刷。活板就是北宋庆历年间毕昇发明的，它改进了制板工艺，提高了印刷功效，为推动科学文化的发展起到了重大作用。活板的出现，体现了我国劳动人民高度的智慧和创新精神。最早记载毕昇这项重大发明的，是北宋沈括撰写的《梦溪笔谈》中的《活板》。

第一例导入既帮助学生了解了有关项链的知识，理解了题意，又牵出了小说的情节线索，提出了一些疑问以吸引学生很快进入课文的学习。第二例导入一开始就鲜明地提示出本节的内容，把学生的思维直接引向对这一问题的探索上。

2. 讲故事导入

［教例］

一位历史老师讲"北朝黄河流域的各族大融合"的导入语：

公元 494 年的一天，有个皇帝在洛阳街头看见一个鲜卑族的妇女坐在车中，仍然穿着夹领小袖的鲜卑服装，大为恼怒。于是，就在朝会责备这个地方的行政长官，说他执行命令不力，督查不严。那位长官辩解说："那只是少数人的打扮。"皇帝听后非常恼火地反问道："难道要全都那样打扮才算是督查不严吗？这简直是一言丧邦！"又转向史官说："应该把这件事记载下来！"这个皇帝就是北魏孝文帝。他为什么这样严厉地禁止鲜卑妇女穿民族服装呢？本节课我们就专门来讲这个问题。

这位老师通过北魏孝文帝的故事设置了一个悬念，使学生产生了急于了解教材内容的愿望，强化了本节课学习的动机。

3. 直抒胸臆导入

［教例］

语文教材《小二黑结婚》的导入语：

同学们，你们该熟悉小二黑和小芹的爱情故事吧，那么今天让我们高高兴兴地举起酒杯，为二黑，为小芹，为一代青年的自由幸福，干杯！

因为这杯酒来得是太不容易，香甜里有苦涩。在漫长的封建社会里，自由恋爱的青年何止成千上万，那种"投之以木瓜，报之以桃李"的纯真歌唱，那种"月上柳梢头，人约黄昏后"的偷期幽会，那种"莫道是金玉良缘，俺只念木石前盟"的高声呐喊,无一不被扣上"淫奔下作"、"破坏门风"的罪名肆意诽谤。有多少弱女子抵抗不住风刀霜剑的威逼而抱恨身亡……不要小看了这"名声不正"的传统罪状,千百年来,它一直是切断青年爱情生命的铡刀!这种惨象不仅在黑暗的封建社会存在,就是那吃人的社会制度推翻之后,只要封建残余势力和封建思想意识存在一天,就会有新思想的阳光照不到的角落。二黑和小芹的胜利,是他们与封建残余势力、封建思想斗争的结果,更是人民政权做坚强后盾的结果。

这则直抒胸臆式的导入语,教师个人的情感荡漾于心,溢于言表,给学生以美好的感情体验和强烈的心灵震撼。

4. 诗词、名言导入

［教例一］

教读说明文《向沙漠进军》,有位老师这样导入:

同学们,你们知道我国古代丝绸之路的楼兰古城吗?楼兰在唐朝是我国新疆罗布泊的繁荣重镇。有诗为证,唐代著名边塞诗人王昌龄在《从军行》中写道:

青海长云暗雪山,孤城遥望玉门关。

黄沙百战穿金甲,不破楼兰终不还。

这首诗写于唐玄宗开元年间,大约公元727年,楼兰还有实力进犯唐朝边境,可现在这座古城在地图上消失了,准确地说是被沙漠吞噬了。战争毁灭一座城市可以重建,而沙漠覆盖一座城市就很难再建了。怎样夺回被沙漠吞噬的良田和城市呢?必须向沙漠进军。

这则导入语引用了唐诗,同时嫁接文学、史学、地理、环保等多种知识,使原本枯燥的说明文增添了不少感情因素,使学生产生一种深深的忧患意识,对教材内容产生强烈的学习欲望。

［教例二］

一位数学老师在讲对数时,是这样导入的:

对数的发明人耐普尔讲:"我要尽我的力量,来免除计算的困难和繁重,许多人被讨厌的计算吓得不敢学数学了。"法国的普拉斯说得好:"对数可以把几个月的计算减少到几天完成,使天文学家的寿命延长一倍。"同学们,学习对数有这么大的好处,今天我们就来学习它,并牢牢掌握它的法则,让计算变得轻松方便。

引用名人关于对数重要性的论述导入新课,既有说服力,又有吸引力。

5. 展示情景导入

[教例一]

上课伊始，教师在讲台上放了一个酒精灯，然后举起一张纸问学生："这张纸放到点燃的酒精灯上会燃烧吗？"

"会！"

"那么，用纸折成一个纸盒子会不会燃烧？"

"当然会！"

于是老师做起了实验：在纸盒里装满水，待纸盒湿透以后，放在正点燃的酒精灯上……"咦，纸盒怎么没有烧起来？""纸盒湿掉了，当然不会烧起来！"学生们议论纷纷。

老师问："为什么纸盒湿掉了，就不会燃烧呢？"

教室里一下子静了下来。"这就是我们今天要学习的《沸腾与蒸发》"。

[教例二]

同学们，当我们一提出祖国这种神圣的字眼时，崇敬、热爱、自豪的感情，就会充盈我们的心际。几千年的古老文明，九百六十万平方公里的辽阔土地，令人神往的名山大川，勤劳勇敢的各族人民，都是著称于世的。对这样一个重大主题，怎样才能表达得具体形象，引人入胜呢？请大家读读《茶花赋》这篇散文。

对于祖国，古往今来，不知有多少文人写诗作文讴歌她，有多少画家浓墨重彩描绘她。请同学们回忆一下，在我们学过的诗词中，有哪些是描绘、赞美祖国大好河山的？

教例一通过实验，直观地过渡到新课的教学，这种导入使学生身临其境，带着问题进入新课的学习，会收到良好的效果。教例二通过描写性的口语浓墨重彩地铺开祖国大好河山的巨幅画卷，令学生心动不已，自然而然涌起学习课文的热情。

6. 谐趣导入

教师运用风趣诙谐的语言导入课程，能产生轻松活泼的气氛，为新内容的教学打下良好的基础。

[教例一]

一位生物教师是这样导入"生殖系统"的教学：

今天我们学习大家预习最好的一章。（笑声）这说明大家对自己身心健康的关心和重视。从本节课开始，就让我们以科学的态度来学习关于自身的科学。

[教例二]

有一位物理教师在讲到电学的第一课时,是这样导入的:

同学们! 1831 年英国伟大的物理学家法拉第发现了"电磁感应"现象,标志了"电"的发明,从此,给世界带来了光明,给人类带来了希望。一百多年来,随着生产的发展和社会的进步,从生产、交通、军事以及日常生活等方面,电能的应用日益广泛。不仅极大地提高了生产力,而且给人类的衣、食、住、行提供了许多方便。电能的应用所以这样广泛,是因为它有太多的优点,其中之一就是电机功率可大可小,以满足不同行业、不同场所的需要。大的可达几千、几万瓦,用在机车和水利枢纽工程上;小的可到几瓦或几毫瓦,如理发店的电推子,其功率只有几瓦,使用起来非常方便、灵活。请大家想一下,如果没有电机的发明,利用柴油机来理发,那将是一种怎样的情景呢? 至少要二人合作才行,一人首先打桩固定柴油机,然后发动它,再挂上传动皮带,但理发师也只能推一两下,只要推子的角度一变,传动皮带就要滑脱。这样,助手还得挪动柴油机,重新固定和发动,再挂上皮带。但推了一两下,皮带又掉了……

教例一中教师用"预习最好"四字制造了谐趣的效果,接着又肯定了学生们"对自己身心健康的关心和重视",并指出学习这一章要用"科学的态度"。这样,学生在轻松活泼的气氛中大大方方地进入课程的学习。教例二中教师用夸张的语言创造出感染学生的幽默效果,在愉快的笑声中,学生体会到了电机发明的重要性,激发了学习电学的浓厚兴趣。

7. 复习旧课导入

巴甫洛夫曾说过:"任何一个新的问题的解决都是利用主体经验中已有的旧工具实现的。""温故知新",便可以新旧相连,不断拓宽学习内容。

[教例]

一位教师讲《茶花赋》时的导语:

同学们,现当代散文家杨朔是我们的老朋友了,可以说,每个学期我们见一面。第一册它奉献给我们北京的香山红叶;第二册他请我们尝了广东甜香的荔枝蜜,也许现在我们还能回忆起它的甜味呢! 今天,他又将捧给我们春城昆明的一丛鲜艳的茶花,大家喜欢不? 学生异口同声:"喜欢!"老师接着说:"《香山红叶》中作者借红叶比喻老向导,越到深秋越红得可爱,《荔枝蜜》借蜜蜂赞美辛勤的劳动人民,今天的'茶花'又是象征什么呢?"

这种导入新课的方式,能引起学生的联想,唤起记忆,既巩固了旧知,又点燃了新知的火花,正是"温故知新"。

8. 设置悬念导入

结合课文中的重点或难点内容，设计出一种教学情景，造成悬念，引发学生思维，进而导入新课。

普通话表达技艺"停顿"一节的导入语：

教师：同学们，这节课请大家做一道数学题。

（学生诧异，老师怎么让做数学题？教师板书"3乘以4加5等于几？"学生不屑，认为太简单。有学生马上举手。）

学生甲：等于17。

教师：对，也不对。

学生乙：等于27。

教师：错，也不错。

学生们：怎么回事？

教师：要想明白怎么回事，请听我读题。

教学中设置悬念，就是设疑，疑是探索知识的起点，又是探索奥秘的动力。教师先提出非本专业的问题，又对学生的回答既肯定又否定，使学生产生了疑问，也就产生了学习的兴趣和动力。

总之，教学是一种创造性的活动，无论哪一种导入语，都必须努力做到符合教学规律和原则，针对教学实际，因人不同，因课不同，富于创造，生动有趣，准确无误。都应能调动学生学习的积极性，激发学生浓厚的学习兴趣和思维智慧的灵光。"纸上得来终觉浅，绝知此事要躬行"，教师要充分发挥自己的创造才能，精心设计导入语，为课堂教学增光添彩，达到提高教学质量和教学效率的目的。

[训练]

训练目标：

1. 八种类型的导入语设计

2. 训练学习初步掌握导入语设计的方式方法。

训练要求：

1. 设计导入语时应明确：为什么要这样设计？想达到什么目的？这样讲的好处在哪里？

2. 导入语的字数一般以200～300字为宜。

3. 注意运用口语的修辞技巧。

训练材料:

(1)讨论:

[教例一]

讲《念奴娇·赤壁怀古》一课时,一位老师这样开讲:

有一件这样的有意思的事。音乐家想把这首词谱上曲子,作为《话说长江》的主题音乐会的歌曲,但他们嫌这词太长,于是有人提议浓缩一半,当他们向几位诗人提出要求以后,诗人们哈哈大笑:"怎么,把东坡的《念奴娇》改短?这可是千古绝唱啊!别说减一半,谁改得动一个字?"

好吧,咱们今天来学学这千古绝唱的《念奴娇》,看看能改动一个字吗?

[教例二]

物理课《运动和静止》的导入语:

同学们,我们在学习新课前,有这样一个问题要你们帮助解决。一百多年前,法国有个商人,在报纸上登出一则广告说:每个人只要花四分之一法郎,就可以作一次长途旅行。结果汇款人得到的回答却是:"太太、先生、小姐们,打开你的窗户向外看吧!由于地球在自转,每个人都在作长途旅行。你所看到的,就是沿途的风光。"最后,这个商人被人以"诈骗"的罪名告到法院。现在请你们站在法官的角度,用自己的物理知识来判断这个商人是否有罪。而要当好这个法官,学习了"运动和静止"后就可以胜任了。

(1)这两段导入语共同的特色是什么?

(2)设计导入语应遵循哪些原则?

(3)如果是你,你打算怎么设计这些导入语?

2. 自选文科、理科、技能科中的一节内容,按照所学导入语的类型,设计一段导入语,当众试讲。学生讨论、评议,哪些导入语设计得好,讲得好,哪些导语没有起到应有的作用。

(二)提问语

课堂提问是一种重要的教学手段,提问语是教师依据教材和学生具体情况而提出的询问。是教学口语中使用得最广泛、最普遍的用语。它是联系师生思想活动的纽带,是实现教学反馈的重要方式之一。善于运用提问语,几乎是所有优秀教师教学艺术的特征。由于提问语贯穿课堂始终,对教学效率起着至关重要的作用。国外的研究资料表明:教师在课堂上的提问语可以分为两种,即重要的提问和徒劳的提问。

重要提问语的特征	徒劳提问语的特征
表现出教师对教材的深入研究	目标不明确
与学生的智力、知识水平相适应	零碎、不系统
能诱发学习欲望	无视学生的年龄特征、个性差异和能力大小
有助于实现各个教学目标	用语不妥，意思不明
富有启发性，并能使学生自省	感情用事
提问语适时，恰到好处	不给学生思考的余地，没有间隔和停顿

根据教师的提问形式，可以将课堂提问分为以下几种：

1. 直接提问

直接提问是课堂上最为便利的提问方法，它能及时了解学生对教学内容的理解程度，也是最有效地了解教学反馈的方法。因此，在教学中运用得最为广泛。

［教例一］

一位教师讲"氢气的性质"：

师：在空气中点燃氢气会发生什么反应？

生：化学反应。

师：这种化学反应属于哪种化学反应？

生：氧化反应。

师：氢气和氧化铜的反应是什么化学反应？

生：是还原反应。

［教例二］

师：现在请同学们说一说魏源代表哪一个阶级哪一部分人的思想？

生：代表一部分地主阶级进步知识分子的思想。

师：很好，代表一部分地主阶级进步知识分子（板书）的思想。他们具有什么思想？请同学××回答。

生：他们开始认识到清政府的腐败，认识到国家面临外国资本主义势力的威胁，要求改变现状和学习外国。

这两个例子所提的问题都是直接提问。都是要求学生根据以往所学的知识直接回答。

2. 间接提问

间接提问是教师从相关问题入手，从侧面探测学生是否弄清了某个问题。它比直接提问更灵活，更隐蔽，更能启发学生的思维。

[教例一]

师：那个遗男有几岁了？

生：七、八岁了。

师：你又是怎么知道的？

生：从"龀"字知道的。

师："龀"字是什么意思？

生：换牙。

师：对，换牙，你看是什么偏旁？

（生答"齿"旁）孩子七八岁时换牙。同学们不但看得很仔细，而且都记住了。那么这个年纪小小的孩子跟老愚公一起移山，他爸爸肯吗？

（生一时不能回答，稍一思索，七嘴八舌地说："他没有爸爸！"）

师：你们怎么知道的？

生：他是寡妇的儿子，孀妻就是寡妇。

教师采用间接提问的方式，激发学生思考，催促学生看书，在活跃的气氛中老师从侧面了解到学生对教材中几个词的学习情况，比直接提问更委婉，更轻松。

[教例二]

一位生物老师教《植物的果实》，要求学生把自己认为是果实的东西带来，学生带来了梨、苹果、香蕉、花生、核桃、葵花子、胡萝卜等。

师：同学们带来了自己认为是果实的东西，有梨、苹果、花生、胡萝卜，等等。大家说说，究竟什么是果实呢？它们有哪些地方相同呢？

生：它们都能吃，而且味道很好。

师：肉饼的味道很好，也能吃，是果实吗？

生：不对，肉饼不是果实，它不是在植物上生长的，果实是在植物上生长的。

师：叶、花也都在植物上生长，它们与果实有什么区别？

生1：果实，是开完花结的果。

生2：都有核。

师：好，那就要观察它们内部的构造了。大家把你们带来的实物切开来看看。（学生将长时梨、苹果切开，发现了核儿。）

生：我们发现它们内部的构造都有种子，种子是用来繁殖后代的。

师：对，果实有两个部分，果皮和种子，主要看有没有种子。

（接着学生切开胡萝卜，没有种子，它不是果实。）切开香蕉，发现里面有许多小黑点儿，这就是种子，但退化了。所以香蕉是果实。对植物进行人工培植，促使他们的种子退化，如无核蜜橘、无籽西瓜，等等。但是它们的祖先，野生时都是有种子的。

教师对学生的回答并不直接评价对错，而是从另一个角度重新提出问题，使学生观察、比较、思考，去伪存真，由表及里，明确了"果实"的含义。

3. 递进式提问

递进式提问是把整个教学内容按难易程度由浅入深设计成一系列的连续性的问题，由教师逐个向学生提出，形成一种递进式的结构，随着这些问题的解决也就完成了整个教学计划。

［教例一］

有位教师在教《变色龙》时，设计出了这样四个问题：

第一，奥楚蔑洛夫的基本性格特征是什么？

第二，奥楚蔑洛夫"善变"的明显特征有哪些？

第三，奥楚蔑洛夫"善变"，但万变不离其宗，这"宗"是什么？

第四，是什么促使"变色龙"一变再变？作者为什么要塑造这个形象？

［教例二］

一位教师讲《西门豹治邺》一课时，提出了这样三个问题：

第一，西门豹是何时人？怎样的人？

第二，邺在何地，当时在政治、军事、经济上的地位如何？

第三，西门豹既非开国王侯；又非盛朝元老，为什么他的名字能够进入史书，载入列传，留存至今。

这两个教例中，教师的几个问题层层推进，最后把结果揭示出来，既导出了主题，又显示了结构，极富吸引力。

总之，课堂提问的方式是多种多样的，但必须注意以下几个原则：

第一，提问要实现教学目的。教师对学生的提问应围绕着教学目标，根据教学重点和难点来发问。提出的问题指向教材的知识因素、智力因素和情感因素，为学生的学习和发展导航引路。

第二，提问要启发学生思考。教师提出的问题要有一定的思考价值，要有一定的"坡度"，否则就失去了提问的意义。但是对于中小学生来讲，提出的问题不能太深太难。唯有"跳一跳，够得着"的问题，才是好的问题。

第三，提问要体现教学程序。课堂提问不在多而在精。一堂课或者教一篇课文，教师围绕教学目的设计几个主要问题，循序渐进，形成一条教学的思维链，一条清晰的教学思路。环环相扣，使教学井然有序。

第四，提问要创设问题情境。其实，问题就是摆在个体面前需要用知识经验加以处理的情境。教师的提问，应该给学生创设情境，给学生提供解决问题的智力背景。问题情境是一个智慧场，学生在其中能急中生智，问题情境如一股聪明泉，学生饮后能茅塞顿开；问题情境如一道亮丽的思考风景，给学生带来灵气与活力。

[训练]

训练目标

培养良好的整体思维的习惯，能运用不同的提问方式了解学生对教学内容的理解程度，实现预期的教学反馈。

训练要求

1. 把握提问语的原则。

2. 根据教材内容设计出恰当的提问语。

3. 运用设计出的提问语组织教学活动。

训练材料

1. 观看优秀教学录像，讨论提问的方法。

2. 按照提问语的特点要求，根据下面的材料，设计提问语并练习试讲。

我冒着严寒，回到相隔二千余里，别了二十余年的故乡去。

时候既然是深冬，渐近故乡时，天气又阴晦了，冷风吹进船舱中，呜呜的响，从篷隙向外一望，苍黄的天底下，远近横着几个萧索的荒村，没有一些活气。我的心禁不住悲凉起来了。

啊，这不是我二十年时时记得的故乡？

3. 课后每人选一篇中学教材的作品，精心设计提问语，由老师指定在小组内试讲，然后再推荐优秀教例在全班同学面前试讲。

(三)讲述语

讲述语是教师比较系统完整地阐释教材内容的教学用语，是教师教学活动是最重要的教学口语类型之一，要将学生不理解或尚未明白的问题等解释清楚，阐释语起着决定作用。因此，讲述语要做到以下几点：第一，科学专业，对教材内容的解释要准确无误，选用的事实与材料要精确恰当，讲述语言要清晰，有条理，用语要专业化。第二，生动有趣，兴趣是学习的前提，要吸引学生注意，牵住学生的思维，教师必须运用多种表达方式，语言力求具体化，形象化，有立体感，有吸引力，有感染力。

讲述语可以分为以下几种：

1. 讲析语

讲析语是教师在课堂上对教学内容进行系统连贯讲解分析的话语，是教师在课堂教学中使用最多的话语。规范的、严密的、动听的切合教学内容的讲析是教学的核心，从讲析语中可以看出教师的素质，可以说，讲析是教学的基本功。

［教例］一位教师在讲李清照的《声声慢》开头一句连用 14 个叠字："寻寻觅觅，冷冷清清，凄凄惨惨戚戚。"

这样奇特的开头，为历来的评论家们赞不绝口，推崇备至。妙在何处，至少有三：妙在叠字，一也；妙在层次，二也；妙在曲尽孤独之情，三也。

起句 7 组重叠 14 个字，字字入格，句句合韵，风行水上，无斧凿痕。若非高手，怎能如此大胆新奇而又自然妥帖？

"寻寻觅觅"是写其心中若有所失的精神状态：环境孤寂，精神空虚，无可排遣，无可寄托，百无聊赖，度日如年。"寻寻者"，本已失去而疑其未失去也。失去了什么？流亡以前的生活？丈夫在世的爱情？苦心研究而又丢失了的金石学？或者兼而有之？"寻寻"之未见也，而心仍未信，又用"觅觅"。觅者，寻而又细察也，翻箱倒柜，东搜西摸，毫无所得。丈夫去了永远地去了，文物也丢失了，连个睹物思人之物都找不到了，凄冷的空房无一丝热气，于是渐至"冷冷"了。"冷冷"外境也，冰冷之境穿进孤独的心，于是"清清"继之。外境之"冷冷"与内心之"清清"相互渗透，情景交融，自然是"凄凄"继之。"凄凄"者，内心隐痛无人抚慰也。冷清渐甚而凝结于心，故曰"惨惨"。"惨惨"者，剧烈痛苦也。此种剧烈痛苦而无法抑止，只有"戚戚"了。"戚戚"者，柔肠千断，碎心万截，终日伏枕，巾湿红泪也。

这个起句，由浅入深，极有层次，极为细腻。原其本，是易安经历使然：少女时的优裕生活，婚后的琴瑟和谐，"靖康之变"后的颠沛辗转，赵明诚死后的孤独凄苦。悲苦时回首欢乐之过去，怎不"凄凄惨惨戚戚"呢？

好的诗词往往在起句见功力，谓"凤头"。称李易安《声声慢》起句为凤头一绝，绝不过分。

这段声情并茂的讲析语，紧扣课文进行分析体味，使学生对诗文的理解更深刻，使作者、教师、学生的感情体验融为一体。

2. 描述语

描述语是指教师在教学中把有关内容描绘和叙述出来的话语，以增进学生的感知。描述语是把教材中的情境描绘出来，变此情此景为我情我景，使学生身临其境，如见其人，如闻其声，引起学生的同感和共鸣，加深对教材中的生活情境、艺术境界等的认识和感受。

[教例一]

一位历史老师描述辛亥革命的史实：

那是 1911 年，即辛亥年，10 月 10 日，爆发了中国资产阶级领导的旧民民主主义革命。

那一天，湖北的一部分新军在武昌打响了第一枪，首先取得了胜利。接着，各省高举义旗，纷纷响应。两个月之内，以迅雷不及掩耳之势，有湖北、湖南、陕西、江西、山西、云南、贵州、江苏、浙江、广东、广西、四川、安徽、福建等省先后宣布独立。义军摧枯拉朽，所向披靡，清政府迅速土崩瓦解。1912 年(中华民国元年)元旦，在南京成立了中华民国临时政府，伟大的革命先行者孙中山先生当选为临时大总统。2 月 12 日，清朝最后一个皇帝宣统皇帝被迫退位，彻底结束了清政府的统治，也结束了在中国延续两千多年的封建君主制度。辛亥革命是一场伟大的革命，中国历史的新纪元。

这段话用回忆性的白描，勾勒出了辛亥革命的情况，史料真实、准确，观点明确，充分肯定了辛亥革命的伟大历史意义。语言生动，波澜起伏，扣人心弦。

[教例二]

教读辛弃疾《破阵子·醉里挑灯看剑》，介绍背景时，一位老师这样描述：

首先介绍一下跟这首词相关的时代背景。公元 1127 年，我国东北部的少数民族——女真族建立金王朝，在灭掉契丹贵族的辽王朝以后，大举南侵，占领了中原的大片土地，攻陷了北宋的首都汴京(现在的河南省开封市)，俘虏了北宋王朝的宋徽宗、宋钦宗两个皇帝，从此北宋灭亡。这就是历史有名的"靖康之难"。宋朝的宗室康王赵构逃到江南的临安，也就是现在的浙江省杭州市，建立了南宋小朝廷，偏安一隅。但金兵继续南侵，严重威胁着南宋王朝。在金兵铁蹄的蹂躏下，中原地带田园荒芜，千里白骨露野，社会生产力受到严重的破坏。然而南宋的最高统治者却苟且偷生，根本不想收复失地，根本不顾人民死活，整天过着灯红酒绿、轻歌曼舞的生活。无怪乎当时有一首诗嘲讽道："山外青山楼外楼，西湖歌舞几时休！暖风熏得游人醉，直把杭州作汴州。"醉生梦死的南宋最高统治者当然会对辛弃疾这样的爱国志士采取打击疏远的方针，致使辛弃疾被朝廷闲置不用几乎二十年之久。但是，辛弃疾没有忘记国家的忧患、民族的存亡、人民的疾苦。他手中无兵权，胯下无战马，就用文学形式的词，表达强烈的爱国热情和收复失地的愿望。这首《破阵子》就是其中的代表作。

这段时代背景描述简明扼要，形象真切，语言朴实流畅，为学生进一步理解教材做好了知识和情感等方面的铺垫。

3. 点拨语

点拨语是指在课堂教学中，教师针对学生的问题结合教学内容对学生随机进行的指点、提示、拨窍和补充有关材料的话语。点拨语有时是纠正错误，拨乱反正；有时是单刀直入，拨难为易；有时抹去疑云，化暗为明；有时疏通机要，变惑为悟。

［教例一］

一位教师在教《孔雀东南飞》时，对学生提出的"刘兰芝既被子'驱遣'，临行时为什么还要'严妆'"的疑问作如下点拨：

刘兰芝的"严妆"，显示她人格的尊严，表明这个女性刚烈的一面。

她"严妆"的心情是复杂的：她被休弃回家，意味着她与感情笃深的丈夫离婚，她将蒙上不守妇道的耻辱而寄居娘家。儿女情长使她肝肠寸断，前景未卜更使她忧心如焚，红颜薄命又使她心事重重。然而，她坚信自己的无辜。于是，对丈夫的眷恋，对日后处境的忧虑以及对自己不平遭遇的愤懑交织在一起，使她选择了临行的严妆表示抗争。她悉心打扮自己，"事事四五通"，最后以"精妙世无双"的面目出现在丈夫和婆母的面前。她要把自己光彩照人的形象深深地烙在丈夫的心灵深处，她要向婆母表明她的青春价值，她要向封建礼教宣示自身的尊严。

学生不明世事，缺乏生活体验，教师的指点拨开了学生的迷雾，让学生认识到封建社会妇女的悲惨遭遇，以及她们同命运抗争而显示出的人的尊严。

［教例二］

教读诸葛亮《出师表》时，对"先帝知臣谨慎，故临崩寄臣以大事也"中的"崩"，有学生提出疑问——

生：老师，在古代为什么有的死了叫"崩"呢？

师：我们知道，封建社会等级森严，就是对于"死"，由于封建社会里严格的等级制度，称法也是各异的。《礼记·曲礼》："天子死曰崩，诸侯死曰薨，大夫死曰卒，士死曰不禄，庶人曰死。"在中央集权废除诸侯后，官吏分为九品，以后就按品级来定人死后的称法。据《唐书·百官志》载："凡丧，二品以上称薨，五品以上称卒，自六品达于庶人称死。"那么，为什么先帝死称"崩"呢？这是封建统治者为了欺骗人民，神化自己，"天子"死了就像山崩那样，震天动地，震惊四方。诸侯死了叫"薨"，薨是许多虫子一起飞时所发出的声音，虽没有山崩那样响，倒也引人注目。士死叫"不禄"，一指断薪俸（相当于现在的工资），二指没福气，意即福薄不幸，断了薪俸之意。大夫死称"卒"，就是年老寿终之意。

古代关于"死"还有几种说法。如"殁"，上古时写作"没"，意即去世。贾谊《过秦论》"孝公既没"便是。对于和尚的死又是另外一些称法，如"圆寂"、"坐化"、"示灭"等。

这是对一个字的含义的点拨，由"崩"而牵出封建社会里严格的等级制度下各种不同人的死，如点亮一盏灯，照亮了一大片，指点学生触类旁通，明确汉字的文化意义和深厚的民族底蕴。

4. 高潮语

高潮语是指在课堂教学高潮中对重要的知识点、能力点、情操陶冶等方面的问题进行强调的话语。教学高潮是教师精心设计的课堂教学的精彩处、关键点。此时，学生的学习积极性最高、思维最敏捷、感情最强烈，教师的灵感被激发得最淋漓尽致，师生合作进入最佳状态，这时的话语往往是教师对知识学习的独特发现，是教师对教学内容的与众不同的富有创新意识的真知灼见，能给学生带来无尽的启发和感染。

［教例一］

于漪老师教读杨朔的《茶花赋》时的高潮语：

师：（意味深长）普之仁的形象，就是我们祖国千千万万普通劳动人民的形象。作者先用白描的手法勾勒形象。"满是茧子"的手代表千百万劳动人民普通的手；"刻着很深的皱纹"的眼角是千百万劳动人民饱经风霜忧患留下的印记；他走到人群里便"立刻消逝""不容易寻到"，真是笔笔写"普通"，句句言"平凡"。然而，正是这样淳朴的劳动者，这样的能工巧匠，为了别人，为了美化生活，为了祖国百花盛开春色满园，贡献了全部的智慧与能力。"美"就是这样创造出来的。这难道不比大玛瑙、雪狮子更美？不比千百朵重瓣的大茶花更美？

（片刻，于老师出示一幅童子面茶花图，学生眼前突然一亮，全班顿时活跃起来，教学进入了高潮。）

师：这是一幅什么图景？请你们从课文中选一句话来说。

生：童子面茶花开了。

师：为什么说是"童子面茶花"？

生：（响亮）因为少年儿童是祖国的花朵。

师：对！祖国如此伟大，人民精神如此感人，一朵茶花能容得下吗？能给人启发、深思吗？能。为什么能？这是由于作者运用丰富的想象，进行巧妙的艺术构思，不断开阔读者的视野，由情入手，而景，而人，而理，水乳交融。从茶花的美姿和饱蕴春色，我们看到祖国的青春健美，欣欣向荣；从茶花栽培者的身上，我们感到创业之艰难，任重而道远；从茶花的含露乍开，形似新生一代鲜红的脸，使我们对未来充满着无限希望，这三幅构图各具一格，意境步步深化，十分传神……

这段高潮语，教师把本课学习的重点浓缩提炼，调动了多种修辞、表现手法，用精辟、精彩的语言讲给学生，那幅含露乍开的茶花图，那热爱祖国、热爱事业的深情，会伴随着教师的热情洋溢的话语深深烙在学生的心里。

［教例二］

一位教师教读鲁迅的《药》分析华老栓的形象，渐至高潮，在学生发言的基础上，他说：

华老栓是一个以开茶馆为生的贫苦小市民。他性格特点主要有两个方面。一是淳朴善良，他不敢看杀人的场面，躲起来。康大叔交人血馒头给他，他不敢接，表明他胆小却也善良。但另一方面则是愚昧落后。他相信人血馒头可以治他儿子的肺病，拿出血汗钱去买。为有机会买到这种"药"而感到爽快，幸福，充满希望地看着儿子吃"药"。他关心的只是自己的儿子，至于这馒头上的血是谁的，他是不管的，对夏瑜的死也不同情。而对骗了他的钱的刽子手康大叔却毕恭毕敬，低三下四，而且还很感激，真是麻木不仁。作者对他的态度是"哀其不幸，怒其不争"，对他不幸的遭遇是同情的，哀痛的；对他的不觉悟，不起来抗争，是恼怒的。作者塑造这个人物有什么意义呢？因为这个人物是有代表性的，他代表着当时一般下层人民的处境和政治思想状况。以华老栓为代表的下层人民的愚昧落后是怎样造成的呢？是封建统治造成的，但也反映了当时的资产阶级革命家没有很好地宣传群众。

这段高潮语，从人物的性格"淳朴善良，愚昧落后"，到这个人物形象的本质，到作者对他的态度，把这一形象的社会意义准确流畅地揭示出来，表达了教师独特的见解，学生的认识也随之提高了。

[训练]

训练目标

训练学生几种讲述语的使用方法。

训练要求

掌握讲述语的要点，做到准确、清晰、有条理。

训练材料

1. 讨论：

一位教师是这样叙述的：这篇课文是以物命题，什么叫落花生？为什么叫落花生？（教师指着挂图讲述）落花生就是花生。这是因为花生的花落了，子房柄就钻到土里长成花生果，所以叫落花生。这篇课文是作者许地山童年生活的回忆。许地山是现代小说家、散文家，"落华（花）生"是他常用的笔名。因为小时候对父亲关于花生的一席话，印象很深，他决心要像花生那样去做有用的人，所以特地用这个笔名。课文也就以它为题。

另一位老师的解释是这样的：

落花生是什么意思呢？落是种的意思，落花生就是种花生。

先进行小组讨论，比较这两段讲述语的不同，然后根据材料，自己设计对"落花生"的讲述。

2. 话题训练，学生自选作品，设计讲析语、描述语、点拨语或高潮语。小组试讲，然后在班上演示，同学评议。

（三）结课语

结课语又叫结束语、结尾语或断课语，是教师在讲完一课结束时所讲的话语。它是课堂教学中一个重要的环节。一堂成功的课，除了要有引人入胜的开头和精彩的讲述外，还要有好的结尾。教师的结课语或者是对学过的知识归纳提纯，使学过的知识系统化，便于及时巩固记忆。或者重新审视所学内容，居高临下，使学生的思路更清晰，重点更分明，从而懂得更透，理解得更深；或者是留下悬念，引人遐思。拿破仑曾说："决定战争胜败的关键，往往在于最后五分钟。"结课语虽不同于打仗，却有异曲同工之妙，抓好最后几分钟的结课，能使教学内容由博返约，使学生的学习进入一个全新的境界。

常见的结课语有以下几种基本形式。

1. 归纳式

教师将所学知识归纳整理，综合概括，使学过的知识条理化、系统化，从中找出一些带有规律性的东西，这种结课的方法使学生读的书由"厚"到

"薄"，由"博"到"精"，对培养学生的思维能力和概括能力有很大的好处。

[教例]

一位英语教师在结束国际音标字母 ou、ay 的讲解中这样结课：

现在我们知道[ou]在 house mouth trousers 读[ɑu]

[ou]在 thought fought bought 等词中读[ɔ:]

[ou]在 trouble enough courage 等词中读[ʌ]

[ou]在 moustache thorough 等词中读[ə]

[ay]在 say play spray 等词中读[ei]

[ay]在 Monday Sunday 等词中读[i]

由此我们知道，字母组合 ou 在大多数情况下读[ɑu]，在 ght 前读[ɔ:]，在非重读音节中读[ə]。字母组合 ay 在重读音节中读[ei]，在非重读音节中读[i]。

采用这种方式进行小结，把一节课中所讲的零碎的知识通过归纳使其连贯起来，形成系统的完整的知识，这样便于学生记忆、巩固和运用。

2. 扩展式

这种结课语是在学生理解内容的基础上，另起波澜，将所学的知识向其他方面延伸，拓宽学生的知识面并且用所学知识来分析现实生活，培养学生研究和探讨的意识。

[教例一]

有位教师在讲完丁玲的《果树园》后，是这样结课的：

《果树园》节选自丁玲的长篇小说《太阳照在桑乾河上》，课外大家可以去阅读原著，以求了解全貌。

从景物描写来说，果树园是美丽的，写景也是成功的，值得我们反复诵读、领会。但是，写景成功的作品还很多，大家想了解吗？那么，就请你们去看看鲁迅笔下的山阴道，茅盾笔下的夜上海，巴金笔下的海上日出，朱自清笔下的秦淮河，柳宗元笔下的小石潭，罗贯中笔下的卧龙岗，曹雪芹笔下的大观园……那里的美景将使你陶醉，会给你新的营养和启示。

[教例二]

一位老师在总结课堂教学内容后说：

研究昆虫是一件很有意义又很有趣的事情。世界上有许多人在研究昆虫。昆虫这门学问不简单哪！知道大科学家达尔文吗？知道著名的昆虫学家法布尔吗？我这里有好些讲他们怎样研究昆虫的书。还有些书上介绍的是小孩子研究昆虫的故事。这里还有许多昆虫的图片，介绍昆虫知识的书，谁有兴趣可以借去看。另外还有一些昆虫标本，下课后我把它们展览在生物角，请同学们仔细地看一看。

下一课，我们开个昆虫研究座谈会，要请大家谈谈看了这些书、标本、图片以后得到的知识，谈谈关于昆虫的许多有趣的事情。特别要谈谈你自己对昆虫生活进行观察研究，以及在研究昆虫时的发现。

怎样研究昆虫呢？你们会在书里找到一些方法的，要是你自己想出一个研究昆虫的方案来，那就更好了。今天的课就上到这里。

这两个结课，教师把学生的兴趣从课堂延伸到课外，鼓励学生去积极探索、发现。这样的引导拓宽了学生的知识面，开阔了学生的视野。

3. 悬念式

悬念式结课语是指教师在上下两节课衔接的转换的关键处设置悬念而讲的话语。这种悬念，不仅自然地结束了本节课的学习，还能激起学生进一步获取知识的欲望，为下一节课的学习打好基础。

［教例一］

一位教师在讲完《秦始皇》一课时，根据下一课《大泽乡起义》，设置了这样的结课语：

同学们，这节课我们学习了秦始皇统一六国而建立的历史功绩。但是，俗话说金无足赤，人无完人，秦始皇有没有历史的罪责呢？要知道这一点，等我们下一节课学了《大泽乡起义》，便见分晓。

［教例二］

一位数学教师讲"一元二次方程"的结课语：

解一元二次方程，除了刚才讲的因式分解法和配方法，还有一种"万能法"。用这种万能法解一元二次方程，就像用钥匙开锁，又灵又准。要知道这方法有多奇妙，且听下回讲解。

4. 激励式

教师在讲完某一内容后，用充满激情而又富有启发性的语言结束全课，这样往往能打动学生的心扉，留下深刻的印象。

［教例一］

一位老师在讲完《哥德巴赫猜想》之后的结课语：

陈景润在艰苦的环境中，以惊人的毅力、顽强的意志，从事于哥德巴赫猜想的研究，终于取得了辉煌的成就。只要我们学习他那种不畏艰险、百折不回的精神，从现在起打好基础，刻苦钻研，将来也一定能为科学事业做出贡献。

［教例二］

优秀教师陈仲良在教《大自然的语言》时的结课语：

（满怀激情地）物候学是多么有趣的一门学科啊！大自然以它生动优美的语言——草木荣枯，候鸟来去，花香鸟语，草长莺飞，向人们倾吐内心深处的秘密。这些秘密带来了农业的大丰收。大自然倾吐的秘密，好像斯芬克斯的谜，只有辛勤的人才能找到谜底。你看，为了能解开这个谜，科学工作者研究了纬度的差异，经度的差异，高下的差异，古今的差异。以高度的热情，严谨的态度，为洞悉大自然的奥秘，付出了毕生的精力。我国卓越的科学家竺可桢，84 岁临终的前一天，还坚持用颤动的手写了当天的天气情况，并注上"局报"两个字。多么可贵的科学热情，多么可贵的严谨作风。物候学与我们同学一样，正处在年轻时期，风华正茂。有志于此者，真是大有作为啊！

其实，设计结课语的方法有很多，需要每一位教师认真探索，总结经验。不管运用哪一种结课语，都要紧扣教学内容，目标明确，自然流畅，不拖拉，不平淡，做到画龙点睛，让学生感到言已尽而意无穷。

［训练］

训练目标

能根据教学需要设计出恰切的结课语。

训练要求

1. 语言简洁，准确，不故弄玄虚，不小题大做。

2. 目标明确，能起到强化教学内容的作用。

3. 有吸引力，能引起学生课后的回味与想象。

训练材料

1. 观看优秀教师的教学录像，指出他使用的结束语有哪些特点。

2. 根据结课语的形式和特点，选择一节课的内容，通过对整节课的研究后，设计出一段结课语，并试讲，然后评议。

第二节　教育口语

一、教育口语的特点

教育口语是教师对学生进行思想品德教育和行为规范教育过程中所用的工作用语。

教育口语对贯彻党的教育方针，提高学生的思想认识水平，培养良好的道德情操，树立职业信念，调整人际关系等有着重要的作用。

成功的教育口语主要有以下特点：

1. 针对性

对学生进行教育，是在特定的时间、场合面对特定的对象，为达到某个特定目的而进行的一种语言活动。教师必须针对不同的对象、内容和环境，运用不同的语言。即我们常说的要"对症下药"、"因材施教"。

［教例］

一位教师对三个不愿登台讲话的同学采用了不同的动员和教育方式。

对一个胆小、借口"没准备"而不愿上台的女同学，教师说：

在没有准备的情况下登台，是一种自信；在没有准备的情况下，敢于面对听众，是一种伟大；在没有准备的情况下，说得很精彩，更是难能可贵。你愿意试一下吗？

对一个腼腆、扭捏，自认为"不善辞令"的男同学，教师说：

内秀的人不靠辞令取胜，靠的是他的真诚、他的智慧。我相信你有比一般辞令更能打动大家的真知灼见。

对第三个性格倔强、冷冰冰地抛出"我说不好"的同学，教师说：

具有谦虚美德的人，往往对自己要求过高，但他决不会让大家失望。请你说几句并不至善至美但却辞诚意切的心里话。

2. 说理性

说理是指教师抓住问题的实质，不是空洞说教，而是用摆事实、讲道理的方法向学生说明是非曲直，辨清长短得失，以理服人，使受教育者从中获得正确的认识，提高自己的思想境界。说理性教育语言也是教师思想水平、道德修养、人格涵养的集中体现。

［教例］

中学里有一些同学爱评头论足。有些议论往往起到消极的作用，老师这样对学生进行说服教育：

"我先给大家讲个故事，一天祖孙两个骑着驴去赶集，路人议论说俩人骑一驴过于残忍；于是爷爷下来孙子骑，路人纷纷议论孙子不孝；孙子赶紧下来让爷爷上去，路人又说，老人心肠太硬。后来俩人都不骑了，路人又说放着毛驴不骑太傻"。听着听着同学们都笑起来。老师又问："大家说说，这祖孙二人该怎么办？"同学们会心地笑着说："走自己的路，让别人去说吧！"

从此，爱议论别人的那些同学找不到市场了。

3. 诱导性

是指教师在进行教育时，由浅入深，由表及里，对学生进行启发、开导和指引，并让学生通过思考来提高对事物的理解和认识。形成正确的世界观和掌握科学的方法论。正如苏霍姆林斯基对教师的建议：道德准则，只有当它们被学生自己去追求获得和亲身体验过的时候，只有当它们变成学生独立的个人信念的时候，才能真正成为学生的财富。

〔教例〕

老师教育一位任性、好强、不能与同学友好相处的学生：

师：我提几个问题请你回答一下。第一，如果一个人和一个小孩斤斤计较，争论是非，大家会说谁的不是？

生：当然要说大人喽！

师：第二，两个年龄相当的人为一点鸡毛蒜皮的小事争得面红耳赤，你认为如何？

生：很无聊。

师：第三，有一件事值得与人一争，但其中一方退让不愿以此激化矛盾，你认为他的做法如何？

生：太软弱，我的原则是人若犯我，我必犯人！

师：问题就在这。前两个问题你回答是对的，第三个问题，你的回答不太正确。也许开始有人说你软弱，但很可能由于这种"软弱"，使矛盾得到解决，甚至与对方成为好友。这时人们便会认识到，如果不是当初你的豁达大度、高姿态的退让，就不会有今天的友谊之花。这样无形中，你的形象就高大起来。显然，当初你的退让是一种美德，何乐而不为呢？

生：倒是这个理儿，可真做起来就不容易了。

师：这就要看你的修养和胸怀了。"君子不计小过，宰相肚里能撑船"，这句话为什么常为人所称道呢？因为它标志着一种境界。我们也应在日常生活中努力达到这种境界，你说呢？

生：（似有所悟）

4. 感染性

教师在对学生进行教育时，要通过自己的言谈举止，把某种情感传递给学生，以情感人，使之产生相同的情感体验。

〔教例〕

一位叫林丛的女学生，聪明伶俐，多才多艺。可是最近交了男朋友，多次旷课，对班上的活动也不感兴趣了。老师找她谈话。

"林丛同学，你的情况我都知道了，我想，你过早地谈恋爱大概也出于无奈。我也是从小无母，知道失去母爱的痛苦。但我还有父爱，你还不如我。你寄养在姨妈家，姨母又病逝，是生活逼得你无亲可投，无温暖可寻……"

这些话引起了林丛对痛苦往事的回忆，眼泪簌簌地流下来。

"恋爱并不算丑事，人人都要谈的。我和你一样大时，也谈过好几个，都是别人介绍的。现在回想起来，觉得好幼稚啊。幸亏都未成，否则不知会带来多少痛苦。著名女作家程乃珊说过：'过早地把自己的未来缠在一个异性身上，是一个沉重的羁绊！它处处妨碍着你投入更广阔的人生。'这话可是经验之谈啊！我现在的妻子是参加工作后找的，我们都感到很满意。林丛同学，你认为你与那位男孩子生活在一起会幸福美满吗？"

林丛抬起头，用信任的目光看看我，然后说："老师，其实我也谈不上多么爱他，只是他常来找我，他妈妈又待我特别好，我到他家去感到温暖。最近他妈妈病倒了，我能不管吗？"

"林丛同学，我完全理解你，你旷课犯纪的事我可以给大家谈，从轻处分或不处分，你不要有压力。不过我想再提醒你一下：你未来的路还很长，前途也很辉煌。希望你能够充分珍惜自己的未来，认真处理好目前这一问题。你能答应我吗？"

"能！"林丛显然已很信任我了，回答得很干脆。

二、教育口语的主要类型

教育口语常见的类型有：启迪语、暗示语、激励语、评价语等。

(一)启迪语

启迪语是教师开导和引发学生的思想和感情，使学生沿着正确的思路积极思考、主动发展的口语。启迪语的特点是教师用点拨的方法去开启学生的智慧和情感。因此，教师要善于从身边发生的看似平常的事情中选取学生易于接受的角度来调动和开启学生自我教育的意识，引导学生进行自我践约，激发学生的自尊、自爱、自强的精神，以正确的道德标准来约束自己，逐渐形成自我教育的能力。

[教例]

开学的第二天，老师没有按惯例给同学们排座位，而是让学生自己讨论排座位的原则。同学们积极响应，大家争先恐后发言。讨论发言告一段落后，老师把排座位的原则归纳为三条：

第一，按高低个儿顺序；第二，照顾有生理缺陷的同学；第三，把方便让给别人。

老师征求同学的意见，同学们一致响亮地回答"同意"。这时，班主任老师用充满信任的语气说："我完全相信同学们说话算数，会把原则变成为每一个人的具体行动。下面这样好了，我们改变过去由老师排座位的老办法，不到外面排队，由你们自己按讨论的三条原则，自邀同位，两人商议共找一个恰当的座位坐好。然后由大家评议，看谁能按原则办事，谁就是言行一致的好少年。"

办法一宣布，同学们先是感到意外，继而表现出欣喜的神情。全班同学，按照这三条原则很快入座了。

训练

1. 分析讨论教例中教师如何运用启迪语启发诱导学生自我教育。

2. 根据下列情况设计启迪语：

(1)情境一

高考临近，同学们学习异常紧张，熄灯之后，常常还有不少同学在路灯下看书，学校的课外活动也很少有人参加。

(2)情境二

学校举行了一次文化艺术节活动，高三一班刘磊的手工艺品获得了三等奖，大家都向她祝贺，并希望她在以后的竞赛中取得更好的成绩。可刘磊不但不听，反而认为同学们是在讽刺她、嫉妒她，对同学不理不睬，对她的这种做法，同学们都很有意见，以至于同学之间的关系越搞越僵。

(3)情境三

饭厅里，有位学生将一个肉包子一掰两半，啃掉肉馅把包子皮随手扔进泔水桶里，扬长而去。

(二)暗示语

暗示语指不直截了当地表示某个意思，而是用聊天、故事、笑话、寓言等含蓄委婉地从侧面教育学生的教育口语形式。暗示语能保护受教育者的自尊心，让学生思而得之，有时比直言更能为学生接受。

[教例一]

某班主任开学时对班上同学做"回顾与奋进"的讲话：

这个话题，我要重点讲"奋进"。我不再说上学期同学们的进步，不再说校运会取得了同年级总分第一，不再说我们在"艺术节"取得美术、书法与文娱表演的各种奖励……

实际上,教师"不再说"的内容,正是通过暗示要学生们回顾的"辉煌业绩",其动机一目了然。

[教例二]

一位教师走进教室,看见地面很脏,说:

"我们班真是物产丰富!五彩斑斓的纸屑撒满地面,还有瓜子壳点缀其间。我们生产了这么多垃圾,总得想办法出口啊!"

听了这话同学们很不好意思,马上把教室打扫干净了。

[训练]

1. 讨论:如果教师用下面这个故事帮助同学,你认为这个同学有什么缺点?

寓言故事:眉眼口鼻争能

眉毛、眼睛、嘴巴、鼻子四种器官,都有灵气。有一天,嘴巴对鼻子说:"你有什么能力,位置反而摆在我的上面?"鼻子说:"我能够辨别香臭,然后你才能知道什么可以吃,所以摆在你上面。"鼻子又对眼睛说:"你有什么能力,位置反而摆在我的上面?"眼睛说:"我能够辨别美丑,瞭望四方,这功劳可不小,应当摆在你上面。"鼻子又说:"你说得对,但眉毛有什么能力也摆在我上面?"眉毛说:"我也不会跟您几位争论位置。不过,如果我生在眼睛和鼻子底下,那不晓得脸庞放到哪里去呢?"

2. 根据下列情境设计暗示语

(1)情境一

班主任在班上看到学习成绩优秀的班长给一女同学递纸条,且最近注意力不大集中,班主任怀疑班长谈恋爱了。

(2)情境二

某学校六年级一班同学就要毕业了,他们照顾一位孤寡老人的任务要移交给一个新的班级。四一班的同学们知道了,想把这个任务接下来。

(3)情境三

考试前,有人告诉老师有个别学生已做好了作弊的准备。

(三)激励语

激励语是教师对学生进行激发、鼓励,激起学生的荣誉感、责任心和奋发精神的教育口语。这种教育口语要针对学生的动情点给予刺激,把教师或社会的期望变成被激励者的动机或兴趣,增强学生的信心和勇气、力量,培养学生战胜困难和不甘落后的进取精神。因此,激励语要有鼓动性,同时言辞要具有溢美性,得到别人肯定的需求是人皆有之,据行为学家试验证明，能力较低的孩子更需要表扬和赞美。恰当的赞美可以唤起一个人的自信心和自尊心，改变一个人言行，在教育过程中有事半功倍之效。

［教例一］

一位后进生，学习不努力，经常翻墙逃学。虽然班主任多次教育，但转变不大。一天他翻墙进校被领导发现送到班里，同学们议论纷纷。班主任了解是因为他来到学校迟到，正遇上校门口统计各班迟到人数，他怕影响班级荣誉，又怕耽误上课，就翻墙了。这时，班主任便对全班同学说："过去王××翻墙，今天又翻墙，但这不是简单的重复错误。过去他是向外翻，是逃避上课去玩了；今天，他是向里翻，是为了学习，这中间有进步。试想，这样考虑学习和班级荣誉，我们大家谁能不相信他一定会成为好学生？"老师的话使他激动得流下了热泪，以后上进的步子越来越大。

［教例二］

一位班主任接手一个学习、品德双差的后进班，其中有个别同学还曾被公安机关收审过。新学期一开始，班里同学情绪很低落，说什么我们是"垃圾班"、"处理品"。这位班主任第一次跟学生见面，了解了学生的这种思想后，对班上同学这样说："有人说我们是'垃圾班'、'处理品'，这是没有道理的，就拿我们班的体育锻炼来说，我们班的同学个个都是好样的。同学们身体好，精力旺盛，在学习上就也能像百米赛跑那样奋力追赶，取得优异的成绩。同学们如能认真学习，严肃纪律，我们班就非但不是什么'垃圾班'，而且将成为先进班；不但不是'处理品'，而且可以争取成为'一级品'。"

听了这些话，同学们振奋起了精神。在班主任老师的带领下，全班同学努力学习，严格遵守学校的规章制度，小组、个人间展开了竞赛。后来，这个班在学校运动会上夺了魁，全班的学习成绩越来越好，被学校评为先进集体。

［训练］

1. 将全班同学的名字做成题签，每个同学抽一个签后，为自己选中的同学赠言激励。

2. 根据下列情境设计激励语

(1)情境一

班主任王老师一早起来去班上查自习。他边走边想，纷纷扬扬的大雪下了大半夜，天亮时，又刮起了大风。这样大的雪，路远的孩子一定要迟到了，更不会有人到操场去坚持长跑了……

跨进教室，王老师愣住了。全班同学无一缺席，都坐在座位上等老师辅导早读。不少同学头上还冒着热气呢？一种责任心和兴奋感使他发问："这么大的雪还有人坚持跑步吗？"只见二十多个孩子同时举起了手。

（2）情境二

高考临近，成绩优秀的同学一心向往的是名牌大学；成绩差的同学作了两种准备：要么考上一所专业走俏的中专，要么再复读一年；成绩中等的同学则为报不报师范院校犹豫不决。作为高三的班主任，设计一段鼓励学生报考师范院校的激励语。

（3）情境三

一位班主任接任一个全校出名的差班，与学生第一次见面，教师设计一段调动本班同学积极因素，改变本班面貌，富有激情有激励语。

（四）评价语

评价语是对学生的思想行为进行评估的话语。因此，教师要在充分了解学生的基础上对学生的思想行为进行实事求是的评价，不能主观臆断，不能凭印象推断臆测。公平合理，是非分明，同时还要讲究评价方法，注重评价效果。

评价语的基本形式有两种：

1. 表扬语

表扬语是对学生个人或集体表现出的良好的思想行为给予肯定的评价语。表扬是教育工作者在教学管理过程中不可缺少的环节，教师及时的表扬能振奋学生的精神，增强自信心，同时还能使学生发扬优点，克服缺点。对推动学生的进步、保持和发扬优良的道德品质起着重要的作用。

［教例］

某学校一个班，一年级时在校运动会上成绩不理想，经过全体同学的共同努力，在第三年的校运动会上，取得全校第二名的成绩，在表彰会上，班主任说了下面这段话：

"同学们，今天是我们班扬眉吐气的日子。正如同学们所说的，我们从未像今天这样为自己是文秘班的一员而感到自豪。这里，我要感谢在运动场上洒下辛勤汗水的同学们，也要感谢那些在场下呐喊助威、洒下激动泪水的同学们。

我们班虽没有一人独得 20 分的尖子，但我们有不服输的班集体。"一枝独秀不是春，百花齐放春满园"，靠我们 50 名同学的共同努力，才铸就了今日的辉煌。有这种劲头，我坚信大家在今后的比赛中，在学习生活等其他方面定会取得更优异的成绩!

同学们,荣誉已成过去,让我们戒骄戒躁,去攀登更高的目标,去创造更大的辉煌!"

[训练]

根据下列情境设计表扬语

(1)情境一

一天早操,教师发现朱绍敏拖着鞋在队伍中别扭地走着,她了解到朱绍敏不停下提鞋是为了保持队伍的整齐,认为这正是集体主义教育的好材料。回到教室后,老师对朱绍敏进行了表扬,请设计一段表扬语。

(2)情境二

班上有一个学生,平时表现比较散漫,学习不认真,是公认的差生,在一次课外活动时踢球时,又将教室的玻璃打碎了。晚上,他一个人悄悄地来到学校,将新买的玻璃装配上。门卫师傅发现后,第二天将这件事告诉了班主任,请为班主任设计一段表扬语,对这位学生进行表扬。

(3)情境三

高一三班的刘军同学不幸被汽车撞伤,一条腿造成残疾。在他丧失生活信心的时候,同学们纷纷献出了一片爱心,慰问信、捐款,纷至沓来,班上同学还轮流接送刘军上学。这一节使刘军和他的家长十分感动。对此,请设计一段表扬语对全班同学进行表扬。

2. 批评语

批评语是教师在教育学生过程中,对学生错误思想和不良行为的否定的评价语。批评同表扬一样也是思想品德教育的必要手段。批评的目的是"育人",教师恰如其分的批评,能够使学生认识到存在的问题和不足,心悦诚服地接受教育。但是批评不同于表扬,是人们不愿意碰到的,所以教师的批评语要讲究方式,本着帮助学生、调动学生的积极因素为原则,尊重学生的人格,既要严肃认真,又要让学生从内心感到老师的善意和爱心,不要整治学生,不要盲目批评,更不能以尖刻指责、讽刺挖苦,或粗话谩骂、行为失态来代替教育语言。

批评语可分为以下两种:

教育型批评用语	非教育型批评用语
这样做像什么样子! 我本来以为你会改的,看来我又错了。 我们查一查原因再做决定好不好。 你回去好好反思一下,行吗?	不要脸! 我算是白费力气,白费唾沫了! 你这样做是白费心机! 你干脆回家去吧,我没有你这个愣头青学生!

[教例一]

某校举行乒乓球比赛。班主任给班里买了一副球拍。不几天,拍子不见了,他断定是有人把拍子藏了起来。当晚,他怒气冲冲地走进教室,发了脾气:"你们知道自己是什么人吗?是中学生!可是现在居然有人把班上的球拍偷走了。道德品质如此之差的人,明天怎能为人民服务?"任凭班干部东寻西找,球拍最终也没找到。

事隔不久,班主任的办公桌上放了一个包。包里是一副球拍和一封信。信上说:

"老师,那天我和一位同学打过球后,顺手将拍子锁进了抽屉,忘了及时还给体育委员。在您发威之后,我心里矛盾极了:拿出来吧,同学们一定会说我是小偷,我纵然浑身是嘴也辩不清;不拿出来吧,事情虽很快过去,但我怎能私占公物?怎能背上这沉重的包袱。"

这种盲目的批评不仅伤了学生的自尊心,而且也损害了自己的形象,因此,教师在批评学生时一定要了解情况,讲究方式。

[教例二]

两个男同学吵架,一个顺手抄起讲义夹狠命朝对方打去,那学生一躲,恰巧打在刚进教室检查自习的班主任老师的嘴上。同学们见老师的嘴里鲜血直流,一个个都吓呆了。打架的两个同学更是惊慌失措。这时,老师捂着嘴苦笑一下说:"同学们,看来教室里是不适合打着玩的。幸亏是老师,如果打在同学脸上,破了相,怕将来不好找对象喽。今天,就从我这儿记取这血的教训吧!"

班主任老师短短的几句话,看似没有批评,两个学生已感到无地自容了,这样,既让学生认识了自己的错误,也表现了老师的胸怀。

[训练]

1. 讨论:下面这位老师批评学生的方法合适吗?请改变批评方式,重新组织批评语,并说说改变的原因。

王强的作业一贯很马虎，尤其是作文，经常不写在格内。语文老师多次指出，仍然进步不大。这次语文老师把作文本送到部主任那里，请班主任找他谈话。班主任一看，平时窝着的火一下就蹿上来了，跑进教室大喝一声："王强，到我办公室来！"王强急匆匆地走到办公室，只听又一声吼："出去，连进老师办公室的规矩都不懂！"他只好退回去，重新喊了一声"报告"，才到了班主任面前。

"你真没治了，俗话说，朽木不可雕，我看你连朽木都不如！"

王强怯生生地问："老师，我又犯了什么啦？"

"你还问嘞，你看你写了什么？"随即一本作文本"啪"的一声摔到他面前。

他捧起作文本，急速地看着，问："这是我写的作文，我没看出哪里写错了。"

"没错，没错，你写的是一些什么字？像字吗？"

王强终于明白了老师为什么找他，低着头，硬着头皮挨批。老师随手又把一本写得很工整的作文本塞到他手里，说："你看看人家是怎么写的，比起他来，你只怕还不止差十万八千里！"

2. 根据下列情境设计批评语

(1)情境一

一位班里学习很好的女生，有时逃避做课间操，平日也不锻炼身体，体质明显下降了。

请设计一段使这位女生参加体育锻炼的批评语。

(2)情境二

某班有两位学生谈恋爱，事情公开后，老师不分青红皂白在班上把这两位学生训斥了一通。这两位同学觉得丢人，没面子，私自出走了。

请设计一段使这两位学生认识自己的错误，并返回学校的批评语。

(3)情境三

一名学生学习成绩不错，就是爱迟到，老师为了使他马为一名好学生，经常在他迟到时批评他，结果他对老师产生了对立情绪，毛病不但没改，反而故意迟到，最后受到学校纪律处分，学习成绩也一落千丈。

请设计一段能让该生改变错误的批评语。

第五章　普通话水平测试

第一节　普通话水平测试介绍

一、什么是普通话水平测试

普通话水平测试是我国现阶段普及普通话工作的一项重大举措，标志着我国普及普通话工作走上了规范化、科学化、制度化的新阶段。开展普通话水平测试工作，将大大加强推广普通话工作的力度，使"大力推广、积极普及、逐步提高"的方针落到实处，极大提高全社会的普通话水平和汉语规范化水平。

普通话水平测试不是普通话系统知识的考试，不是文化水平的考核，也不是口才的评估，而是应试人运用普通话所达到的标准程度的检测和评定，是应试人的汉语标准语测试，主要测查应试人的普通话规范程度、熟练程度、认定其普通话水平等级，属于标准参照性考试。

普通话水平测试以口试方式进行。

二、普通话水平测试的内容

第一题读单音节字词。

目的：考查应试人普通话声母、韵母和声调读音的标准程度。

第二题读多音节词。

目的：除考查应试人普通话声母、韵母和声调的发音外，还考查上声及"一""不"的变调、儿化韵和轻声读音的标准程度。

第三题判断测试。

目的：重点考查应试人员掌握普通话词汇、语法的规范程度。

第四题朗读。

目的：考查应试人用普通话朗读书面材料的水平，重点考查语音、语流音变（上声、"一""不"）、语调（语气）、停连以及流畅程度。

第五题说话。

目的：考查应试人在没有文字凭借的情况下，说普通话的能力及所能达到的规范程度。以单向说话为主，必要时辅以主试人和应试人的双向对

话。单向说话：应试人根据抽签确定的话题，说 3 分钟。（不得少于 3 分钟，说满 4 分钟主试人应请应试人停止）

第二节 试卷编制和评分办法

一、试卷编制及评分办法

试卷包括 5 个组成部分，满分为 100 分。

第一题：读单音节字词（100 个音节，不含轻声、儿化音节）。

要求：100 个音节中，70％选自《普通话水平测试用普通话词语表》"表一"，30％选自"表二"；100 个音节中，每个声母出现次数一般不少于 3 次，每个韵母出现次数一般不少于 2 次，4 个声调出现次数大致均衡；音节的排列要避免同一测试要素连续出现。

评分：此项成绩占总分的 10％，即 10 分。语音错误，每个音节扣 0.1 分；语音缺陷，每个音节扣 0.05 分。

限时：3.5 分钟。超时 1 分钟以内，扣 0.5 分；超时 1 分钟以上（含 1 分钟），扣 1 分。

第二题：读多音节词语（100 个音节）。

要求：词语的 70％选自《普通话水平测试用普通话词语表》"表一"，30％选自"表二"；声母、韵母、声调出现的次数与读单音节字词的要求相同；上声与上声相连的词语不少于 3 个，上声与非上声相连的词语不少于 4 个，轻声不少于 3 个，儿化不少于 4 个（应为不同的儿化韵母）；词语的排列要避免同一测试要素连续出现。

评分：此项成绩占总分的 20％，即 20 分。语音错误，每个音节扣 0.2 分；语音缺陷，每个音节扣 0.1 分。

限时：2.5 分钟。超时 1 分钟以内，扣 0.5 分；超时 1 分钟以上（含 1 分钟），扣 1 分。

第三题：选择判断。

1. 词语判断（10 组）

要求：根据《普通话水平测试用普通话与方言词语对照表》，列举 10 组普通话与方言意义相对应但说法不同的词语，由应试人判断并读出普通话的词语。

243

2. 量词、名词搭配(10组)

要求：根据《普通话水平测试用普通话与方言常见语法差异对照表》，列举 10 个名词和若干量词，由应试人搭配并读出符合普通话规范的 10 组名量短语。

3. 语序或表达形式判断(5组)

要求：根据《普通话水平测试用普通话与方言常见语法差异对照表》，列举 5 组普通话和方言意义相对应，但语序或表达习惯不同的短语或短句，由应试人判断并读出符合普通话语法规范的表达形式。

评分：此项成绩占总分的 10%，即 10 分。(1)词语判断：判断错误，每组扣 0.25 分；(2)量词、名词搭配：搭配错误，每组扣 0.5 分；(3)语序或表达形式判断：判断错误，每组扣 0.5 分。

限时：3 分钟。选择判断合计超时 1 分钟以内，扣 0.5 分；超时 1 分钟以上(含 1 分钟)，扣 1 分。答题时语音错误，每个错误音节扣 0.1 分，如判断错误已经扣分，不重复扣分。

第四题：朗读短文(1 篇，400 个音节)。

要求：短文从《普通话水平测试用朗读作品》中选取；评分以朗读作品的前 400 个音节(不含标点符号和括注的音节)为限。

评分：此项成绩占总分的 30%，即 30 分。每错 1 个音节，扣 0.1 分；漏读或增读 1 个音节，扣 0.1 分；声母或韵母的系统性语音缺陷，视程度扣 0.5 分、1 分；语调偏误，视程度扣 0.5 分、1 分、2 分；停连不当，视程度扣 0.5 分、1 分、2 分；朗读不流畅(包括回读)，视程度扣 0.5 分、1 分、2 分。

限时：4 分钟。超时扣 1 分。

第五题：命题说话。

要求：说话话题从《普通话水平测试用话题》中选取，由应试人从给定的两个话题中选定 1 个话题，连续说一段话，应试人单向说话。如发现应试人有明显背稿、离题、说话难以继续等表现时，主试人应及时提示或引导。

评分：此项成绩占总分的 30%，即 30 分。其中包括：

语音标准程度，共 20 分。分六档：

一档：语音标准，或极少有失误。扣 0 分、0.5 分、1 分。

二档：语音错误在 10 次以下，有方音但不明显。扣 1.5 分、2 分。

三档：语音错误在 10 次以下，但方音比较明显；或语音错误在 10～

15 次，有方音但不明显。扣 3 分、4 分。

四档：语音错误在 10～15 次，方音比较明显。扣 5 分、6 分。

五档：语音错误超过 15 次，方音明显。扣 7 分、8 分、9 分。

六档：语音错误多，方音重。扣 10 分、11 分、12 分。

词汇语法规范程度，共 5 分。分三档：

一档：词汇、语法规范。扣 0 分。

二档：词汇、语法偶有不规范的情况。扣 0.5 分、1 分。

三档：词汇、语法屡有不规范的情况。扣 2 分、3 分。

自然流畅程度，共 5 分。分三档：

一档：语言自然流畅。扣 0 分。

二档：语言基本流畅，口语化较差，有背稿子的表现。扣 0.5 分、1 分。

三档：语言不连贯，语调生硬。扣 2 分、3 分。

限时：3 分钟。说话不足 3 分钟，酌情扣分：缺时 1 分钟以内（含 1 分钟），扣 1 分、2 分、3 分；缺时 1 分钟以上，扣 4 分、5 分、6 分；说话不满 30 秒（含 30 秒），本测试项成绩计为 0 分。

说明：各省、自治区、直辖市语言文字工作部门可以根据测试对象或本地区的实际情况，决定是否免测"选择判断"测试项。如免测此项，"命题说话"测试项的分值由 30 分调整为 40 分。评分档次不变，具体分值调整如下：

(1)语音标准程度的分值，由 20 分调整为 25 分。

一档：扣 0 分、1 分、2 分。

二档：扣 3 分、4 分。

三档：扣 5 分、6 分。

四档：扣 7 分、8 分。

五档：扣 9 分、10 分、11 分。

六档：扣 12 分、13 分、14 分。

(2)词汇语法规范程度的分值，由 5 分调整为 10 分。

一档：扣 0 分。

二档：扣 1 分、2 分。

三档：扣 3 分、4 分。

(3)自然流畅程度，仍为 5 分。各档分值不变。

二、试卷样卷

试卷的出题范围是：

单音节字词和双音节词语从《普通话水平测试用普通话词语表》中选编。

朗读。抽签选定朗读材料，朗读材料（1～60号）全部投签。

说话。抽签选定说话题目，说3分钟（不得少于3分钟）。

样　卷

1. 读单音节字词100个

麻	测	肆	扯	讨	搂	浸	否	寒	怎
坑	瞥	蠢	窑	荒	偏	吼	锌	腔	帆
须	缓	劣	吞	刁	翁	流	总	点	旋
防	密	坡	俩	铁	夏	丛	丢	拢	醋
抓	刮	笔	膜	许	国	块	吹	雄	催
软	准	逛	弱	举	来	却	赔	云	随
拔	尺	辙	自	决	呆	全	飞	趁	及
她	磕	日	靠	善	纫	响	澎	唐	邢
努	爷	粟	镖	妞	舔	秦	襄	声	凝
梨	朱	喏	索	瑞	委	测	虐	旬	迥

声母覆盖情况：

b：3；p：5；m：3；f：4；d：4；t：6；n：5；l：6；g：3；k：4；
h：4；j：5；q：4；x：8；zh：4；ch：6；sh：4；r：4；z：4；c：4；s：4；
零声母：6。

韵母覆盖情况：

a：3；e：4；er：1；-i（前）：2；-i（后）：2；ai：2；ei：2；ao：2；
ou：3；an：3；en：3；ang：3；eng：3；i：3；ia：2；ie：5；iao：3；
iou：3；ian：3；in：3；iang：2；ing：3；u：4；ua：2；o：2；uo：3；
uai：2；uei：4；uan：3；uen：3；uang：2；ong：3；ueng：1；ü：2；
üe：3；üan：2；ün：2；iong：2。

2. 读双音节词语50个

合同	价值	而且	海洋	开辟	美好
创造	燃烧	干活儿	森林	做梦	关系
面条儿	有名	足球	品种	听讲	平均
化学	农村	惩罚	殴打	沼泽	档次

裁判	筹备	包装	年头儿	波浪	群体
融洽	佛教	永久	亏损	掠夺	绕远儿
事端	滋润	裤衩儿	柔嫩	跑腿儿	亢奋
张罗	讽喻	衰竭	乖巧	耍笑	鲜亮
穷酸	捐躯				

声母覆盖情况：

b：3；p：5；m：4；f：4；d：4；t：6；n：3；l：5；g：3；k：4；h：5；j：7；q：7；x：4；zh：5；ch：4；sh：4；r：5；z：5；c：3；s：3；零声母：7。

韵母覆盖情况：

a：3；e：2；er：1；-i（前）：2；-i（后）：2；ai：3；ei：2；ao：7；ou：4；an：3；en：3；ang：4；eng：3；i：3；ia：2；ie：2；iao：4；iou：3；ian：3；in：2；iang：3；ing：3；u：2；ua：2；o：2；uo：4；uai：2；uei：2；uan：3；uen：3；uang：2；ong：2；ueng：2；ü：2；üe：2；üan：2；ün：2；iong：2。

含有轻声音节3个，儿化韵6个，上声与上声相连音节3对，上声与非上声相连音节6对。

3. 朗读

从1～60号作品中抽签选定朗读材料。

4. 说话

抽签选定说话题目，说3分钟（不得少于3分钟）。

第三节　普通话水平测试等级标准(试行)

一　级

甲等　朗读和自由交谈时，语音标准，词汇、语法正确无误，语调自然，表达流畅。测试总失分率在3%以内。

乙等　朗读和自由交谈时，语音标准，词汇、语法正确无误，语调自然，表达流畅。偶然有字音、字调失误。测试总失分率在8%以内。

二　级

甲等　朗读和自由交谈时，声韵调发音基本标准，语调自然，表达流畅。少数难点音（平翘舌音、前后鼻尾音、边鼻音等）有时出现

247

失误。词汇、语法极少有误。测试总失分率在 13% 以内。

乙等　朗读和自由交谈时，个别调值不准，声韵母发音有不到位现象。难点音(平翘舌音、前后鼻尾音、边鼻音、fu—hu，z—zh—j、送气不送气、i—u 不分、保留浊塞音和浊塞擦音、丢介音、复韵母单音化等)失误较多。方言语调不明显。有使用方言词、方言语法的情况。测试总失分率在 20% 以内。

三　级

甲等　朗读和自由交谈时，声韵调发音失误较多，难点音超出常见范围，声调调值多不准。方言语调较明显。词汇、语法有失误。测试总失分率在 30% 以内。

乙等　朗读和自由交谈时，声韵调发音失误多，方音特征突出。方言语调明显。词汇、语法失误较多。外地人听其谈话有听不懂情况。测试总失分率在 40% 以内。

第四节　测试中容易出现的问题及对策

一、测试中常出现的语音错误

第一题主要考查声母、韵母、声调掌握的程度。因此，要把声韵调读足读够，尤其是调值。方音不必说了，语音缺陷这时也会显露出来。譬如平时声母、韵母的发音不到位，调值不准，把舌尖中音 n 读成了舌叶音 ȵ；zh、ch、sh、r 舌卷得不够或不灵活；j、q、x 读成了 z、c、s；声调是一声高度不够，二声升不上去，三声降不下来或尾音带个大尾巴。

还有因字形相近或偏旁类推造成的误读。由于汉字形近字较多，有些偏旁也很近似，要认清它们的差别，读准字音，千万不可类推，否则差之毫厘，谬以千里。

测试试卷中常见的错误：

瞥—憋　苯—笨　浆—桨　掂—惦　既—即　砌—沏　拽—曳

吨—屯　瞻—赡　肆—肄　复—愎　妥—馁　涎—诞　拢—扰

拔—拨　堤—提　阜—埠　免—娩　虏—掳　哮—酵　眯—谜

凶—酗　窄—宰　别—捌　漱—嗽　板—扳　棒—捧　尝—赏

洼—硅　旋—漩　履—屐　赖—懒　拷—铐　掘—倔

徒—陡—徙　衷—哀—衰　塌—蹋—榻　撤—辙—撒

舵—砣—驼　　揩—楷—偕　　捶—陲—唾　　锹—铣—锨

铀—釉—轴　　凌—陵—棱　　浸—侵—寝　　泛—贬—砭

儒—蠕—孺—嚅　　　锲—契—挈—楔　　　摄—慑—聂—蹑

捏—扯—拽—扭　　　瓣—辩—辨—辫　　　跨—垮—挎—胯

欧—鸥—殴—瓯　　　弦—舷—眩—炫　　　颈—茎—痉—径

俊—峻—竣—骏　　　亢—坑—吭—炕　　　喘—湍—揣—踹

跛子—拐子—瘸子　　抠—呕—沤—讴—怄　　沾—粘—贴—帖—贴

一般人在第一题都会有或多或少的失分，有的高达一二十处。

第二题是词语。因为有语言环境，上面的问题会少一点，但上声变调、儿化、轻声等问题又暴露出来了。例如，把儿化韵读成两个音节，如"一会儿"（yīhuìr）；上声不变调或变得不对，如"果然"（guǒrán）；习惯上读轻声的那部分词，不读轻声虽然没有区别意义的作用，但听起来不好听，感觉别扭，好像说的普通话不纯正，如"黄瓜"（huángguā）、"棉花"（miánhuā）。

第二题失分的地方相对少一些，但分值较前一题高一倍，错一处扣0.2分。

二、测试中常出现的朗读错误

朗读这一项，测试中常见的问题除了语音方面的错误外，还有停顿、断句和语速等问题。

测试要求停顿、断句不当每次扣1分，语速过快或过慢一次性扣2分。

由于对朗读材料不熟悉，读得不连贯，有的干脆就是一个字一个字"蹦"的；还有的对语义不理解，在不该停顿的地方停顿了，大喘气造成了"破读"。例如，朗读作品48号《小鸟的天堂》中"只有无数的树根/立在地上，像许多根/木桩"，容易断成"只有……树/根……"；55号作品《站在历史的枝头微笑》中"在那里，你可以从众生相/所包含的甜酸苦辣……"读成"在……从众生相所/包含……"。

另一部分人由于对朗读材料过于熟悉，甚至会背，测试时并不认真看卷子，想当然地去读，常常有加字现象。例如，朗读作品32号《朋友和其他》中有个句子："朋友新烫了个头，不敢回家见母亲，恐怕惊骇了老人家，却欢天喜地来见我们……"许多人在"欢天喜地"后面很容易多加个"地"；把朗读作品17号《济南的冬天》中"小山整把济南围了个圈儿"读成"小山整个把济南围了个圈儿"。还有的语速过快，把有些字给吃掉了。

诸如此类的问题扣分是很重的。

对策：平时练习时，要完整地、认真地读每一篇文章，正确理解作品，养成不添字、不漏字的习惯。

三、测试中常出现的说话错误

"说话"为普通话水平测试的第五测试项，在北方方言区则为第四测试项，满分为 40 分。

"说话"一项占测试总成绩的 40%，是个"重头戏"。从表面上看，似乎难度没有前三项大，但实质上极易失分，或者说，测试能否顺利通过，"说话"是关键的一项。

"说话"从三个角度考查：语音面貌、语汇语法、自然流畅程度。下面谈谈具体情况：

(一)语音不标准，失误较多

口试以考查语音为主，方言和普通话的差别也主要在语音上，因此语音面貌 30 分，占此项的 75%。出现语音错误，错一个字扣 0.1 分，错 10 个以上(3 分)就下一个档次。若方言成系统性，一档、二档上不去，进入三档，一下就减了 5、6 分，因此要高度重视。

前面三题有文字凭借，普通话掌握得不太好的，捏着腔念念还凑合，这一题没文字凭借了，原有那点儿变变腔的普通话没了，方言就暴露无遗了。例如，许多方言区 z、c、s—zh、ch、sh，f—h 不分；尖音、前鼻韵母和后鼻韵母相混；古入声字声调把握不住；音变读得生硬等都会比前三题表现得更充分。再加上说出的话不能过多地修改订正，稍不留意，就容易出现一个个语音错误。量化一积累，错误率也是很可观的。

具体纠正方法：这一项的"说"和前三项的"读"在语音方面的要求是一样的。"说话"也要求发准每一个字的声母、韵母、声调，音变也要自然和谐。因此，要理清方言与普通话声、韵、调的对应关系，有意识、有针对性地加以纠正。

但是，"说"又难于"读"。读的是书面语，说的是口头语。"读"有文字凭借，有一个扫视过程，也可以跟着别人或录音磁带模仿，而"说"没有任何依托，是即兴说话，即兴成文，考查的又是说的能力，个人情况不同，不可能、也无法模仿。即使是材料准备得很充分，受当时气氛、心情、语言环境等因素的影响，语音也可能失误。因此，练好语音这一基本功至关重要，其次考虑诸如篇章结构、遣词造句之类的问题。

(二)口语词汇有方言色彩

"说话"的特点是口语化。口语化指多用口语词，如单音节词、儿化词、语气词，少用关联词语，句式多是短句，语法结构不十分复杂。但口语词是规范的，与方言词是两码事，如"没有—冇"、"感冒—风冒"、"舒服—

得法"、"不舒服—不得劲"、"直（说）—争个（说）"。普通话与方言差别较大的是语音，但语汇、语法也不尽相同。因此，说普通话不仅要改变方音，还要注意语汇方面的区别。有的人平时说惯了方言，测试的时候须临时"翻译"成普通话，情急之中一时翻不过来，方言词就"蹦"出来。有些人撇着"京腔"尚能应付书面语，一说日常用语总感觉没有说方言顺当，不能准确地表情达意。

对策：平时坚持说普通话，养成用普通话的词汇、语法思维表达的习惯，不要"临阵磨枪"。语法方面，注意把话说完整。句式完整，就是思路清晰。一句话还没说完又说下一句，往往会出现语法错误。还要注意个别方言中的语法句式。

（三）"说话"变成了"作文"

普通话水平测试中的命题说话，与口头作文有许多相同之处，但它毕竟不是作文。有人把它看得过于正规，要求结构完整严谨，中心鲜明突出，词语也较精确，语气语调抑扬起伏的程度较大，情感表达强烈，导致的结果是心理负担太重，压力过大，不得不事先写好稿子背熟。其实完全没有这个必要，"说话"的要求相对低，倒像"拉家常"，只要围绕一个中心，用词准确，尽量口语化，言之有物、言之有序、言之有理，大致按各类体裁的要求，把想要说的意思表达清楚就可以了。

对策：淡化"作文"情结，像和老朋友"聊天"一样，轻松自然。

（四）语意不连贯或背稿子

"说话"时如果多次重复，口头禅过多，断断续续间隔过长；语意不连贯，表述不清楚；时间未满，说不下去；或书面化强，像背稿子等现象，都不能算是自然流畅，都要适当地扣分。

"说话"时，自然流畅的程度受很多因素的影响，如心理素质、文化修养、材料准备、语音面貌。要想自然流畅，必须做好充分的准备，凡事"预则立，不预则废"。首先要了解自己的特点和情况，平时加强上口练习，重视语音的准确和用词、语法的规范，改善自己的语音面貌。其次，应根据题目的规定，明确"要说什么"，"从何说起"，"怎么说"，准备好材料，梳理好说话的思路，设计出内容框架，有备而说。这样，心中有底，临场不慌，坦然自若，就能发挥出最佳水平。否则，临场边想边说，边说边想，势必心慌意乱，影响说话的流畅度，分散对语音、语汇和语法的注意力，带出方音来。

对策：平时一个题目要多说几回，说给自己听，说给别人听，即便是准备了稿子，也只需要了解大致内容，在测试时说出大意即可，不必太拘泥于字眼。

第五节 计算机辅助普通话水平测试

一、计算机辅助普通话水平测试的发展

计算机辅助普通话水平测试是通过计算机语音识别系统,部分代替人工评测,对普通话水平测试中应试人朗读的"读单音节字词""读多音节词语"和"朗读"测试项的语音标准程度进行辨识的评测。

随着普通话水平测试的普遍开展,传统的人工测试方式和管理模式已不能满足大范围、大容量的测试需求。为适应测试工作发展的需要,国家教育部、国家语委决定,利用计算机作为测试工具辅助开展国家普通话的测试和管理工作,通过信息技术手段来推进普通话测试和管理手段的科学化和现代化。至2012年年底,国家普通话水平测试全部实行计算机辅助测试,测试信息全部实现计算机系统管理。

实行计算机辅助普通话水平测试,目的在于通过现代计算机技术的应用,提高普通话测试、推广的效率和水平,降低测试成本、节约人力、物力和财力,提高测试结果的客观性和公正性。从而实现普通话水平测试管理的信息化和手段的现代化。

二、计算机辅助普通话水平测试的流程

本系统为国家普通话水平智能测评系统,其考试流程如下:

(一)佩戴耳机

机测页面是由考试主机直接分发给应试考生的。考生只要戴好耳机,等待主机分发试题,即可出现考生的登录页面。智能测试软件启动之后,系统弹出佩戴耳机的提示,请点击"下一步"按钮继续。

1. 应试人就座后请戴上耳机(麦克风戴在左耳),并将话筒置于口腔前方。

2. 戴好耳机后点击"下一步"按钮。如图5-1所示。

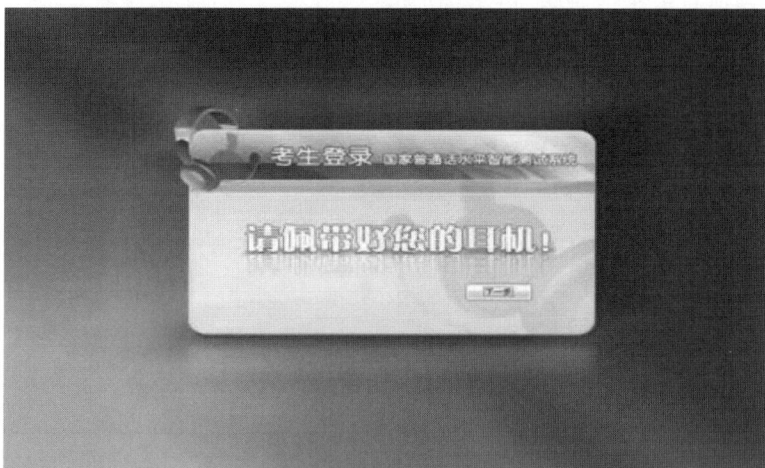

图 5-1　佩戴耳机

（二）应试人登录

1. 正确输入准考证编号后四位。输入后，点击"进入"按钮继续。

2. 如果输入有误，点击"修改"按钮重新输入。如图 5-2 所示。

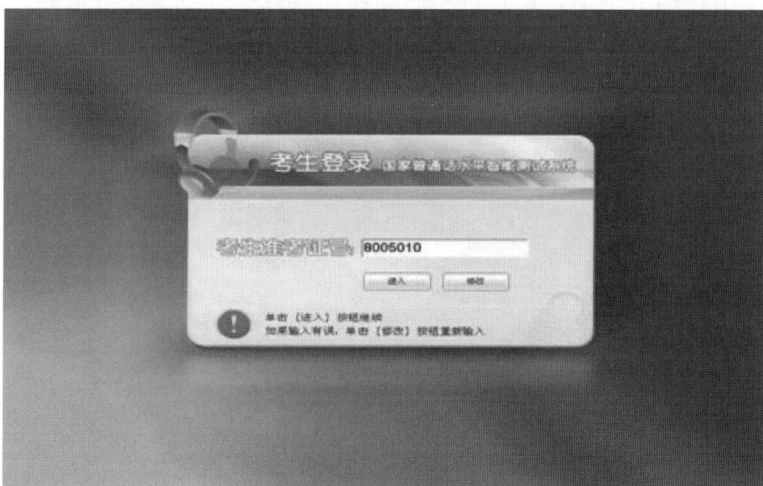

图 5-2　登录

（三）核对信息

1. 应试人请仔细核对个人信息。

2. 如信息正确，请点击"确认"按钮继续。

3. 如信息有误，请点击"返回"按钮重新登录。如图 5-3 所示。

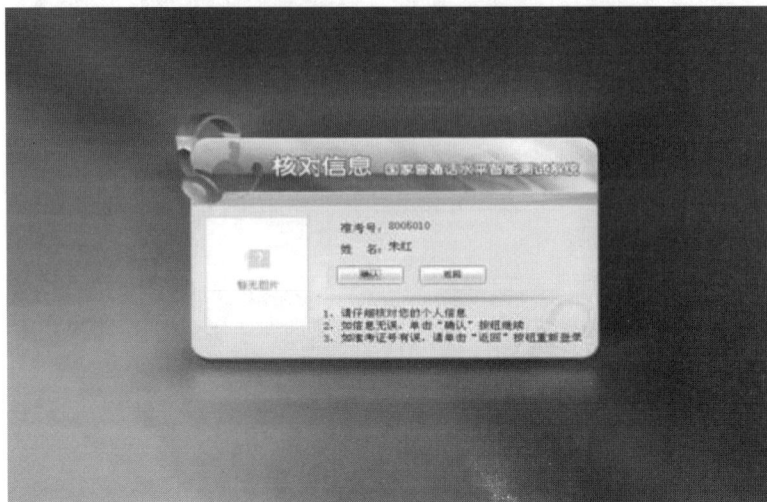

图 5-3　核 对 信 息

（四）确 认 试 卷

如果出现如下页面，请点击"确认"按钮继续。如图 5-4 所示。

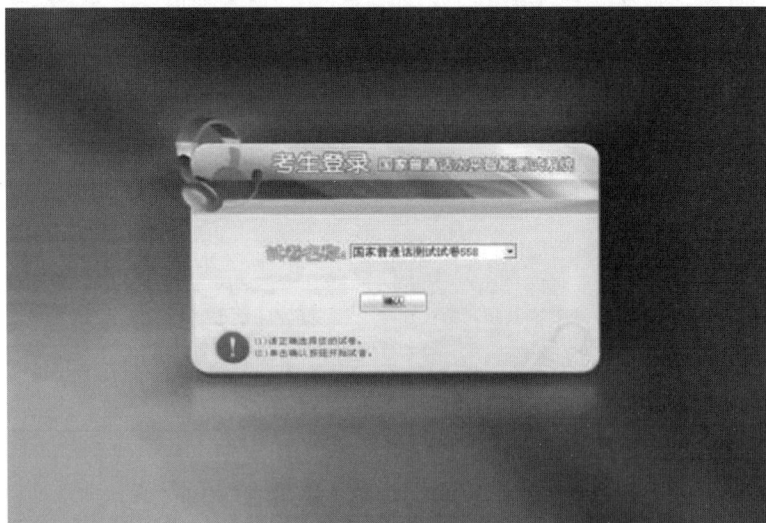

图 5-4　确 认 试 卷

（五）应试人试音

1. 应试人请根据系统提示要求进行试音。

2. 应试人请用适当的音量将页面呈现的句子朗读一遍。

3. 如试音顺利，系统会出现"试音结束"的对话框。请点击"确认"按钮，进入下一程序。如图 5-5 所示。

图 5-5　试音

（六）开始测试

特别提示：

1. 普通话水平测试共有 4 个测试项，每个测试项开始时都有一段语言提示，语言提示结束会发出"嘟"的结束提示音，这时，应试人才可以开始测试。

2. 测试过程中，应试人应做到吐字清晰，语速适中，音量与试音时保持一致。

3. 测试过程中，应试人应根据屏幕下方时间提示条的提示，注意掌握时间。

4．如某项测试结束，应试人可点击屏幕右下方"下一题"按钮，进入下一项测试。如某项测试规定的时间用完，系统会自动进入下一项试题。

5．测试过程中，应试人不能说该测试项之外的其他内容，以免影响评分。

6．测试过程中，如有问题，应试人应举手示意，请工作人员予以解决。

第一项　读单音节字词

1．请应试人横向依次朗读单字。

2．100个单字以黑色字体和蓝色字体隔行显示，以便于应试人识别，应试人应逐行朗读，避免漏字、漏行。

3．该项测试结束，应试人可点击屏幕右下方"下一题"按钮，进入下一项测试。如图5-6所示。

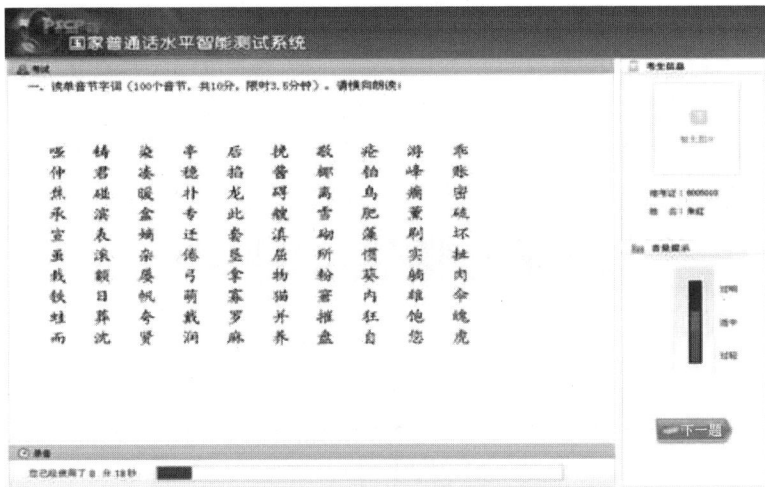

图 5-6　读单音节字词

第二项　读多音节词语

1．请应试人横向依次朗读词语，避免漏读。

2．该项测试结束，应试人可点击屏幕右下方"下一题"按钮，进入下一项测试。如图5-7所示。

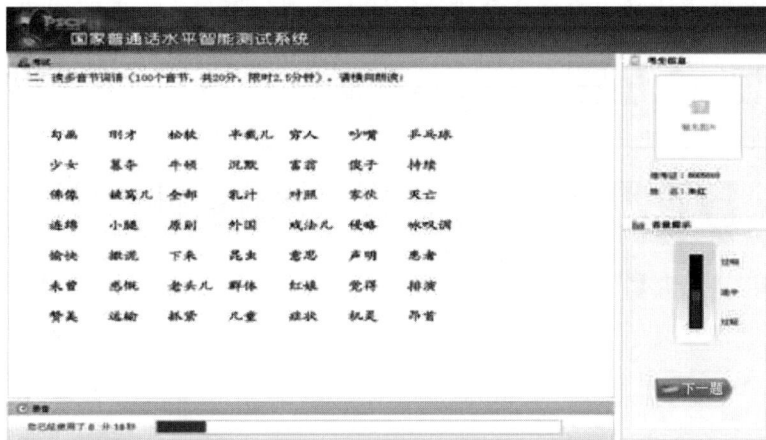

图 5-7 读多音节词语

第三项 朗读短文

1. 请应试人注意语音清晰、语义连贯，防止添字、漏字、改字。

2. 该项测试结束，应试人可点击屏幕右下方"下一题"按钮，进入下一项测试。如图 5-8 所示。

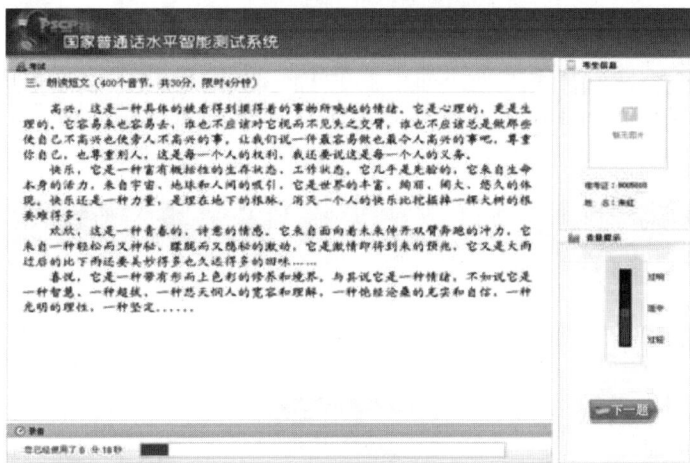

图 5-8 朗读短文

第四项 命题说话

1. 该项测试开始后，应试人应先说所选的话题，如"我说的话题是'我喜欢的节日'"。

2. 命题说话必须说满3分钟，应试人应根据屏幕下方的时间提示条把握时间。

3. 该项测试结束后，应试人请点击屏幕右下方的"提交试卷"按钮。如图5-9所示。

图5-9　命题说话

（七）结束考试

1. 提交试卷后，请应试人点击屏幕中央的"确定"按钮，结束测试。

2. 应试人摘下耳机放在桌上，经工作人员确认后请及时离开测试室。如图5-10所示。

图5-10　结束考试

三、计算机辅助普通话水平测试注意事项

（一）测前准备

1. 考生应带第二代身份证，在报到时间前 30 分钟到候测室报到，验证。

2. 测试前 20 分钟，考生由工作人员引导按编号进入备测室，领取试卷备考。

（二）耳机操作和音量控制

1. 测试正式开始前，佩戴好耳机，并根据提示进行试音；测试过程中手不要触摸麦克风；考试结束后摘下耳机离开。

2. 测试试音时，要以正常适中的音量朗读试音文字，不宜过大或过小；正式测试的音量要与试音的音量保持一致。

（三）语速要求

每个测试项的时间都比较宽裕，考生要根据测试内容，保持恰当的速度，不要过快也不要过慢，做到吐字清晰完整，从容不迫。

（四）各测试项的具体要求

每一题测试前系统都会有一段提示音，请在提示音结束并听到"嘟"的一声后，再开始朗读。

1. 读单音节字词，是在有文字凭借下对语音标准程度的测评，单音节字词没有语境，因此要把声音发完整，读音要有动程，声调调值读音要到位，阴平、阳平声调调值高度要升到位，上声声调要读出曲折度，去声声调要降到位。

2. 读多音节词语，要把一个词连起来读，不要把词分开读或一顿一顿地读。由于一个词的朗读会有相应的语流音变，因此本题考查的是在一定语境下的普通话标准程度。其中包括上声与上声相连、上声与非上声相连、儿化韵、轻声词，词的重音与次重音等。

3. 朗读短文，要按短文后的提示音正确朗读。由于是短文，这道题是具有语境的朗读材料，因此不要一个字一个字地读，也不要一个词一个词地读，要一句话一句话地朗读，注意不要回读，同时注意标点符号的停顿。

4. 命题说话页面出现后，有 2 个题目供选择，考生不要点击题目，而是直接朗读出自己选中的题目，然后围绕话题说话。本题是对没有文字凭借下的应试者语言能力的测评，因此考生不要写成书面作文，或使用网上出现的命题说话范文。这会被测试员认定为口语化差或雷同而扣除分数，导致考生成绩不理想。一定要围绕话题用自己的语言说话、聊天。命题说

话时间要说满3分钟，即考生要注意查看屏幕下方的时间进度条全部运行到结束，此时即为说满了3分钟，页面出现"祝你考试顺利"，测试全部完成。

(五)时间的把握

1. 测试每一项内容时，都应留意屏幕下方蓝色的时间滚动条，以确保在规定时间内完成每项考试内容。

2. 前三项的测试时间比较充裕，通常每项内容读完都会有剩余时间，这时应点击右下方的"下一题"按钮，以免录入太多的空白杂音影响测试成绩。但是第四题命题说话一定要说满3分钟。

(六)重复的处理

1. 在第一、二测试项中，如果发现读错，可以及时重读一遍，计算机测试系统会自动进行识别，不会影响整体评分。但一个字只能重复一次。

2. 在第三项朗读短文时，尽量不要出现错读、重复现象，否则计算机测试系统会按照普通话水平测试大纲的评分标准予以扣分。

(七)避免漏读

考试时，要看清字词，避免跳读、漏读。尤其是第一题，测试系统已将各行字颜色设置成了蓝黑相间，以便于区分，考生也可用鼠标指示所读字词。

(八)其他

1. 除按测试要求进行必要的操作，如发生异常，应及时向考务人员反映。

2. 测试时，要准确录入准考证号后四位，测试完毕后妥善保存准考证，以便查询成绩。

第六节　普通话水平测试综合练习(1～6)

试卷1号

一、读单字(10分)(限时3.5分钟)

镍	涩	习	宽	狗	迈	吻	驴	恽	区(姓氏)
坏	嘣	墨	慌	由	入	子	播	润	藏(躲藏)
瞥	救	闩	逛	学	付	均	抵	荫	俩(咱俩)
蝉	寸	嗲	领	心	涌	亏	罚	司	券(债券)

姅	初	砝	篇	却	捐	磷	郑	爷	哄（起哄）
抓	病	秦	面	煮	患	饶	欧	纫	揣（怀揣）
饿	翁	贼	箭	夺	酱	夸	舜	鳃	相（相机）
则	兄	二	梗	跪	池	掉	枕	榻	石（石板）
蹴	标	痛	港	丢	框	掐	宋	啪	那（口语音）
名	枣	痣	防	次	窝	惨	溺		挨（挨打）

褪（褪去冬衣）

二、读词语（20 分）（限时 2.5 分钟）

送信儿	咖啡	扭搭	沙漠	哈尼族	按期
实用	贫困	喷嚏	昂扬	交流	平反
榫头	独特	蠢笨	肆虐	沉冤	月份
酌量	号召	萌芽	鲜花	奶嘴	判定
上座儿	搜寻	蛐蛐儿	接洽	仍然	拐弯
白菜	冠军	总得	熊猫	萝卜	策略
走味儿	培植	快乐	软骨	鄙薄	物价
因此	调和	而且	往常	机床	生日
悬挂	听讲				

三、朗读（30 分）

作品 12 号（略）

四、说话（从两个话题中任选一题，时间 3 分钟，40 分）

1. 我所在的集体（学校、机关、公司等）

2. 学习普通话的体会

试卷 2 号

一、读单字（10 分）（限时 3.5 分钟）

贴	吻	抓	略	女	怀	涮	司	还（还原）	相（相机）
砝	君	岸	存	坡	炕	枕	虐	俩（咱俩）	石（石板）
避	夸	停	贵	模	饼	痣	秦	采（采访）	叶（叶片）
凡	掐	孔	丢	惹	卧	姅	妾	广（广播）	沓（一沓）
恋	笙	矿	除	张	籽	嘣	习	漂（漂泊）	那（口语音）
锌	润	墙	次	涌	餐	绕	索	将（将来）	恶（恶毒）
面	播	订	牌	兄	物	六（六月）		否（否定）	嘿（嘿嘿一笑）
群	窗	掉	跟	熔	拒	尽（尽力）		眯（眯缝）	褪（褪去冬衣）

美	院	吃	贰	险	赴	沤（沤肥）	揣（怀揣）	拗（拗不过）
翁	选	造	海	灌	啪	曾（曾孙）	轴（轴承）	扎（扎裤脚）
荫	隋	孙	冲（酒味很冲）					

二、读词语（20分）（限时2.5分钟）

发扬	模型	花蕊	拨拉	配合	旦角儿
森林	拼音	嫂子	车站	一顺儿	平方
谢谢	称赞	两边	峡谷	志气	乔装
蠢蠢	入口	短促	刻苦	刺猬	耐用
瓜分	沸腾	谎言	从而	试卷	拐弯
亲爱	手软	熊猫	总得	具体	脆弱
葬送	落后	需求	拈阄儿	书架	标尺
快乐	穷忙	调整	恩情	均匀	喧闹
包干儿	忘却				

三、朗读（30分）

作品31号（略）

四、说话（从两个话题中任选一题，时间3分钟，40分）

1. 我的假日生活
2. 谈谈个人修养

试卷3号

一、读单字（10分）（限时3.5分钟）

额	贵	装	自	惹	掐	枕	秦	供（供给）	石（石板）
挎	街	尝	啊	密	操	痣	习	并（合并）	委（委派）
润	翻	二	灾	涌	餐	杨	零	六（六月）	朝（朝代）
猜	熔	斩	日	翁	乳	申	荫	否（否定）	刺（讽刺）
腻	犬	瓶	丢	框	铝	嘭	砣	色（色彩）	俩（咱俩）
胸	池	关	近	乘	莫	嘣	索	圈（猪圈）	挑（挑战）
舔	跃	虐	司	桨	涮	晃（晃动）	屯（屯兵）	得（得一小时）	
聊	亏	段	渠	刁	踹	曾（曾孙）	闷（苦闷）	咳（咳！真怪！）	
握	拨	面	幅	俊	欧	画（油画）	撇（撇开）	拗（拗不过）	
口	舜	防	不	品	旬	胜（胜利）	叶（叶片）	降（降伏）	
扎（扎裤脚）	撒（撒播）	那（口语音）	嘿（嘿嘿一笑）						

二、读词语（20分）（限时2.5分钟）

小曲儿	罚款	脾气	血渍	知遇	动员

漂亮	安全	群体	没错	强度	死亡
下午	搅扰	亚军	婆婆	劳驾	稳定
刮脸	匪首	课本	舅舅	障碍	奶水
搜查	中间儿	仍然	拐弯	陶瓷	侵略
分蘖	凶狠	回头	修女	赞成	特别
尺寸	恒星	广博	冲刷	随时	快乐
穷人	帮忙	竹笋	民用	打嗝儿	因而
命运	做活儿				

三、朗读(30 分)

作品 27 号(略)

四、说话(从两个话题中任选一题，时间 3 分钟，40 分)

1. 难忘的旅行

2. 谈谈服饰

试卷 4 号

一、读单字(10 分)(限时 3.5 分钟)

膜	跨	扭	翁	甩	炕	疟	乳	苍	云
闯	劝	碑	弱	溪	耸	罩	鹊	讽	旺
锅	甜	捧	扶	拟	熏	鸣	寡	枷	姚
留	渴	迈	刷	拨	耕	帆	旅	蛮	婿
夏	催	静	喉	堑	涮	绒	昏	坐	隔
穷	捕	荫	闻	拼	窜	达	摘	退	烫
贴	紫	岛	酿	贰	伐	掠	胞	春	像
室	吹	肉	审	烘	涌	孙	逛	怀	跌
选	踩	酸	勤	扯	针	犁	纫	言	嘿
织	咱	愁	俊	叼	锯	司	腋	痴	拽

二、读词语(20 分)(限时 2.5 分钟)

耳朵	熊猫	女儿	觉得	状态	率领
窗户	挂号	生日	压迫	批准	明亮
非常	差点儿	暖和	尽管	发言	咖啡
避免	双方	旋转	策略	冷饮	蕴藏
失踪	斯文	豆浆	狭窄	配偶	歌颂
磁铁	游人	整体	尺寸	元素	迥然

围裙	观摩	挎包	窃贼	颓丧	恳请
鸟瞰	牛蛙	深闺	润滑	歪斜	碎步儿
够劲儿	不言而喻				

三、朗读(30分)

作品33号(略)

四、说话(从两个话题中任选一题,时间3分钟,40分)

1. 我和体育

2. 学习普通话的感受

试卷5号

一、读单字(10分)(限时3.5分钟)

北	二	丢	您	袄	怎	崖	鸥	喑	栓
报	献	夏	所	讹	劝	匀	纫	旬	铐
层	摸	点	加	置	绒	购	寝	傣	鳞
画	列	甩	染	灌	乃	伏	催	诱	舜
破	摇	跨	谈	掌	裁	涌	洒	襄	壕
渴	学	成	碎	晃	足	叠	躯	眺	农
鹅	费	团	歌	瞥	雷	辞	镖	旺	乏
穷	瞧	入	紫	迟	寺	忌	涩	戳	邵
皮	名	躺	宽	茧	罪	驴	宣	纽	桨
家	准	伤	日	蒙	犁	愧	瞄	凝	槐

二、读词语(20分)(限时2.5分钟)

条约	然而	作家	位置	旅店	女子
倔强	拐角	屯扎	玻璃	落后	群众
拼命	散文	美德	眷属	怒容	耍滑
平等	创造	解答	承办	通风	模糊
凶残	选区	困难	否定	随便	色彩
快活	时常	捏合	关卡	聊天儿	重新
保存	飞舞	恳求	酒精	凉爽	小孩儿
盲人	设想	刺骨	援军	脾气	猫头鹰
一会儿	口哨儿				

三、朗读(30分)

作品8号(略)

四、说话(从两个话题中任选一题，时间 3 分钟，40 分)

1. 我的假日生活

2. 我所在的集体(学校、机关、公司等)

试卷 6 号

一、读单字(10 分)(限时 3.5 分钟)

光	专	扩	宏	失	排	你	休	质	耕
反	发	年	腾	屯	手	拉	纷	央	嘴
二	天	傍	艰	龙	寺	觉	总	快	冬
拆	册	牙	弯	字	跑	提	脏	昂	窘
说	条	永	娇	倾	克	哲	锋	云	仇
顺	劳	毫	敲	绷	缺	均	揣	软	奋
摹	瑞	故	选	翁	刀	扫	全	扛	温
破	蚕	被	偏	妙	寸	社	傲	俏	衡
卓	去	擦	家	依	逮	纳	灭	绪	幸
柔	真	扭	邪	麻	兰	挖	因	枪	给

二、读词语(20 分)(限时 2.5 分钟)

仰望	一次	漂亮	筷子	理事	儿歌
面条儿	不取	破产	恰好	谋求	归宿
防守	后面	废除	雨衣	老翁	允许
资源	会话	杰出	带儿	些许	人群
改造	掠夺	村庄	越冬	损坏	格外
瓦解	扰乱	呆板	一贯	有劲儿	层次
懦弱	等候	慷慨	模型	检讨	基本功
表彰	学员	不用	想象	民心	风起云涌
图片	一匝儿				

三、朗读(30 分)

作品 59 号(略)

四、说话(从两个话题中任选一题，时间 3 分钟，40 分)

1. 我和体育

2. 我喜爱的动物(或植物)

附 录 普通话水平测试用朗读作品 60 篇

说 明

1. 60 篇朗读作品选自普通话水平测试国家指导用书《普通话水平测试实施纲要》(国家语言文字工作委员会普通话培训测试中心编制)。

2. 作品中的"一""不""啊"、轻声、儿化在语音提示中均按变调标注。

作品 1 号

那是力争上游的一种树,笔直的干,笔直的枝。它的干呢,通常是丈把高,像是加以人工似的,一丈以内,绝无旁枝;它所有的桠枝呢,一律向上,而且紧紧靠拢,也像是加以人工似的,成为一束,绝无横斜逸出;它的宽大的叶子也是片片向上,几乎没有斜生的,更不用说倒垂了;它的皮,光滑而有银色的晕圈,微微泛出淡青色。这是虽在北方的风雪的压迫下却保持着倔强挺立的一种树!哪怕只有碗来粗细罢,它却努力向上发展,高到丈许,两丈,参天耸立,不折不挠,对抗着西北风。

这就是白杨树,西北极普通的一种树,然而绝不是平凡的树!

它没有婆娑的姿态,没有屈曲盘旋的虬枝,也许你要说它不美丽,——如果美是专指"婆娑"或"横斜逸出"之类而言,那么白杨树算不得树中的好女子;但是它却是伟岸,正直,朴质,严肃,也不缺乏温和,更不用提它的坚强不屈与挺拔,它是树中的伟丈夫!当你在积雪初融的高原上走过,看见平坦的大地上傲然挺立这么一株或一排白杨树,难道你就只觉得树只是树,难道你就不想到它的朴质,严肃,坚强不屈,至少也象征了北方的农民;难道你竟一点儿也不联想到,在敌后的广大土//地上,到处有坚强不屈,就像这白杨树一样傲然挺立的守卫他们家乡的哨兵!难道你又不更远一点儿想到这样枝枝叶叶靠紧团结,力求上进的白杨树,宛然象征了今天在华北平原纵横决荡用血写出新中国历史的那种精神和意志。

节选自茅盾《白杨礼赞》

Zuòpǐn 1 Hào

Nà shì lìzhēng shàngyóu de yī zhǒng shù, bǐzhí de gàn, bǐ zhí de zhī. Tā de gàn ne, tōngcháng shì zhàng bǎ gāo, xiàngshì jiāyǐ réngōng shìde, yī zhàng yǐnèi，juéwú pángzhī；tā suǒ yǒu de yāzhī ne，yīlǜ xiàngshàng，érqiě jǐnjǐn kàolǒng，yě xiàngshì jiāyǐ réngōng shìde，chéngwéi yī shù，juéwú héng xié yì chū；tā de kuāndà de yèzi yě shì piànpiàn xiàngshàng，jīhū méi·yǒu xié shēng de，gèng bùyòng shuō dào chuí le；tā de pí，guānghuá ér yǒu yínsè de yùnquān，wēiwēi fànchū dànqīngsè。Zhè shì suī zài běifāng de fēngxuě de yāpò xià què bǎochízhe jué jiàng tǐnglì de yī zhǒng shù！Nǎpà zhǐ yǒu wǎn lái cūxì bà，tā què nǔlì xiàngshàng fāzhǎn，gāo dào zhàng xǔ，liǎng zhàng，cāntiān sǒnglì，bùzhé-bùnáo，duì kàngzhe xīběifēng。

Zhè jiùshì báiyángshù，xīběi jí pǔtōng de yī zhǒng shù，rán'ér jué bù shì píngfán de shù！

Tā méi·yǒu pósuō de zītài，méi·yǒu qūqū pánxuán de qiúzhī，yěxǔ nǐyào shuō tā bù měilì，——Rúguǒ měi shì zhuān zhǐ "pósuō" huò "héng xié yì chū" zhīlèi ér yán，nàme báiyángshù suàn·bù·dé shù zhōng de hǎo nǚzǐ；dànshì tā què shì wěi'àn，zhèngzhí，pǔzhì，yánsù，yě bù quēfá wēnhé，gèng bùyòng tí tā de jiānqiáng bùqū yǔ tǐngbá，tā shì shù zhōng de wěizhàngfu！Dāng nǐ zài jīxuě chū róng de gāoyuán·shàng zǒuguò，kàn·jiàn píngtǎn de dàdì·shàng àorán tǐnglì zhème yī zhū huò yī pái báiyángshù，nándào nǐ jiù zhǐ jué·dé shù zhǐshì shù，nán dào nǐ jiù bù xiǎngdào tā de pǔzhì，yánsù，jiānqiáng bùqū，zhìshǎo yě xiàngzhēngle běifāng de nóngmín；nándào nǐ jìng yīdiǎnr yě bù liánxiǎng dào，zài díhòu de guǎngdà tǔ//dì·shàng，dàochǔ yǒu jiānqiáng bùqū，jiù xiàng zhè báiyángshù yīyàng àorán tǐnglì de shǒuwèi tāmen jiāxiāng de shàobīng！Nándào nǐ yòu bù gèng yuǎn yīdiǎnr xiǎng dào zhèyàng zhīzhī-yèyè kàojǐn tuánjié，lìqiú shàngjìn de báiyángshù，wǎnrán xiàngzhēngle jīntiān zài Huáběi Píngyuán zònghéng juédàng yòng xuè xiěchū xīn Zhōngguó lìshǐ de nà zhǒng jīngshén hé yìzhì。

Jiéxuǎn zì Máo Dùn《Báiyáng Lǐ Zàn》

作品 2 号

两个同龄的年轻人同时受雇于一家店铺，并且拿同样的薪水。

可是一段时间后，叫阿诺德的那个小伙子青云直上，而那个叫布鲁诺的小伙子却仍在原地踏步。布鲁诺很不满意老板的不公正待遇。终于有一天他到老板那儿发牢骚了。老板一边耐心地听着他的抱怨，一边在心里盘算着怎样向他解释清楚他和阿诺德之间的差别。

"布鲁诺先生，"老板开口说话了，"您现在到集市上去一下，看看今天有什么卖的。"

布鲁诺从集市上回来向老板汇报说，今早集市上只有一个农民拉了一车土豆在卖。

"有多少？"老板问。

布鲁诺赶快戴上帽子又跑到集上，然后回来告诉老板一共四十袋土豆。

"价格是多少？"

布鲁诺又第三次跑到集上问来了价格。

"好吧，"老板对他说，"现在请您坐到这把椅子上一句话也不要说，看看阿诺德怎么说。"

阿诺德很快就从集市上回来了。向老板汇报说到现在为止只有一个农民在卖土豆，一共四十口袋，价格是多少多少；土豆质量很不错，他带回来一个让老板看看。这个农民一个钟头以后还会弄来几箱西红柿，据他看价格非常公道。昨天他们铺子的西红柿卖得很快，库存已经不//多了。他想这么便宜的西红柿，老板肯定会要进一些的，所以他不仅带回了一个西红柿做样品，而且把那个农民也带来了，他现在正在外面等回话呢。

此时老板转向了布鲁诺，说："现在您肯定知道为什么阿诺德的薪水比您高了吧！"

节选自张健鹏、胡足青主编《故事时代》中《差别》

Zuòpǐn 2 Hào

Liǎng gè tónglíng de niánqīngrén tóngshí shòu gù yú yī jiā diànpù, bìngqiě ná tóngyàng de xīn·shuǐ.

Kěshì yī duàn shíjiān hòu, jiào Ānuòdé de nàge xiǎohuǒzi qíngyún zhíshàng, ér nàge jiào Bùlǔnuò de xiǎohuǒzi què réng zài yuándì tàbù. Bùlǔnuò hěn bù mǎnyì lǎobǎn de bù gōngzhèng dàiyù. Zhōngyú yǒu yī tiān tā dào lǎobǎn nàr fā láo·sāo le. Lǎobǎn yībiān nàixīn de tīngzhe tā de bào·yuàn, yībiān zài xīn·lǐ pánsuanzhe zěnyàng xiàng tā jiěshì qīngchu tā hé Ānuòdé zhījiān de chābié.

"Bùlǔnuò xiānsheng," Lǎobǎn kāikǒu shuōhuà le, "Nín xiànzài dào jíshì •shàng qù yīxià, kànkan jīntiān zǎoshang yǒu shénme mài de."

Bùlǔnuò cóng jíshì •shàng huí •lái xiàng lǎobǎn huìbào shuō, jīnzǎo jíshì •shàng zhǐyǒu yī gè nóngmín lāle yī chē tǔdòu zài mài.

"yǒu duō •shǎo?" Lǎo bǎn wèn.

Bùlǔnuò gǎnkuài dài •shàng màozi yòu pǎodào jí •shàng, ránhòu huí •lái gàosu lǎobǎn yīgòng sìshí dài tǔdòu.

"Jiàgé shì duō •shǎo?"

Bùlǔnuò yòu dì-sān cì pǎodào jí •shàng wènláile jiàgé.

"Hǎo ba," Lǎobǎn duì tā shuō, "Xiànzài qǐng nín zuòdào zhè bǎ yǐzi •shàng yī jù huà yě bùyào shuō, kànkan Ānuòdé zěnme shuō."

Ānuòdé hěn kuài jiù cóng jíshì •shàng huí •lái le. Xiàng lǎobǎn huìbào shuō dào xiànzài wéizhǐ zhǐyǒu yī gè nóngmín zài mài tǔdòu, yīgòng sìshí kǒudai, jiàgé shì duōshao duōshao; tǔdòu zhìliàng hěn bùcuò, tā dài huí •lái yī gè ràng lǎobǎn kànkan. Zhège nóngmín yī gè zhōngtóu yǐhòu hái huì nònglái jǐ xiāng xīhóngshì, jù tā kàn jiàgé fēi cháng gōngdao. Zuótiān tāmen pùzi de xīhóngshì mài de hěn kuài, kù cún yǐjing bù //duō le. Tā xiǎng zhème piányi de xīhóngshì, lǎobǎn kěndìng huì yào jìn yīxiē de, suǒyǐ tā bùjǐn dàihuíle yī gè xīhóngshì zuò yàngpǐn, érqiě bǎ nàgè nóngmín yě dài •lái le, tā xiànzài zhèngzài wài •miàn děng huíhuà ne.

Cǐshí lǎobǎn zhuǎnxiàngle Bùlǔnuò, shuō: "Xiànzài nín kěndìng zhī •dào wèi shénme Ānuòdé de xīn •shuǐ bǐ nín gāo le ba?"

Jiéxuǎn zì Zhāng Jiànpéng、Hú Zúqīng zhǔbiān《Gùshì Shídài》zhōng《Chābié》

作品 3 号

　　我常常遗憾我家门前那块丑石：它黑黝黝地卧在那里，牛似的模样；谁也不知道是什么时候留在这里的，谁也不去理会它。只是麦收时节，门前摊了麦子，奶奶总是说："这块丑石，多占地面呀，抽空把它搬走吧。"

　　它不像汉白玉那样的细腻，可以刻字雕花，也不像大青石那样的光滑，可以供来浣纱捶布。它静静地卧在那里，院边的槐阴没有庇覆它，花儿也不再在它身边生长。荒草便繁衍出来，枝蔓上下，慢慢地，它竟锈上了绿苔、黑斑。我们这些做孩子的，也讨厌起它来，曾合伙要搬走它，但力气又不足；虽时时咒骂它，嫌弃它，也无可奈何，只好任它留在那里了。

终有一日，村子里来了一个天文学家。他在我家门前路过，突然发现了这块石头，眼光立即就拉直了。他再没有离开，就住了下来；以后又来了好些人，都说这是一块陨石，从天上落下来已经有二三百年了，是一件了不起的东西。不久便来了车，小心翼翼地将它运走了。

这使我们都很惊奇，这又怪又丑的石头，原来是天上的啊！它补过天，在天上发过热、闪过光，我们的先祖或许仰望过它，它给了他们光明、向往、憧憬；而它落下来了，在污土里，荒草里，一躺就//是几百年了！

我感到自己的无知，也感到了丑石的伟大，我甚至怨恨它这么多年竟会默默地忍受着这一切！而我又立即深深地感到它那种不屈于误解、寂寞的生存的伟大。

节选自贾平凹《丑石》

Zuòpǐn 3 Hào

Wǒ chángcháng yíhàn wǒ jiā mén qián nà kuài chǒu shí: Tā hēiyǒuyǒu de wò zài nàli, niú shìde múyàng; shéi yě bù zhī·dào shì shénme shíhou liú zài zhèli de, shéi yě bù qù lǐhuì tā. Zhǐshì màishōu shíjié, mén qián tānle màizi, nǎinai zǒngshì shuō: "Zhèkuài chǒu shí, duō zhàn dìmiàn ya, chōukòng bǎ tā bānzǒu ba."

Tā bù xiàng hànbáiyù nàyàng de xìnì, kěyǐ kèzì diāohuā, yě bù xiàng dà qīngshí nàyàng de guānghuá, kěyǐ gōnglái huànshā chuíbù. Tā jìngjìng de wò zài nàli, yuàn biān de huáiyīn méi·yǒu bìfù tā, huā'ér yě bùzài zài tā shēnbiān shēngzhǎng. Huāngcǎo biàn fányǎn chū·lái, zhīmàn shàngxià, mànmàn de, tā jìng xiùshàngle lùtái, hēibān. Wǒmen zhèxiē zuò háizi de, yě tǎoyàn·qǐ tā·lái, céng héhuǒ yào bānzǒu tā, dàn lìqi yòu bùzú; suī shíshí zhòumà tā, xiánqì tā, yě wúkě-nàihé, zhǐhǎo rèn tā liú zài nàli le.

Zhōng yǒu yī rì, cūnzili láile yī gè tiānwénxuéjiā. Tā zài wǒ jiā mén qián lùguò, tūrán fāxiànle zhè kuài shítou, yǎnguāng lìjí jiù lāzhí le. Tā zài méi·yǒu líkāi, jiù zhùle xià·lái; yǐhòu yòu láile hǎoxiē rén, dōu shuō zhè shì yī kuài yǔnshí, cóng tiān·shàng luò xià·lái yǐjing yǒu èr-sān bǎi nián le, shì yī jiàn liǎobuqǐ de dōngxi. Bùjiǔ biàn láile chē, xiǎoxīn-yìyì de jiāng tā yùnzǒu le.

Zhè shǐ wǒmen dōu hěn jīngqí, zhè yòu guài yòu chǒu de shítou, yuánlái shì tiān·shàng de a! Tā bǔguo tiān, zài tiān·shàng fāguo rè, shǎnguo guāng, wǒmen de xiānzǔ huòxǔ yǎngwàngguo tā, tā gěile tāmen guāngmíng, xiàngwǎng, chōngjǐng; ér tā luò xià·lái le, zài wū tǔli, huāngcǎoli, yī tǎng jiù //shì jǐbǎi nián le!

Wǒ gǎndào zìjǐ de wúzhī, yě gǎndàole chǒu shí de wěidà, wǒ shènzhì yuànhèn tā zhème duō nián jìng huì mòmò de rěnshòuzhe zhè yīqiè! Ér wǒ yòu lìjí shēnshēn de gǎndào tā nà zhǒng bùqū yú wùjiě, jìmò de shēngcún de wěidà.

Jiéxuǎn zì Jiǎ Píngwā《Chǒu Shí》

作品4号

　　在达瑞八岁的时候，有一天他想去看电影。因为没有钱，他想是向爸妈要钱，还是自己挣钱。最后他选择了后者。他自己调制了一种汽水，向过路的行人出售。可那时正是寒冷的冬天，没有人买，只有两个人例外——他的爸爸和妈妈。

　　他偶然有一个和非常成功的商人谈话的机会。当他对商人讲述了自己的"破产史"后，商人给了他两个重要的建议：一是尝试为别人解决一个难题；二是把精力集中在你知道的、你会的和你拥有的东西上。

　　这两个建议很关键。因为对于一个八岁的孩子而言，他不会做的事情很多。于是他穿过大街小巷，不停地思考：人们会有什么难题，他又如何利用这个机会？

　　一天，吃早饭时父亲让达瑞去取报纸。美国的送报员总是把报纸从花园篱笆的一个特制的管子里塞进来。假如你想穿着睡衣舒舒服服地吃早饭和看报纸，就必须离开温暖的房间，冒着寒风，到花园去取。虽然路短，但十分麻烦。

　　当达瑞为父亲取报纸的时候，一个主意诞生了。当天他就按响邻居的门铃，对他们说，每个月只需付给他一美元，他就每天早上把报纸塞到他们的房门底下。大多数人都同意了，很快他有//了七十多个顾客。一个月后，当他拿到自己赚的钱时，觉得自己简直是飞上了天。

很快他又有了新的机会，他让他的顾客每天把垃圾袋放在门前，然后由他早上运到垃圾桶里，每个月加一美元。之后他还想出了许多孩子赚钱的办法，并把它集结成书，书名为《儿童挣钱的二百五十个主意》。为此，达瑞十二岁时就成了畅销书作家，十五岁有了自己的谈话节目，十七岁就拥有了几百万美元。

节选自［德］博多·舍费尔《达瑞的故事》，刘志明译

Zuòpǐn 4 Hào

　　Zài Dáruì bā suì de shíhou, yǒu yī tiān tā xiǎng qù kàn diànyǐng. Yīn·wèi méi·yǒu qián, tā xiǎng shì xiàng bà mā yào qián, háishì zìjǐ zhèngqián. Zuìhòu tā xuǎnzéle hòuzhě. Tā zìjǐ tiáozhìle yī zhǒng qìshuǐ, xiàng guòlù de xíngrén chūshòu. Kě nàshí zhèngshì hánlěng de dōngtiān, méi·yǒu rén mǎi, zhǐyǒu liǎng gè rén lìwài——tā de bàba hé māma.

　　Tā ǒurán yǒu yī gè hé fēicháng chénggōng de shāngrén tánhuà de jī·huì. Dāng tā duì shāngrén jiǎngshùle zìjǐ de "pòchǎnshǐ" hòu, shāngrén gěile tā liǎng gè zhòngyào de jiànyì: yī shì chángshì wèi bié·rén jiějué yī gè nántí; èr shì bǎ jīnglì jízhōng zài nǐ zhī·dào de、nǐ huì de hé nǐ yōngyǒu de dōngxi·shang.

　　Zhè liǎng gè jiànyì hěn guānjiàn. Yīn·wèi duìyú yī gè bā suì de háizi ér yán, tā bù huì zuò de shìqing hěn duō. Yúshì tā chuānguò dàjiē xiǎoxiàng, bùtíng de sīkǎo: rén men huì yǒu shénme nántí, tā yòu rúhé lìyòng zhège jī·huì?

　　Yī tiān, chī zǎofàn shí fù·qīn ràng Dáruì qù qǔ bàozhǐ. Měiguó de sòngbàoyuán zǒngshì bǎ bàozhǐ cóng huāyuán líba de yī gè tèzhì de guǎnzili sāi jìn·lái. Jiǎrú nǐ xiǎng chuānzhe shuìyī shūshū-fúfú de chī zǎofàn hé kàn bàozhǐ, jiù bìxū líkāi wēnnuǎn de fángjiān, màozhe hánfēng, dào huāyuán qù qǔ. Suīrán lù duǎn, dàn shífēn máfan.

　　Dāng Dáruì wèi fù·qīn qǔ bàozhǐ de shíhou, yī gè zhǔyì dànshēngle. Dàngtiān tā jiù ànxiǎng lín·jū de ménlíng, duì tāmen shuō, měi gè yuè zhǐ xū fùgěi tā yī měiyuán, tā jiù měitiān zǎoshang bǎ bàozhǐ sāidào tāmen de fángmén dǐ·xià. Dàduōshù rén dōu tóngyì le, hěn kuài tā yǒu // le qīshí duō gè gùkè. Yī gè yuè hòu, dāng tā nádào zìjǐ zhuàn de qián shí, juéde zìjǐ jiǎnzhí shì fēi·shàng le tiān.

　　Hěn kuài tā yòu yǒule xīn de jī·huì, tā ràng tā de gùkè měitiān bǎ lājīdài fàng zài mén qián, ránhòu yóu tā zǎoshang yùndào lājītǒngli, měi gè yuè jiā yī měiyuán. Zhīhòu tā hái xiǎngchūle xǔduō háizi zhuànqián de bànfǎ, bìng bǎ tā jíjié chéng shū, shūmíng wéi《Értóng Zhèngqián de Èrbǎi Wǔshí gè Zhǔyi》. Wèicǐ, Dáruì shí'èr suì shí jiù chéngle chàngxiāoshū zuòjiā, shíwǔ suì yǒule zìjǐ de tánhuà jiémù, shíqī suì jiù yōngyǒule jǐ bǎi wàn měiyuán.

Jiéxuǎn zì［Dé］Bóduō • Shěfèi'ěr《Dáruì de Gùshi》, Liú Zhìmíng yì

作品 5 号

　　这是入冬以来，胶东半岛上第一场雪。

　　雪纷纷扬扬，下得很大。开始还伴着一阵儿小雨，不久就只见大片大片的雪花，从彤云密布的天空中飘落下来。地面上一会儿就白了。冬天的山村，到了夜里就万籁俱寂，只听得雪花簌簌地不断往下落，树木的枯枝被雪压断了，偶尔咯吱一声响。

　　大雪整整下了一夜。今天早晨，天放晴了，太阳出来了。推开门一看，嗬！好大的雪啊！山川、河流、树木、房屋，全都罩上了一层厚厚的雪，万里江山，变成了粉妆玉砌的世界。落光了叶子的柳树上挂满了毛茸茸亮晶晶的银条儿；而那些冬夏常青的松树和柏树上，则挂满了蓬松松沉甸甸的雪球儿。一阵风吹来，树枝轻轻地摇晃，美丽的银条儿和雪球儿簌簌地落下来，玉屑似的雪末儿随风飘扬，映着清晨的阳光，显出一道道五光十色的彩虹。

　　大街上的积雪足有一尺多深，人踩上去，脚底下发出咯吱咯吱的响声。一群群孩子在雪地里堆雪人，掷雪球儿。那欢乐的叫喊声，把树枝上的雪都震落下来了。

　　俗话说，"瑞雪兆丰年"。这个话有充分的科学根据，并不是一句迷信的成语。寒冬大雪，可以冻死一部分越冬的害虫；融化了的水渗进土层深处，又能供应 // 庄稼生长的需要。我相信这一场十分及时的大雪，一定会促进明年春季作物，尤其是小麦的丰收。有经验的老农把雪比作是"麦子的棉被"。冬天"棉被"盖得越厚，明春麦子就长得越好，所以又有这样一句谚语："冬天麦盖三层被，来年枕着馒头睡。"

　　我想，这就是人们为什么把及时的大雪称为"瑞雪"的道理吧。

节选自峻青《第一场雪》

Zuòpǐn 5 Hào

Zhè shì rùdōng yǐlái, Jiāodōng Bàndǎo • shàng dì-yī cháng xuě.

Xuě fēnfēn-yángyáng, xià de hěn dà. Kāishǐ hái bànzhe yīzhènr xiǎoyǔ, bùjiǔ jiù zhǐ jiàn dàpiàn dàpiàn de xuěhuā, cóng tóngyún-mìbù de tiānkōng zhōng piāoluò xià • lái. Dìmiàn • shàng yīhuìr jiù báile. Dōngtiān de shāncūn, dàole yèli jiù wànlài-jùjì, zhǐ tīng de xuěhuā sùsù de bùduàn wǎngxià luò, shùmù de kūzhī bèi xuě yāduàn le, ǒu'ěr gēzhī yī shēng xiǎng.

Dàxuě zhěngzhěng xiàle yīyè. Jīntiān zǎochen, tiān fàngqíng le, tài • yáng chū • lái le. Tuīkāi mén yī kàn, hē! Hǎo dà de xuě a! Shānchuān、héliú、shùmù、fángwū, quán dōu zhào • shàngle yī céng hòuhòu de xuě, wànlǐ jiāngshān, biànchéngle fěnzhuāng-yùqì de shìjiè. Luòguāng le yèzi de liǔshù • shàng guàmǎnlemáoróngróng liàngjīngjīng de yíntiáor; ér nàxiē dōng-xià chángqīng de sōngshù hé bǎishù • shàng, zé guàmǎnle péngsōngsōng chéndiàndiàn de xuěqiúr. Yī zhèn fēng chuīlái, shùzhī qīngqīng de yáo • huàng, měilì de yíntiáor hé xuěqiúr sùsù de luò xià • lái, yùxiè shìde xuěmòr suí fēng piāoyáng, yìngzhe qīngchén de yáng guāng, xiǎnchū yī dàodào wǔguāng-shísè de cǎihóng.

Dàjiē • shàng de jīxuě zú yǒu yī chǐ duō shēn, rén cǎi shàng • qù, jiǎo dǐ • xià fāchū gēzhī gēzhī de xiǎngshēng. Yīqúnqún háizi zài xuědìli duī xuěrén, zhì xuěqiú. Nà huānlè de jiàohǎnshēng, bǎ shùzhī • shàng de xuě dōu zhènluò xià • lái le.

Súhuà shuō, "Ruìxuě zhào fēngnián". Zhège huà yǒu chōngfèn de kēxué gēnjù, bìng bù shì yī jù míxìn de chéngyǔ. Hándōng dàxuě, kěyǐ dòngsǐ yī bùfen yuèdōng de hàichóng; rónghuàle de shuǐ shènjìn tǔcéng shēnchù, yòu néng gōngyìng //zhuāngjia shēngzhǎng de xūyào. Wǒ xiāngxìn zhè yī cháng shífēn jíshí de dàxuě, yīdìng huì cùjìn míngnián chūnjì zuòwù, yóuqí shì xiǎomài de fēngshōu. Yǒu jīngyàn de lǎonóng bǎ xuě bǐzuò shì "màizi de miánbèi". Dōngtiān "miánbèi" gài de yuè hòu, míngchūn màizi jiù zhǎngde yuè hǎo, suǒyǐ yòu yǒu zhèyàng yī jù yànyǔ: "Dōngtiān mài gài sān céng bèi, láinián zhěnzhe mántou shuì. "

Wǒ xiǎng, zhè jiùshì rénmen wèishénme bǎ jíshí de dàxuě chēngwéi "ruìxuě" de dào • lǐ ba.

Jiéxuǎn zì Jùn Qīng《Dì-yī Cháng Xuě》

作品 6 号

　　我常想读书人是世间幸福人，因为他除了拥有现实的世界之外，还拥有另一个更为浩瀚也更为丰富的世界。现实的世界是人人都有的，而后一个世界却为读书人所独有。由此我想，那些失去或不能阅读的人是多么的不幸，他们的丧失是不可补偿的。世间有诸多的不平等，财富的不平等，权力的不平等，而阅读能力的拥有或丧失却体现为精神的不平等。

　　一个人的一生，只能经历自己拥有的那一份欣悦，那一份苦难，也许再加上他亲自闻知的那一些关于自身以外的经历和经验。然而，人们通过阅读，却能进入不同时空的诸多他人的世界。这样，具有阅读能力的人，无形间获得了超越有限生命的无限可能性。阅读不仅使他多识了草木虫鱼之名，而且可以上溯远古下及未来，饱览存在的与非存在的奇风异俗。

　　更为重要的是，读书加惠于人们的不仅是知识的增广，而且还在于精神的感化与陶冶。人们从读书学做人，从那些往哲先贤以及当代才俊的著述中学得他们的人格。人们从《论语》中学得智慧的思考，从《史记》中学得严肃的历史精神，从《正气歌》中学得人格的刚烈，从马克思学得人世 // 的激情，从鲁迅学得批判精神，从托尔斯泰学得道德的执着。歌德的诗句刻写着睿智的人生，拜伦的诗句呼唤着奋斗的热情。一个读书人，一个有机会拥有超乎个人生命体验的幸运人。

节选自谢冕《读书人是幸福人》

Zuòpǐn 6 Hào

　　Wǒ cháng xiǎng dúshūrén shì shìjiān xìngfú rén, yīn·wèi tā chúle yōngyǒu xiànshí de shìjiè zhīwài, hái yōngyǒu lìng yī gè gèng wéi hàohàn yě gèng wéi fēngfù de shìjiè. Xiànshí de shìjiè shì rénrén dōu yǒu de, ér hòu yī gè shìjiè què wéi dúshūrén suǒ dúyǒu. Yóu cǐ wǒ xiǎng, nàxiē shīqù huò bù néng yuèdú de rén shì duōme de bùxìng, tāmen de sàngshī shì bùkě bǔcháng de. Shìjiān yǒu zhūduō de bù píngděng, cáifù de bù píngděng, quánlì de bù píngděng, ér yuèdú nénglì de yōngyǒu huò sàngshī què tǐxiàn wéi jīngshén de bù píngděng.

Yī gè rén de yīshēng, zhǐnéng jīnglì zìjǐ yōngyǒu de nà yī fèn xīnyuè, nà yī fèn kǔnàn, yěxǔ zài jiā·shàng tā qīnzì wénzhī de nà yīxiē guānyú zìshēn yǐwài de jīnglì hé jīngyàn. Rán'ér, rénmen tōngguò yuèdú, què néng jìnrù bùtóng shíkōng de zhūduō tārén de shìjiè. Zhèyàng, jùyǒu yuèdú nénglì de rén, wúxíng jiān huòdéle chāoyuè yǒuxiàn shēngmìng de wúxiàn kěnéngxìng. Yuèdú bùjǐn shǐ tā duō shíle cǎo-mù-chóng-yú zhī míng, érqiě kěyǐ shàngsù yuǎngǔ xià jí wèilái, bǎolǎn cúnzài de yǔ fēicúnzài de qífēng-yìsú.

Gèng wéi zhòngyào de shì, dúshū jiāhuì yú rénmen de bùjǐn shì zhīshi de zēngguǎng, érqiě hái zàiyú jīngshén de gǎnhuà yǔ táoyě. Rénmen cóng dúshū xué zuò rén, cóng nàxiē wǎngzhé xiānxián yǐjí dāngdài cáijùn de zhùshù zhōng xuédé tāmen de réngé. Rénmen cóng《Lúnyǔ》zhōng xuédé zhìhuì de sīkǎo, cóng《Shǐjì》zhōng xuédé yánsù de lìshǐ jīngshén, cóng《Zhèngqìgē》zhōng xuédé réngé de gāngliè, cóng Mǎkèsī xuédé rénshì//de jīqíng, cóng Lǔ Xùn xuédé pīpàn jīngshén, cóng Tuō'ěrsītài xuédé dàodé de zhízhuó. Gēdé de shījù kèxiězhe ruìzhì de rénshēng, Bàilún de shījù hūhuànzhe fèndòu de rèqíng. Yī gè dúshūrén, yī gè yǒu jī·huì yōng yǒu chāohū gèrén shēngmìng tǐyàn de xìngyùn rén.

Jiéxuǎn zì Xiè Miǎn《Dúshūrén Shì Xìngfú Rén》

作品 7 号

一天，爸爸下班回到家已经很晚了，他很累也有点儿烦，他发现五岁的儿子靠在门旁正等着他。

"爸，我可以问您一个问题吗？"

"什么问题？""爸，您一小时可以赚多少钱？""这与你无关，你为什么问这个问题？"父亲生气地说。

"我只是想知道，请告诉我，您一小时赚多少钱？"小孩儿哀求道。"假如你一定要知道的话，我一小时赚二十美金。"

"哦，"小孩儿低下了头，接着又说，"爸，可以借我十美金吗？"父亲发怒了："如果你只是要借钱去买毫无意义的玩具的话，给我回到你的房间睡觉去。好好想想为什么你会那么自私。我每天辛苦工作，没时间和你玩儿小孩子的游戏。"

小孩儿默默地回到自己的房间关上门。

父亲坐下来还在生气。后来，他平静下来了。心想他可能对孩子太凶了——或许孩子真的很想买什么东西，再说他平时很少要过钱。

父亲走进孩子的房间："你睡了吗？""爸，还没有，我还醒着。"孩子回答。

"我刚才可能对你太凶了，"父亲说，"我不应该发那么大的火儿——这是你要的十美金。""爸，谢谢您。"孩子高兴地从枕头下拿出一些被弄皱的钞票，慢慢地数着。

"为什么你已经有钱了还要？"父亲不解地问。

"因为原来不够，但现在凑够了。"孩子回答："爸我现在有 // 二十美金了，我可以向您买一个小时的时间吗？明天请早一点儿回家——我想和您一起吃晚餐。"

节选自唐继柳编译《二十美金的价值》

Zuòpǐn 7 Hào

Yī tiān, bàba xiàbān huídào jiā yǐ·jīng hěn wǎn le, tā hěn lèi yě yǒudiǎnr fán, tā fāxiàn wǔ suì de érzi kào zài mén páng zhèng děngzhe tā.

"Bà, wǒ kěyǐ wèn nín yī gè wèntí ma?"

"Shénme wèntí?" "Bà, nín yī xiǎoshí kěyǐ zhuàn duōshao qián?" "Zhè yǔ nǐ wúguān, nǐ wèishénme wèn zhège wèntí?" Fù·qīn shēngqì de shuō.

"Wǒ zhǐshì xiǎng zhī·dào, qǐng gàosu wǒ, nín yī xiǎoshí zhuàn duōshao qián?" Xiǎoháir āiqiú dào, "Jiǎrú nǐ yīdìng yào zhī·dào de huà, wǒ yī xiǎoshí zhuàn èrshí měijīn."

"Ò," Xiǎoháir dīxiàle tóu, jiēzhe yòu shuō, "Bà, kěyǐ jiè wǒ shí měijīn ma?" Fù·qīn fānù le: "Rúguǒ nǐ zhǐshì yào jiè qián qù mǎi háowú yìyì de wánjù de huà, gěi wǒ huídào nǐ de fángjiān shuìjiào·qù. Hǎohǎo xiǎngxiang wèishénme nǐ huì nàme zìsī. Wǒ měitiān xīnkǔ gōngzuò, méi shíjiān hé nǐ wánr xiǎoháizi de yóuxì."

Xiǎoháir mòmò de huídào zìjǐ de fángjiān guān·shàng mén.

Fù·qīn zuò xià·lái hái zài shēngqì. Hòulái, tā píngjìng xià·lái le. Xīnxiǎng tā kěnéng duì háizi tài xiōng le——huòxǔ háizi zhēnde hěn xiǎng mǎi shénme dōngxi, zài shuō tā píngshí hěn shǎo yàoguo qián.

Fù·qīn zǒujìn háizi de fángjiān: "Nǐ shuìle ma?" "Bà, hái méi·yǒu, wǒ hái xǐngzhe." Háizi huídá.

"Wǒ gāngcái kěnéng duì nǐ tài xiōng le," Fù·qīn shuō, "Wǒ bù yīnggāi fā nàme dà de huǒr——zhè shì nǐ yào de shí měijīn." "Bà, xièxie nín." Háizi gāoxìng de cóng zhěntoú·xià náchū yīxiē bèi nòngzhòu de chāopiào, mànmàn de shǔzhe.

"Wèishénme nǐ yǐ·jīng yǒu qián le hái yào?" Fù·qīn bùjiě de wèn.

"Yīn·wèi yuánlái bùgòu, dàn xiànzài còugòu le." Háizi huídá: "Bà, wǒ xiànzài yǒu //èrshí měijīn le, wǒ kěyǐ xiàng nín mǎi yī gè xiǎoshí de shíjiān ma? Míngtiān qǐng zǎo yīdiǎnr huíjiā ——wǒ xiǎng hé nín yīqǐ chī wǎncān."

Jiéxuǎn zì Táng Jìliǔ biānyì《Èrshí Měijīn de Jiàzhí》

作品 8 号

我爱月夜，但我也爱星天。从前在家乡七八月的夜晚在庭院里纳凉的时候，我最爱看天上密密麻麻的繁星。望着星天，我就会忘记一切，仿佛回到了母亲的怀里似的。

三年前在南京我住的地方有一道后门，每晚我打开后门，便看见一个静寂的夜。下面是一片菜园，上面是星群密布的蓝天。星光在我们的肉眼里虽然微小，然而它使我们觉得光明无处不在。那时候我正在读一些天文学的书，也认得一些星星，好像它们就是我的朋友，它们常常在和我谈话一样。

如今在海上，每晚和繁星相对，我把它们认得很熟了。我躺在舱面上，仰望天空。深蓝色的天空里悬着无数半明半昧的星。船在动，星也在动，它们是这样低，真是摇摇欲坠呢！渐渐地我的眼睛模糊了，我好像看见无数萤火虫在我的周围飞舞。海上的夜是柔和的，是静寂的，是梦幻的。我望着许多认识的星，我仿佛看见它们在对我眨眼，我仿佛听见它们在小声说话。这时我忘记了一切。在星的怀抱中我微笑着，我沉睡着。我觉得自己是一个小孩子，现在睡在母亲的怀里了。

有一夜，那个在哥伦波上船的英国人指给我看天上的巨人。他用手指着：// 那四颗明亮的星是头，下面的几颗是身子，这几颗是手，那几颗是腿和脚，还有三颗星算是腰带。经他这一番指点，我果然看清楚了那个天上的巨人。看，那个巨人还在跑呢！

节选自巴金《繁星》

Zuòpǐn 8 Hào

Wǒ ài yuèyè, dàn wǒ yě ài xīngtiān. Cóngqián zài jiāxiāng qī-bāyuè de yèwǎn zài tíngyuànli nàliáng de shíhou, wǒ zuì ài kàn tiān • shàng mìmì-mámá de fánxīng. Wàngzhe xīngtiān, Wǒ jiù huì wàngjì yīqiè, fǎngfú huídàole mǔ • qīn de huáili shìde.

Sān nián qián zài Nánjīng wǒ zhù de dìfang yǒu yī dào hòumén, měi wǎn wǒ dǎkāi hòumén, biàn kàn • jiàn yī gè jìngjì de yè. Xià • miàn shì yī piàn càiyuán, shàng • miàn shì xīngqún mìbù de lántiān. Xīngguāng zài wǒmen de ròuyǎnli suīrán wēixiǎo, rán'ér tā shǐ wǒmen juéde guāngmíng wúchù-bùzài. Nà shíhou wǒ zhèngzài dú yīxiē tiānwénxué de shū, yě rènde yīxiē xīngxing, hǎoxiàng tāmen jiùshì wǒ de péngyou, tāmen chángcháng zài hé wǒ tánhuà yīyàng.

Rújīn zài hǎi • shàng, měi wǎn hé fánxīng xiāngduì, wǒ bǎ tāmen rèn de hěn shú le. Wǒ tǎng zài cāngmiàn • shàng, yǎngwàng tiānkōng. Shēnlánsè de tiānkōngli xuánzhe wúshù bànmíng-bànmèi de xīng. Chuán zài dòng, xīng yě zài dòng, tāmen shì zhèyàng dī, zhēn shì yáoyáo-yùzhuì ne! Jiànjiàn de wǒ de yǎnjing móhu le, wǒ hǎoxiàng kàn • jiàn wúshù yínghuǒchóng zài wǒ de zhōuwéi fēiwǔ. Hǎi • shàng de yè shì róuhé de, shì jìngjì de, shì mènghuàn de. Wǒ wàngzhe xǔduō rènshi de xīng, wǒ fǎngfú kàn • jiàn tāmen zài duì wǒ zhǎyǎn, wǒ fǎngfú tīng • jiàn tāmen zài xiǎoshēng shuōhuà. Zhèshí wǒ wàngjìle yīqiè. Zài xīng de huáibào zhōng wǒ wēixiàozhe, wǒ chénshuìzhe. Wǒ juéde zìjǐ shì yī gè xiǎoháizi, xiànzài shuì zài mǔ • qīn de huáili le.

Yǒu yī yè, nàge zài Gēlúnbō shàng chuán de Yīngguórén zhǐ gěi wǒ kàn tiān • shàng de jùrén. Tā yòng shǒu zhǐzhe: //Nà sì kē míngliàng de xīng shì tóu, xià • miàn de jǐ kē shì shēnzi, zhè jǐ kē shì shǒu, nà jǐ kē shì tuǐ hé jiǎo, háiyǒu sān kē xīng suàn shì yāodài. Jīng tā zhè yīfān zhǐdiǎn, wǒ guǒrán kàn qīngchule nàge tiān • shàng de jùrén. Kàn, nàge jùrén hái zài pǎo ne!

Jiéxuǎn zì Bā Jīn 《Fánxīng》

作品 9 号

假日到河滩上转转，看见许多孩子在放风筝。一根根长长的引线，一头系在天上，一头系在地上，孩子同风筝都在天与地之间悠荡，连心也被悠荡得恍恍惚惚了，好像又回到了童年。

儿时放的风筝，大多是自己的长辈或家人编扎的，几根削得很薄的篾，用细纱线扎成各种鸟兽的造型，糊上雪白的纸片，再用彩笔勾勒出面孔与翅膀的图案。通常扎得最多的是"老雕""美人儿""花蝴蝶"等。

我们家前院就有位叔叔，擅扎风筝，远近闻名。他扎得风筝不只体形好看，色彩艳丽，放飞得高远，还在风筝上绷一叶用蒲苇削成的膜片，经风一吹，发出"嗡嗡"的声响，仿佛是风筝的歌唱，在蓝天下播扬，给开阔的天地增添了无尽的韵味，给驰荡的童心带来几分疯狂。

我们那条胡同的左邻右舍的孩子们放的风筝几乎都是叔叔编扎的。他的风筝不卖钱，谁上门去要，就给谁，他乐意自己贴钱买材料。

后来，这位叔叔去了海外，放风筝也渐与孩子们远离了。不过年年叔叔给家乡写信，总不忘提起儿时的放风筝。香港回归之后，他的家信中说到，他这只被故乡放飞到海外的风筝，尽管飘荡游弋，经沐风雨，可那线头儿一直在故乡和 // 亲人手中牵着，如今飘得太累了，也该要回归到家乡和亲人身边来了。

是的。我想，不光是叔叔，我们每个人都是风筝，在妈妈手中牵着，从小放到大，再从家乡放到祖国最需要的地方去啊！

节选自李恒瑞《风筝畅想曲》

Zuòpǐn 9 Hào

Jiàrì dào hétān•shàng zhuànzhuan, kàn•jiàn xǔduō háizi zài fàng fēngzheng. Yīgēngēn chángcháng de yǐnxiàn, yītóur jì zài tiān•shàng, yī tóur jìzài dì•shàng, háizi tóng fēngzheng dōu zài tiān yǔ dì zhījiān yōudàng, lián xīn yě bèi yōudàng de huǎnghuǎng-hūhū le, hǎoxiàng yòu huídào le tóngnián.

Érshí fàng de fēngzheng, dàduō shì zìjǐ de zhǎngbèi huò jiārén biānzā de, jǐ gēn xiāo de hěn báo de miè, yòng xì shāxiàn zāchéng gè zhǒng niǎo shòu de zàoxíng, hú•shàng xuěbái de zhǐpiàn, zài yòng cǎibǐ gōulè chū miànkǒng yǔ chìbǎng de tú'àn. Tōngcháng zā de zuì duō de shì "lǎodiāo" "měirénr" "huā húdié" děng.

Wǒmen jiā qiányuàn jiù yǒu wèi shūshu, shàn zā fēngzheng, yuǎn-jìn wénmíng. Tā zā de fēngzheng bùzhǐ tǐxíng hǎokàn, sècǎi yànlì, fàngfēi de gāo yuǎn, hái zài fēngzheng • shàng bēng yī yè yòng púwěi xiāochéng de mópiàn, jīng fēng yī chuī, fāchū "wēngwēng" de shēngxiǎng, fǎngfú shì fēngzheng de gēchàng, zài lántiān • xià bōyáng, gěi kāikuò de tiāndì zēngtiānle wújìn de yùnwèi, gěi chídàng de tóngxīn dàilái jǐfēn fēngkuáng.

Wǒmen nà tiáo hútòngr de zuǒlín-yòushè de háizimen fàng de fēngzheng jīhū dōu shì shūshu biānzā de. Tā de fēngzheng bù mài qián, shuí shàngmén qù yào, jiù gěi shuí, tā lèyì zìjǐ tiēqián mǎi cáiliào.

Hòulái, zhèwèi shūshu qùle hǎiwài, fàng fēngzheng yě jiàn yǔ háizi men yuǎnlí le. Bùguò niánnián shūshu gěi jiāxiāng xiěxìn, zǒng bù wàng tíqǐ érshí de fàng fēngzheng. Xiānggǎng huíguī zhīhòu, tā zài jiāxìn zhōng shuōdào, tā zhè zhī bèi gùxiāng fàngfēi dào hǎiwài de fēngzheng, jǐnguǎn piāodàng yóuyì, jīng mù fēngyǔ, kě nà xiàntóur yīzhí zài gùxiāng hé//qīnrén shǒu zhōng qiānzhe, rújīn piāo de tài lèi le, yě gāi yào huíguī dào jiāxiāng hé qīnrén shēnbiān lái le.

Shìde. Wǒ xiǎng, bùguāng shì shūshu, wǒmen měi gè rén dōu shì fēngzheng, zài māma shǒu zhōng qiānzhe, cóngxiǎo fàngdào dà, zài cóng jiāxiāng fàngdào zǔguó zuì xūyào de dìfang qù a!

Jiéxuǎn zì Lǐ Héngruì《Fēngzheng Chàngxiǎngqǔ》

作品 10 号

爸不懂得怎样表达爱，使我们一家人融洽相处的是我妈。他只是每天上班下班，而妈则把我们做过的错事开列清单，然后由他来责骂我们。

有一次我偷了一块糖果，他要我把它送回去，告诉卖糖的说是我偷来的，说我愿意替他拆箱卸货作为赔偿。但妈妈却明白我只是个孩子。

我在运动场打秋千跌断了腿，在前往医院途中一直抱着我的，是我妈。爸把汽车停在急诊室门口，他们叫他驶开，说那空位是留给紧急车辆停放的。爸听了便叫嚷道："你以为这是什么车？旅游车？"

在我生日会上，爸总是显得有些不大相称。他只是忙于吹气球，布置餐桌,做杂务。把插着蜡烛的蛋糕推过来让我吹的,是我妈。

我翻阅照相册时,人们总是问:"你爸爸是什么样子的?"天晓得!他老是忙着替别人拍照。妈和我笑容可掬地一起拍的照片,多得不可胜数。

我记得妈有一次叫他教我骑自行车。我叫他别放手,但他却说是应该放手的时候了。我摔倒之后,妈跑过来扶我,爸却挥手要她走开。我当时生气极了,决心要给他点儿颜色看。于是我马上爬上自行车,而且自己骑给他看。他只是微笑。

我念大学时,所有的家信都是妈写的。他 // 除了寄支票外,还寄过一封短柬给我,说因为我不在草坪上踢足球了,所以他的草坪长得很美。

每次我打电话回家,他似乎都想跟我说话,但结果总是说:"我叫你妈来接。"

我结婚时,掉眼泪的是我妈。他只是大声擤了一下鼻子,便走出房间。

我从小到大都听他说:"你到哪里去?什么时候回家?汽车有没有汽油?不,不准去。"爸完全不知道怎样表达爱。除非……

会不会是他已经表达了,而我却未能察觉?

节选自[美]艾尔玛·邦贝克《父亲的爱》

Zuòpǐn 10 Hào

Bà bù dǒng·dé zěnyàng biǎodá ài, shǐ wǒmen yī jiā rén róngqià xiāngchǔ de shì wǒ mā. Tā zhǐshì měi tiān shàngbān xiàbān, ér mā zé bǎ wǒmen zuòguo de cuòshì kāiliè qīngdān, ránhòu yóu tā lái zémà wǒmen.

Yǒu yī cì wǒ tōule yī kuài tángguǒ, tā yào wǒ bǎ tā sòng huí·qù, gàosu mài táng de shuō shì wǒ tōu·lái de, shuō wǒ yuàn·yì tì tā chāi xiāng xiè huò zuòwéi péi cháng. Dàn māma què míngbai wǒ zhǐshì gè háizi.

Wǒ zài yùndòngchǎng dǎ qiūqiān diēduànle tuǐ, zài qiánwǎng yīyuàn túzhōng yīzhí bàozhe wǒ de, shì wǒ mā. Bà bǎ qìchē tíng zài jízhěnshì ménkǒu, tāmen jiào tā shǐkāi, shuō nà kōngwèi shì liúgěi jǐnjí chēliàng tíngfàng de. Bà tīngle biàn jiàorǎng dào: "Nǐ yǐwéi zhè shì shénme chē? Lǚyóuchē?"

Zài wǒ shēng·rìhuì·shàng, bà zǒngshì xiǎnde yǒuxiē bùdà xiāngchèn. Tā zhǐshì máng yú chuī qìqiú, bùzhì cānzhuō, zuò záwù. Bǎ chāzhe làzhú de dàngāo tuī guò·lái ràng wǒ chuī de, shì wǒ mā.

Wǒ fānyuè zhàoxiàngcè shí, rénmen zǒngshì wèn: "Nǐ bàba shì shénme yàngzi de?" Tiān xiǎode! Tā lǎoshì mángzhe tì bié·rén pāizhào. Mā hé wǒ xiàoróng-kějū de yīqǐ pāi de zhàopiàn, duō de bùkě-shèngshǔ.

　　Wǒ jìde mā yǒu yī cì jiào tā jiāo wǒ qí zìxíngchē. Wǒ jiào tā bié fàngshǒu, dàn tā què shuō shì yīnggāi fàngshǒu de shíhou le. Wǒ shuāidǎo zhīhòu, mā pǎo guò•lái fú wǒ, bà què huīshǒu yào tā zǒukāi. Wǒ dāngshí shēngqì jí le, juéxīn yào gěi tā diǎnr yánsè kàn. Yúshì wǒ mǎshàng pá•shàng zìxíngchē, érqiě zìjǐ qí gěi tā kàn. Tā zhǐshì wēixiào.

　　Wǒ niàn dàxué shí, suǒyǒu de jiāxìn dōu shì mā xiě de. Tā //chúle jì zhīpiào wài, hái jìguo yī fēng duǎnjiǎn gěi wǒ, shuō yīn•wèi wǒ bù zài cǎopíng•shàng tī zúqiú le, suǒyǐ tā de cǎopíng zhǎng de hěnměi.

　　Měi cì wǒ dǎ diànhuà huíjiā, tā sìhū dōu xiǎng gēn wǒ shuōhuà, dàn jiéguǒ zǒngshì shuō: "Wǒ jiào nǐ mā lái jiē."

　　Wǒ jiéhūn shí, diào yǎnlèi de shì wǒ mā. Tā zhǐshì dàshēng xǐngle yīxià bízi, biàn zǒuchū fángjiān.

　　Wǒ cóng xiǎo dào dà dōu tīng tā shuō: "Nǐ dào nǎli qù? Shénme shíhou huíjiā? Qìchē yǒu méi•yǒu qìyóu? Bù, bù zhǔn qù." Bà wánquán bù zhī•dào zěnyàng biǎodá ài. Chú fēi……

　　Huì•bù huì shì tā yǐjing biǎodá le, ér wǒ què wèi néng chájué?

Jiéxuǎn zì［měi］Ài'ěrmǎ·Bāngbèikè《Fù•qīn de Ài》

作品 11 号

　　一个大问题一直盘踞在我脑袋里：

　　世界杯怎么会有如此巨大的吸引力？除去足球本身的魅力之外，还有什么超乎其上而更伟大的东西？

　　近来观看世界杯，忽然从中得到了答案：是由于一种无上崇高的精神情感——国家荣誉感！

　　地球上的人都会有国家的概念，但未必时时都有国家的感情。往往人到异国，思念家乡，心怀故国，这国家概念就变得有血有肉，爱国之情来得非常具体。而现代社会，科技昌达，信息快捷，事事上网，世界真是太小太小，国家的界限似乎也不那么清晰了。再说足球正在快速世界化，平日里各国球员频繁转会，往来随意，致使越来越多的国家联赛都具有国际的因素。球员们不论国籍，只效力于自己的俱乐部，他们比赛时的激情中完全没有爱国主义的因子。

然而，到了世界杯大赛，天下大变。各国球员都回国效力，穿上与光荣的国旗同样色彩的服装。在每一场比赛前，还高唱国歌以宣誓对自己祖国的挚爱与忠诚。一种血缘情感开始在全身的血管里燃烧起来，而且立刻热血沸腾。

在历史时代，国家间经常发生对抗，好男儿戎装卫国。国家的荣誉往往需要以自己的生命去换 // 取。但在和平时代，唯有这种国家之间大规模对抗性的大赛，才可以唤起那种遥远而神圣的情感，那就是：为祖国而战！

节选自冯骥才《国家荣誉感》

Zuòpǐn 11 Hào

Yī gè dà wèntí yīzhí pánjù zài wǒ nǎodaili:

Shìjièbēi zěnme huì yǒu rúcǐ jùdà de xīyǐnlì? Chúqù zúqiú běnshēn de mèilì zhīwài, háiyǒu shénme chāohūqíshàng ér gèng wěidà de dōngxi?

Jìnlái guānkàn shìjièbēi, hūrán cóngzhōng dédàole dá'àn: Shì yóuyú yī zhǒng wúshàng chónggāo de jīngshén qínggǎn——guójiā róngyùgǎn!

Dìqiú·shàng de rén dōu huì yǒu guójiā de gàiniàn, dàn wèibì shíshí dōu yǒu guójiā de gǎnqíng. Wǎngwǎng rén dào yìguó, sīniàn jiāxiāng, xīn huái gùguó, zhè guójiā gàiniàn jiù biànde yǒu xiě yǒu ròu, àiguó zhī qíng lái de fēicháng jùtǐ. Ér xiàndài shèhuì, kējì chāngdá, xìnxī kuàijié, shìshì shàngwǎng, shìjiè zhēnshì tài xiǎo tài xiǎo, guójiā de jièxiàn sìhū yě bù nàme qīngxī le. Zàishuō zúqiú zhèngzài kuàisù shìjièhuà, píngrìli gè guó qiúyuán pínfán zhuǎnhuì, wǎnglái suíyì, zhìshǐ yuèláiyuèduō de guójiā liánsài dōu jùyǒu guójì de yīnsù. Qiúyuánmen bùlùn guójí, zhǐ xiàolì yú zìjǐ de jùlèbù, tāmen bǐsài shí de jīqíng zhōng wánquán méi·yǒu àiguózhǔyì de yīnzǐ.

Rán'ér, dàole shìjièbēi dàsài, tiānxià dàbiàn. Gè guó qiúyuán dōu huíguó xiàolì, chuān·shàng yǔ guāngróng de guóqí tóngyàng sècǎi de fúzhuāng. Zài měi yī chǎng bǐsài qián, hái gāochàng guógē yǐ xuānshì duì zìjǐ zǔguó de zhì'ài yǔ zhōngchéng. Yī zhǒng xuèyuán qínggǎn kāishǐ zài quánshēn de xuèguǎnli ránshāo qǐ·lái, érqiě lìkè rèxuè fèiténg.

Zài lìshǐ shídài, guójiā jiān jīngcháng fāshēng duìkàng, hǎo nán'ér róngzhuāng wèiguó. Guójiā de róngyù wǎngwǎng xūyào yǐ zìjǐ de shēngmìng qù huàn//qǔ. Dàn zài hépíng shídài, wéiyǒu zhè zhǒng guójiā zhījiān dàguīmó duìkàngxìng de dàsài, cái kěyǐ huànqǐ nà zhǒng yáoyuǎn ér shénshèng de qínggǎn, nà jiùshì：Wèi zǔguó ér zhàn!

Jiéxuǎn zì Féng Jìcái《Guójiā Róngyùgǎn》

作品 12 号

夕阳落山不久，西方的天空，还燃烧着一片橘红色的晚霞。大海，也被这霞光染成了红色，而且比天空的景色更要壮观。因为它是活动的，每当一排排波浪涌起的时候，那映照在浪峰上的霞光，又红又亮，简直就像一片片霍霍燃烧着的火焰，闪烁着，消失了。而后面的一排，又闪烁着，滚动着，涌了过来。

天空的霞光渐渐地淡下去了，深红的颜色变成了绯红，绯红又变成浅红。最后，当这一切红光都消失了的时候，那突然显得高而远了的天空，则呈现出一片肃穆的神色。最早出现的启明星，在这蓝色的天幕上闪烁起来了。它是那么大，那么亮，整个广漠的天幕上只有它在那里放射着令人注目的光辉，活像一盏悬挂在高空的明灯。

夜色加浓，苍空中的"明灯"越来越多了。而城市各处的真的灯火也次第亮了起来，尤其是围绕在海港周围山坡上的那一片灯光，从半空倒映在乌蓝的海面上，随着波浪晃动着，闪烁着，像一串流动着的珍珠，和那一片片密布在苍穹里的星斗互相辉映，煞是好看。

在这幽美的夜色中，我踏着软绵绵的沙滩，沿着海边，慢慢地向前走去。海水，轻轻地抚摸着细软的沙滩，发出温柔的 // 刷刷声。晚来的海风，清新而又凉爽。我的心里，有着说不出的兴奋和愉快。

夜风轻飘飘地吹拂着，空气中飘荡着一种大海和田禾相混合的香味儿，柔软的沙滩上还残留着白天太阳炙晒的余温。那些在各个工作岗位上劳动了一天的人们，三三两两地来到这软绵绵的沙滩上，他们浴着凉爽的海风，望着那缀满了星星的夜空，尽情地说笑，尽情地休憩。

节选自峻青《海滨仲夏夜》

Zuòpǐn 12 Hào

Xīyáng luòshān bùjiǔ, xīfāng de tiānkōng, hái ránshāozhe yī piàn júhóngsè de wǎnxiá. Dàhǎi, yě bèi zhè xiáguāng rǎnchéngle hóngsè, érqiě bǐ tiānkōng de jǐngsè gèng yào zhuàngguān. Yīn·wèi tā shì huó·dòng de, měidāng yīpáipái bōlàng yǒngqǐ de shíhou, nà yìngzhào zài làngfēng·shàng de xiáguāng, yòu hóng yòu liàng, jiǎnzhí jiù xiàng yīpiànpiàn huòhuò ránshāozhe de huǒyàn, shǎnshuòzhe, xiāoshīle. Ér hòu·miàn de yī pái, yòu shǎnshuòzhe, gǔndòngzhe, yǒngle·guò·lái.

Tiānkōng de xiáguāng jiànjiàn de dàn xià·qù le, shēnhóng de yánsè biànchéngle fēihóng, fēihóng yòu biànchéng qiǎnhóng. Zuìhòu, dāng zhè yīqiē hóngguāng dōu xiāoshīle de shíhou, nà tūrán xiǎnde gāo ér yuǎn le de tiānkōng, zé chéngxiàn chū yī piàn sùmù de shénsè. Zuì zǎo chūxiàn de qǐmíngxīng, zài zhè lánsè de tiānmù·shàng shǎnshuò qǐ·lái le. Tā shì nàme dà, nàme liàng, zhěng gè guǎngmò de tiānmù·shàng zhǐyǒu tā zài nàli fàngshèzhe lìng rén zhùmù de guānghuī, huóxiàng yī zhǎn xuánguà zài gāokōng de míngdēng.

Yèsè jiā nóng, cāngkōng zhōng de "míngdēng" yuèláiyuè duō le. Ér chéngshì gè chù de zhēn de dēnghuǒ yě cìdì liàngle qǐ·lái, yóuqí shì wéirào zài hǎigǎng zhōuwéi shānpō·shàng de nà yī piàn dēngguāng, cóng bànkōng dàoyìng zài wūlán de hǎimiàn·shàng, suízhe bōlàng huàngdòngzhe, shǎnshuòzhe, xiàng yī chuàn liúdòngzhe de zhēnzhū, hé nà yīpiànpiàn mìbù zài cāngqióngli de xīngdǒu hùxiāng huīyìng, shà shì hǎokàn.

Zài zhè yōuměi de yèsè zhōng, wǒ tàzhe ruǎnmiánmián de shātān, yánzhe hǎibiān, mànmàn de xiàngqián zǒu·qù. Hǎishuǐ, qīngqīng de fǔmōzhe xìruǎn de shātān, fāchū wēnróu de//shuāshuā shēng. Wǎnlái de hǎifēng, qīngxīn ér yòu liángshuǎng. Wǒ de xīnli, yǒuzhe shuō·bùchū de xīngfèn hé yúkuài.

Yèfēng qīngpiāopiāo de chuīfúzhe, kōngqì zhōng piāodàngzhe yī zhǒng dàhǎi hé tiánhé xiāng hùnhé de xiāngwèir, róuruǎn de shātān·shàng hái cánliúzhe bái·tiān tài·yáng zhìshài de yúwēn. Nàxiē zài gè gè gōngzuò gǎngwèi·shàng láodòngle yī tiān de rénmen, sānsān-liǎngliǎng de láidào zhè ruǎnmiánmián de shātān·shàng, tāmen yùzhe liángshuǎng de hǎifēng, wàngzhe nà zhuìmǎnle xīngxing de yèkōng, jìnqíng de shuōxiào, jìnqíng de xiūqì.

Jiéxuǎn zì Jùn Qīng《Hǎibīn Zhòngxià Yè》

作品 13 号

生命在海洋里诞生绝不是偶然的，海洋的物理和化学性质，使它成为孕育原始生命的摇篮。

我们知道，水是生物的重要组成部分，许多动物组织的含水量在百分之八十以上，而一些海洋生物的含水量高达百分之九十五。水是新陈代谢的重要媒介，没有它，体内的一系列生理和生物化学反应就无法进行，生命也就停止。因此，在短时期内动物缺水要比缺少食物更加危险。水对今天的生命是如此重要，它对脆弱的原始生命，更是举足轻重了。生命在海洋里诞生，就不会有缺水之忧。

水是一种良好的溶剂。海洋中含有许多生命所必需的无机盐，如氯化钠、氯化钾、碳酸盐、磷酸盐，还有溶解氧，原始生命可以毫不费力地从中吸取它所需要的元素。

水具有很高的热容量，加之海洋浩大，任凭夏季烈日暴晒，冬季寒风扫荡，它的温度变化却比较小。因此，巨大的海洋就像是天然的"温箱"，是孕育原始生命的温床。

阳光虽然为生命所必需，但是阳光中的紫外线却有扼杀原始生命的危险。水能有效地吸收紫外线，因而又为原始生命提供了天然的"屏障"。

这一切都是原始生命得以产生和发展的必要条件。//

节选自童裳亮《海洋与生命》

Zuòpǐn 13 Hào

Shēngmìng zài hǎiyángli dànshēng jué bù shì ǒurán de，hǎiyáng de wùlǐ hé huàxué xìngzhì，shǐ tā chéngwéi yùnyù yuánshǐ shēngmìng de yáolán.

Wǒmen zhī·dào，shuǐ shì shēngwù de zhòngyào zǔchéng bùfen，xǔduō dòngwù zǔzhī de hánshuǐliàng zài bǎi fēn zhī bāshí yǐshàng，ér yīxiē hǎiyáng shēngwù de hánshuǐliàng gāodá bǎi fēn zhī jiǔshíwǔ. Shuǐ shì xīnchén-dàixiè de zhòngyào méijiè，méi·yǒu tā，tǐnèi de yīxìliè shēnglǐ hé shēngwù huàxué fǎnyìng jiù wúfǎ jìnxíng，shēngmìng yě jiù tíngzhǐ. Yīncǐ，zài duǎn shíqī nèi dòngwù quē shuǐ yào bǐ quēshǎo shíwù gèngjiā wēixiǎn. Shuǐ duì jīntiān de shēngmìng shì rúcǐ zhòngyào, tā duì cuìruò de yuánshǐ shēngmìng, gèng shì jǔzú-qīngzhòng le. Shēngmìng zài hǎiyángli dànshēng, jiù bù huì yǒu quē shuǐ zhī yōu.

Shuǐ shì yī zhǒng liánghǎo de róngjì. Hǎiyáng zhōng hányǒu xǔduō shēngmìng suǒ bìxū de wújīyán, rú lùhuànà、lùhuàjiǎ、tànsuānyán、línsuānyán, háiyǒu róngjiěyǎng. Yuánshǐ shēngmìng kěyǐ háobù fèilì de cóngzhōng xīqǔ tā suǒ xūyào de yuánsù.

Shuǐ jùyǒu hěn gāo de rè róngliàng, jiāzhī hǎiyáng hàodà, rènpíng xiàjì lièrì pùshài, dōngjì hánfēng sǎodàng, tā de wēndù biànhuà què bǐjiào xiǎo. Yīncǐ, jùdà de hǎiyáng jiù xiàng shì tiānrán de "wēnxiāng", shì yùnyù yuánshǐ shēngmìng de wēnchuáng.

Yángguāng suīrán wéi shēngmìng suǒ bìxū, dànshì yángguāng zhōng de zǐwàixiàn què yǒu èshā yuánshǐ shēngmìng de wēixiǎn. Shuǐ néng yǒuxiào xīshōu zǐwàixiàn. Yīn'ér yòu wèi yuánshǐ shēngmìng tígōngle tiānrán de "píngzhàng".

Zhè yīqiè dōu shì yuánshǐ shēngmìng déyǐ chǎnshēng hé fāzhǎn de bìyào tiáojiàn. //

Jiéxuǎn zì Tóng Chángliàng《Hǎiyáng yǔ Shēngmìng》

作品 14 号

读小学的时候，我的外祖母去世了。外祖母生前最疼爱我，我无法排除自己的忧伤，每天在学校的操场上一圈儿又一圈儿地跑着，跑得累倒在地上，扑在草坪上痛哭。

那哀痛的日子，断断续续地持续了很久，爸爸妈妈也不知道如何安慰我。他们知道与其骗我说外祖母睡着了，还不如对我说实话：外祖母永远不会回来了。

"什么是永远不会回来呢?"我问着。

"所有时间里的事物，都永远不会回来。你的昨天过去，它就永远变成昨天，你不能再回到昨天。爸爸以前也和你一样小，现在也不能回到你这么小的童年了，有一天你会长大，你会像外祖母一样老；有一天你度过了你的时间，就永远不会回来了。"爸爸说。

爸爸等于给我一个谜语，这谜语比课本上的"日历挂在墙壁，一天撕去一页，使我心里着急"和"一寸光阴一寸金，寸金难买寸光阴"还让我感到可怕；也比作文本上的"光阴似箭，日月如梭"更让我觉得有一种说不出的滋味。

时间过得那么飞快，使我的小心眼儿里不只是着急，还有悲伤。有一天我放学回家，看到太阳快落山了，就下决心说："我要比太阳更快地回家。"我狂奔回去，站在庭院前喘气的时候，看到太阳//还露着半边脸，我高兴地跳跃起来，那一天我跑赢了太阳。以后我就时常做那样的游戏，有时和太阳赛跑，有时和西北风比快，有时一个暑假才能做完的作业，我十天就做完了；那时我三年级，常常把哥哥五年级的作业拿来做。每一次比赛胜过时间，我就快乐得不知道怎么形容。

如果将来我有什么要教给我的孩子，我会告诉他：假若你一直和时间比赛，你就可以成功！

节选自（台湾）林清玄《和时间赛跑》

Zuòpǐn 14 Hào

Dú xiǎoxué de shíhou, wǒ de wàizǔmǔ qùshì le. Wàizǔmǔ shēngqián zuì téng'ài wǒ, wǒ wúfǎ páichú zìjǐ de yōushāng, měi tiān zài xuéxiào de cāochǎng•shàng yī quānr yòu yī quānr de pǎozhe, pǎo de lèidǎo zài dì•shàng, pūzài cǎopíng•shàng tòngkū.

Nà āitòng de rìzi, duànduàn-xùxù de chíxùle hěn jiǔ, bàba māma yě bù zhī•dào rúhé ānwèi wǒ. Tāmen zhī•dào yǔqí piàn wǒ shuō wàizǔmǔ shuìzháole, hái bùrú duì wǒ shuō shíhuà: Wàizǔmǔ yǒngyuǎn bù huì huí•lái le.

"Shénme shì yǒngyuǎn bù huì huí•lái ne?" wǒ wènzhe.

"Suǒyǒu shíjiānli de shìwù, dōu yǒngyuǎn bù huì huí•lái. Nǐ de zuótiān guò•qù, tā jiù yǒngyuǎn biàn chéng zuótiān, nǐ bùnéng zài huídào zuótiān. Bàba yǐqián yě hé nǐ yīyàng xiǎo, xiànzài yě bùnéng huídào nǐ zhème xiǎo de tóngnián le; yǒu yī tiān nǐ huì zhǎngdà, nǐ huì xiàng wàizǔmǔ yīyàng lǎo; yǒu yī tiān nǐ dùguole nǐ de shíjiān, jiù yǒngyuǎn bù huì huí•lái le." Bàba shuō.

Bàba děngyú gěi wǒ yī gè míyǔ, zhè míyǔ bǐ kèběn•shàng de "Rìlì guà zài qiángbì, yī tiān sī•qù yī yè, shǐ wǒ xīnli zháojí" hé "Yī cùn guāngyīn yī cùn jīn, cùn jīn nán mǎi cùn guāngyīn" hái ràng wǒ gǎndào kěpà; yě bǐ zuòwénběn • shàng de "Guāngyīn sì jiàn, rìyuè rú suō" gèng ràng wǒ juéde yǒu yī zhǒng shuō • bùchū de zīwèi.

Shíjiān guò de nàme fēikuài, shǐ wǒ de xiǎo xīnyǎnrli bù zhǐshì zháojí, háiyǒu bēishāng. Yǒu yī tiān wǒ fàngxué huíjiā, kàndào tài • yáng kuài luòshān le, jiù xià juéxīn shuō: "Wǒ yào bǐ tài • yáng gèng kuài de huíjiā." Wǒ kuángbēn huí • qù, zhànzài tíngyuàn qián chuǎnqì de shíhou, kàndào tài • yáng //hái lòuzhe bànbiān liǎn, wǒ gāoxìng de tiàoyuè qǐ • lái, nà yī tiān wǒ pǎoyíngle tài • yáng. Yǐhòu wǒ jiù shícháng zuò nàyàng de yóuxì, yǒushí hé tài • yáng sàipǎo, yǒu shí hé xīběifēng bǐ kuài, yǒushí yī gè shǔjià cái néng zuòwán de zuòyè, wǒ shí tiān jiù zuòwánle; nàshí wǒ sān niánjí, chángcháng bǎ gēge wǔ niánjí de zuòyè ná • lái zuò. Měi yī cì bǐsài shèngguo shíjiān, wǒ jiù kuàilè de bù zhī • dào zěnme xíngróng.

Rúguǒ jiānglái wǒ yǒu shénme yào jiāogěi wǒ de háizi, wǒ huì gàosu tā: jiǎruò nǐ yīzhí hé shíjiān bǐsài, nǐ jiù kěyǐ chénggōng!

Jiéxuǎn zì（Táiwān）Lín Qīngxuán《Hé Shíjiān Sàipǎo》

作品 15 号

三十年代初，胡适在北京大学任教授。讲课时他常常对白话文大加称赞，引起一些只喜欢文言文而不喜欢白话文的学生的不满。

一次，胡适正讲得得意的时候，一位姓魏的学生突然站了起来，生气地问："胡先生，难道说白话文就毫无缺点吗?"胡适微笑着回答说："没有。"那位学生更加激动了："肯定有！白话文废话太多，打电报用字多，花钱多。"胡适的目光顿时变亮了。轻声地解释说："不一定吧！前几天有位朋友给我打来电报，请我去政府部门工作，我决定不去，就回电拒绝了。复电是用白话写的，看来也很省字。请同学们根据我这个意思，用文言文写一个回电，看看究竟是白话文省字，还是文言文省字?"胡教授刚说完，同学们立刻认真地写了起来。

十五分钟过去，胡适让同学举手，报告字的数目，然后挑了一份用字最少的文言电报稿，电文是这样写的：

"才疏学浅，恐难胜任，不堪从命。"白话文的意思是：学问不深，恐怕很难担任这个工作，不能服从安排。

胡适说，这份写得确实不错，仅用了十二个字。但我的白话电报却只用了五个字：

"干不了，谢谢！"

胡适又解释说："干不了"就有才疏学浅、恐难胜任的意思；"谢谢"既//对朋友的介绍表示感谢，又有拒绝的意思。所以，废话多不多，并不看它是文言文还是白话文，只要注意选用字词，白话文是可以比文言文更省字的。

节选自陈灼主编《实用汉语中级教程》（上）中《胡适的白话电报》

Zuòpǐn 15 Hào

Sānshí niándài chū, Hú Shì zài Běijīng Dàxué rèn jiàoshòu. Jiǎngkè shí tā chángcháng duì báihuàwén dàjiā chēngzàn, yǐnqǐ yīxiē zhǐ xǐhuan wényánwén ér bù xǐ huan báihuàwén de xuésheng de bùmǎn.

Yī cì, Hú Shì zhèng jiǎng de déyì de shíhou, yī wèi xìng Wèi de xuésheng tūrán zhànle qǐ·lái, shēngqì de wèn: "Hú xiānsheng, nándào shuō báihuàwén jiù háowú quēdiǎn ma?" Hú Shì wēixiàozhe huídá shuō: "méi·yǒu." Nà wèi xuésheng gèngjiā jīdòng le: "Kěndìng yǒu! Báihuàwén fèihuà tài duō, dǎ diànbào yòng zì duō, huāqián duō." Hú Shì de mùguāng dùnshí biànliàng le. Qīngshēng de jiěshì shuō: "Bù yīdìng ba! Qián jǐ tiān yǒu wèi péngyou gěi wǒ dǎ·lái diànbào, qǐng wǒ qù zhèngfǔ bùmén gōngzuò, wǒ juédìng bù qù, jiù huídiàn jùjué le. Fùdiàn shì yòng báihuà xiě de, kànlái yě hěn shěng zì. Qǐng tóngxuémen gēnjù wǒ zhège yìsi, yòng wényánwén xiě yī gè huídiàn, kànkan jiūjìng shì báihuàwén shěng zì, hái shì wényánwén shěng zì?" Hú jiàoshòu gāng shuō wán, tóngxuémen lìkè rènzhēn de xiěle qǐ·lái.

Shíwǔ fēnzhōng guò·qù, Hú Shì ràng tóngxué jǔshǒu, bàogào yòng zì de shùmù, ránhòu tiāole yī fèn yòng zì zuì shǎo de wényán diànbàogǎo, diànwén shì zhèyàng xiě de:

"Cáishū-xuéqiǎn, kǒng nán shèngrèn, bùkān cóngmìng." Báihuàwén de yìsi shì: Xuéwen bù shēn, kǒngpà hěn nán dānrèn zhège gōngzuò, bùnéng fúcóng ānpái.

Hú Shì shuō, zhè fèn xiě de quèshí bùcuò, jǐn yòngle shí'èr gè zì. Dàn wǒ de báihuà diànbào què zhǐ yòngle wǔ gè zì:

"Gàn·bù liǎo, xièxie!"

Hú shì yòu jiěshì shuō："Gàn·bù liǎo" jiù yǒu cáishū-xuéqiǎn、kǒng nán shèngrèn de yìsi；"Xièxie" jì //duì péngyou de jièshào biǎoshì gǎnxiè, yòu yǒu jùjué de yìsi. Suǒyǐ, fèihuà duō·bù duō, bìng bù kàn tā shì wényánwén hái shì báihuàwén, zhǐyào zhùyì xuǎnyòng zìcí, báihuàwén shì kěyǐ bǐ wényánwén gèng shěng zì de.

Jiéxuǎn zì Chén zhuó zhǔbiān《Shíyòng Hànyǔ Zhōngjí Jiàochéng》(shàng) zhōng《Hú Shì de Báihuà Diànbào》

作品 16 号

很久以前，在一个漆黑的秋天的夜晚，我泛舟在西伯利亚一条阴森森的河上。船到一个转弯处，只见前面黑黢黢的山峰下面一星火光蓦地一闪。

火光又明又亮，好像就在眼前……

"好啦，谢天谢地！"我高兴地说，"马上就到过夜的地方啦！"

船夫扭头朝身后的火光望了一眼，又不以为然地划起桨来。

"远着呢！"

我不相信他的话，因为火光冲破朦胧的夜色，明明在那儿闪烁。不过船夫是对的，事实上，火光的确还远着呢。

这些黑夜的火光的特点是：驱散黑暗，闪闪发亮，近在眼前，令人神往。乍一看，再划几下就到了……其实却还远着呢！……

我们在漆黑如墨的河上又划了很久。一个个峡谷和悬崖，迎面驶来，又向后移去，仿佛消失在茫茫的远方，而火光却依然停在前头，闪闪发亮，令人神往——依然是这么近，又依然是那么远……

现在，无论是这条被悬崖峭壁的阴影笼罩的漆黑的河流，还是那一星明亮的火光，都经常浮现在我的脑际，在这以前和在这以后，曾有许多火光，似乎近在咫尺，不止使我一人心驰神往。可是生活之河却仍然在那阴森森的两岸之间流着，而火光也依旧非常遥远。因此，必须加劲划桨……

然而，火光啊……毕竟……毕竟就 // 在前头！……

节选自［俄］柯罗连科《火光》，张铁夫译

Zuòpǐn 16 Hào

Hěnjiǔ yǐqián, zài yī gè qīhēi de qiūtiān de yèwǎn, wǒ fàn zhōu zài Xībólìyà yī tiáo yīnsēnsēn de hé·shàng. Chuán dào yī gè zhuǎnwān chù, zhǐjiàn qián·miàn hēiqūqū de shānfēng xià·miàn, yī xīng huǒguāng mòdì yī shǎn.

Huǒguāng yòu míng yòu liàng, hǎoxiàng jiù zài yǎnqián······

"Hǎo la, xiètiān-xièdì!" Wǒ gāoxìng de shuō, "Mǎshàng jiù dào guòyè de dìfang la!"

Chuánfū niǔtóu cháo shēnhòu de huǒguāng wàngle yī yǎn, yòu bùyǐwéirán de huá·qǐ jiǎng·lái.

"Yuǎnzhe ne!"

Wǒ bù xiāngxìn tā de huà, yīn·wèi huǒguāng chōngpò ménglóng de yèsè, míngmíng zài nàr shǎnshuò. Bùguò chuánfū shì duì de, shìshí·shàng, huǒguāng díquè hái yuǎnzhe ne.

Zhèxiē hēiyè de huǒguāng de tèdiǎn shì: Qū sàn hēi'àn, shǎnshǎn fāliàng, jìn zài yǎnqián, lìngrén shénwǎng. Zhà yī kàn, zài huá jǐ xià jiù dàole······Qíshí què hái yuǎnzhe ne! ······

Wǒmen zài qīhēi rú mò de hé·shàng yòu huále hěn jiǔ. Yīgègè xiágǔ hé xuányá, yíngmiàn shǐ·lái, yòu xiàng hòu yí·qù, fǎng fú xiāoshī zài mángmáng de yuǎnfāng, ér huǒguāng què yīrán tíng zài qiántou, shǎnshǎn fāliàng, lìngrén shénwǎng——yīrán shì zhème jìn, yòu yīrán shì nàme yuǎn······

Xiànzài, wúlùn shì zhè tiáo bèi xuányá qiàobì de yīnyǐng lǒngzhào de qīhēi de héliú, háishì nà yī xīng míngliàng de huǒguāng, dōu jīngcháng fúxiàn zài wǒ de nǎojì, zài zhè yǐqián hé zài zhè yǐhòu, céng yǒu xǔduō huǒguāng, sìhū jìn zài zhǐchǐ, bùzhǐ shǐ wǒ yī rén xīnchí-shénwǎng. Kěshì shēnghuó zhī hé què réngrán zài nà yīnsēnsēn de liǎng'àn zhījiān liúzhe, ér huǒguāng yě yījiù fēicháng yáoyuǎn. Yīncǐ, bìxū jiājìn huá jiǎng······

Rán'ér, huǒguāng a······bìjìng······bìjìng jiù//zài qiántou! ······

Jiéxuǎn zì〔É〕Kēluóliánkē《Huǒguāng》, Zhāng Tiěfū yì

293

作品 17 号

　　对于一个在北平住惯的人，像我，冬天要是不刮风，便觉得是奇迹；济南的冬天是没有风声的。对于一个刚由伦敦回来的人，像我，冬天要能看得见日光，便觉得是怪事；济南的冬天是响晴的。自然，在热带的地方，日光永远是那么毒，响亮的天气，反有点儿叫人害怕。可是，在北方的冬天，而能有温晴的天气，济南真得算个宝地。

　　设若单单是有阳光，那也算不了出奇。请闭上眼睛想：一个老城，有山有水，全在天底下晒着阳光，暖和安适地睡着，只等春风来把它们唤醒。这是不是理想的境界？小山整把济南围了个圈儿，只有北边缺着点口儿。这一圈小山在冬天特别可爱。好像是把济南放在一个小摇篮里，它们安静不动地低声地说："你们放心吧，这儿准保暖和。"真的，济南的人们在冬天是面上含笑的。他们一看那些小山，心中便觉得有了着落，有了依靠。他们由天上看到山上，便不知不觉地想起：明天也许就是春天了吧？这样的温暖，今天夜里山草也许就绿起来了吧？就是这点儿幻想不能一时实现，他们也并不着急，因为这样慈善的冬天，干什么还希望别的呢！

　　最妙的是下点小雪呀。看吧，山上的矮松越发的青黑，树尖儿上顶 // 着一髻儿白花，好像日本看护妇。山尖儿全白了，给蓝天镶上一道银边。山坡上，有的地方雪厚点儿，有的地方草色还露着；这样，一道儿白，一道儿暗黄，给山们穿上一件带水纹儿的花衣；看着看着，这件花衣好像被风儿吹动，叫你希望看见一点儿更美的山的肌肤。等到快日落的时候，微黄的阳光斜射在山腰上，那点儿薄雪好像忽然害羞，微微露出点儿粉色。就是下小雪吧，济南是受不住大雪的。那些小山太秀气。

节选自老舍《济南的冬天》

Zuòpǐn 17 Hào

　　Duìyú yī gè zài Běipíng zhùguàn de rén, xiàng wǒ, dōngtiān yàoshì bù guāfēng, biàn juéde shì qíjì; jǐnán de dōngtiān shì méi·yǒu fēngshēng de. Duìyú yī gè gāng yóu Lúndūn huí·lái de rén, xiàng wǒ, dōngtiān yào néng kàn de jiàn rìguāng, biàn juéde shì guàishì; Jǐnán de dōngtiān shì xiǎngqíng de. Zìrán, zài rèdài de dìfang, rìguāng yǒngyuǎn shì nàme dú, xiǎngliàng de tiānqì, fǎn yǒudiǎnr jiào rén hàipà. Kěshì, zài běifāng de dōngtiān, ér néng yǒu wēnqíng de tiānqì, Jǐnán zhēn děi suàn gè bǎodì.

　　Shèruò dāndān shì yǒu yángguāng, nà yě suàn·bùliǎo chūqí. Qǐng bì·shàng yǎnjing xiǎng: Yī gè lǎochéng, yǒu shān yǒu shuǐ, quán zài tiān dǐ·xià shàizhe yángguāng, nuǎnhuo ānshì de shuìzhe, zhǐ děng chūnfēng lái bǎ tāmen huànxǐng, zhè shì·bùshì lǐxiǎng de jìngjiè? Xiǎoshān zhěng bǎ Jǐnán wéile gè quānr, zhǐyǒu běi·biān quēzhe diǎnr kǒur. Zhè yī quān xiǎoshān zài dōngtiān tèbié kě'ài, hǎoxiàng shì bǎ Jǐnán fàng zài yī gè xiǎo yáolánli, tāmen ānjìng bù dòng de dīshēng de shuō: "Nǐmen fàngxīn ba, zhèr zhǔnbǎo nuǎnhuo." zhēn de, Jǐnán de rénmen zài dōngtiān shì miàn·shàng hánxiào de. Tāmen yī kàn nàxiē xiǎoshān, xīnzhōng biàn juéde yǒule zhuóluò, yǒule yīkào. Tāmen yóu tiān·shàng kàndào shān·shàng, biàn bùzhī-bùjué de xiǎngqǐ: "Míngtiān yěxǔ jiùshì chūntiān le ba? Zhèyàng de wēnnuǎn, jīntiān yèli shāncǎo yěxǔ jiù lǜqǐ·lái le ba?" Jiùshì zhè diǎnr huànxiǎng bùnéng yīshí shíxiàn, tāmen yě bìng bù zháojí, yīn·wèi zhèyàng císhàn de dōngtiān, gànshénme hái xīwàng biéde ne!

　　Zuì miào de shì xià diǎnr xiǎoxuě ya. Kàn ba, shān·shàng de ǎisōng yuèfā de qīnghēi, shùjiānr·shàng dǐng//zhe yī jìr báihuā, hǎoxiàng Rìběn kānhùfù. Shānjiānr quán bái le, gěi lántiān xiāng·shàng yī dào yínbiānr. Shānpō·shàng, yǒude dìfang xuě hòu diǎnr, yǒude dìfang cǎosè hái lòuzhe; zhèyàng, yī dàor bái, yī dàor ànhuáng, gěi shānmen chuān·shàng yī jiàn dài shuǐwénr de huāyī; kànzhe kànzhe, zhè jiàn huāyī hǎoxiàng bèi fēng'ér chuīdòng, jiào nǐ xīwàng kàn·jiàn yīdiǎnr gèng měi de shān de jīfū. Děngdào kuài rìluò de shíhou, wēihuáng de yángguāng xié shè zài shānyāo·shàng, nà diǎnr báo xuě hǎoxiàng hūrán hàixiū, wēiwēi lòuchū diǎnr fěnsè. Jiùshì xià xiǎoxuě ba, Jǐnán shì shòu·bùzhù dàxuě de, nàxiē xiǎoshān tài xiùqi.

Jiéxuǎn zì Lǎo Shě《Jǐnán de Dōngtiān》

作品 18 号

　　纯朴的家乡村边有一条河，曲曲弯弯，河中架一弯石桥，弓样的小桥横跨两岸。

　　每天，不管是鸡鸣晓月，日丽中天，还是月华泻地，小桥都印下串串足迹，洒落串串汗珠。那是乡亲为了追求多棱的希望，兑现美好的遐想。弯弯小桥，不时荡过轻吟低唱，不时露出舒心的笑容。

因而，我稚小的心灵，曾将心声献给小桥：你是一弯银色的新月，给人间普照光辉；你是一把闪亮的镰刀，割刈着欢笑的花果；你是一根晃悠悠的扁担，挑起了彩色的明天！哦，小桥走进我的梦中。

我在飘泊他乡的岁月，心中总涌动着故乡的河水，梦中总看到弓样的小桥。当我访南疆探北国，眼帘闯进座座雄伟的长桥时，我的梦变得丰满了，增添了赤橙黄绿青蓝紫。

三十多年过去，我带着满头霜花回到故乡，第一紧要的便是去看望小桥。

啊！小桥呢？它躲起来了？河中一道长虹，浴着朝霞熠熠闪光。哦，雄浑的大桥敞开胸怀，汽车的呼啸、摩托的笛音、自行车的叮铃，合奏着进行交响乐；南来的钢筋、花布，北往的柑橙、家禽，绘出交流欢悦图……

啊！蜕变的桥，传递了家乡进步的消息，透露了家乡富裕的声音。时代的春风，美好的追求，我蓦地记起儿时唱 // 给小桥的歌，哦，明艳艳的太阳照耀了，芳香甜蜜的花果捧来了，五彩斑斓的岁月拉开了！

我心中涌动的河水，激荡起甜美的浪花。我仰望一碧蓝天，心底轻声呼喊：家乡的桥啊，我梦中的桥！

节选自郑莹《家乡的桥》

Zuòpǐn 18 Hào

Chúnpǔ de jiāxiāng cūnbiān yǒu yī tiáo hé, qūqū-wānwān, hé zhōng jià yī wān shíqiáo, gōng yàng de xiǎoqiáo héngkuà liǎng'àn.

Měi tiān, bùguǎn shì jī míng xiǎo yuè, rì lì zhōng tiān, háishì yuè huá xié dì, xiǎoqiáo dōu yìnxià chuànchuàn zújì, sǎluò chuànchuàn hànzhū. Nà shì xiāngqīn wèile zhuīqiú duōléng de xīwàng, duìxiàn měihǎo de xiáxiǎng. Wānwān xiǎoqiáo, bùshí dàngguo qīngyín-dīchàng, bùshí lòuchū shūxīn de xiàoróng.

Yīn'ér, wǒ zhìxiǎo de xīnlíng, céng jiāng xīnshēng xiàngěi xiǎoqiáo: Nǐ shì yī wān yínsè de xīnyuè, gěi rénjiān pǔzhào guānghuī; nǐ shì yī bǎ shǎnliàng de liándāo, gēyìzhe huānxiào de huāguǒ; nǐ shì yī gēn huàngyōuyōu de biǎndan, tiāoqǐle cǎisè de míngtiān! Ò, xiǎoqiáo zǒujìn wǒ de mèng zhōng.

Wǒ zài piāobó tāxiāng de suìyuè, xīnzhōng zǒng yǒngdòngzhe gùxiāng de héshuǐ, mèngzhōng zǒng kàndào gōng yàng de xiǎoqiáo. Dāng wǒ fǎng nánjiāng tàn běiguó, yǎnlián chuǎngjìn zuòzuò xióngwěi de chángqiáo shí, wǒ de mèng biàn de fēngmǎn le, zēngtiānle chì-chéng-huáng-lǜ-qīng-lán-zǐ.

Sānshí duō nián guò•qù, wǒ dàizhe mǎntóu shuānghuā huídào gùxiāng, dì-yī jǐnyào de biànshì qù kànwàng xiǎoqiáo.

À! Xiǎoqiáo ne? tā duǒ qǐ•lái le? Hé zhōng yī dào chánghóng, yùzhe zhāoxiá yìyì shǎnguāng. Ò, xiónghún de dàqiáo chǎngkāi xiōnghuái, qìchē de hūxiào, mótuō de díyīn, zìxíngchē de dīnglíng, hézòuzhe jìnxíng jiāoxiǎngyuè; nán lái de gāngjīn、huā bù, běi wǎng de gānchéng、jiāqín, huìchū jiāoliú huānyuètú……

À! Tuìbiàn de qiáo, chuándìle jiāxiāng jìnbù de xiāoxi, tòulùle jiāxiāng fùyù de shēngyīn. Shídài de chūnfēng, měihǎo de zhuīqiú, wǒ mòdì jìqǐ érshí chàng //gěi xiǎoqiáo de gē, ò, míngyànyàn de tài•yáng zhàoyào le, fāngxiāng tiánmì de huāguǒ pěnglái le, wǔcǎi bānlán de suìyuè lākāi le!

Wǒ xīnzhōng yǒngdòng de héshuǐ, jīdàng qǐ tiánměi de lànghuā. Wǒ yǎngwàng yī bì lántiān, xīndǐ qīngshēng hūhǎn：Jiāxiāng de qiáo a, wǒ mèng zhōng de qiáo!

Jiéxuǎn zì Zhèng Yíng《Jiāxiāng de Qiáo》

作品 19 号

　　三百多年前，建筑设计师莱伊恩受命设计了英国温泽市政府大厅。他运用工程力学的知识，依据自己多年的实践，巧妙地设计了只用一根柱子支撑的大厅天花板。一年以后，市政府权威人士进行工程验收时，却说只用一根柱子支撑天花板太危险，要求莱伊恩再多加几根柱子。

　　莱伊恩自信只要一根坚固的柱子足以保证大厅安全，他的"固执"惹恼了市政官员，险些被送上法庭。他非常苦恼，坚持自己原先的主张吧，市政官员肯定会另找人修改设计；不坚持吧，又有悖自己为人的准则。矛盾了很长一段时间，莱伊恩终于想出了一条妙计，他在大厅里增加了四根柱子，不过这些柱子并未与天花板接触，只不过是装装样子。

　　三百多年过去了，这个秘密始终没有被人发现。直到前两年，市政府准备修缮大厅的天花板，才发现莱伊恩当年的"弄虚作假"。消息传出后，世界各国的建筑专家和游客云集，当地政府对此也不加掩饰，在新世纪到来之际，特意将大厅作为一个旅游景点对外开放，旨在引导人们崇尚和相信科学。

作为一名建筑师，莱伊恩并不是最出色的。但作为一个人，他无疑非常伟大，这种//伟大表现在他始终恪守着自己的原则，给高贵的心灵一个美丽的住所。哪怕是遭遇到最大的阻力，也要想办法抵达胜利。

节选自游宇明《坚守你的高贵》

Zuòpǐn 19 Hào

Sānbǎi duō nián qián, jiànzhù shèjìshī Láiyī'ēn shòumìng shèjìle Yīngguó Wēnzé shìzhèngfǔ dàtīng. Tā yùnyòng gōngchéng lìxué de zhīshi, yījù zìjǐ duōnián de shíjiàn, qiǎomiào de shèjìle zhǐ yòng yī gēn zhùzi zhīchēng de dàtīng tiānhuābǎn. Yī nián yǐhòu, shìzhèngfǔ quánwēi rénshì jìnxíng gōngchéng yànshōu shí, què shuō zhǐ yòng yī gēn zhùzi zhīchēng tiānhuābǎn tài wēixiǎn, yāoqiú Láiyī'ēn zài duō jiā jǐ gēn zhùzi.

Láiyī'ēn zìxìn zhǐyào yī gēn jiāngù de zhùzi zúyǐ bǎozhèng dàtīng ānquán, tā de "gùzhí" rěnǎole shìzhèng guānyuán, xiǎnxiē bèi sòng·shàng fǎtíng. Tā fēicháng kǔnǎo, jiānchí zìjǐ yuánxiān de zhǔzhāng ba, shìzhèng guānyuán kěndìng huì lìng zhǎo rén xiūgǎi shèjì; bù jiānchí ba, yòu yǒu bèi zìjǐ wéirén de zhǔnzé. Máodùnle hěn cháng yīduàn shíjiān, Láiyī'ēn zhōngyú xiǎngchūle yī tiáo miàojì, tā zài dàtīngli zēngjiāle sì gēn zhùzi, bùguò zhèxiē zhùzi bìng wèi yǔ tiānhuābǎn jiēchù, zhǐ·bùguò shì zhuāngzhuang yàngzi.

Sānbǎi duō nián guò·qù le, zhège mìmì shǐzhōng méi·yǒu bèi rén fāxiàn. Zhídào qián liǎng nián, shìzhèngfǔ zhǔnbèi xiūshàn dàtīng de tiānhuābǎn, cái fāxiàn Láiyī'ēn dāngnián de "nòngxū-zuòjiǎ". Xiāoxi chuánchū hòu, shìjiè gè guó de jiànzhù zhuānjiā hé yóukè yúnjí, dāngdì zhèngfǔ duìcǐ yě bù jiā yǎnshì, zài xīn shìjì dàolái zhī jì, tèyì jiāng dàtīng zuòwéi yī gè lǚyóu jǐngdiǎn duìwài kāifàng, zhǐ zài yǐndǎo rénmen chóngshàng hé xiāngxìn kēxué.

Zuòwéi yī míng jiànzhùshī, Láiyī'ēn bìng bù shì zuì chūsè de. Dàn zuòwéi yī gè rén, tā wúyí fēicháng wěidà. Zhè zhǒng //wěidà biǎoxiàn zài tā shǐzhōng kèshǒuzhe zìjǐ de yuánzé, gěi gāoguì de xīnlíng yī gè měilì de zhùsuǒ, nǎpà shì zāoyù dào zuì dà de zǔlì, yě yào xiǎng bànfǎ dǐdá shènglì.

Jiéxuǎn zì Yóu Yǔmíng《Jiānshǒu Nǐ de Gāoguì》

作品 20 号

自从传言有人在萨文河畔散步时无意发现了金子后，这里便常有来自四面八方的淘金者。他们都想成为富翁，于是寻遍了整个河床，还在河床上挖出很多大坑，希望借助它们找到更多的金子。的确，有一些人找到了，但另外一些人因为一无所得而只好扫兴归去。

也有不甘心落空的，便驻扎在这里，继续寻找。彼得·弗雷特就是其中一员。他在河床附近买了一块没人要的土地，一个人默默地工作。他为了找金子，已把所有的钱都押在这块土地上。他埋头苦干了几个月，直到土地全变成了坑坑洼洼，他失望了——他翻遍了整块土地，但连一丁点儿金子都没看见。

六个月后，他连买面包的钱都没有了。于是他准备离开这儿到别处去谋生。

就在他即将离去的前一个晚上，天下起了倾盆大雨，并且一下就是三天三夜。雨终于停了，彼得走出小木屋，发现眼前的土地看上去好像和以前不一样：坑坑洼洼已被大水冲刷平整，松软的土地上长出一层绿茸茸的小草。

"这里没找到金子，"彼得忽有所悟地说，"但这土地很肥沃，我可以用来种花，并且拿到镇上去卖给那些富人，他们一定会买些花装扮他们华丽的客厅。//如果真是这样的话，那么我一定会赚许多钱，有朝一日我也会成为富人……"

于是他留了下来。彼得花了不少精力培育花苗，不久田地里长满了美丽娇艳的各色鲜花。

五年以后，彼得终于实现了他的梦想——成了一个富翁。"我是唯一的一个找到真金的人！"他时常不无骄傲地告诉别人，"别人在这儿找不到金子后便远远地离开，而我的'金子'是在这块土地里，只有诚实的人用勤劳才能采集到。"

节选自陶猛译《金子》

Zuòpǐn 20 Hào

Zìcóng chuányán yǒu rén zài Sàwén hépàn sànbù shí wúyì fāxiànle jīnzi hòu，zhèli biàn cháng yǒu láizì sìmiàn-bāfāng de táojīnzhě. Tāmen dōu xiǎng chéngwéi fùwēng，yúshì xúnbiànle zhěnggè héchuáng，hái zài héchuáng·shàng wāchū hěnduō dàkēng，xīwàng jièzhù tāmen zhǎodào gèng duō de jīnzi. Díquè，yǒu yīxiē rén zhǎodào le，dàn lìngwài yīxiē rén yīn·wèi yīwú-suǒdé ér zhǐhǎo sǎoxìng guīqù.

Yě yǒu bù gānxīn luòkōng de，biàn zhùzhā zài zhèli，jìxù xúnzhǎo. Bǐdé·Fúléitè jiùshì qízhōng yī yuán. Tā zài héchuáng fùjìn mǎile yī kuài méi rén yào de tǔdì，yī gè rén mòmò de gōngzuò. Tā wèile zhǎo jīnzi，yǐ bǎ suǒyǒu de qián dōu yā zài zhè kuài tǔdì·shàng. Tā máitóu-kǔgànle jǐ gè yuè，zhídào tǔdì quán biànchéngle kēngkēng-wāwā，tā shīwàng le——tā fānbiànle zhěngkuài tǔdì，dàn lián yī dīngdiǎnr jīnzi dōu méi kàn·jiàn.

Liù gè yuè hòu，tā lián mǎi miànbāo de qián dōu méi·yǒu le. Yúshì tā zhǔnbèi líkāi zhèr dào biéchù qù móushēng.

Jiù zài tā jíjiāng líqù de qián yī gè wǎnshang，tiān xiàqǐle qīngpén-dàyǔ，bìngqiě yīxià jiùshì sān tiān sān yè. Yǔ zhōngyú tíngle，Bǐdé zǒuchū xiǎo mùwū，fāxiàn yǎnqián de tǔdì kàn shàng·qù hǎoxiàng hé yǐqián bù yīyàng，kēngkeng-wāwā yǐ bèi dàshuǐ chōngshuā píngzhěng，sōngruǎn de tǔdì·shàng zhǎngchū yī céng lǜróngróng de xiǎocǎo.

"Zhèli méi zhǎodào jīnzi，" Bǐdé hū yǒu suǒ wù de shuō，"Dàn zhè tǔdì hěn féiwò，wǒ kěyǐ yònglái zhòng huā，bìngqiě nádào zhèn·shàng qù màigěi nàxiē fùrén，tāmen yīdìng huì mǎi xiē huā zhuāngbàn tāmen huálì de kètīng. //Rúguǒ zhēn shì zhèyàng de huà，nàme wǒ yīdìng huì zhuàn xǔduō qián，yǒuzhāo-yīrì wǒ yě huì chéngwéi fùrén……"

Yúshì tā liúle xià·lái. Bǐdé huāle bù shǎo jīnglì péiyù huāmiáo，bùjiǔ tiándìli zhǎngmǎnle měilì jiāoyàn de gè sè xiānhuā.

Wǔ nián yǐhòu，Bǐdé zhōngyú shíxiànle tā de mèngxiǎng——chéngle yī gè fùwēng. "Wǒ shì wéiyī de yī gè zhǎodào zhēnjīn de rén!" Tā shícháng bùwú jiāo'ào de gàosù bié·rén，"Bié·rén zài zhèr zhǎo·bùdào jīnzi hòu biàn yuǎnyuǎn de líkāi，ér wǒ de 'jīnzi' shì zài zhè kuài tǔdìli，zhǐyǒu chéng·shí de rén yòng qínláo cáinéng cǎijí dào."

Jiéxuǎn zì Táo Mèng yì 《Jīnzi》

作品 21 号

　　我在加拿大学习期间遇到过两次募捐，那情景至今使我难以忘怀。

　　一天，我在渥太华的街上被两个男孩子拦住去路。他们十来岁，穿得整整齐齐，每人头上戴着个做工精巧、色彩鲜艳的纸帽，上面写着"为帮助患小儿麻痹的伙伴募捐"。其中的一个，不由分说就坐在小凳上给我擦起皮鞋来，另一个则彬彬有礼地发问："小姐，您是哪国人？喜欢渥太华吗？""小姐，在你们国家有没有小孩儿患小儿麻痹？谁给他们医疗费？"一连串的问题，使我这个有生以来头一次在众目睽睽之下让别人擦鞋的异乡人，从近乎狼狈的窘态中解脱出来。我们像朋友一样聊起天儿来……

　　几个月之后，也是在街上。一些十字路口处或车站坐着几位老人。他们满头银发，身穿各种老式军装，上面布满了大大小小形形色色的徽章、奖章，每人手捧一大束鲜花，有水仙、石竹、玫瑰及叫不出名字的，一色雪白。匆匆过往的行人纷纷止步，把钱投进这些老人身旁的白色木箱内，然后向他们微微鞠躬，从他们手中接过一朵花。我看了一会儿，有人投一两元，有人投几百元，还有人掏出支票填好后投进木箱。那些老军人毫不注意人们捐多少钱，一直不 // 停地向人们低声道谢。同行的朋友告诉我，这是为纪念二次世界大战中参战的勇士，募捐救济残废军人和烈士遗孀，每年一次；认捐的人可谓踊跃，而且秩序井然，气氛庄严。有些地方，人们还耐心地排着队。我想，这是因为他们都知道：正是这些老人们的流血牺牲换来了包括他们信仰自由在内的许许多多。

　　我两次把那微不足道的一点儿钱捧给他们，只想对他们说声"谢谢"。

节选自青白《捐诚》

Zuòpǐn 21 Hào

　　Wǒ zài Jiānádà xuéxí qījiān yùdàoguo liǎng cì mùjuān, nà qíngjǐng zhìjīn shǐ wǒ nányǐ-wànghuái.

　　Yī tiān, wǒ zài Wòtàihuá de jiē•shàng bèi liǎng gè nánháizi lánzhù qùlù. Tāmen shí lái suì, chuān de zhěngzhěng-qíqí, měi rén tóu•shàng dàizhe gè zuògōng jīngqiǎo、sècǎi xiānyàn de zhǐmào, shàng • miàn xiězhe "Wèi bāngzhù huàn xiǎo' ér mábì de huǒbàn mùjuān". Qízhōng de yī gè, bùyóu-fēnshuō jiù zuò zài xiǎodèng • shàng gěi wǒ cā • qǐ píxié • lái, lìng yī gè zé bīnbīn-yǒulǐ de fāwèn: "Xiǎo • jiě, nín shì nǎ guó rén? Xǐhuan Wòtàihuá ma?" "Xiǎo • jiě, zài nǐmen guójiā yǒu méi • yǒu xiǎoháir huàn xiǎo' ér mábì? Shéi gěi tāmen yīliáofèi?" Yīliánchuàn de wèntí, shǐ wǒ zhège yǒushēng-yǐlái tóu yī cì zài zhòngmù-kuíkuí zhīxià ràng bié • rén cā xié de yìxiāngrén, cóng jìnhū lángbèi de jiǒngtài zhōng jiětuō chū • lái. Wǒmen xiàng péngyou yīyàng liáo • qǐ tiānr • lái……

Jǐ gè yuè zhīhòu, yě shì zài jiē • shàng. Yīxiē shízì lùkǒu chù huò chēzhàn zuòzhe jǐ wèi lǎorén. Tāmen mǎntóu yínfà, shēn chuān gèzhǒng lǎoshì jūnzhuāng, shàng • miàn bùmǎnle dàdà-xiǎoxiǎo xíngxíng-sèsè de huīzhāng、jiǎngzhāng, měi rén shǒu pěng yī dà shù xiānhuā. Yǒu shuǐxiān、shízhú、méigui jí jiào • bùchū míngzi de, yīsè xuěbái. Cōngcōng guòwǎng de xíngrén fēnfēn zhǐbù, bǎ qián tóujìn zhèxiē lǎorén shēnpáng de báisè mùxiāng nèi, ránhòu xiàng tāmen wēiwēi jūgōng, cóng tāmen shǒu zhōng jiē guò yī duǒ huā. Wǒ kànle yīhuìr, yǒu rén tóu yī-liǎng yuán, yǒu rén tóu jǐbǎi yuán, hái yǒu rén tāo chū zhīpiào tiánhǎo hòu tóujìn mùxiāng. Nàxiē lǎojūnrén háobù zhùyì rénmen juān duōshao qián, yīzhí bù//tíng de xiàng rénmen dīshēng dàoxiè. Tóngxíng de péngyou gàosu wǒ, zhè shì wèi jìniàn Èr Cì Shìjiè Dàzhàn zhōng cānzhàn de yǒngshì, mùjuān jiùjì cánfèi jūnrén hé lièshì yíshuāng, měinián yī cì; rèn juān de rén kěwèi yǒngyuè, érqiě zhìxù jǐngrán, qì • fēn zhuāngyán. Yǒuxiē dìfang, rénmen hái nàixīn de páizhe duì. Wǒ xiǎng, zhè shì yīn • wèi tāmen dōu zhī • dào: Zhèng shì zhèxiē lǎorénmen de liúxuè xīshēng huànláile bāokuò tāmen xìnyǎng zìyóu zài nèi de xǔxǔ-duōduō.

Wǒ liǎng cì bǎ nà wēibùzúdào de yīdiǎnr qián pěnggěi tāmen, zhǐ xiǎng duì tāmen shuō shēng "xièxie".

Jiéxuǎn zì Qīng Bái 《Juān Chéng》

作品 22 号

没有一片绿叶，没有一缕炊烟，没有一粒泥土，没有一丝花香，只有水的世界，云的海洋。

一阵台风袭过，一只孤单的小鸟无家可归，落到被卷到洋里的木板上，乘流而下，姗姗而来，近了，近了！……

忽然，小鸟张开翅膀，在人们头顶盘旋了几圈儿，"噗啦"一声落到了船上。许是累了？还是发现了"新大陆"？水手撵它它不走，抓它，它乖乖地落在掌心。可爱的小鸟和善良的水手结成了朋友。

瞧，它多美丽，娇巧的小嘴，啄理着绿色的羽毛，鸭子样的扁脚，呈现出春草的鹅黄。水手们把它带到舱里，给它"搭铺"，让它在船上安家落户，每天，把分到的一塑料桶淡水匀给它喝，把从祖国带来的鲜美的鱼肉分给它吃，天长日久，小鸟和水手的感情日趋笃厚。清晨，当第一束阳光射进舷窗时，它便敞开美丽的歌喉，唱啊唱，嘤嘤有韵，宛如春水淙淙。人类给它以生命，它毫不悭吝地把自己的艺术青春奉献给了哺育它的人。可能都是这样？艺术家们的青春只会献给尊敬他们的人。

小鸟给远航生活蒙上了一层浪漫色调。返航时，人们爱不释手，恋恋不舍地想把它带到异乡。可小鸟憔悴了，给水，不喝！喂肉，不吃！油亮的羽毛失去了光泽。是啊，我 // 们有自己的祖国，小鸟也有它的归宿，人和动物都是一样啊，哪儿也不如故乡好！

慈爱的水手们决定放开它，让它回到大海的摇篮去，回到蓝色的故乡去。离别前，这个大自然的朋友与水手们留影纪念。它站在许多人的头上，肩上，掌上，胳膊上，与喂养过它的人们，一起融进那蓝色的画面……

节选自王文杰《可爱的小鸟》

Zuòpǐn 22 Hào

Méi·yǒu yī piàn lùyè, méi·yǒu yī lǚ chuīyān, méi·yǒu yī lì nítǔ, méi·yǒu yī sī huāxiāng, zhǐyǒu shuǐ de shìjiè, yún de hǎiyáng.

Yī zhèn táifēng xíguò, yī zhī gūdān de xiǎoniǎo wújiā-kěguī, luòdào bèi juǎndào yángli de mùbǎn·shàng, chéng liú ér xià, shānshān ér lái, jìnle, jìnle! ……

Hūrán, xiǎoniǎo zhāngkāi chìbǎng, zài rénmen tóudǐng pánxuánle jǐ quānr, "pūlā" yī shēng luòdàole chuán·shàng. Xǔ shì lèile? Háishì fāxiànle "xīn dàlù"? Shuǐshǒu niǎn tā tā bù zǒu, zhuā tā, tā guāiguāi de luò zài zhǎngxīn. Kě'ài de xiǎoniǎo hé shànliáng de shuǐshǒu jiéchéngle péngyou.

Qiáo, tā duō měilì, jiāoqiǎo de xiǎozuǐ, zhuólǐzhe lǜsè de yǔmáo, yāzi yàng de biǎnjiǎo, chéngxiàn chū chūncǎo de éhuáng. Shuǐshǒumen bǎ tā dàidào cāngli, gěi tā "dā pù", ràng tā zài chuán·shàng ānjiā-luòhù, měi tiān, bǎ fēndào de yī sùliàotǒng dànshuǐ yúngěi tā hē, bǎ cóng zǔguó dài·lái de xiānměi de yúròu fēngěi tā chī, tiāncháng-rìjiǔ, xiǎoniǎo hé shuǐshǒu de gǎnqíng rìqū dǔhòu. Qīngchén, dāng dì-yī shù yángguāng shèjìn xiánchuāng shí, tā biàn chǎngkāi měilì de gēhóu, chàng a chàng, yīngyīng-yǒuyùn, wǎnrú chūnshuǐ cóngcóng. Rénlèi gěi tā yǐ shēngmìng, tā háobù qiānlìn de bǎ zìjǐ de yìshù qīngchūn fèngxiàn gěile bǔyù tā de rén. Kěnéng dōu shì zhèyàng? Yìshùjiāmen de qīngchūn zhǐ huì xiàngěi zūnjìng tāmen de rén.

Xiǎoniǎo gěi yuǎnháng shēnghuó méng·shàngle yī céng làngmàn sèdiào. Fǎnháng shí, rénmen àibùshìshǒu, liànliàn-bùshě de xiǎng bǎ tā dàidào yìxiāng. Kě xiǎoniǎo qiáocuì le, gěi shuǐ, bù hē! Wèi ròu, bù chī! Yóuliàng de yǔmáo shīqùle guāngzé. Shì a, wǒ//men yǒu zìjǐ de zǔguó, xiǎoniǎo yě yǒu tā de guīsù, rènhé dòngwù dōu shì yīyàng a, nǎr yě bùrú gùxiāng hǎo!

Cí'ài de shuǐshǒumen juédìng fàngkāi tā, ràng tā huídào dàhǎi de yáo lán·qù, huídào lánsè de gùxiāng·qù. Líbié qián, zhège dàzìrán de péngyou yǔ shuǐshǒumen liúyǐng jìniàn. Tā zhàn zài xǔduō rén de tóu·shàng, jiān·shàng, zhǎng·shàng, gēbo·shàng, yǔ wèiyǎngguo tā de rénmen, yīqǐ róngjìn nà lánsè de huàmiàn……

Jiéxuǎn zì Wáng Wénjié《Kě'ài de Xiǎoniǎo》

作品 23 号

纽约的冬天常有大风雪，扑面的雪花不但令人难以睁开眼睛，甚至呼吸都会吸入冰冷的雪花。有时前一天晚上还是一片晴朗，第二天拉开窗帘，却已经积雪盈尺，连门都推不开了。

遇到这样的情况，公司、商店常会停止上班，学校也通过广播，宣布停课。但令人不解的是，惟有公立小学，仍然开放。只见黄色的校车，艰难地在路边接孩子，老师则一大早就口中喷着热气，铲去车子前后的积雪，小心翼翼地开车去学校。

据统计，十年来纽约的公立小学只因为超级暴风雪停过七次课。这是多么令人惊讶的事。犯得着在大人都无须上班的时候让孩子去学校吗？小学的老师也太倒霉了吧？

于是，每逢大雪而小学不停课时，都有家长打电话去骂。妙的是，每个打电话的人，反应全一样——先是怒气冲冲地责问，然后满口道歉，最后笑容满面地挂上电话。原因是，学校告诉家长：

在纽约有许多百万富翁，但也有不少贫困的家庭。后者白天开不起暖气，供不起午餐，孩子的营养全靠学校里免费的中饭，甚至可以多拿些回家当晚餐。学校停课一天，穷孩子就受一天冻，挨一天饿，所以老师们宁愿自己苦一点儿，也不能停 // 课。

或许有家长会说：何不让富裕的孩子在家里，让贫穷的孩子去学校享受暖气和营养午餐呢？

学校的答复是：我们不愿让那些穷苦的孩子感到他们是在接受救济，因为施舍的最高原则是保持受施者的尊严。

节选自（台湾）刘墉《课不能停》

Zuòpǐn 23 Hào

Niǔyuē de dōngtiān cháng yǒu dà fēngxuě, pūmiàn de xuěhuā bùdàn lìng rén nányǐ zhēngkāi yǎnjing, shènzhì hūxī dōu huì xīrù bīnglěng de xuěhuā. Yǒushí qián yī tiān wǎnshang háishì yī piàn qínglǎng, dì-èr tiān lākāi chuānglián, què yǐ·jīng jīxuě yíng chǐ, lián mén dōu tuī·bùkāi le.

Yùdào zhèyàng de qíngkuàng, gōngsī, shāngdiàn cháng huì tíngzhǐ shàngbān, xuéxiào yě tōngguò guǎngbō, xuān bù tíng kè. Dàn lìng rén bùjiě de shì, wéi yǒu gōnglì xiǎoxué, réngrán kāifàng. Zhǐ jiàn huángsè de xiàochē, jiānnán de zài lùbiān jiē háizi, lǎoshī zé yīdàzǎo jiù kǒuzhōng pēnzhe rèqì, chǎnqù chēzi qiánhòu de jīxuě, xiǎoxīn-yìyì de kāichē qù xuéxiào.

Jù tǒngjì, shí nián lái Niǔyuē de gōnglì xiǎoxué zhǐ yīn·wèi chāojí bàofēngxuě tíngguo qī cì kè. Zhè shì duōme lìng rén jīngyà de shì. Fàndezháo zài dàrén dōu wúxū shàngbān de shíhou ràng háizi qù xuéxiào ma? Xiǎoxué de lǎoshī yě tài dǎoméile ba?

Yúshì, měiféng dàxuě ér xiǎoxué bù tíngkè shí, dōu yǒu jiāzhǎng dǎ diànhuà qù mà. Miào de shì, měi gè dǎ diànhuà de rén, fǎnyìng quán yīyàng——xiān shì nùqì-chōngchōng de zéwèn, ránhòu mǎnkǒu dàoqiàn, zuìhòu xiàoróng mǎnmiàn de guà·shàng diànhuà. Yuányīn shì, xuéxiào gàosu jiāzhǎng:

Zài Niǔyuē yǒu xǔduō bǎiwàn fùwēng, dàn yě yǒu bùshǎo pínkùn de jiātíng. Hòuzhě bái·tiān kāi·bùqǐ nuǎnqì, gōng·bùqǐ wǔcān, háizi de yíngyǎng quán kào xuéxiàoli miǎnfèi de zhōngfàn, shènzhì kěyǐ duō ná xiē huíjiā dàng wǎncān, xuéxiào tíngkè yī tiān, qióng háizi jiù shòu yī tiān dòng, āi yī tiān è, suǒyǐ lǎoshīmen nìngyuàn zìjǐ kǔ yīdiǎnr, yě bù néng tíng//kè.

Huòxǔ yǒu jiāzhǎng huì shuō: Hé bù ràng fùyù de háizi zài jiāli, ràng pínqióng de háizi qù xuéxiào xiǎngshòu nuǎnqì hé yíngyǎng wǔcān ne?

Xuéxiào de dá·fù shì: Wǒmen bùyuàn ràng nàxiē qióngkǔ de háizi gǎndào tāmen shì zài jiēshòu jiùjì, yīn·wèi shīshě de zuìgāo yuánzé shì bǎochí shòushīzhě de zūnyán.

Jiéxuǎn zì（Táiwān）Liú Yōng《Kè Bùnéng Tíng》

作品 24 号

十年，在历史上不过是一瞬间。只要稍加注意，人们就会发现：在这一瞬间里，各种事物都悄悄经历了自己的千变万化。

这次重新访日，我处处感到亲切和熟悉，也在许多方面发觉了日本的变化。就拿奈良的一个角落来说吧，我重游了为之感受很深的唐招提寺，在寺内各处匆匆走了一遍，庭院依旧，但意想不到还看到了一些新的东西。其中之一，就是近几年从中国移植来的"友谊之莲"。

在存放鉴真遗像的那个院子里，几株中国莲昂然挺立，翠绿的宽大荷叶正迎风而舞，显得十分愉快。开花的季节已过，荷花朵朵已变为莲蓬累累。莲子的颜色正在由青转紫，看来已经成熟了。

我禁不住想："因"已转化为"果"。

中国的莲花开在日本，日本的樱花开在中国，这不是偶然。我希望这样一种盛况延续不衰。可能有人不欣赏花，但决不会有人欣赏落在自己面前的炮弹。

　　在这些日子里，我看到了不少多年不见的老朋友，又结识了一些新朋友。大家喜欢涉及的话题之一，就是古长安和古奈良。那还用得着问吗，朋友们缅怀过去，正是瞩望未来。瞩目于未来的人们必将获得未来。

　　我不例外，也希望一个美好的未来。

　　为 // 了中日人民之间的友谊，我将不浪费今后生命的每一瞬间。

节选自严文井《莲花和樱花》

Zuòpǐn 24 Hào

　　Shí nián, zài lìshǐ·shàng bùguò shì yī shùnjiān. Zhǐyào shāo jiā zhùyì, rénmen jiù huì fāxiàn: Zài zhè yī shùnjiānli, gè zhǒng shìwù dōu qiāoqiāo jīnglìle zìjǐ de qiānbiàn-wànhuà.

　　Zhè cì chóngxīn fǎng Rì, wǒ chùchù gǎndào qīnqiè hé shú·xī, yě zài xǔduō fāngmiàn fājuéle Rìběn de biànhuà. Jiù ná Nàiliáng de yī gè jiǎoluò lái shuō ba, wǒ chóngyóule wèi zhī gǎnshòu hěn shēn de Táng Zhāotísì, zài sìnèi gè chù cōngcōng zǒule yī biàn, tíngyuàn yījiù, dàn yìxiǎngbùdào hái kàndàole yīxiē xīn de dōngxi. Qízhōng zhīyī, jiùshì jìn jǐ nián cóng Zhōngguó yízhí lái de "yǒuyì zhī lián".

　　Zài cúnfàng Jiànzhēn yíxiàng de nàge yuànzili, jǐ zhū Zhōngguó lián ángrán tǐnglì, cuìlǜ de kuāndà héyè zhèng yíngfēng ér wǔ, xiǎnde shífēn yúkuài. Kāihuā de jìjié yǐ guò, héhuā duǒduǒ yǐ biàn wéi liánpéng léiléi. Liánzǐ de yánsè zhèngzài yóu qīng zhuǎn zǐ, kàn·lái yǐ·jīng chéngshú le.

　　Wǒ jīn·bùzhù xiǎng: "Yīn" yǐ zhuǎnhuà wéi "guǒ".

　　Zhōngguó de liánhuā kāi zài Rìběn, Rìběn de yīnghuā kāi zài Zhōngguó, zhè bù shì ǒurán. Wǒ xīwàng zhèyàng yī zhǒng shèngkuàng yánxù bù shuāi. Kěnéng yǒu rén bù xīnshǎng huā, dàn jué bùhuì yǒu rén xīnshǎng luò zài zìjǐ miànqián de pàodàn.

　　Zài zhèxiē rìzili, wǒ kàndàole bùshǎo duō nián bù jiàn de lǎopéngyou, yòu jiéshíle yīxiē xīn péngyou. Dàjiā xǐhuan shèjí de huàtí zhīyī, jiùshì gǔ Cháng'ān hé gǔ Nàiliáng. Nà hái yòngdezháo wèn ma, péngyoumen miǎnhuái guòqù, zhèngshì zhǔwàng wèilái. Zhǔmù yú wèilái de rénmen bìjiāng huòdé wèilái.

　　Wǒ bù lìwài, yě xīwàng yī gè měihǎo de wèilái.

　　Wèi//le Zhōng-Rì rénmín zhījiān de yǒuyì, wǒ jiāng bù làngfèi jīnhòu shēngmìng de měi yī shùnjiān.

Jiéxuǎn zì Yán Wénjǐng《Liánhuā hé Yīnghuā》

作品 25 号

　　梅雨潭闪闪的绿色招引着我们，我们开始追捉她那离合的神光了。揪着草，攀着乱石，小心探身下去，又鞠躬过了一个石穹门，便到了汪汪一碧的潭边了。

　　瀑布在襟袖之间，但是我的心中已没有瀑布了。我的心随潭水的绿而摇荡。那醉人的绿呀！仿佛一张极大极大的荷叶铺着，满是奇异的绿呀。我想张开两臂抱住她，但这是怎样一个妄想啊。

　　站在水边，望到那面，居然觉着有些远呢！这平铺着、厚积着的绿，着实可爱。她松松地皱缬着，像少妇拖着的裙幅；她滑滑的明亮着，像涂了"明油"一般，有鸡蛋清那样软，那样嫩；她又不杂些尘滓，宛然一块温润的碧玉，只清清的一色——但你却看不透她！

　　我曾见过北京什刹海拂地的绿杨，脱不了鹅黄的底子，似乎太淡了。我又曾见过杭州虎跑寺近旁高峻而深密的"绿壁"，丛叠着无穷的碧草与绿叶的，那又似乎太浓了。其余呢，西湖的波太明了，秦淮河的也太暗了。可爱的，我将什么来比拟你呢？我怎么比拟得出呢？大约潭是很深的，故能蕴蓄着这样奇异的绿；仿佛蔚蓝的天融了一块在里面似的，这才这般的鲜润啊。

　　那醉人的绿呀！我若能裁你以为带，我将赠给那轻盈的 // 舞女，她必能临风飘举了。我若能挹你以为眼，我将赠给那善歌的盲妹，她必明眸善睐了。我舍不得你，我怎舍得你呢？我用手拍着你，抚摩着你，如同一个十二三岁的小姑娘。我又掬你入口，便是吻着她了。我送你一个名字，我从此叫你"女儿绿"，好吗？

　　第二次到仙岩的时候，我不禁惊诧于梅雨潭的绿了。

节选自朱自清《绿》

Zuòpǐn 25 Hào

　　Méiyǔtán shǎnshǎn de lǜsè zhāoyǐnzhe wǒmen，wǒmen kāishǐ zhuīzhuō tā nà líhé de shénguāng le. Jiūzhe cǎo, pānzhe luànshí, xiǎo·xīn tànshēn xià·qù, yòu jūgōng guòle yī gè shíqióngmén, biàn dàole wāngwāng yī bì de tán biān le.

Pùbù zài jīnxiù zhījiān, dànshì wǒ de xīnzhōng yǐ méi·yǒu pùbù le. Wǒ de xīn suí tánshuǐ de lǜ ér yáodàng. Nà zuìrén de lǜ ya! Fǎngfú yī zhāng jí dà jí dà de héyè pūzhe, mǎnshì qíyì de lǜ ya. Wǒ xiǎng zhāngkāi liǎngbì bàozhù tā, dàn zhè shì zěnyàng yī gè wàngxiǎng a.

Zhàn zài shuǐbiān, wàngdào nà·miàn, jūrán juézhe yǒuxiē yuǎn ne! Zhè píngpūzhe、hòu jīzhe de lǜ, zhuóshí kě'ài. Tā sōngsōng de zhòuxiézhe, xiàng shàofù tuōzhe de qúnfú; tā huáhuá de míngliàng zhe, xiàng túle "míngyóu" yībān, yǒu jīdànqīng nàyàng ruǎn, nàyàng nèn; tā yòu bù zá xiē chénzǐ, wǎnrán yī kuài wēn rùn de bìyù, zhǐ qīngqīng de yī sè——dàn nǐ què kàn·bùtòu tā!

Wǒ céng jiànguo Běijīng Shíchàhǎi fúdì de lǜyáng, tuō·bùliǎo éhuáng de dǐzi, sìhū tài dàn le. Wǒ yòu céng jiànguo Hángzhōu Hǔpáosì jìnpáng gāojùn ér shēnmì de"lǜbì", cóngdiézhe wúqióng de bìcǎo yǔ lǜyè de, nà yòu sìhū tài nóng le. Qíyú ne, Xīhú de bō tài míng le, Qínhuái Hé de yě tài àn le. Kě'ài de, wǒ jiāng shénme lái bǐnǐ nǐ ne? Wǒ zěnme bǐnǐ de chū ne? Dàyuē tán shì hěn shēn de, gù néng yùnxùzhe zhèyàng qíyì de lǜ; fǎngfú wèilán de tiān róngle yī kuài zài lǐ·miàn shìde, zhè cái zhèbān de xiānrùn a.

Nà zuìrén de lǜ ya! Wǒ ruò néng cái nǐ yǐ wéi dài, wǒ jiāng zènggěi nà qīngyíng de// wǔnǚ, tā bìnéng línfēng piāojǔ le. Wǒ ruò néng yì nǐ yǐ wéi yǎn, wǒ jiāng zènggěi nà shàn gē de mángmèi, tā bì míngmóu-shànlài le. Wǒ shěbude nǐ; wǒ zěn shěde nǐ ne? Wǒ yòng shǒu pāizhe nǐ, fǔmózhe nǐ, rútóng yī gè shí'èr-sān suì de xiǎo gūniang. Wǒ yòu jū nǐ rù kǒu, biànshì wěnzhe tā le. Wǒ sòng nǐ yī gè míngzi, wǒ cóngcǐ jiào nǐ "nǚ'érlǜ", hǎo ma?

Dì-èr cì dào Xiānyán de shíhou, wǒ bùjīn jīngchà yú Méiyǔtán de lǜ le.

Jiéxuǎn zì Zhū Zìqīng《Lǜ》

作品 26 号

我们家的后园有半亩空地,母亲说:"让它荒着怪可惜的,你们那么爱吃花生,就开辟出来种花生吧。"我们姐弟几个都很高兴,买种,翻地,播种,浇水,没过几个月,居然收获了。

母亲说:"今晚我们过一个收获节,请你们父亲也来尝尝我们的新花生,好不好?"我们都说好。母亲把花生做成了好几样食品,还吩咐就在后园的茅亭里过这个节。

晚上天色不太好,可是父亲也来了,实在很难得。

父亲说:"你们爱吃花生吗?"

我们争着答应:"爱!"

"谁能把花生的好处说出来?"

姐姐说:"花生的味美。"

哥哥说:"花生可以榨油。"

我说:"花生的价钱便宜,谁都可以买来吃,都喜欢吃。这就是它的好处。"

父亲说:"花生的好处很多,有一样最可贵:它的果实埋在地里,不像桃子、石榴、苹果那样,把鲜红嫩绿的果实高高地挂在枝头上,使人一见就生爱慕之心。你们看它矮矮地长在地上,等到成熟了,也不能立刻分辨出来它有没有果实,必须挖出来才知道。"

我们都说是,母亲也点点头。

父亲接下去说:"所以你们要像花生,它虽然不好看,可是很有用,不是外表好看而没有实用的东西。"

我说:"那么,人要做有用的人,不要做只讲体面,而对别人没有好处的人了。"//

父亲说:"对。这是我对你们的希望。"

我们谈到夜深才散。花生做的食品都吃完了,父亲的话却深深地印在我的心上。

节选自许地山《落花生》

Zuòpǐn 26 Hào

Wǒmen jiā de hòuyuán yǒu bàn mǔ kòngdì, mǔ•qīn shuō: "Ràng tā huāngzhe guài kěxī de, nǐmen nàme ài chī huāshēng, jiù kāipì chū•lái zhòng huāshēng ba." Wǒmen jiě-dì jǐ gè dōu hěn gāoxìng, mǎizhǒng, fāndì, bōzhǒng, jiāoshuǐ, méi guò jǐ gè yuè, jūrán shōuhuò le.

Mǔ•qīn shuō: "Jīnwǎn wǒmen guò yī gè shōuhuòjié, qǐng nǐmen fù•qīn yě lái chángchang wǒmen de xīn huāshēng, hǎo·bù hǎo?" Wǒmen dōu shuō hǎo. Mǔ·qīn bǎ huāshēng zuòchéngle hǎo jǐ yàng shípǐn, hái fēn·fù jiù zài hòuyuán de máotíngli guò zhège jié.

Wǎnshang tiānsè bù tài hǎo, kěshì fù·qīn yě láile, shízài hěn nándé.

Fù·qīn shuō: "Nǐmen ài chī huāshēng ma?"

Wǒmen zhēngzhe dāying: "Ài!"

"Shéi néng bǎ huāshēng de hǎo·chù shuō chū·lái?"

Jiějie shuō: "Huāshēng de wèir měi."

Gēge shuō: "Huāshēng kěyǐ zhàyóu."

Wǒ shuō: "Huāshēng de jià·qián piányi, shéi dōu kěyǐ mǎi·lái chī, dōu xǐhuan chī. Zhè jiùshì tā de hǎo·chù."

Fù·qīn shuō: "Huāshēng de hǎo·chù hěn duō, yǒu yī yàng zuì kěguì, Tā de guǒshí mái zài dìli, bù xiàng táozi、shíliu、píngguǒ nàyàng, bǎ xiānhóng nènlǜ de guǒshí gāogāo de guà zài zhītóu·shàng, shǐ rén yī jiàn jiù shēng àimù zhī xīn. Nǐmen kàn tā ǎi'ǎi de zhǎng zài dì·shàng, děngdào chéngshú le, yě bùnéng lìkè fēnbiàn chū·lái tā yǒu méi·yǒu guǒshí, bìxū wā chū·lái cái zhī·dào."

Wǒmen dōu shuō shì, mǔ·qīn yě diǎndiǎn tóu.

Fù·qīn jiē xià·qù shuō: "Suǒyǐ nǐmen yào xiàng huāshēng, tā suīrán bù hǎokàn, kěshì hěn yǒuyòng, bù shì wàibiǎo hǎokàn ér méi·yǒu shíyòng de dōngxi."

Wǒ shuō: "Nàme, rén yào zuò yǒuyòng de rén, bùyào zuò zhǐ jiǎng tǐ·miàn, ér duì bié·rén méi·yǒu hǎo·chù de rén le."//

Fù·qīn shuō: "Duì. Zhè shì wǒ duì nǐmen de xīwàng."

Wǒmen tándào yè shēn cái sàn. Huāshēng zuò de shípǐn dōu chīwán le, fù·qīn de huà què shēnshēn de yìn zài wǒ de xīn·shàng.

Jiéxuǎn zì Xǔ Dìshān《Luòhuāshēng》

作品 27 号

我打猎归来，沿着花园的林荫路走着。狗跑在我前边。

突然，狗放慢脚步，蹑足潜行，好像嗅到了前边有什么野物。

我顺着林荫路望去，看见了一只嘴边还带黄色、头上生着柔毛的小麻雀。风猛烈地吹打着林荫路上的白桦树，麻雀从巢里跌落下来，呆呆地伏在地上，孤立无援地张开两只羽毛还未丰满的小翅膀。

我的狗慢慢向它靠近。忽然，从附近一棵树上飞下一只黑胸脯的老麻雀，像一颗石子似的落到狗的跟前。老麻雀全身倒竖着羽毛，惊恐万状，发出绝望、凄惨的叫声，接着向露出牙齿、大张着的狗嘴扑去。

老麻雀是猛扑下来救护幼雀的。它用身体掩护着自己的幼儿……但它整个小小的身体因恐怖而战栗着，它小小的声音也变得粗暴嘶哑，它在牺牲自己！

在它看来，狗该是多么庞大的怪物啊！然而，它还是不能站在自己高高的、安全的树枝上……一种比它的理智更强烈的力量，使它从那儿扑下身来。

我的狗站住了，向后退了退……看来，它也感到了这种力量。

我赶紧唤住惊慌失措的狗，然后我怀着崇敬的心情，走开了。

是啊，请不要见笑。我崇敬那只小小的、英勇的鸟儿，我崇敬它那种爱的冲动和力量。

爱，我想，比//死和死的恐惧更强大。只有依靠它，依靠这种爱，生命才能维持下去，发展下去。

节选自［俄］屠格涅夫《麻雀》，巴金译

Zuòpǐn 27 Hào

Wǒ dǎliè guīlái, yánzhe huāyuán de línyīnlù zǒuzhe. Gǒu pǎo zài wǒ qián·biān.

Tūrán, gǒu fàngmàn jiǎobù, nièzú-qiánxíng, hǎoxiàng xiùdàole qián·biān yǒu shénme yěwù.

Wǒ shùnzhe línyīnlù wàng·qù, kàn·jiànle yī zhī zuǐ biān hái dài huángsè、tóu·shàng shēngzhe róumáo de xiǎo máquè. Fēng měngliè de chuīdǎzhe línyīnlù·shàng de báihuàshù, máquè cóng cháoli diēluò xià·lái, dāidāi de fú zài dì·shàng, gūlì wúyuán de zhāngkāi liǎng zhī yǔmáo hái wèi fēngmǎn de xiǎo chìbǎng.

Wǒ de gǒu mànmàn xiàng tā kàojìn. Hūrán, cóng fùjìn yī kē shù·shàng fēi·xià yī zhī hēi xiōngpú de lǎo máquè, xiàng yī kē shízǐ shìde luòdào gǒu de gēn·qián. Lǎo máquè quánshēn dàoshùzhe yǔmáo, jīngkǒng-wànzhuàng, fāchū juéwàng、qīcǎn de jiàoshēng, jiēzhe xiàng lòuchū yáchǐ、dà zhāngzhe de gǒuzuǐ pū·qù.

Lǎo máquè shì měng pū xià·lái jiùhù yòuquè de. Tā yòng shēntǐ yǎnhùzhe zìjǐ de yòu'ér……Dàn tā zhěnggè xiǎoxiǎo de shēntǐ yīn kǒngbù ér zhànlìzhe, tā xiǎoxiǎo de shēngyīn yě biànde cūbào sīyǎ, tā zài xīshēng zìjǐ!

Zài tā kànlái, gǒu gāi shì duōme pángdà de guàiwu a! Rán'ér, tā háishì bùnéng zhàn zài zìjǐ gāogāo de、ānquán de shùzhī·shàng……Yī zhǒng bǐ tā de lǐzhì gèng qiángliè de lì·liàng, shǐ tā cóng nàr pū·xià shēn·lái.

Wǒ de gǒu zhànzhù le, xiàng hòu tuìle tuì……kànlái, tā yě gǎndàole zhè zhǒng lì·liàng.

Wǒ gǎnjǐn huànzhù jīnghuāng-shīcuò de gǒu, ránhòu wǒ huáizhe chóngjìng de xīnqíng, zǒukāi le.

Shì a, qǐng bùyào jiànxiào. Wǒ chóngjìng nà zhī xiǎoxiǎo de、yīngyǒng de niǎor, wǒ chóngjìng tā nà zhǒng ài de chōngdòng hé lì·liàng.

Ài, Wǒ xiǎng, bǐ//sǐ hé sǐ de kǒngjù gèng qiángdà. Zhǐyǒu yīkào tā, yīkào zhè zhǒng ài, shēngmìng cái néng wéichí xià·qù, fāzhǎn xià·qù.

Jiéxuǎn zì〔É〕Túgénièfū《Máquè》, Bā Jīn yì

作品 28 号

那年我六岁。离我家仅一箭之遥的小山坡旁,有一个早已被废弃的采石场,双亲从来不准我去那儿,其实那儿风景十分迷人。

一个夏季的下午,我随着一群小伙伴偷偷上那儿去了。就在我们穿越了一条孤寂的小路后,他们却把我一个人留在原地,然后奔向"更危险的地带"了。

等他们走后,我惊慌失措地发现,再也找不到要回家的那条孤寂的小道了。像只无头的苍蝇,我到处乱钻,衣裤上挂满了芒刺。太阳已经落山,而此时此刻,家里一定开始吃晚餐了,双亲正盼着我回家……想着想着,我不由得背靠着一棵树,伤心地呜呜大哭起来……

突然,不远处传来了声声柳笛。我像找到了救星,急忙循声走去。一条小道边的树桩上坐着一位吹笛人,手里还正削着什么。走近细看,他不就是被大家称为"乡巴佬儿"的卡廷吗?

"你好,小家伙儿,"卡廷说,"看天气多美,你是出来散步的吧?"

我怯生生地点点头,答道:"我要回家了。"

"请耐心等上几分钟,"卡廷说,"瞧,我正在削一支柳笛,差不多就要做好了,完工后就送给你吧!"

卡廷边削边不时把尚未成形的柳笛放在嘴里试吹一下。没过多久,一支柳笛便递到我手中。我俩在一阵阵清脆悦耳的笛音//中,踏上了归途……

当时,我心中只充满感激,而今天,当我自己也成了祖父时,却突然领悟到他用心之良苦!那天当他听到我的哭声时,便判定我一定迷了路,但他并不想在孩子面前扮演"救星"的角色,于是吹响柳笛以便让我能发现他,并跟着他走出困境!卡廷先生以乡下人的纯朴,保护了一个小男孩强烈的自尊。

节选自唐若水译《迷途笛音》

Zuòpǐn 28 Hào

Nànián wǒ liù suì. Lí wǒ jiā jǐn yī jiàn zhī yáo de xiǎo shānpō páng, yǒu yī gè zǎo yǐ bèi fèiqì de cǎishíchǎng, shuāngqīn cónglái bùzhǔn wǒ qù nàr, qíshí nàr fēngjǐng shífēn mírén.

Yī gè xiàjì de xiàwǔ, wǒ suízhe yī qún xiǎohuǒbànr tōutōu shàng nàr qù le. Jiù zài wǒmen chuānyuèle yī tiáo gūjì de xiǎolù hòu, tāmen què bǎ wǒ yī gè rén liú zài yuán dì, ránhòu bēnxiàng "gèng wēixiǎn de dìdài" le.

Děng tāmen zǒuhòu, wǒ jīnghuāng-shīcuò de fāxiàn, zài yě zhǎo・bùdào yào huíjiā de nà tiáo gūjì de xiǎodào le. Xiàng zhī wú tóu de cāngying, wǒ dàochù luàn zuān, yīkù・shàng guàmǎnle mángcì. Tài・yáng yǐ・jīng luò shān, ér cǐshí cǐkè, jiāli yīdìng kāishǐ chī wǎncān le, shuāngqīn zhèng pànzhe wǒ huíjiā…… Xiǎngzhe xiǎngzhe, wǒ bùyóude bèi kàozhe yī kē shù, shāngxīn de wūwū dàkū qǐ・lái……

Tūrán, bù yuǎnchù chuán・láile shēngshēng liǔdí. Wǒ xiàng zhǎodàole jiùxīng, jímáng xúnshēng zǒuqù. Yī tiáo xiǎodào biān de shùzhuāng・shàng zuòzhe yī wèi chuīdí rén, shǒuli hái zhèng xiāozhe shénme. Zǒujìn xì kàn, tā bù jiùshì bèi dàjiā chēng wéi "xiāngbalǎor" de Kǎtíng ma?

"Nǐ hǎo, xiǎojiāhuor," Kǎtíng shuō, "kàn tiānqì duō měi, nǐ shì chū・lái sànbù de ba?"

Wǒ qièshēngshēng de diǎndiǎn tóu, dádào: "Wǒ yào huíjiā le."

"Qǐng nàixīn děng•shàng jǐ fēnzhōng," Kǎtíng shuō, "Qiáo, wǒ zhèngzài xiāo yī zhī liǔdí, chà•bùduō jiù yào zuòhǎo le, wángōng hòu jiù sònggěi nǐ ba!"

Kǎtíng biān xiāo biān bùshí bǎ shàng wèi chéngxíng de liǔdí fàng zài zuǐli shìchuī yīxià. Méi guò duōjiǔ, yī zhī liǔdí biàn dìdào wǒ shǒu zhōng. Wǒ liǎ zài yī zhènzhèn qīngcuì yuè'ěr de díyīn//zhōng, tà•shàng le guītú……

Dāngshí, wǒ xīnzhōng zhǐ chōngmǎn gǎnjī, ér jīntiān, dāng wǒ zìjǐ yě chéngle zǔfù shí, què tūrán lǐngwù dào tā yòngxīn zhī liángkǔ! Nàtiān dāng tā tīngdào wǒ de kūshēng shí, biàn pàndìng wǒ yīdìng míle lù, dàn tā bìng bù xiǎng zài háizi miànqián bànyǎn "jiùxīng" de juésè, yúshì chuīxiǎng liǔdí yǐbiàn ràng wǒ néng fāxiàn tā, bìng gēnzhe tā zǒuchū kùnjìng! Kǎtíng xiānsheng yǐ xiāngxiàrén de chúnpǔ, bǎohùle yī gè xiǎonánháir qiángliè de zìzūn.

Jiéxuǎn zì Táng Ruòshuǐ yì《Mítú Díyīn》

作品 29 号

　　在浩瀚无垠的沙漠里，有一片美丽的绿洲，绿洲里藏着一颗闪光的珍珠。这颗珍珠就是敦煌莫高窟。它坐落在我国甘肃省敦煌市三危山和鸣沙山的怀抱中。

　　鸣沙山东麓是平均高度为十七米的崖壁。在一千六百多米长的崖壁上，凿有大小洞窟七百余个，形成了规模宏伟的石窟群。其中四百九十二个洞窟中，共有彩色塑像两千一百余尊，各种壁画共四万五千多平方米。莫高窟是我国古代无数艺术匠师留给人类的珍贵文化遗产。

　　莫高窟的彩塑，每一尊都是一件精美的艺术品。最大的有九层楼那么高，最小的还不如一个手掌大。这些彩塑个性鲜明，神态各异。有慈眉善目的菩萨，有威风凛凛的天王，还有强壮勇猛的力士……

　　莫高窟壁画的内容丰富多彩，有的是描绘古代劳动人民打猎、捕鱼、耕田、收割的情景，有的是描绘人们奏乐、舞蹈、演杂技的场面，还有的是描绘大自然的美丽风光。其中最引人注目的是飞天。壁画上的飞天，有的臂挎花篮，采摘鲜花；有的反弹琵琶，轻拨银弦；有的倒悬身子，自天而降；有的彩带飘拂，漫天遨游；有的舒展着双臂，翩翩起舞。看着这些精美动人的壁画，就像走进了 // 灿烂辉煌的艺术殿堂。

莫高窟里还有一个面积不大的洞窟——藏经洞。洞里曾藏有我国古代的各种经卷、文书、帛画、刺绣、铜像等共六万多件。由于清朝政府腐败无能，大量珍贵的文物被外国强盗掠走。仅存的部分经卷，现在陈列于北京故宫等处。

莫高窟是举世闻名的艺术宝库。这里的每一尊彩塑、每一幅壁画、每一件文物，都是中国古代人民智慧的结晶。

节选自小学《语文》第六册中《莫高窟》

Zuòpǐn 29 Hào

Zài hàohàn wúyín de shāmòli, yǒu yī piàn měilì de lǜzhōu, lǜzhōuli cángzhe yī kē shǎnguāng de zhēnzhū. Zhè kē zhēnzhū jiùshì Dūnhuáng Mògāokū. Tā zuòluò zài wǒguó Gānsù Shěng Dūnhuáng Shì Sānwēi Shān hé Míngshā Shān de huáibào zhōng.

Míngshā Shān dōnglù shì píngjūn gāodù wéi shíqī mǐ de yábì. Zài yīqiān liùbǎi duō mǐ cháng de yábì·shàng, záo yǒu dàxiǎo dòngkū qībǎi yú gè, xíngchéngle guīmó hóngwěi de shíkūqún. Qízhōng sìbǎi jiǔshí'èr gè dòngkū zhōng, gòng yǒu cǎisè sùxiàng liǎngqiān yībǎi yú zūn, gè zhǒng bìhuà gòng sìwàn wǔqiān duō píngfāngmǐ. Mògāokū shì wǒguó gǔdài wúshù yìshù jiàngshī liúgěi rénlèi de zhēnguì wénhuà yíchǎn.

Mògāokū de cǎisù, měi yī zūn dōu shì yī jiàn jīngměi de yìshùpǐn. Zuì dà de yǒu jiǔ céng lóu nàme gāo, zuì xiǎo de hái bùrú yī gè shǒuzhǎng dà. Zhèxiē cǎisù gèxìng xiānmíng, shéntài-gèyì. Yǒu címéi-shànmù de pú·sà, yǒu wēifēng-lǐnlǐn de tiānwáng, háiyǒu qiángzhuàng yǒngměng de lìshì······

Mògāokū bìhuà de nèiróng fēngfù-duōcǎi, yǒude shì miáohuì gǔdài láodòng rénmín dǎliè, bǔyú, gēngtián, shōugē de qíngjǐng, yǒude shì miáohuì rénmen zòuyuè, wǔdǎo, yǎn zájì de chǎngmiàn, hái yǒude shì miáohuì dàzìrán de měilì fēngguāng. Qízhōng zuì yǐnrén-zhùmù de shì fēitiān. Bìhuà·shàng de fēitiān, yǒude bì kuà huālán, cǎizhāi xiānhuā; yǒude fǎn tán pí·pá, qīng bō yínxián; yǒude dào xuán shēnzi, zì tiān ér jiàng; yǒude cǎidài piāofú, màntiān áoyóu; yǒude shūzhǎnzhe shuāngbì, piānpiān-qǐwǔ. Kànzhe zhèxiē jīngměi dòngrén de bìhuà, jiù xiàng zǒujìnle//cànlàn huīhuáng de yìshù diàntáng.

　　Mògāokūli háiyǒu yī gè miànjī bù dà de dòngkū——cángjīngdòng. Dòngli céng cángyǒu wǒguó gǔdài de gè zhǒng jīngjuàn、wénshū、bóhuà、cìxiù、tóngxiàng děng gòng liùwàn duō jiàn. Yóuyú Qīngcháo zhèngfǔ fǔbài wúnéng, dàliàng zhēnguì de wénwù bèi wàiguó qiángdào lüèzǒu. Jǐncún de bùfen jīngjuàn, xiànzài chénliè yú Běijīng Gùgōng děng chù.

　　Mògāokū shì jǔshì-wénmíng de yìshù bǎokù. Zhèli de měi yī zūn cǎisù、měi yī fú bìhuà、měi yī jiàn wénwù, dōu shì Zhōngguó gǔdài rénmín zhìhuì de jiéjīng.

Jiéxuǎn zì Xiǎoxué《Yǔwén》dì-liù cè zhōng《Mògāokū》

作品 30 号

　　其实你在很久以前并不喜欢牡丹，因为它总被人作为富贵膜拜。后来你目睹了一次牡丹的落花，你相信所有的人都会为之感动：一阵清风徐来，娇艳鲜嫩的盛期牡丹忽然整朵整朵地坠落，铺撒一地绚丽的花瓣。那花瓣落地时依然鲜艳夺目，如同一只奉上祭坛的大鸟脱落的羽毛，低吟着壮烈的悲歌离去。

　　牡丹没有花谢花败之时，要么烁于枝头，要么归于泥土，它跨越委顿和衰老，由青春而死亡，由美丽而消遁。它虽美却不吝惜生命，即使告别也要展示给人最后一次的惊心动魄。

　　所以在这阴冷的四月里，奇迹不会发生。任凭游人扫兴和诅咒，牡丹依然安之若素。它不苟且、不俯就、不妥协、不媚俗，甘愿自己冷落自己。它遵循自己的花期自己的规律，它有权利为自己选择每年一度的盛大节日。它为什么不拒绝寒冷？

　　天南海北的看花人，依然络绎不绝地涌入洛阳城。人们不会因牡丹的拒绝而拒绝它的美。如果它再被贬谪十次，也许它就会繁衍出十个洛阳牡丹城。

　　于是你在无言的遗憾中感悟到，富贵与高贵只是一字之差。同人一样，花儿也是有灵性的，更有品位之高低。品位这东西为气为魂为 // 筋骨为神韵，只可意会。你叹服牡丹卓尔不群之姿，方知品位是多么容易被世人忽略或是漠视的美。

节选自张抗抗《牡丹的拒绝》

Zuòpǐn 30 Hào

　　Qíshí nǐ zài hěnjiǔ yǐqián bìng bù xǐhuan mǔdan. Yīn·wèi tā zǒng bèi rén zuòwéi fùguì móbài. Hòulái nǐ mùdǔle yī cì mǔdan de luòhuā, nǐ xiāngxìn suǒyǒu de rén dōu huì wèi zhī gǎndòng: Yī zhèn qīngfēng xúlái, jiāoyàn xiānnèn de shèngqī mǔdan hūrán zhěng duǒ zhěng duǒ de zhuìluò, pūsǎ yīdì xuànlì de huābàn. Nà huābàn luòdì shí yīrán xiānyàn duómù, rútóng yī zhī fèng·shàng jìtán de dàniǎo tuōluò de yǔmáo, dīyínzhe zhuàngliè de bēigē líqù.

　　Mǔdan méi·yǒu huāxiè-huābài zhī shí, yàome shuòyú zhītóu, yàome guīyú nítǔ, tā kuàyuè wěidùn hé shuāilǎo, yóu qīngchūn ér sǐwáng, yóu měilì ér xiāodùn. Tā suī měi què bù lìnxī shēngmìng, jíshǐ gàobié yě yào zhǎnshì gěi rén zuìhòu yī cì de jīngxīn-dòngpò.

　　Suǒyǐ zài zhè yīnlěng de sìyuèli, qíjì bù huì fāshēng. Rènpíng yóurén sǎoxìng hé zǔzhòu, mǔdan yīrán ānzhī-ruòsù. Tā bù gǒuqiě、bù fùjiù、bù tuǒxié、bù mèisú, gānyuàn zìjǐ lěngluò zìjǐ. Tā zūnxún zìjǐ de huāqī zìjǐ de guīlǜ, tā yǒu quánlì wèi zìjǐ xuǎnzé měinián yī dù de shèngdà jiérì. Tā wèishénme bù jùjué hánlěng?

　　Tiānnán-hǎiběi de kàn huā rén, yīrán luòyì-bùjué de yǒngrù Luòyáng Chéng. Rénmen bù huì yīn mǔdan de jùjué ér jùjué tā de měi. Rúguǒ tā zài bèi biǎnzhé shí cì, yěxǔ tā jiùhuì fányǎn chū shí gè Luòyáng mǔdan chéng.

　　Yúshì nǐ zài wúyán de yíhàn zhōng gǎnwù dào, fùguì yǔ gāoguì zhǐshì yī zì zhī chā. Tóng rén yīyàng, huā'ér yě shì yǒu língxìng de, gèng yǒu pǐnwèi zhī gāodī. Pǐnwèi zhè dōngxi wéi qì wéi hún wéi//jīngǔ wéi shényùn, zhǐ kě yìhuì. Nǐ tànfú mǔdan zhuó'ěr-bùqún zhī zī, fāng zhī pǐnwèi shì duōme róng·yì bèi shìrén hūlüè huò mòshì de měi.

Jiéxuǎn zì Zhāng Kàngkàng《Mǔ·dān de Jùjué》

作品 31 号

森林涵养水源，保持水土，防止水旱灾害的作用非常大。据专家测算，一片十万亩面积的森林，相当于一个两百万立方米的水库，这正如农谚所说的："山上多栽树，等于修水库。雨多它能吞，雨少它能吐。"

说起森林的功劳，那还多得很。它除了为人类提供木材及许多种生产、生活的原料之外，在维护生态环境方面也是功劳卓著。它用另一种"能吞能吐"的特殊功能孕育了人类。因为地球在形成之初，大气中的二氧化碳含量很高，氧气很少，气温也高，生物是难以生存的。大约在四亿年之前，陆地才产生了森林。森林慢慢将大气中的二氧化碳吸收，同时吐出新鲜氧气，调节气温。这才具备了人类生存的条件，地球上才最终有了人类。

森林，是地球生态系统的主体，是大自然的总调度室，是地球的绿色之肺。森林维护地球生态环境的这种"能吞能吐"的特殊功能是其他任何物体都不能取代的。然而，由于地球上的燃烧物增多，二氧化碳的排放量急剧增加，使得地球生态环境急剧恶化，主要表现为全球气候变暖，水分蒸发加快，改变了气流的循环，使气候变化加剧，从而引发热浪、飓风、暴雨、洪涝及干旱。

为了 // 使地球的这个"能吞能吐"的绿色之肺恢复健壮，以改善生态环境，抑制全球变暖，减少水旱等自然灾害，我们应该大力造林、护林，使每一座荒山都绿起来。

节选自《中考语文课外阅读试题精选》中《"能吞能吐"的森林》

Zuòpǐn 31 Hào

Sēnlín hányǎng shuǐyuán, bǎochí shuǐtǔ, fángzhǐ shuǐhàn zāihài de zuòyòng fēicháng dà. Jù zhuānjiā cèsuàn, yī piàn shíwàn mǔ miànjī de sēnlín, xiāngdāngyú yī gè liǎngbǎi wàn lìfāngmǐ de shuǐkù, zhè zhèng rú nóngyàn suǒ shuō de: "Shān·shàng duō zāi shù, děngyú xiū shuǐkù. Yǔ duō tā néng tūn, yǔ shǎo tā néng tǔ."

Shuōqǐ sēnlín de gōng·láo, nà hái duō de hěn. Tā chúle wèi rénlèi tígōng mùcái jí xǔduō zhǒng shēngchǎn、 shēnghuó de yuánliào zhīwài, zài wéihù shēngtài huánjìng fāngmiàn yě shì gōng·láo zhuózhù, tā yòng lìng yī zhǒng "néngtūn-néngtǔ" de tèshū gōngnéng yùnyùle rénlèi. Yīn·wèi dìqiú zài xíngchéng zhīchū, dàqì zhōng de èryǎnghuàtàn hánliàng hěn gāo, yǎngqì hěn shǎo, qìwēn yě gāo, shēngwù shì nányǐ shēngcún de. Dàyuē zài sìyì nián zhīqián, lùdì cái chǎnshēngle sēnlín. Sēnlín mànmàn jiāng dàqì zhōng de èryǎnghuàtàn xīshōu, tóngshí tǔ·chū xīn·xiān yǎngqì, tiáojié qìwēn：Zhè cái jùbèile rénlèi shēngcún de tiáojiàn, dìqiú·shàng cái zuìzhōng yǒule rénlèi.

Sēnlín, shì dìqiú shēngtài xìtǒng de zhǔtǐ, shì dàzìrán de zǒng diàodùshì, shì dìqiú de lǜsè zhī fèi. Sēnlín wéihù dìqiú shēngtài huánjìng de zhè zhǒng "néngtūn-néngtǔ" de tèshū gōngnéng shì qítā rènhé wùtǐ dōu bùnéng qǔdài de. Rán'ér, yóuyú dìqiú·shàng de ránshāowù zēngduō, èryǎnghuàtàn de páifàngliàng jíjù zēngjiā, shǐde dìqiú shēngtài huánjìng jíjù èhuà, zhǔyào biǎoxiàn wéi quánqiú qìhòu biàn nuǎn, shuǐfèn zhēngfā jiākuài, gǎibiànle qìliú de xúnhuán, shǐ qìhòu biànhuà jiājù, cóng'ér yǐnfā rèlàng、jùfēng、bàoyǔ、hónglào jí gānhàn.

Wèile//shǐ dìqiú de zhège "néngtūn-néngtǔ" de lǜsè zhī fèi huīfù jiànzhuàng, yǐ gǎishàn shēngtài huánjìng, yìzhì quánqiú biàn nuǎn, jiǎnshǎo shuǐhàn děng zìrán zāihài, wǒmen yīnggāi dàlì zàolín、hùlín, shǐ měi yī zuò huāngshān dōu lǜqǐ·lái.

Jiéxuǎn zì《Zhōngkǎo Yǔwén Kèwài Yuèdú Shìtí Jīngxuǎn》zhōng
《"Néngtūn-Néngtǔ" de Sēnlín》

作品 32 号

朋友即将远行。

暮春时节，又邀了几位朋友在家小聚。虽然都是极熟的朋友，却是终年难得一见，偶尔电话里相遇，也无非是几句寻常话。一锅小米稀饭，一碟大头菜，一盘自家酿制的泡菜，一只巷口买回的烤鸭，简简单单，不像请客，倒像家人团聚。

其实，友情也好，爱情也好，久而久之都会转化为亲情。

说也奇怪，和新朋友会谈文学、谈哲学、谈人生道理等等，和老朋友却只话家常，柴米油盐，细细碎碎，种种琐事。很多时候，心灵的契合已经不需要太多的言语来表达。

朋友新烫了个头，不敢回家见母亲，恐怕惊骇了老人家，却欢天喜地来见我们，老朋友颇能以一种趣味性的眼光欣赏这个改变。

年少的时候，我们差不多都在为别人而活，为苦口婆心的父母活，为循循善诱的师长活，为许多观念、许多传统的约束力而活。年岁逐增，渐渐挣脱外在的限制与束缚，开始懂得为自己活，照自己的方式做一些自己喜欢的事，不在乎别人的批评意见，不在乎别人的诋毁流言，只在乎那一份随心所欲的舒坦自然。偶尔，也能够纵容自己放浪一下，并且有一种恶作剧的窃喜。

就让生命顺其自然，水到渠成吧，犹如窗前的//乌桕，自生自落之间，自有一份圆融丰满的喜悦。春雨轻轻落着，没有诗，没有酒，有的只是一份相知相属的自在自得。

夜色在笑语中渐渐沉落，朋友起身告辞，没有挽留，没有送别，甚至也没有问归期。

已经过了大喜大悲的岁月，已经过了伤感流泪的年华，知道了聚散原来是这样的自然和顺理成章，懂得这点，便懂得珍惜每一次相聚的温馨，离别便也欢喜。

节选自（台湾）杏林子《朋友和其他》

Zuòpǐn 32 Hào

Péngyou jíjiāng yuǎn xíng.

Mùchūn shíjié, yòu yāole jǐ wèi péngyou zài jiā xiǎojù. Suīrán dōu shì jí shú de péngyou, què shì zhōngnián nándé yī jiàn, ǒu'ěr diànhuàli xiāngyù, yě wúfēi shì jǐ jù xúnchánghuà. Yī guō xiǎomǐ xīfàn, yī dié dàtóucài, yī pán zìjiā niàngzhì de pàocài, yī zhī xiàngkǒu mǎihuí de kǎoyā, jiǎnjiǎn-dāndān, bù xiàng qǐngkè, dào xiàng jiārén tuánjù.

Qíshí, yǒuqíng yě hǎo, àiqíng yě hǎo, jiǔ'érjiǔzhī dōu huì zhuǎnhuà wéi qīnqíng.

Shuō yě qíguài, hé xīn péngyou huì tán wénxué, tán zhéxué, tán rénshēng dào·lǐ děngděng, hé lǎo péngyou què zhǐ huà jiācháng, chái-mǐ-yóu-yán, xìxì-suìsuì, zhǒngzhǒng suǒshì. Hěn duō shíhou, xīnlíng de qìhé yǐ·jīng bù xūyào tài duō de yán yǔ lái biǎodá.

Péngyou xīn tàngle gè tóu, bùgǎn huíjiā jiàn mǔ·qīn, kǒngpà jīnghàile lǎo·rén·jiā, què huāntiān-xǐdì lái jiàn wǒmen, lǎo péngyou pō néng yǐ yī zhǒng qùwèixìng de yǎnguāng xīnshǎng zhège gǎibiàn.

Niánshào de shíhou, wǒmen chàbuduō dōu zài wèi bié·rén ér huó, wèi kǔkǒu-póxīn de fùmǔ huó, wèi xúnxún-shànyòu de shīzhǎng huó, wèi xǔduō guānniàn, xǔduō chuántǒng de yuēshùlì ér huó. Niánsuì zhú zēng, jiànjiàn zhèngtuō wàizài de xiànzhì yǔ shùfù, kāishǐ dǒngde wèi zìjǐ huó, zhào zìjǐ de fāngshì zuò yīxiē zìjǐ xǐhuan de shì, bù zàihu bié•rén de pīpíng yì•jiàn, bù zàihu bié•rén de dǐhuǐ liúyán, zhǐ zàihu nà yī fèn suíxīn-suǒyù de shūtan zìran. Ǒu'ěr, yě nénggòu zòngróng zìjǐ fànglàng yīxià, bìngqiě yǒu yī zhǒng èzuòjù de qièxǐ.

Jiù ràng shēngmìng shùn qí zìrán, shuǐdào-qúchéng ba, yóurú chuāng qián de//wūjiù, zìshēng-zìluò zhījiān, zì yǒu yī fèn yuánróng fēngmǎn de xǐyuè. Chūnyǔ qīngqīng luòzhe, méi•yǒu shī, méi•yǒu jiǔ, yǒude zhǐshì yī fèn xiāng zhī xiāng zhǔ de zìzài zìdé.

Yèsè zài xiàoyù zhōng jiànjiàn chénluò, péngyou qǐshēn gàocí, méi•yǒu wǎnliú, méi•yǒu sòngbié, shènzhì yě méi•yǒu wèn guīqī.

Yǐjing guòle dàxǐ-dàbēi de suìyuè, yǐjing guòle shānggǎn liúlèi de niánhuá, zhī•dàole jù-sàn yuánlái shì zhèyàng de zìrán hé shùnlǐ-chéngzhāng, dǒngde zhè diǎn, biàn dǒngde zhēnxī měi yī cì xiāngjù de wēnxīn, líbié biàn yě huānxǐ.

Jiéxuǎn zì（Táiwān）Xìng Línzǐ《Péngyou hé Qítā》

作品 33 号

我们在田野散步：我，我的母亲，我的妻子和儿子。

母亲本不愿出来的。她老了，身体不好，走远一点儿就觉得很累。我说，正因为如此，才应该多走走。母亲信服地点点头，便去拿外套。她现在很听我的话，就像我小时候很听她的话一样。

这南方初春的田野，大块小块的新绿随意地铺着，有的浓，有的淡，树上的嫩芽也密了，田里的冬水也咕咕地起着水泡。这一切都使人想着一样东西——生命。

我和母亲走在前面，我的妻子和儿子走在后面。小家伙突然叫起来："前面是妈妈和儿子，后面也是妈妈和儿子。"我们都笑了。

后来发生了分歧：母亲要走大路，大路平顺；我的儿子要走小路，小路有意思。不过，一切都取决于我。我的母亲老了，她早已习惯听从她强壮的儿子；我的儿子还小，他还习惯听从他高大的父亲；妻子呢，在外面，她总是听我的。一霎时我感到了责任的重大。我想找一个两全的办法，找不出；我想拆散一家人，分成两路，各得其所，终不愿意。我决定委屈儿子，因为我伴同他的时日还长。我说："走大路。"

但是母亲摸摸孙儿的小脑瓜，变了主意："还是走小路吧。"她的眼随小路望去：那里有金色的菜花，两行整齐的桑树，//尽头一口水波粼粼的鱼塘。"我走不过去的地方，你就背着我。"母亲对我说。

这样，我们在阳光下，向着那菜花、桑树和鱼塘走去。到了一处，我蹲下来，背起了母亲；妻子也蹲下来，背起了儿子。我和妻子都是慢慢地，稳稳地，走得很仔细，好像我背上的同她背上的加起来，就是整个世界。

节选自莫怀戚《散步》

Zuòpǐn 33 Hào

Wǒmen zài tiányě sànbù: Wǒ, wǒ de mǔ·qīn, wǒ de qīzi hé érzi.

Mǔ·qīn běn bùyuàn chū·lái de. Tā lǎo le, shēntǐ bù hǎo, zǒu yuǎn yīdiǎnr jiù juéde hěn lèi. Wǒ shuō, zhèng yīn·wèi rúcǐ, cái yīnggāi duō zǒuzou. Mǔ·qīn xìnfú de diǎndiǎn tóu, biàn qù ná wàitào. Tā xiànzài hěn tīng wǒ de huà, jiù xiàng wǒ xiǎoshíhou hěn tīng tā de huà yīyàng.

Zhè nánfāng chūchūn de tiányě, dàkuài xiǎokuài de xīnlǜ suíyì de pūzhe, yǒude nóng, yǒude dàn, shù·shàng de nènyá yě mìle, tiánli de dōngshuǐ yě gūgū de qǐzhe shuǐpào. Zhè yīqiè dōu shǐ rén xiǎngzhe yī yàng dōngxi——shēngmìng.

Wǒ hé mǔ·qīn zǒu zài qián·miàn, wǒ de qīzi hé érzi zǒu zài hòu·miàn. Xiǎojiāhuo tūrán jiào qǐ·lái: "qián·miàn shì māma hé érzi, hòu·miàn yě shì māma hé érzi." Wǒmen dōu xiàole.

Hòulái fāshēngle fēnqí: Mǔ·qīn yào zǒu dàlù, dàlù píngshùn; Wǒ de érzi yào zǒu xiǎolù, xiǎolù yǒu yìsi. Bùguò, yīqiè dōu qǔjuéyú wǒ. Wǒ de mǔ·qīn lǎole, tā zǎoyǐ xíguàn tīngcóng tā qiángzhuàng de érzi; Wǒ de érzi hái xiǎo, tā hái xíguàn tīngcóng tā gāodà de fù·qīn; qīzi ne, zài wài·miàn, tā zǒngshì tīng wǒ de. Yīshàshí wǒ gǎndàole zérèn de zhòngdà. Wǒ xiǎng zhǎo yī gè liǎngquán de bànfǎ, zhǎo bù chū; wǒ xiǎng chāisàn yī jiā rén, fēnchéng liǎng lù, gèdé·qísuǒ, zhōng bù yuàn·yì. Wǒ juédìng wěiqū érzi, yīn·wèi wǒ bàntóng tā de shírì hái cháng. Wǒ shuō: "Zǒu dàlù."

Dànshì mǔ·qīn mōmo sūn'ér de xiǎo nǎoguā, biànle zhǔyi: "háishì zǒu xiǎolù ba." Tā de yǎn suí xiǎolù wàng·qù: Nàli yǒu jīnsè de càihuā, liǎng háng zhěngqí de sāngshù, //jìntóu yī kǒu shuǐbō línlín de yútáng. "Wǒ zǒu bù guò·qù de dìfang, nǐ jiù bēizhe wǒ." Mǔ·qīn duì wǒ shuō.

Zhèyàng, wǒmen zài yángguāng·xià, xiàngzhe nà càihuā、sāngshù hé yútáng zǒu·qù. Dàole yī chù, wǒ dūn xià·lái, bēiqǐle mǔ·qīn; qīzi yě dūn xià·lái, bēiqǐle érzi. Wǒ hé qīzi dōu shì mànmàn de, wěnwěn de, zǒu de hěn zǐxì, hǎoxiàng wǒ bèi·shàng de tóng tā bèi·shàng de jiā qǐ·lái, jiùshì zhěnggè shìjiè.

Jiéxuǎn zì Mò Huáiqī《Sànbù》

作品 34 号

地球上是否真的存在"无底洞"？按说地球是圆的，由地壳、地幔和地核三层组成，真正的"无底洞"是不应存在的，我们所看到的各种山洞、裂口、裂缝，甚至火山口也都只是地壳浅部的一种现象。然而中国一些古籍却多次提到海外有个深奥莫测的无底洞。事实上地球上确实有这样一个"无底洞"。

它位于希腊亚各斯古城的海滨。由于濒临大海，大涨潮时，汹涌的海水便会排山倒海般地涌入洞中，形成一股湍湍的急流。据测，每天流入洞内的海水量达三万多吨。奇怪的是，如此大量的海水灌入洞中，却从来没有把洞灌满。曾有人怀疑，这个"无底洞"，会不会就像石灰岩地区的漏斗、竖井、落水洞一类的地形。然而从二十世纪三十年代以来，人们就做了多种努力企图寻找它的出口，却都是枉费心机。

为了揭开这个秘密，一九五八年美国地理学会派出一支考察队，他们把一种经久不变的带色染料溶解在海水中，观察染料是如何随着海水一起沉下去。接着又察看了附近海面以及岛上的各条河、湖，满怀希望地寻找这种带颜色的水，结果令人失望。难道是海水量太大把有色水稀释得太淡，以致无法发现？//

至今谁也不知道为什么这里的海水会没完没了地"漏"下去，这个"无底洞"的出口又在哪里，每天大量的海水究竟都流到哪里去了？

节选自罗伯特·罗威尔《神秘的"无底洞"》

Zuòpǐn 34 Hào

　　Dìqiú·shàng shìfǒu zhēn de cúnzài "wúdǐdòng"? Ànshuō dìqiú shì yuán de, yóu dìqiào、dìmàn hé dìhé sān céng zǔchéng, zhēnzhèng de "wúdǐdòng" shì bù yīng cúnzài de, wǒmen suǒ kàndào de gè zhǒng shāndòng、lièkǒu、lièfèng, shènzhì huǒshānkǒu yě dōu zhǐshì dìqiào qiǎnbù de yī zhǒng xiànxiàng. Rán'ér Zhōngguó yīxiē gǔjí què duō cì tídào hǎiwài yǒu gè shēn'ào-mòcè de wúdǐdòng. Shìshí·shàng dìqiú·shàng quèshí yǒu zhèyàng yī gè "wúdǐdòng".

　　Tā wèiyú Xīlà Yàgèsī gǔchéng de hǎibīn. Yóuyú bīnlín dàhǎi, dà zhǎngcháo shí, xiōngyǒng de hǎishuǐ biàn huì páishān-dǎohǎi bān de yǒngrù dòng zhōng, xíngchéng yī gǔ tuāntuān de jíliú. Jù cè, měi tiān liúrù dòng nèi de hǎishuǐliàng dá sānwàn duō dūn. Qíguài de shì, rúcǐ dàliàng de hǎishuǐ guànrù dòng zhōng, què cónglái méi·yǒu bǎ dòng guànmǎn. Céng yǒu rén huáiyí, zhège "wúdǐdòng", huì·bùhuì jiù xiàng shíhuīyán dìqū de lòudǒu、shùjǐng、luòshuǐdòng yīlèi de dìxíng. Rán'ér cóng èrshí shìjì sānshí niándài yǐlái, rénmen jiù zuòle duō zhǒng nǔlì qǐtú xúnzhǎo tā de chūkǒu, què dōu shì wǎngfèi-xīnjī.

　　Wèile jiēkāi zhège mìmì, yī jiǔ wǔ bā nián Měiguó Dìlǐ Xuéhuì pàichū yī zhī kǎocháduì, tāmen bǎ yī zhǒng jīngjiǔ-bùbiàn de dài sè rǎnliào róngjiě zài hǎishuǐ zhōng, guānchá rǎnliào shì rúhé suízhe hǎishuǐ yīqǐ chén xià·qù. Jiēzhe yòu chákànle fùjìn hǎimiàn yǐjí dǎo·shàng de gè tiáo hé、hú, mǎnhuái xīwàng de xúnzhǎo zhè zhǒng dài yánsè de shuǐ, jiéguǒ lìng rén shīwàng. Nándào shì hǎishuǐliàng tài dà bǎ yǒusèshuǐ xīshì de tài dàn, yǐ zhì wúfǎ fāxiàn? //

　　Zhìjīn shéi yě bù zhī·dào wèishénme zhèli de hǎishuǐ méiwán-méiliǎo de "lòu" xià·qù, zhège "wúdǐdòng" de chūkǒu yòu zài nǎli? měi tiān dàliàng de hǎishuǐ jiūjìng dōu liúdào nǎli qù le?

　　　　　　　Jiéxuǎn zì Luóbótè·Luówēi'ěr《Shénmì de "Wúdǐdòng"》

作品 35 号

我在俄国见到的景物再没有比托尔斯泰墓更宏伟、更感人的。

完全按照托尔斯泰的愿望，他的坟墓成了世间最美的，给人印象最深刻的坟墓。它只是树林中的一个小小的长方形土丘，上面开满鲜花——没有十字架，没有墓碑，没有墓志铭，连托尔斯泰这个名字也没有。

这位比谁都感到受自己的声名所累的伟人，却像偶尔被发现的流浪汉，不为人知的士兵，不留名姓地被人埋葬了。谁都可以踏进他最后的安息地，围在四周稀疏的木栅栏是不关闭的——保护列夫·托尔斯泰得以安息的没有任何别的东西，唯有人们的敬意；而通常，人们却总是怀着好奇，去破坏伟人墓地的宁静。

这里，逼人的朴素禁锢住任何一种观赏的闲情，并且不容许你大声说话。风儿俯临，在这座无名者之墓的树木之间飒飒响着，和暖的阳光在坟头嬉戏；冬天，白雪温柔地覆盖这片幽暗的土地。无论你在夏天或冬天经过这儿，你都想象不到，这个小小的、隆起的长方体里安放着一位当代最伟大的人物。

然而，恰恰是这座不留姓名的坟墓，比所有挖空心思用大理石和奢华装饰建造的坟墓更扣人心弦。在今天这个特殊的日子 // 里，到他的安息地来的成百上千人中间，没有一个有勇气，哪怕仅仅从这幽暗的土丘上摘下一朵花留作纪念。人们重新感到，世界上再没有比托尔斯泰最后留下的、这座纪念碑式的朴素坟墓，更打动人心的了。

节选自［奥］茨威格《世间最美的坟墓》，张厚仁译

Zuòpǐn 35 Hào

Wǒ zài Éguó jiàndào de jǐngwù zài méi·yǒu bǐ Tuō'ěrsītài mù gèng hóngwěi、gèng gǎnrén de le.

Wánquán ànzhào Tuō'ěrsītài de yuànwàng, tā de fénmù chéngle shìjiān zuì měi de、gěi rén yìnxiàng zuì shēnkè de fénmù. Tā zhǐshì shùlín zhōng de yī gè xiǎoxiǎo de chángfāngxíng tǔqiū, shàng·miàn kāimǎn xiānhuā——méi·yǒu shízìjià, méi·yǒu mùbēi, méi·yǒu mùzhìmíng, lián Tuō'ěrsītài zhègè míngzi yě méi·yǒu.

Zhè wèi bǐ shéi dōu gǎndào shòu zìjǐ de shēngmíng suǒ lěi de wěirén, què xiàng ǒu'ěr bèi fāxiàn de liúlànghàn, bù wéi rén zhī de shìbīng, bù liú míngxìng de bèi rén máizàng le. Shéi dōu kěyǐ tàjìn tā zuìhòu de ānxīdì, wéi zài sìzhōu xīshū de mù zhàlan shì bù guānbì de——bǎohù Lièfū·Tuō'ěrsītài déyǐ ānxī de méi·yǒu rènhé biéde dōngxi, wéiyǒu rénmen de jìngyì; ér tōngcháng, rénmen què zǒngshì huáizhe hàoqí, qù pòhuài wěirén mùdì de níngjìng.

Zhèli, bīrén de pǔsù jìngù zhù rènhé yī zhǒng guānshǎng de xiánqíng, bìngqiě bù róngxǔ nǐ dàshēng shuōhuà. Fēng'ér fǔ lín, zài zhè zuò wúmíngzhě zhī mù de shùmù zhījiān sàsà xiǎngzhe, hénuǎn de yángguāng zài féntóur xīxì; dōngtiān, báixuě wēnróu de fùgài zhè piàn yōu'àn de tǔdì. Wúlùn nǐ zài xiàtiān huò dōngtiān jīngguò zhèr, nǐ dōu xiǎngxiàng bù dào, zhège xiǎoxiǎo de、lóngqǐ de chángfāngtǐli ānfàngzhe yī wèi dāngdài zuì wěidà de rénwù.

Rán'ér, qiàqià shì zhè zuò bù liú xìngmíng de fénmù, bǐ suǒyǒu wākōng xīnsi yòng dàlǐshí hé shēhuá zhuāngshì jiànzào de fénmù gèng kòurénxīnxián. Zài jīntiān zhège tèshū de rìzi//li, dào tā de ānxīdì lái de chéng bǎi shàng qiān rén zhōng jiān, méi·yǒu yī gè yǒu yǒngqì, nǎpà jǐnjǐn cóng zhè yōu'àn de tǔqiū·shàng zhāixià yī duǒ huā liúzuò jìniàn. Rénmen chóngxīn gǎndào, shìjiè·shàng zài méi·yǒu bǐ Tuō'ěrsītài zuìhòu liúxià de、zhè zuò jìniànbēi shìde pǔsù fénmù, gèng dǎdòng rénxīn de le.

Jiéxuǎn zì〔Ào〕Cíwēigé《Shìjiān Zuì Měi de Fénmù》, Zhāng Hòurén yì

作品 36 号

　　我国的建筑，从古代的宫殿到近代的一般住房，绝大部分是对称的，左边怎么样，右边怎么样。苏州园林可绝不讲究对称，好像故意避免似的。东边有了一个亭子或者一道回廊，西边决不会来一个同样的亭子或者一道同样的回廊。这是为什么？我想，用图画来比方，对称的建筑是图案画，不是美术画，而园林是美术画，美术画要求自然之趣，是不讲究对称的。

　　苏州园林里都有假山和池沼。

　　假山的堆叠，可以说是一项艺术而不仅是技术。或者是重峦叠嶂，或者是几座小山配合着竹子花木，全在乎设计者和匠师们生平多阅历，胸中有丘壑，才能使游览者攀登的时候忘却苏州城市，只觉得身在山间。

　　至于池沼，大多引用活水。有些园林池沼宽敞，就把池沼作为全园的中心，其他景物配合着布置。水面假如呈河道模样，往往安排桥梁。假如安排两座以上的桥梁，那就一座一个样，决不雷同。

池沼或河道的边沿很少砌齐整的石岸，总是高低屈曲任其自然。还在那儿布置几块玲珑的石头，或者种些花草。这也是为了取得从各个角度看都成一幅画的效果。池沼里养着金鱼或各色鲤鱼，夏秋季节荷花或睡莲开//放，游览者看"鱼戏莲叶间"，又是入画的一景。

节选自叶圣陶《苏州园林》

Zuòpǐn 36 Hào

　　Wǒguó de jiànzhù, cóng gǔdài de gōngdiàn dào jìndài de yìbān zhùfáng, jué dà bùfen shì duìchèn de, zuǒ·biān zěnmeyàng, yòu·biān zěnmeyàng. Sūzhōu yuánlín kě juébù jiǎng·jiū duìchèn, hǎoxiàng gùyì bìmiǎn shìde. Dōng·biān yǒule yī gè tíngzi huòzhě yī dào huíláng, xī·biān juébù huì lái yī gè tóngyàng de tíngzi huòzhě yī dào tóngyàng de huíláng. Zhè shì wèishénme? Wǒ xiǎng, yòng túhuà lái bǐfang, duìchèn de jiànzhù shì tú'ànhuà, bù shì měishùhuà, ér yuánlín shì měishùhuà, měishùhuà yāoqiú zìrán zhī qù, shì bù jiǎng·jiū duìchèn de.

　　Sūzhōu yuánlínli dōu yǒu jiǎshān hé chízhǎo.

　　Jiǎshān de duīdié, kěyǐ shuō shì yī xiàng yìshù ér bùjǐn shì jìshù. Huòzhě shì chóngluán-diézhàng, huòzhě shì jǐ zuò xiǎoshān pèihézhe zhúzi huāmù, quán zàihu shèjìzhě hé jiàngshīmen shēngpíng duō yuèlì, xiōng zhōng yǒu qiūhè, cái néng shǐ yóulǎnzhě pāndēng de shíhou wàngquè Sūzhōu chéngshì, zhǐ juéde shēn zài shān jiān.

　　Zhìyú chízhǎo, dàduō yǐnyòng huóshuǐ. Yǒuxiē yuánlín chízhǎo kuānchang, jiù bǎ chízhǎo zuòwéi quán yuán de zhōngxīn, qítā jǐngwù pèihézhe bùzhì. Shuǐmiàn jiǎrú chéng hédào múyàng, wǎngwǎng ānpái qiáoliáng. Jiǎrú ānpái liǎng zuò yǐshàng de qiáoliáng, nà jiù yī zuò yī gè yàng, jué bù léitóng.

　　Chízhǎo huò hédào de biānyán hěn shǎo qì qízhěng de shí'àn, zǒngshì gāodī qūqū rèn qí zìrán. Hái zài nàr bùzhì jǐ kuài línglóng de shítou, huòzhě zhòng xiē huācǎo. Zhè yě shì wèile qǔdé cóng gègè jiǎodù kàn dōu chéng yī fú huà de xiàoguǒ. Chízhǎoli yǎngzhe jīnyú huò gè sè lǐyú, xià-qiū jìjié héhuā huò shuǐlián kāi//fàng, yóulǎnzhě kàn "yú xì lián yè jiān", yòu shì rù huà de yī jǐng.

Jiéxuǎn zì Yè Shèngtáo 《Sūzhōu Yuánlín》

作品 37 号

　　一位访美中国女作家，在纽约遇到一位卖花的老太太。老太太穿着破旧，身体虚弱，但脸上的神情却是那样祥和兴奋。女作家挑了一朵花说："看起来，你很高兴。"老太太面带微笑地说："是的，一切都这么美好，我为什么不高兴呢？""对烦恼，你倒真能看得开。"女作家又说了一句。没料到，老太太的回答更令女作家大吃一惊："耶稣在星期五被钉上十字架时，是全世界最糟糕的一天，可三天后就是复活节。所以，当我遇到不幸时，就会等待三天，这样一切就恢复正常了。"

　　"等待三天"，多么富于哲理的话语，多么乐观的生活方式。它把烦恼和痛苦抛下，全力去收获快乐。

　　沈从文在"文革"期间，陷入了非人的境地。可他毫不在意，他在咸宁时给他的表侄、画家黄永玉写信说："这里的荷花真好，你若来……"身陷苦难却仍为荷花的盛开欣喜赞叹不已，这是一种趋于澄明的境界，一种旷达洒脱的胸襟，一种面临磨难坦荡从容的气度，一种对生活童子般的热爱和对美好事物无限向往的生命情感。

　　由此可见，影响一个人快乐的，有时并不是困境及磨难，而是一个人的心态。如果把自己浸泡在积极、乐观、向上的心态中，快乐必然会 // 占据你的每一天。

节选自《态度创造快乐》

Zuòpǐn 37 Hào

　　Yī wèi fǎng Měi Zhōngguó nǚzuòjiā, zài Niǔyuē yùdào yī wèi mài huā de lǎotàitai. Lǎotàitai chuānzhuó pòjiù, shēntǐ xūruò, dàn liǎn·shàng de shénqíng què shì nàyàng xiánghé xīngfèn. Nǚzuòjiā tiāole yī duǒ huā shuō: "Kàn qǐ·lái, nǐ hěn gāoxìng." Lǎotàitai miàn dài wēixiào de shuō: "Shìde, yīqiè dōu zhème měihǎo, wǒ wèishénme bù gāoxìng ne?" "Duì fánnǎo, nǐ dào zhēn néng kàndekāi." Nǚzuòjiā yòu shuōle yī jù. Méi liàodào, lǎotàitai de huídá gèng lìng nǚzuòjiā dàchī-yījīng: "Yēsū zài xīngqīwǔ bèi dìng·shàng shízìjià shí, shì quán shìjiè zuì zāogāo de yī tiān, kě sān tiān hòu jiùshì Fùhuójié. Suǒyǐ, dāng wǒ yùdào bùxìng shí, jiù huì děngdài sān tiān, zhèyàng yīqiè jiù huīfù zhèngcháng le."

"Děngdài sān tiān", duōme fùyú zhélǐ de huàyǔ, duōme lèguān de shēnghuó fāngshì. Tā bǎ fánnǎo hé tòngkǔ pāo·xià, quánlì qù shōuhuò kuàilè.

Shěn Cóngwén zài "wén-gé" qījiān, xiànrùle fēirén de jìngdì. Kě tā háobù zàiyì, tā zài Xiánníng shí gěi tā de biǎozhí, huàjiā Huáng Yǒngyù xiěxìn shuō: "Zhèlǐ de héhuā zhēn hǎo, nǐ ruò lái……" Shēn xiàn kǔnàn què réng wèi héhuā de shèngkāi xīnxǐ zàntàn bùyǐ, zhè shì yī zhǒng qūyú chéngmíng de jìngjiè, yī zhǒng kuàngdá sǎ·tuō de xiōngjīn, yī zhǒng miànlín mónàn tǎndàng cóngróng de qìdù, yī zhǒng duì shēnghuó tóngzǐ bān de rè'ài hé duì měihǎo shìwù wúxiàn xiàngwǎng de shēngmìng qínggǎn.

Yóucǐ-kějiàn, yǐngxiǎng yī gè rén kuàilè de, yǒushí bìng bù shì kùnjìng jí mónàn, ér shì yī gè rén de xīntài. Rúguǒ bǎ zìjǐ jìn pào zài jījí, lèguān, xiàngshàng de xīntài zhōng, kuàilè bìrán huì//zhànjù nǐ de měi yī tiān.

Jiéxuǎn zì《Tài·dù Chuàngzào Kuàilè》

作品 38 号

　　泰山极顶看日出，历来被描绘成十分壮观的奇景。有人说：登泰山而看不到日出，就像一出大戏没有戏眼，味儿终究有点寡淡。

　　我去爬山那天，正赶上个难得的好天，万里长空，云彩丝儿都不见。素常，烟雾腾腾的山头，显得眉目分明。同伴们都欣喜地说："明天早晨准可以看见日出了。"我也是抱着这种想头，爬上山去。

　　一路从山脚往上爬，细看山景，我觉得挂在眼前的不是五岳独尊的泰山，却像一幅规模惊人的青绿山水画，从下面倒展开来。在画卷中最先露出的是山根底那座明朝建筑岱宗坊，慢慢地便现出王母池、斗母宫、经石峪。山是一层比一层深，一叠比一叠奇，层层叠叠，不知还会有多深多奇，万山丛中，时而点染着极其工细的人物。王母池旁的吕祖殿里有不少尊明塑，塑着吕洞宾等一些人，姿态神情是那样有生气，你看了，不禁会脱口赞叹说："活啦。"

画卷继续展开，绿阴森森的柏洞露面不太久，便来到对松山。两面奇峰对峙着，满山峰都是奇形怪状的老松，年纪怕都有上千岁了，颜色竟那么浓，浓得好像要流下来似的。来到这儿，你不妨权当一次画里的写意人物，坐在路旁的对松亭里，看看山色，听听流 // 水和松涛。

一时间，我又觉得自己不仅是在看画卷，却又像是在零零乱乱翻着一卷历史稿本。

节选自杨朔《泰山极顶》

Zuòpǐn 38 Hào

Tài Shān jí dǐng kàn rìchū, lìlái bèi miáohuì chéng shífēn zhuàngguān de qíjǐng. Yǒu rén shuō: Dēng Tài Shān ér kàn・bùdào rìchū, jiù xiàng yī chū dàxì méi・yǒu xìyǎn, wèir zhōngjiū yǒu diǎnr guǎdàn.

Wǒ qù páshān nà tiān, zhèng gǎn・shàng gè nándé de hǎotiān, wànlǐ chángkōng, yúncaisīr dōu bù jiàn. Sùcháng, yānwù téngténg de shāntóu, xiǎn・dé méi・mù fēnmíng. Tóngbànmen dōu xīnxǐ de shuō: "Míngtiān zǎo・chén zhǔn kěyǐ kàn・jiàn rìchū le." Wǒ yě shì bàozhe zhè zhǒng xiǎngtou, pá・shàng shān・qù.

Yīlù cóng shānjiǎo wǎngshàng pá, xì kàn shānjǐng, wǒ juéde guà zài yǎnqián de bù shì Wǔ Yuè dú zūn de Tài Shān, què xiàng yī fú guīmó jīngrén de qīnglǜ shānshuǐhuà, cóng xià・miàn dào zhǎn kāi・lái. Zài huàjuàn zhōng zuì xiān lòuchū de shì shāngēnr dǐ nà zuò Míngcháo jiànzhù Dàizōngfāng, mànmàn de biàn xiànchū Wángmǔchí、Dòumǔgōng、Jīngshíyù. Shān shì yī céng bǐ yī céng shēn, yī dié bǐ yī dié qí, céngcéng-diédié, bù zhī hái huì yǒu duō shēn duō qí. Wàn shān cóng zhōng, shí'ér diǎnrǎnzhe jíqí gōngxì de rénwù. Wángmǔchí páng de Lǚzǔdiànli yǒu bùshǎo zūn míngsù, sùzhe Lǚ Dòngbīn děng yīxiē rén, zītài shénqíng shì nàyàng yǒu shēngqì, nǐ kàn le, bùjīn huì tuōkǒu zàntàn shuō: "Huó la."

Huàjuàn jìxù zhǎnkāi, lǜyīn sēnsēn de Bǎidòng lòumiàn bù tài jiǔ, biàn láidào Duìsōngshān. Liǎngmiàn qífēng duìzhìzhe, mǎn shānfēng dōu shì qíxíng-guàizhuàng de lǎosōng, niánjì pà dōu yǒu shàng qiān suì le, yánsè jìng nàme nóng, nóng de hǎoxiàng yào liú xià・lái shìde. Láidào zhèr, nǐ bùfáng quándāng yī cì huàli de xiěyì rénwù, zuò zài lùpáng de Duìsōngtíngli, kànkan shānsè, tīngting liú//shuǐ hé sōngtāo.

Yī shíjiān, wǒ yòu juéde zìjǐ bùjǐn shì zài kàn huàjuàn, què yòu xiàng shì zài línglíng-luànluàn fānzhe yī juàn lìshǐ gǎoběn.

Jiéxuǎn zì Yáng Shuò《Tài Shān Jí Dǐng》

作品 39 号

育才小学校长陶行知在校园看到学生王友用泥块砸自己班上的同学，陶行知当即喝止了他，并令他放学后到校长室去。无疑，陶行知是要好好教育这个"顽皮"的学生。那么他是如何教育的呢？

放学后，陶行知来到校长室，王友已经等在门口准备挨训了。可一见面，陶行知却掏出一块糖果送给王友，并说："这是奖给你的，因为你按时来到这里，而我却迟到了。"王友惊疑地接过糖果。

随后，陶行知又掏出一块糖果放到他手里，说："这第二块糖果也是奖给你的，因为当我不让你再打人时，你立即就住手了，这说明你很尊重我，我应该奖你。"王友更惊疑了，他眼睛睁得大大的。

陶行知又掏出第三块糖果塞到王友手里，说："我调查过了，你用泥块砸那些男生，是因为他们不守游戏规则，欺负女生；你砸他们，说明你很正直善良，且有批评不良行为的勇气，应该奖励你啊！"王友感动极了，他流着眼泪后悔地喊道："陶……陶校长你打我两下吧！我砸的不是坏人，而是自己的同学啊……"

陶行知满意地笑了，他随即掏出第四块糖果递给王友，说："为你正确地认识错误，我再奖给你一块糖果，只可惜我只有这一块糖果了。我的糖果 // 没有了，我看我们的谈话也该结束了吧！"说完，就走出了校长室。

节选自《教师博览·百期精华》中《陶行知的"四块糖果"》

Zuòpǐn 39 Hào

Yùcái Xiǎoxué xiàozhǎng Táo Xíngzhī zài xiàoyuán kàndào xuésheng Wáng Yǒu yòng níkuài zá zìjǐ bān·shàng de tóngxué, Táo Xíngzhī dāngjí hèzhǐle tā, bìng lìng tā fàngxué hòu dào xiàozhǎngshì qù. Wúyí, Táo Xíngzhī shì yào hǎohǎo jiàoyù zhège "wánpí" de xuésheng. Nàme tā shì rúhé jiàoyù de ne?

Fàngxué hòu, Táo Xíngzhī láidào xiàozhǎngshì, Wáng Yǒu yǐ•jīng děng zài ménkǒu zhǔnbèi ái xùn le. Kě yī jiànmiàn, Táo Xíngzhī què tāochū yī kuài tángguǒ sònggěi Wáng Yǒu, bìng shuō: "Zhè shì jiǎnggěi nǐ de, yīn•wèi nǐ ànshí láidào zhèli, ér wǒ què chídào le." Wáng Yǒu jīngyí de jiē guo tángguǒ.

Suíhòu, Táo Xíngzhī yòu tāochū yī kuài tángguǒ fàngdào tā shǒuli, shuō: "Zhè dì-èr kuài tángguǒ yě shì jiǎnggěi nǐ de, yīn•wèi dāng wǒ bùràng nǐ zài dǎrén shí, nǐ lìjí jiù zhùshǒu le, zhè shuōmíng nǐ hěn zūnzhòng wǒ, wǒ yīnggāi jiǎng nǐ." Wáng Yǒu gèng jīngyí le, tā yǎnjing zhēng de dàdà de.

Táo Xíngzhī yòu tāochū dì-sān kuài tángguǒ sāidào Wáng Yǒu shǒuli, shuō: "Wǒ diàocháguo le, nǐ yòng níkuài zá nàxiē nánshēng, shì yīn•wèi tāmen bù shǒu yóuxì guīzé, qīfu nǔshēng; nǐ zá tāmen, shuōmíng nǐ hěn zhèngzhí shànliáng, qiě yǒu pīpíng bùliáng xíngwéi de yǒngqì, yīnggāi jiǎnglì nǐ a!" Wáng Yǒu gǎndòng jí le, tā liúzhe yǎnlèi hòuhuǐ de hǎndào: "Táo⋯⋯Táo xiàozhǎng, nǐ dǎ wǒ liǎng xià ba! Wǒ zá de bù shì huàirén, ér shì zìjǐ de tóngxué a⋯⋯"

Táo Xíngzhī mǎnyì de xiào le, tā suíjí tāochū dì-sì kuài tángguǒ dìgěi Wáng Yǒu, shuō: "Wèi nǐ zhèngquè de rènshi cuò•wù, wǒ zài jiǎnggěi nǐ yī kuài tángguǒ, zhǐ kěxī wǒ zhǐyǒu zhè yī kuài tángguǒ le. Wǒ de tángguǒ//méi•yǒu le, wǒ kàn wǒmen de tánhuà yě gāi jiéshù le ba!" Shuōwán, jiù zǒuchūle xiàozhǎngshì.

Jiéxuǎn zì《Jiàoshī Bólǎn•Bǎiqī Jīnghuá》zhōng
《Táo Xíngzhī de "Sì Kuài Tángguǒ"》

作品 40 号

　　享受幸福是需要学习的，当它即将来临的时刻需要提醒。人可以自然而然地学会感官的享乐，却无法天生地掌握幸福的韵律。灵魂的快意同器官的舒适像一对孪生兄弟，时而相傍相依，时而南辕北辙。

幸福是一种心灵的震颤。它像会倾听音乐的耳朵一样，需要不断地训练。

简而言之，幸福就是没有痛苦的时刻。它出现的频率并不像我们想象的那样少。人们常常只是在幸福的金马车已经驶过去很远时，才拣起地上的金鬃毛说，原来我见过它。

人们喜爱回味幸福的标本，却忽略它披着露水散发清香的时刻。那时候我们往往步履匆匆，瞻前顾后不知在忙着什么。

世上有预报台风的，有预报蝗灾的，有预报瘟疫的，有预报地震的。没有人预报幸福。

其实幸福和世界万物一样，有它的征兆。

幸福常常是朦胧的，很有节制地向我们喷洒甘霖。你不要总希望轰轰烈烈的幸福，它多半只是悄悄地扑面而来。你也不要企图把水龙头拧得更大，那样它会很快地流失。你需要静静地以平和之心，体验它的真谛。

幸福绝大多数是朴素的。它不会像信号弹似的，在很高的天际闪烁红色的光芒。它披着本色的外//衣，亲切温暖地包裹起我们。

幸福不喜欢喧嚣浮华，它常常在暗淡中降临。贫困中相濡以沫的一块糕饼，患难中心心相印的一个眼神，父亲一次粗糙的抚摩，女友一张温馨的字条……这都是千金难买的幸福啊。像一粒粒缀在旧绸子上的红宝石，在凄凉中愈发熠熠夺目。

节选自毕淑敏《提醒幸福》

Zuòpǐn 40 Hào

Xiǎngshòu xìngfú shì xūyào xuéxí de, dāng tā jíjiāng láilín de shíkè xūyào tíxǐng. Rén kěyǐ zìrán'érrán de xuéhuì gǎnguān de xiǎnglè, què wúfǎ tiānshēng de zhǎngwò xìngfú de yùnlù. Línghún de kuàiyì tóng qìguān de shūshì xiàng yī duì luánshēng xiōngdì, shí'ér xiāngbàng-xiāngyī, shí'ér nányuán-běizhé.

Xìngfú shì yī zhǒng xīnlíng de zhènchàn. Tā xiàng huì qīngtīng yīnyuè de ěrduo yīyàng, xūyào bùduàn de xùnliàn.

Jiǎn'éryánzhī, xìngfú jiùshì méi·yǒu tòngkǔ de shíkè. Tā chūxiàn de pínlù bìng bù xiàng wǒmen xiǎngxiàng de nàyàng shǎo. Rénmen chángcháng zhǐshì zài xìngfú de jīn mǎchē yǐ·jīng shǐ guò·qù hěn yuǎn shí, cái jiǎnqǐ dì·shàng de jīn zōngmáo shuō, yuánlái wǒ jiànguò tā.

Rénmen xǐ'ài huíwèi xìngfú de biāoběn, què hūlüè tā pīzhe lù•shuǐ sànfā qīngxiāng de shíkè. Nà shíhou wǒmen wǎngwǎng bùlǚ cōngcōng, zhānqián-gùhòu bù zhī zài mángzhe shénme.

Shì•shàng yǒu yù•bào táifēng de, yǒu yùbào huángzāi de, yǒu yùbào wēnyì de, yǒu yùbào dìzhèn de. Méi•yǒu rén yùbào xìngfú.

Qíshí xìngfú hé shìjiè wànwù yīyàng, yǒu tā de zhēngzhào.

Xìngfú chángcháng shì ménglóng de, hěn yǒu jiézhì de xiàng wǒmen pēnsǎ gānlín. Nǐ bùyào zǒng xīwàng hōnghōng-lièliè de xìngfú, tā duōbàn zhǐshì qiāoqiāo de pūmiàn ér lái. Nǐ yě bùyào qǐtú bǎ shuǐlóngtóu nǐng de gèng dà, nàyàng tā huì hěn kuài de liúshī. Nǐ xūyào jìngjìng de yǐ pínghé zhī xīn, tǐyàn tā de zhēndì.

Xìngfú jué dà duōshù shì pǔsù de. Tā bù huì xiàng xìnhàodàn shìde, zài hěn gāo de tiānjì shǎnshuò hóngsè de guāngmáng. Tā pīzhe běnsè de wàiyī, qīn//qiè wēnnuǎn de bāoguǒqǐ wǒmen.

Xìngfú bù xǐhuan xuānxiāo fúhuá, tā chángcháng zài àndàn zhōng jiànglín. Pínkùn zhōng xiāngrúyǐmò de yī kuài gāobǐng, huànnàn zhōng xīnxīn-xiāngyìn de yī gè yǎnshén, fù•qīn yī cì cūcāo de fǔmō, nǔyǒu yī zhāng wēnxīn de zìtiáo……Zhè dōu shì qiānjīn nán mǎi de xìngfú a. Xiàng yī lìlì zhuì zài jiù chóuzi•shàng de hóngbǎoshí, zài qīliáng zhōng yùfā yìyì duómù.

Jiéxuǎn zì Bì Shūmǐn《Tíxǐng Xìngfú》

作品 41 号

在里约热内卢的一个贫民窟里，有一个男孩子，他非常喜欢足球，可是又买不起，于是就踢塑料盒，踢汽水瓶，踢从垃圾箱里拣来的椰子壳。他在胡同里踢，在能找到的任何一片空地上踢。

有一天，当他在一处干涸的水塘里猛踢一个猪膀胱时，被一位足球教练看见了。他发现这个男孩儿踢得很像是那么回事，就主动提出要送给他一个足球。小男孩儿得到足球后踢得更卖劲了。不久，他就能准确地把球踢进远处随意摆放的一个水桶里。

圣诞节到了，孩子的妈妈说："我们没有钱买圣诞礼物送给我们的恩人，就让我们为他祈祷吧。"

小男孩儿跟随妈妈祈祷完毕，向妈妈要了一把铲子便跑了出去。他来到一座别墅前的花园里，开始挖坑。

就在他快要挖好坑的时候，从别墅里走出一个人来，问小孩儿在干什么，孩子抬起满是汗珠的脸蛋儿，说："教练，圣诞节到了，我没有礼物送给您，我愿给您的圣诞树挖一个树坑。"

教练把小男孩儿从树坑里拉上来，说，我今天得到了世界上最好的礼物。明天你就到我的训练场去吧。

三年后，这位十七岁的男孩儿在第六届足球锦标赛上独进二十一球，为巴西第一次捧回了金杯。一个原//来不为世人所知的名字——贝利，随之传遍世界。

节选自刘燕敏《天才的造就》

Zuòpǐn 41 Hào

Zài Lǐyuērènèilú de yī gè pínmínkūli, yǒu yī gè nánháizi, tā fēicháng xǐhuan zúqiú, kěshì yòu mǎi·bùqǐ, yúshì jiù tī sùliàohé, tī qìshuǐpíng, tī cóng lājīxiāngli jiǎnlái de yēzikér. Tā zài hútòngli tī, zài néng zhǎodào de rènhé yī piàn kòngdì·shàng tī.

Yǒu yī tiān, dāng tā zài yī chù gānhé de shuǐtángli měng tī yī gè zhū pángguāng shí, bèi yī wèi zúqiú jiàoliàn kàn·jiàn le. Tā fāxiàn zhège nánhái tī de hěn shì nàme huí shì, jiù zhǔdòng tíchū sònggěi tā yī gè zúqiú. Xiǎonánhái dédào zúqiú hòu tī de gèng màijìnr le. Bùjiǔ, tā jiù néng zhǔnquè de bǎ qiú tījìn yuǎnchù suíyì bǎifàng de yī gè shuǐtǒngli.

Shèngdànjié dào le, háizi de māma shuō: "Wǒmen méi·yǒu qián mǎi shèngdàn lǐwù sònggěi wǒmen de ēnrén, jiù ràng wǒmen wèi tā qídǎo ba."

Xiǎonánhái gēnsuí māma qídǎo wánbì, xiàng māma yàole yī bǎ chǎnzi biàn pǎole chū·qù. Tā láidào yī zuò biéshù qián de huāyuánli, kāishǐ wā kēng.

Jiù zài tā kuài yào wāhǎo kēng de shíhou, cóng biéshùli zǒuchū yī gè rén·lái, wèn xiǎohái zài gàn shénme, háizi táiqǐ mǎn shì hànzhū de liǎndànr, shuō: "Jiàoliàn, Shèngdànjié dào le, wǒ méi·yǒu lǐwù sònggěi nín, wǒ yuàn gěi nín de shèngdànshù wā yī gè shùkēng.

Jiàoliàn bǎ xiǎonánhái cóng shùkēngli lā shàng·lái, shuō, wǒ jīntiān dédàole shìjiè·shàng zuìhǎo de lǐwù. Míngtiān nǐ jiù dào wǒ de xùnliànchǎng qù ba.

Sān nián hòu, zhè wèi shíqī suì de nánháir zài dì-liù jiè zúqiú jǐnbiāosài·
shàng dú jìn èrshíyī qiú, wèi Bāxī dì-yī cì pěnghuí le jīnbēi. Yī gè yuánlái bù//
wéi shìrén suǒ zhī de míngzi——Bèilì, suí zhī chuánbiàn shìjiè.

Jiéxuǎn zì Liú Yànmǐn《Tiāncái de Zàojiù》

作品 42 号

　　记得我十三岁时，和母亲住在法国东南部的耐斯城。母亲没有丈夫，也没有亲戚，够清苦的，但她经常能拿出令人吃惊的东西，摆在我面前。她从来不吃肉，一再说自己是素食者。然而有一天，我发现母亲正仔细地用一小块碎面包擦那给我煎牛排用的油锅。我明白了她称自己为素食者的真正原因。

　　我十六岁时，母亲成了耐斯市美蒙旅馆的女经理。这时，她更忙碌了。一天，她瘫在椅子上，脸色苍白，嘴唇发灰。马上找来医生，做出诊断：她摄取了过多的胰岛素。直到这时我才知道母亲多年一直对我隐瞒的疾痛——糖尿病。

　　她的头歪向枕头一边，痛苦地用手抓挠胸口。床架上方，则挂着一枚我一九三二年赢得耐斯市少年乒乓球冠军的银质奖章。

　　啊，是对我的美好前途的憧憬支撑着她活下去，为了给她那荒唐的梦至少加一点真实的色彩，我只能继续努力，与时间竞争，直至一九三八年我被征入空军。巴黎很快失陷，我辗转调到英国皇家空军。刚到英国就接到了母亲的来信。这些信是由在瑞士的一个朋友秘密地转到伦敦，送到我手中的。

　　现在我要回家了，胸前佩戴着醒目的绿黑两色的解放十字绶 // 带，上面挂着五六枚我终生难忘的勋章，肩上还佩戴着军官肩章。到达旅馆时，没有一个人跟我打招呼。原来，我母亲在三年半以前就已经离开人间了。

　　在她死前的几天中，她写了近二百五十封信，把这些信交给她在瑞士的朋友，请这个朋友定时寄给我。就这样，在母亲死后的三年半的时间里，我一直从她身上吸取着力量和勇气——这使我能够继续战斗到胜利那一天。

节选自［法］罗曼·加里《我的母亲独一无二》

Zuòpǐn 42 Hào

Jìde wǒ shísān suì shí, hé mǔ•qīn zhù zài Fǎguó dōngnán bù de Nàisī Chéng. Mǔ•qīn méi•yǒu zhàngfu, yě méi•yǒu qīnqi, gòu qīngkǔ de, dàn tā jīngcháng néng ná•chū lìng rén chījīng de dōngxi, bǎi zài wǒ miànqián. Tā cónglái bù chīròu, yīzài shuō zìjǐ shì sùshízhě. Rán'ér yǒu yī tiān, wǒ fāxiàn mǔ•qīn zhèng zǐxì de yòng yī xiǎo kuài suì miànbāo cā nà gěi wǒ jiān niúpái yòng de yóuguō. Wǒ míngbaile tā chēng zìjǐ wéi sùshízhě de zhēnzhèng yuányīn.

Wǒ shíliù suì shí, mǔ•qīn chéngle Nàisī Shì Měiméng lǚguǎn de nǚ jīnglǐ. Zhèshí, tā gèng mánglù le. Yī tiān, tā tān zài yǐzi•shàng, liǎnsè cāngbái, zuǐchún fā huī. Mǎshàng zhǎolái yīshēng, zuò•chū zhěnduàn:Tā shèqǔle guòduō de yídǎosù. Zhídào zhèshí wǒ cái zhī•dào mǔ•qīn duōnián yīzhí duì wǒ yǐnmán de jítòng——tángniàobìng.

Tā de tóu wāixiàng zhěntou yībiān, tòngkǔ de yòng shǒu zhuānao xiōngkǒu. Chuángjià shàngfāng, zé guàzhe yī méi wǒ yī jiǔ sān èr nián yíngdé Nàisī Shì shàonián pīngpāngqiú guànjūn de yínzhì jiǎngzhāng.

À, shì duì wǒ de měihǎo qiántú de chōngjǐng zhīchēngzhe tā huó xià•qù, wèile gěi tā nà huāng•táng de mèng zhìshǎo jiā yīdiǎnr zhēnshí de sècǎi, wǒ zhǐnéng jìxù nǔlì, yǔ shíjiān jìngzhēng, zhízhì yī jiǔ sān bā nián wǒ bèi zhēng rù kōngjūn. Bālí hěn kuài shīxiàn, wǒ zhǎnzhuǎn diàodào Yīngguó Huángjiā Kōngjūn. Gāng dào Yīngguó jiù jiēdàole mǔ•qīn de láixìn. Zhèxiē xìn shì yóu zài Ruìshì de yī gè péngyou mìmì de zhuǎndào Lúndūn, sòngdào wǒ shǒuzhōng de.

Xiànzài wǒ yào huíjiā le, xiōngqián pèidàizhe xǐngmù de lǜ-hēi liǎng sè de jiěfàng shízì shòu//dài, shàng•miàn guàzhe wǔ-liù méi wǒ zhōngshēn nánwàng de xūnzhāng, jiān•shàng hái pèidàizhe jūnguān jiānzhāng. Dàodá lǚguǎn shí, méi•yǒu yī gè rén gēn wǒ dǎ zhāohu. Yuánlái, wǒ mǔ•qīn zài sān nián bàn yǐqián jiù yǐjing líkāi rénjiān le.

Zài tā sǐ qián de jǐ tiān zhōng, tā xiěle jìn èrbǎi wǔshí fēng xìn, bǎ zhèxiē xìn jiāogěi tā zài Ruìshì de péngyou, qǐng zhège péngyou dìngshí jì gěi wǒ. Jiù zhèyàng, zài mǔ•qīn sǐ hòu de sān nián bàn de shíjiānli, wǒ yīzhí cóng tā shēn•shàng xīqǔzhe lì•liàng hé yǒngqì——zhè shǐ wǒ nénggòu jìxù zhàndòu dào shènglì nà yī tiān.

Jiéxuǎn zì〔Fǎ〕Luómàn Jiālǐ《Wǒ de Mǔ•qīn Dúyīwú'èr》

作品 43 号

生活对于任何人都非易事，我们必须有坚韧不拔的精神。最要紧的，还是我们自己要有信心。我们必须相信，我们对每一件事情都具有天赋的才能，并且，无论付出任何代价，都要把这件事完成。当事情结束的时候，你要能问心无愧地说："我已经尽我所能了。"

有一年的春天，我因病被迫在家里休息数周。我注视着我的女儿们所养的蚕正在结茧，这使我很感兴趣。望着这些蚕执着地、勤奋地工作，我感到我和它们非常相似。像它们一样，我总是耐心地把自己的努力集中在一个目标上。我之所以如此，或许是因为有某种力量在鞭策着我——正如蚕被鞭策着去结茧一般。

近五十年来，我致力于科学研究，而研究，就是对真理的探讨。我有许多美好快乐的记忆。少女时期我在巴黎大学，孤独地过着求学的岁月；在后来献身科学的整个时期，我丈夫和我专心致志，像在梦幻中一般，坐在简陋的书房里艰辛地研究，后来我们就在那里发现了镭。

我永远追求安静的工作和简单的家庭生活。为了实现这个理想，我竭力保持宁静的环境，以免受人事的干扰和盛名的拖累。

我深信，在科学方面我们有对事业而不 // 是对财富的兴趣。我的唯一奢望是在一个自由国家中，以一个自由学者的身份从事研究工作。

我一直沉醉于世界的优美之中，我所热爱的科学也不断增加它崭新的远景。我认定科学本身就具有伟大的美。

节选自［波兰］玛丽·居里《我的信念》，剑捷译

Zuòpǐn 43 Hào

Shēnghuó duìyú rènhé rén dōu fēi yì shì, wǒmen bìxū yǒu jiānrèn-bùbá de jīngshén. Zuì yàojǐn de, háishì wǒmen zìjǐ yào yǒu xìnxīn. Wǒmen bìxū xiāngxìn, wǒmen duì měi yī jiàn shìqing dōu jùyǒu tiānfù de cáinéng, bìngqiě, wúlùn fùchū rènhé dàijià, dōu yào bǎ zhè jiàn shì wánchéng. Dāng shìqing jiéshù de shíhou, nǐ yào néng wènxīn-wúkuì de shuō: "Wǒ yǐ·jīng jìn wǒ suǒ néng le. "

　　Yǒu yī nián de chūntiān，wǒ yīn bìng bèipò zài jiāli xiūxi shù zhōu. Wǒ zhùshìzhe wǒ de nǚ'érmen suǒ yǎng de cán zhèngzài jié jiǎn，zhè shǐ wǒ hěn gǎn xìngqù. Wàngzhe zhèxiē cán zhízhuó de、qínfèn de gōngzuò，wǒ gǎndào wǒ hé tāmen fēicháng xiāngsì. Xiàng tāmen yīyàng，wǒ zǒngshì nài xīn de bǎ zìjǐ de nǔlì jízhōng zài yī gè mùbiāo · shàng. Wǒ zhīsuǒyǐ rúcǐ，huòxǔ shì yīn · wèi yǒu mǒu zhǒng lì · liàng zài biāncèzhe wǒ——zhèngrú cán bèi biāncèzhe qù jié jiǎn yībān.

　　Jìn wǔshí nián lái，wǒ zhìlìyú kēxué yánjiū，ér yánjiū，jiùshì duì zhēnlǐ de tàntǎo. Wǒ yǒu xǔduō měihǎo kuàilè de jìyì. Shàonǚ shíqī wǒ zài Bālí Dàxué，gūdú de guòzhe qiúxué de suìyuè；zài hòulái xiànshēn kēxué de zhěnggè shíqī，wǒ zhàngfu hé wǒ zhuānxīn-zhìzhì，xiàng zài mènghuàn zhōng yībān，zuò zài jiǎnlòu de shūfángli jiānxīn de yánjiū，hòulái wǒmen jiù zài nàli fāxiàn le léi.

　　Wǒ yǒngyuǎn zhuīqiú ānjìng de gōngzuò hé jiǎndān de jiātíng shēnghuó. Wèile shíxiàn zhège lǐxiǎng，wǒ jiélì bǎochí níngjìng de huánjìng，yǐmiǎn shòu rénshì de gānrǎo hé shèngmíng de tuōlěi.

　　Wǒ shēnxìn，zài kēxué fāngmiàn wǒmen yǒu duì shìyè ér bù shì//duì cáifù de xìngqù. Wǒ de wéiyī shēwàng shì zài yī gè zìyóu guójiā zhōng，yǐ yī gè zìyóu xuézhě de shēn · fèn cóngshì yánjiū gōngzuò.

　　Wǒ yīzhí chénzuì yú shìjiè de yōuměi zhīzhōng，wǒ suǒ rè'ài de kēxué yě bùduàn zēngjiā tā zhǎnxīn de yuǎnjǐng. Wǒ rèndìng kēxué běnshēn jiù jùyǒu wěidà de měi.

Jiéxuǎn zì［Bōlán］Mǎlì Jūlǐ《Wǒ de Xìnniàn》，Jiàn Jié yì

作品 44 号

　　我为什么非要教书不可？是因为我喜欢当教师的时间安排表和生活节奏。七、八、九三个月给我提供了进行回顾、研究、写作的良机，并将三者有机融合，而善于回顾、研究和总结正是优秀教师素质中不可缺少的成分。

　　干这行给了我多种多样的"甘泉"去品尝，找优秀的书籍去研读，到"象牙塔"和实际世界里去发现。教学工作给我提供了继续学习的时间保证，以及多种途径、机遇和挑战。

然而，我爱这一行的真正原因，是爱我的学生。学生们在我的眼前成长、变化。当教师意味着亲历"创造"过程的发生——恰似亲手赋予一团泥土以生命，没有什么比目睹它开始呼吸更激动人心的了。

权力我也有了：我有权力去启发诱导，去激发智慧的火花，去问费心思考的问题，去赞扬回答的尝试，去推荐书籍，去指点迷津。还有什么别的权力能与之相比呢？

而且，教书还给我金钱和权力之外的东西，那就是爱心。不仅有对学生的爱，对书籍的爱，对知识的爱，还有教师才能感受到的对"特别"学生的爱。这些学生，有如冥顽不灵的泥块，由于接受了老师的炽爱才勃发了生机。

所以，我爱教书，还因为，在那些勃发生机的"特别"学 // 生身上，我有时发现自己和他们呼吸相通，忧乐与共。

节选自［美］彼得·基·贝得勒《我为什么当教师》

Zuòpǐn 44 Hào

　　Wǒ wèishénme fēi yào jiāoshū bùkě? Shì yīn·wèi wǒ xǐhuan dāng jiàoshī de shíjiān ānpáibiǎo hé shēnghuó jiézòu. Qī、bā、jiǔ sān gè yuè gěi wǒ tígōngle jìnxíng huígù、yánjiū、xiězuò de liángjī, bìng jiāng sānzhě yǒujī rónghé, ér shànyú huígù、yánjiū hé zǒngjié zhèngshì yōuxiù jiàoshī sùzhì zhōng bùkě quēshǎo de chéng·fèn.

　　Gàn zhè háng gěile wǒ duōzhǒng-duōyàng de "gānquán" qù pǐncháng, zhǎo yōuxiù de shūjí qù yándú, dào "xiàngyátǎ" hé shíjì shìjièli qù fāxiàn. Jiàoxué gōngzuò gěi wǒ tígōngle jìxù xuéxí de shíjiān bǎozhèng, yǐjí duōzhǒng tújìng、jīyù hé tiǎozhàn.

　　Rán'ér, wǒ ài zhè yī háng de zhēnzhèng yuányīn, shì ài wǒ de xuésheng. Xuéshengmen zài wǒ de yǎnqián chéngzhǎng、biànhuà. Dāng jiàoshī yìwèizhe qīnlì "chuàngzào" guòchéng de fāshēng——qiàsì qīnshǒu fùyǔ yī tuán nítǔ yǐ shēngmìng, méi·yǒu shénme bǐ mùdǔ tā kāishǐ hūxī gèng jīdòng rénxīn de le.

　　Quánlì wǒ yě yǒu le: Wǒ yǒu quánlì qù qǐfā yòudǎo, qù jīfā zhìhuì de huǒhuā, qù wèn fèixīn sīkǎo de wèntí, qù zànyáng huídá de chángshì, qù tuījiàn shūjí, qù zhǐdiǎn míjīn. Háiyǒu shénme biéde quánlì néng yǔ zhī xiāng bǐ ne?

Érqiě, jiāoshū hái gěi wǒ jīnqián hé quánlì zhīwài de dōngxi, nà jiùshì àixīn. Bùjǐn yǒu duì xuésheng de ài, duì shūjí de ài, duì zhīshi de ài, háiyǒu jiàoshī cái néng gǎnshòudào de duì "tèbié" xuésheng de ài. Zhèxiē xuésheng, yǒurú míngwán-bùlíng de níkuài, yóuyú jiēshòule lǎoshī de chì'ài cái bófāle shēngjī.

Suǒyǐ, wǒ ài jiāoshū, hái yīn·wèi, zài nàxiē bófā shēngjī de "tè//bié" xuésheng shēn·shàng, wǒ yǒushí fāxiàn zìjǐ hé tāmen hūxī xiāngtōng, yōu lè yǔ gòng.

Jiéxuǎn zì〔Měi〕Bǐdé·Jī·Bèidélè《Wǒ Wèishénme Dāng Jiàoshī》

作品 45 号

中国西部我们通常是指黄河与秦岭相连一线以西，包括西北和西南的十二个省、市、自治区。这块广袤的土地面积为五百四十六万平方公里，占国土总面积的百分之五十七；人口二点八亿，占全国总人口的百分之二十三。

西部是华夏文明的源头。华夏祖先的脚步是顺着水边走的：长江上游出土过元谋人牙齿化石，距今约一百七十万年；黄河中游出土过蓝田人头盖骨，距今约七十万年。这两处古人类都比距今约五十万年的北京猿人资格更老。

西部地区是华夏文明的重要发源地，秦皇汉武以后，东西方文化在这里交汇融合，从而有了丝绸之路的驼铃声声，佛院深寺的暮鼓晨钟。敦煌莫高窟是世界文化史上的一个奇迹，它在继承汉晋艺术传统的基础上，形成了自己兼收并蓄的恢宏气度，展现出精美绝伦的艺术形式和博大精深的文化内涵。秦始皇兵马俑、西夏王陵、楼兰古国、布达拉宫、三星堆、大足石刻等历史文化遗产，同样为世界所瞩目，成为中华文化重要的象征。

西部地区又是少数民族及其文化的集萃地，几乎包括了我国所有的少数民族。在一些偏远的少数民族地区，仍保留 // 了一些久远时代的艺术品种，成为珍贵的"活化石"，如纳西古乐、戏曲、剪纸、刺绣、岩画等民间艺术和宗教艺术。特色鲜明、丰富多彩，犹如一个巨大的民族民间文化艺术宝库。

我们要充分重视和利用这些得天独厚的资源优势，建立良好的民族民间文化生态环境，为西部大开发做出贡献。

节选自《中考语文课外阅读试题精选》中《西部文化和西部开发》

Zuòpǐn 45 Hào

　　Zhōngguó xībù wǒmen tōngcháng shì zhǐ Huánghé yǔ Qín Lǐng xiānglián yī xiàn yǐxī, bāokuò xīběi hé xīnán de shí'èr gè shěng、shì、zìzhìqū. Zhè kuài guǎngmào de tǔdì miànjī wéi wǔbǎi sìshíliù wàn píngfāng gōnglǐ, zhàn guótǔ zǒng miànjī de bǎi fēn zhī wǔshíqī; rénkǒu èr diǎn bā yì, zhàn quánguó zǒng rénkǒu de bǎi fēn zhī èrshísān.

　　Xībù shì Huáxià wénmíng de yuántóu. Huáxià zǔxiān de jiǎobù shì shùnzhe shuǐbiān zǒu de; Cháng Jiāng shàngyóu chūtǔguo Yuánmóurén yáchǐ huàshí, jù jīn yuē yībǎi qīshí wàn nián; Huáng Hé zhōngyóu chūtǔguo Lántiánrén tóugàigǔ, jù jīn yuē qīshí wàn nián. Zhè liǎng chù gǔ rénlèi dōu bǐ jù jīn yuē wǔshí wàn nián de Běijīng yuánrén zī·gé gèng lǎo.

　　Xībù dìqū shì Huá Xià wénmíng de zhòngyào fāyuándì. Qínhuáng Hànwǔ yǐhòu, dōng-xīfāng wénhuà zài zhèli jiāohuì rónghé, cóng'ér yǒule sīchóu zhī lù de tuólíng shēngshēng, fóyuàn shēn sì de mùgǔ-chénzhōng. Dūnhuáng Mògāokū shì shìjiè wénhuàshǐ·shàng de yī gè qíjì, tā zài jìchéng Hàn Jìn yìshù chuántǒng de jīchǔ ·shàng, xíngchéngle zìjǐ jiānshōu-bìngxù de huīhóng qìdù, zhǎnxiànchū jīngměi-juélún de yìshù xíngshì hé bódà jīngshēn de wénhuà nèihán. Qínshǐhuáng Bīngmǎyǒng、Xīxià wánglíng、Lóulán gǔguó、Bùdálāgōng、Sānxīngduī、Dàzú shíkè děng lìshǐ wénhuà yíchǎn, tóngyàng wéi shìjiè suǒ zhǔmù, chéngwéi zhōnghuá wénhuà zhòngyào de xiàngzhēng.

　　Xībù dìqū yòu shì shǎoshù mínzú jíqí wénhuà de jícuìdì, jīhū bāokuòle wǒguó suǒyǒu de shǎoshù mínzú. Zài yīxiē piānyuǎn de shǎoshù mínzú dìqū, réng bǎoliú//le yīxiē jiǔyuǎn shídài de yìshù pǐnzhǒng, chéngwéi zhēnguì de "huó huàshí", rú Nàxī gǔyuè、xìqǔ、jiǎnzhǐ、cìxiù、yánhuà děng mínjiān yìshù hé zōngjiào yìshù. Tèsè xiānmíng、fēngfù-duōcǎi, yóurú yī gè jùdà de mínzú mínjiān wénhuà yìshù bǎokù.

　　Wǒmen yào chōngfèn zhòngshì hé lìyòng zhèxiē détiān-dúhòu de zīyuán yōushì, jiànlì liánghǎo de mínzú mínjiān wénhuà shēngtài huánjìng, wèi xībù dà kāifā zuòchū gòngxiàn.

Jiéxuǎn zì《Zhōngkǎo Yǔwén Kèwài Yuèdú Shìtí Jīngxuǎn》zhōng

《Xībù Wénhuà hé Xībù Kāifā》

作品 46 号

高兴，这是一种具体的被看得到摸得着的事物所唤起的情绪。它是心理的，更是生理的。它容易来也容易去，谁也不应该对它视而不见失之交臂，谁也不应该总是做那些使自己不高兴也使旁人不高兴的事。让我们说一件最容易做也最令人高兴的事吧，尊重你自己，也尊重别人，这是每一个人的权利，我还要说这是每一个人的义务。

快乐，它是一种富有概括性的生存状态、工作状态。它几乎是先验的，它来自生命本身的活力，来自宇宙、地球和人间的吸引，它是世界的丰富、绚丽、阔大、悠久的体现。快乐还是一种力量，是埋在地下的根脉。消灭一个人的快乐比挖掘掉一棵大树的根要难得多。

欢欣，这是一种青春的、诗意的情感。它来自面向着未来伸开双臂奔跑的冲力，它来自一种轻松而又神秘、朦胧而又隐秘的激动，它是激情即将到来的预兆，它又是大雨过后的比下雨还要美妙得多也久远得多的回味……

喜悦，它是一种带有形而上色彩的修养和境界。与其说它是一种情绪，不如说它是一种智慧、一种超拔、一种悲天悯人的宽容和理解，一种饱经沧桑的充实和自信，一种光明的理性，一种坚定 // 的成熟，一种战胜了烦恼和庸俗的清明澄澈。它是一潭清水，它是一抹朝霞，它是无边的平原，它是沉默的地平线。多一点儿、再多一点儿喜悦吧，它是翅膀，也是归巢。它是一杯美酒，也是一朵永远开不败的莲花。

节选自王蒙《喜悦》

Zuòpǐn 46 Hào

Gāoxìng, zhè shì yī zhǒng jùtǐ de bèi kàndedào mōdezháo de shìwù suǒ huànqǐ de qíng·xù. Tā shì xīnlǐ de, gèng shì shēnglǐ de. Tā róng·yì lái yě róng·yì qù, shéi yě bù yīnggāi duì tā shì'érbùjiàn shīzhījiāobì, shéi yě bù yīnggāi zǒngshì zuò nàxiē shǐ zìjǐ bù gāoxìng yě shǐ pángrén bù gāoxìng de shì. Ràng wǒmen shuō yī jiàn zuì róng•yì zuò yě zuì lìng rén gāoxìng de shì ba, zūnzhòng nǐ zìjǐ, yě zūnzhòng bié•rén, zhè shì měi yī gè rén de quánlì, wǒ háiyào shuō zhè shì měi yī gè rén de yìwù.

Kuàilè, tā shì yī zhǒng fùyǒu gàikuòxìng de shēngcún zhuàngtài、gōngzuò zhuàngtài. Tā jīhū shì xiānyàn de, tā láizì shēngmìng běnshēn de huólì, láizì yǔzhòu、dìqiú hé rénjiān de xīyǐn, tā shì shìjiè de fēngfù、xuànlì、kuòdà、yōujiǔ de tǐxiàn. Kuàilè háishì yī zhǒng lì•liàng, shì mái zài dìxià de gēnmài. Xiāomiè yī gè rén de kuàilè bǐ wā jué diào yī kē dàshù de gēn yào nán de duō.

Huānxīn, zhè shì yī zhǒng qīngchūn de、shīyì de qínggǎn. Tā láizì miànxiàngzhe wèilái shēnkāi shuāngbì bēnpǎo de chōnglì, tā láizì yī zhǒng qīngsōng ér yòu shénmì、ménglóng ér yòu yǐnmì de jīdòng, tā shì jīqíng jíjiāng dàolái de yùzhào, tā yòu shì dàyǔ guòhòu de bǐ xiàyǔ háiyào měimiào de duō yě jiǔyuǎn de duō de huíwèi……

Xǐyuè, tā shì yī zhǒng dàiyǒu xíngérshàng sècǎi de xiūyǎng hé jìngjiè. Yǔqí shuō tā shì yī zhǒng qíng•xù, bùrú shuō tā shì yī zhǒng zhìhuì、yī zhǒng chāobá、yī zhǒng bēitiān-mǐnrén de kuānróng hé lǐjiě, yī zhǒng bǎojīng-cāngsāng de chōngshí hé zìxìn, yī zhǒng guāngmíng de lǐxìng, yī zhǒng jiāndìng//de chéngshú, yī zhǒng zhànshèngle fánnǎo hé yōngsú de qīngmíng chéngchè. Tā shì yī tán qīngshuǐ, tā shì yī mǒ zhāoxiá, tā shì wúbiān de píngyuán, tā shì chénmò de dìpíngxiàn. Duō yīdiǎnr, zài duō yīdiǎnr xǐyuè ba, tā shì chìbǎng, yě shì guīcháo. Tā shì yī bēi měijiǔ, yě shì yī duǒ yǒngyuǎn kāi bù bài de liánhuā.

Jiéxuǎn zì Wáng Méng《Xǐyuè》

作品 47 号

在湾仔,香港最热闹的地方,有一棵榕树,它是最贵的一棵树,不光在香港,在全世界,都是最贵的。

树,活的树,又不卖何言其贵?只因它老,它粗,是香港百年沧桑的活见证,香港人不忍看着它被砍伐,或者被移走,便跟要占用这片山坡的建筑者谈条件：可以在这儿建大楼盖商厦，但一不准砍树，二不准挪树，必须把它原地精心养起来，成为香港闹市中的一景。太古大厦的建设者最后签了合同，占用这个大山坡建豪华商厦的先决条件是同意保护这棵老树。

树长在半山坡上，计划将树下面的成千上万吨山石全部掏空取走，腾出地方来盖楼，把树架在大楼上面，仿佛它原本是长在楼顶上似的。建设者就地造了一个直径十八米、深十米的大花盆，先固定好这棵老树，再在大花盆底下盖楼。光这一项就花了两千三百八十九万港币，堪称是最昂贵的保护措施了。

太古大厦落成之后，人们可以乘滚动扶梯一次到位，来到太古大厦的顶层，出后门，那儿是一片自然景色。一棵大树出现在人们面前，树干有一米半粗，树冠直径足有二十多米，独木成林，非常壮观，形成一座以它为中心的小公园，取名叫"榕圃"。树前面 // 插着铜牌，说明缘由。此情此景，如不看铜牌的说明，绝对想不到巨树根底下还有一座宏伟的现代大楼。

节选自舒乙《香港：最贵的一棵树》

Zuòpǐn 47 Hào

Zài Wānzǎi, Xiānggǎng zuì rènao de dìfang, yǒu yī kē róngshù, tā shì zuì guì de yī kē shù, bùguāng zài Xiānggǎng, zài quánshìjiè, dōu shì zuì guì de.

Shù, huó de shù, yòu bù mài hé yán qí guì? Zhǐ yīn tā lǎo, tā cū, shì Xiānggǎng bǎinián cāngsāng de huó jiànzhèng, Xiānggǎngrén bùrěn kànzhe tā bèi kǎnfá, huòzhě bèi yízǒu, biàn gēn yào zhànyòng zhè piàn shānpō de jiànzhùzhě tán tiáojiàn: Kěyǐ zài zhèr jiàn dàlóu gài shāngshà, dàn yī bùzhǔn kǎn shù, èr bùzhǔn nuó shù, bìxū bǎ tā yuándì jīngxīn yǎng qǐ·lái, chéngwéi Xiānggǎng nàoshì zhōng de yī jǐng. Tàigǔ Dàshà de jiànshèzhě zuìhòu qiānle hétong, zhànyòng zhège dà shānpō jiàn háohuá shāngshà de xiānjué tiáojiàn shì tóngyì bǎohù zhè kē lǎoshù.

Shù zhǎng zài bànshānpō·shàng, jìhuà jiāng shù xià·miàn de chéngqiān-shàngwàn dūn shānshí quánbù tāokōng qǔzǒu, téngchū dìfang·lái gài lóu, bǎ shù jià zài dàlóu shàng·miàn, fǎngfú tā yuánběn shì zhǎng zài lóudǐng·shàng shìde. Jiànshèzhě jiùdì zàole yī gè zhíjìng shíbā mǐ、shēn shí mǐ de dà huāpén, xiān gùdìng hǎo zhè kē lǎoshù, zài zài dà huāpén dǐ·xià gài lóu. Guāng zhè yī xiàng jiù huāle liǎngqiān sānbǎi bāshíjiǔ wàn gǎngbì, kānchēng shì zuì ángguì de bǎohù cuòshī le.

　　Tàigǔ Dàshà luòchéng zhīhòu, rénmen kěyǐ chéng gǔndòng fútī yī cì dàowèi, láidào Tàigǔ Dàshà de dǐngcéng, chū hòumén, nàr shì yī piàn zìrán jǐngsè. Yī kē dàshù chūxiàn zài rénmen miànqián, shùgàn yǒu yī mǐ bàn cū, shùguān zhíjìng zú yǒu èrshí duō mǐ, dúmù-chénglín, fēicháng zhuàngguān, xíngchéng yī zuò yǐ tā wéi zhōngxīn de xiǎo gōngyuán, qǔ míng jiào "róngpǔ". Shù qián·miàn//chāzhe tóngpái, shuōmíng yuányóu. Cǐqíng cǐjǐng, rú bù kàn tóngpái de shuōmíng, juéduì xiǎng·bùdào jùshùgēn dǐ·xià háiyǒu yī zuò hóngwěi de xiàndài dàlóu.

Jiéxuǎn zì Shū Yǐ《Xiānggǎng：Zuì Guì de Yī Kē Shù》

作品 48 号

　　我们的船渐渐地逼近榕树了。我有机会看清它的真面目：是一棵大树，有数不清的丫枝，枝上又生根，有许多根一直垂到地上，伸进泥土里。一部分树枝垂到水面，从远处看，就像一棵大树斜躺在水面上一样。

　　现在正是枝繁叶茂的时节。这棵榕树好像在把它的全部生命力展示给我们看。那么多的绿叶，一簇堆在另一簇的上面，不留一点儿缝隙。翠绿的颜色明亮地在我们的眼前闪耀，似乎每一片树叶上都有一个新的生命在颤动，这美丽的南国的树！

　　船在树下泊了片刻，岸上很湿，我们没有上去。朋友说这里是"鸟的天堂"，有许多鸟在这棵树上做窝，农民不许人去捉它们。我仿佛听见几只鸟扑翅的声音，但是等到我的眼睛注意地看那里时，我却看不见一只鸟的影子，只有无数的树根立在地上，像许多根木桩。地是湿的，大概涨潮时河水常常冲上岸去。"鸟的天堂"里没有一只鸟，我这样想到。船开了，一个朋友拨着船，缓缓地流到河中间去。

　　第二天，我们划着船到一个朋友的家乡去，就是那个有山有塔的地方。从学校出发，我们又经过那"鸟的天堂"。

　　这一次是在早晨，阳光照在水面上，也照在树梢上。一切都 // 显得非常光明。我们的船也在树下泊了片刻。

　　起初四周围非常清静。后来忽然起了一声鸟叫。我们把手一拍，便看

347

见一只大鸟飞了起来，接着又看见第二只，第三只。我们继续拍掌，很快地这个树林就变得很热闹了。到处都是鸟声，到处都是鸟影。大的，小的，花的，黑的，有的站在枝上叫，有的飞起来，在扑翅膀。

节选自巴金《小鸟的天堂》

Zuòpǐn 48 Hào

Wǒmen de chuán jiànjiàn de bījìn róngshù le. Wǒ yǒu jī·huì kànqīng tā de zhēn miànmù：Shì yī kē dàshù, yǒu shǔ·bùqīng de yāzhī, zhī·shàng yòu shēnggēn, yǒu xǔduō gēn yīzhí chuídào dì·shàng, shēnjìn nítǔli. Yī bùfēn shùzhī chuídào shuǐmiàn, cóng yuǎnchù kàn, jiù xiàng yī kē dàshù xié tǎng zài shuǐmiàn·shàng yīyàng.

Xiànzài zhèngshì zhīfán-yèmào de shíjié. Zhè kē róngshù hǎoxiàng zài bǎ tā de quánbù shēngmìnglì zhǎnshì gěi wǒmen kàn. Nàme duō de lǜ yè, yī cù duī zài lìng yī cù de shàng·miàn, bù liú yīdiǎnr fèngxì. Cuìlǜ de yánsè míngliàng de zài wǒmen de yǎnqián shǎnyào, sìhū měi yī piàn shùyè·shàng dōu yǒu yī gè xīn de shēngmìng zài chàndòng, zhè měilì de nánguó de shù!

Chuán zài shù·xià bóle piànkè, àn·shàng hěn shī, wǒmen méi·yǒu shàng·qù. Péngyou shuō zhèli shì "niǎo de tiāntáng", yǒu xǔduō niǎo zài zhè kē shù·shàng zuò wō, nóngmín bùxǔ rén qù zhuō tāmen. Wǒ fǎngfú tīng·jiàn jǐ zhī niǎo pū chì de shēngyīn, dànshì děngdào wǒ de yǎnjing zhùyì de kàn nàli shí, wǒ què kàn·bùjiàn yī zhī niǎo de yǐngzi. Zhǐyǒu wúshù de shùgēn lì zài dì·shàng, xiàng xǔduō gēn mùzhuāng. Dì shì shī de, dàgài zhǎngcháo shí héshuǐ chángcháng chōng·shàng àn·qù. "Niǎo de tiāntáng" li méi·yǒu yī zhī niǎo, wǒ zhèyàng xiǎngdào. Chuán kāi le, yī gè péngyou bōzhe chuán, huǎnhuǎn de liúdào hé zhōngjiān qù.

Dì-èr tiān, wǒmen huázhe chuán dào yī gè péngyou de jiāxiāng qù, jiùshì nàgè yǒu shān yǒu tǎ de dìfang. Cóng xuéxiào chūfā, wǒmen yòu jīngguò nà "niǎo de tiāntáng".

Zhè yī cì shì zài zǎochen, yángguāng zhào zài shuǐmiàn·shàng, yě zhào zài shùshāo·shàng. Yīqiè dōu//xiǎnde fēicháng guāngmíng. Wǒmen de chuán yě zài shù·xià bóle piànkè.

Qǐchū sì zhōuwéi fēicháng qīngjìng. Hòulái hūrán qǐle yī shēng niǎojiào. Wǒmen bǎ shǒu yī pāi, biàn kàn·jiàn yī zhī dàniǎo fēile qǐ·lái, jiēzhe yòu kàn·jiàn dì-èr zhī, dì-sān zhī. Wǒmen jìxù pāizhǎng, hěn kuài de zhège shùlín jiù biànde hěn rènao le. Dàochù dōu shì niǎo shēng, dàochǔ dōu shì niǎo yǐng. Dà de, xiǎo de, huā de, hēi de, yǒude zhàn zài zhī·shàng jiào, yǒude fēi qǐ·lái, zài pū chìbǎng.

Jiéxuǎn zì Bā Jīn《Xiǎoniǎo de Tiāntáng》

作品 49 号

有这样一个故事。

有人问：世界上什么东西的气力最大？回答纷纭得很，有的说"象"，有的说"狮"，有人开玩笑似的说：是"金刚"，金刚有多少气力，当然大家全不知道。

结果，这一切答案完全不对，世界上气力最大的，是植物的种子。一粒种子所可以显现出来的力，简直是超越一切。

人的头盖骨，结合得非常致密与坚固，生理学家和解剖学者用尽了一切的方法，要把它完整地分出来，都没有这种力气。后来忽然有人发明了一个方法，就是把一些植物的种子放在要剖析的头盖骨里，给它以温度与湿度，使它发芽。一发芽，这些种子便以可怕的力量，将一切机械力所不能分开的骨骼，完整地分开了。植物种子的力量之大，如此如此。

这，也许特殊了一点儿，常人不容易理解。那么，你看见过笋的成长吗？你看见过被压在瓦砾和石块下面的一棵小草的生长吗？它为着向往阳光，为着达成它的生之意志，不管上面的石块如何重，石与石之间如何狭，它必定要曲曲折折地，但是顽强不屈地透到地面上来。它的根往土壤钻，它的芽往地面挺，这是一种不可抗拒的力，阻止它的石块，结果也被它掀翻，一粒种子的力量之大，如//此如此。

没有一个人将小草叫作"大力士"，但是它的力量之大，的确是世界无比。这种力是一般人看不见的生命力。只要生命存在，这种力就要显现。上面的石块，丝毫不足以阻挡。因为它是一种"长期抗战"的力；有弹性，能屈能伸的力；有韧性，不达目的不止的力。

节选自夏衍《野草》

Zuòpǐn 49 Hào

Yǒu zhèyàng yī gè gùshi.

Yǒu rén wèn: Shìjiè·shàng shénme dōngxi de qìlì zuì dà? Huídá fēnyún de hěn, yǒude shuō "xiàng", yǒude shuō "shī", yǒu rén kāi wánxiào shìde shuō: shì "Jīngāng", Jīngāng yǒu duōshao qìlì, dāngrán dàjiā quán bù zhī·dào.

Jiéguǒ, zhè yīqiè dá'àn wánquán bù duì, shìjiè·shàng qìlì zuì dà de, shì zhíwù de zhǒngzi. Yī lì zhǒngzi suǒ kěyǐ xiǎnxiàn chū·lái de lì, jiǎnzhí shì chāoyuè yīqiè.

Rén de tóugàigǔ, jiéhé de fēicháng zhìmì yǔ jiāngù, shēnglǐxuéjiā hé jiěpōuxuézhě yòngjìnle yīqiè de fāngfǎ, yào bǎ tā wánzhěng de fēn chū·lái, dōu méi·yǒu zhè zhǒng lìqi. Hòulái hūrán yǒu rén fāmíngle yī gè fāngfǎ, jiùshì bǎ yīxiē zhíwù de zhǒngzi fàng zài yào pōuxī de tóugàigǔli, gěi tā yǐ wēndù yǔ shīdù, shǐ tā fāyá. Yī fāyá, zhèxiē zhǒngzi biàn yǐ kěpà de lìliang, jiāng yīqiè jīxièlì suǒ bùnéng fēnkāi de gǔgé, wánzhěng de fēnkāi le. Zhíwù zhǒngzi de lìliang zhī dà, rúcǐ rúcǐ.

Zhè, yěxǔ tèshūle yīdiǎnr, chángrén bù róng·yì lǐjiě. Nàme, nǐ kàn·jiànguo sǔn de chéngzhǎng ma? Nǐ kàn·jiànguo bèi yā zài wǎlì hé shíkuài xià·miàn de yī kē xiǎocǎo de shēngzhǎng ma? Tā wèizhe xiàngwǎng yángguāng, wèizhe dáchéng tā de shēng zhī yìzhì, bùguǎn shàng·miàn de shíkuài rúhé zhòng, shí yǔ shí zhījiān rúhé xiá, tā bìdìng yào qūqū-zhézhé de, dànshì wánqiáng-bùqū de tòudào dìmiàn shàng·lái. Tā de gēn wǎng tǔrǎng zuān, tā de yá wǎng dìmiàn tǐng, zhèshì yī zhǒng bùkě kàngjù de lì, zǔzhǐ tā de shíkuài, jiéguǒ yě bèi tā xiānfān, yī lì zhǒngzi de lìliang zhī dà, //rúcǐ rúcǐ.

Méi·yǒu yī gè rén jiāng xiǎo cǎo jiàozuò "dàlìshì", dànshì tā de lìliang zhī dà, díquè shì shìjiè wúbǐ. Zhè zhǒng lì shì yībān rén kàn·bùjiàn de shēngmìnglì. Zhǐyào shēngmìng cúnzài, zhè zhǒng lì jiù yào xiǎnxiàn. Shàng·miàn de shíkuài, sīháo bù zúyǐ zǔdǎng. Yīn·wèi tā shì yī zhǒng "cháng qī kàng zhàn" de lì; yǒu tánxìng, néng qū-néngshēn de lì; yǒu rènxìng, bù dá mùdì bù zhǐ de lì.

Jiéxuǎn zì Xià Yǎn《Yěcǎo》

作品 50 号

　　著名教育家班杰明曾经接到一个青年人的求救电话，并与那个向往成功、渴望指点的青年人约好了见面的时间和地点。

　　待那个青年如约而至时，班杰明的房门敞开着，眼前的景象却令青年人颇感意外——班杰明的房间里乱七八糟、狼藉一片。

　　没等青年人开口，班杰明就招呼道："你看我这房间，太不整洁了，请你在门外等候一分钟，我收拾一下，你再进来吧。"一边说着，班杰明就轻轻地关上了房门。

　　不到一分钟的时间，班杰明就又打开了房门并热情地把青年人让进客厅。这时，青年人的眼前展现出另一番景象——房间内的一切已变得井然有序，而且有两杯刚刚倒好的红酒，在淡淡的香水气息里还漾着微波。

　　可是，没等青年人把满腹的有关人生和事业的疑难问题向班杰明讲出来，班杰明就非常客气地说道："干杯。你可以走了。"

　　青年人手持酒杯一下子愣住了，既尴尬又非常遗憾地说："可是，我……我还没向您请教呢……"

　　"这些……难道还不够吗?"班杰明一边微笑着，一边扫视着自己的房间，轻言细语地说，"你进来又有一分钟了。"

　　"一分钟……一分钟……"青年人若有所思地说："我懂了，您让我明白了一分钟的时间可以做许 // 多事情，可以改变许多事情的深刻道理。"

　　班杰明舒心地笑了。青年人把杯里的红酒一饮而尽，向班杰明连连道谢后，开心地走了。

　　其实，只要把握好生命的每一分钟，也就把握了理想的人生。

节选自纪广洋《一分钟》

Zuòpǐn 50 Hào

　　Zhùmíng jiàoyùjiā Bānjiémíng céngjīng jiēdào yī gè qīngniánrén de qiújiù diànhuà, bìng yǔ nàge xiàngwǎng chénggōng、kěwàng zhǐdiǎn de qīngniánrén yuēhǎole jiànmiàn de shíjiān hé dìdiǎn.

　　Dài nàge qīngniánrén rúyuē'érzhì shí, Bānjiémíng de fángmén chǎngkāizhe, yǎnqián de jǐngxiàng què lìng qīngniánrén pō gǎn yìwài——Bānjiémíng de fángjiānli luànqībāzāo、lángjí yī piàn.

　　Méi děng qīngniánrén kāikǒu, Bānjiémíng jiù zhāohu dào: "Nǐ kàn wǒ zhè fángjiān, tài bù zhěngjié le, qǐng nǐ zài ménwài děnghòu yī fēnzhōng, wǒ shōushi yīxià, nǐ zài jìn·lái ba." Yībiān shuōzhe, Bānjiémíng jiù qīngqīng de guān·

shàngle fángmén.

Bù dào yī fēnzhōng de shíjiān, Bānjiémíng jiù yòu dǎkāile fángmén bìng rèqíng de bǎ qīngniánrén ràngjìn kètīng. Zhèshí, qīngniánrén de yǎnqián zhǎnxiàn chū lìng yī fān jǐngxiàng——fángjiān nèi de yīqiè yǐ biànde jǐngrán-yǒuxù, érqiě yǒu liǎng bēi gānggāng dàohǎo de hóngjiǔ, zài dàndàn de xiāngshuǐ qìxīli hái yàngzhe wēibō.

Kěshì, méi děng qīngniánrén bǎ mǎnfù de yǒuguān rénshēng hé shìyè de yínán wèntí xiàng Bānjiémíng jiǎng chū·lái, Bānjiémíng jiù fēicháng kèqi de shuōdào: "Gānbēi. Nǐ kěyǐ zǒu le."

Qīngniánrén shǒu chí jiǔbēi yīxiàzi lèngzhù le, jì gāngà yòu fēicháng yíhàn de shuō: "Kěshì, wǒ……wǒ hái méi xiàng nín qǐngjiào ne……"

"Zhèxiē……nándào hái bùgòu ma?" Bānjiémíng yībiān wēixiàozhe, yībiān sǎoshìzhe zìjǐ de fángjiān, qīngyán-xìyǔ de shuō, "Nǐ jìn·lái yòu yǒu yī fēnzhōng le."

"Yī fēnzhōng……yī fēnzhōng……" Qīngniánrén ruòyǒusuǒsī de shuō, "wǒ dǒng le, nín ràng wǒ míngbaile yī fēnzhōng de shíjiān kěyǐ zuò xǔ//duō shìqing, kěyǐ gǎibiàn xǔduō shìqing de shēnkè dào·lǐ."

Bānjiémíng shūxīn de xiào le. Qīngniánrén bǎ bēili de hóngjiǔ yīyǐn'érjìn, xiàng Bānjiémíng liánlián dàoxiè hòu, kāixīn de zǒu le.

Qíshí, zhǐyào bǎwò hǎo shēngmìng de měi yī fēnzhōng, yě jiù bǎwòle lǐxiǎng de rénshēng.

Jiéxuǎn zì Jì Guǎngyáng《Yī Fēnzhōng》

作品 51 号

有个塌鼻子的小男孩儿，因为两岁时得过脑炎，智力受损，学习起来很吃力。打个比方，别人写作文能写二三百字，他却只能写三五行。但即便这样的作文，他同样能写得很动人。

那是一次作文课，题目是《愿望》。他极其认真地想了半天，然后极认真地写，那作文极短。只有三句话：我有两个愿望，第一个是，妈妈天天笑眯眯地看着我说："你真聪明。"第二个是，老师天天笑眯眯地看着我说："你一点儿也不笨。"

　　于是，就是这篇作文，深深地打动了他的老师，那位妈妈式的老师不仅给了他最高分，在班上带感情地朗读了这篇作文，还一笔一画地批道：你很聪明，你的作文写得非常感人，请放心，妈妈肯定会格外喜欢你的，老师肯定会格外喜欢你的，大家肯定会格外喜欢你的。

　　捧着作文本，他笑了，蹦蹦跳跳地回家了，像只喜鹊。但他并没有把作文本拿给妈妈看，他是在等待，等待着一个美好的时刻。

　　那个时刻终于到了，是妈妈的生日——一个阳光灿烂的星期天：那天，他起得特别早，把作文本装在一个亲手做的美丽的大信封里，等着妈妈醒来。妈妈刚刚睁眼醒来，他就笑眯眯地走到妈妈跟前说："妈妈，今天是您的生日，我要 // 送给您一件礼物。"

　　果然，看着这篇作文，妈妈甜甜地涌出了两行热泪，一把搂住小男孩儿，搂得很紧很紧。

　　是的，智力可以受损，但爱永远不会。

节选自张玉庭《一个美丽的故事》

Zuòpǐn 51 Hào

　　Yǒu gè tā bízi de xiǎonánháir, yīn·wèi liǎng suì shí déguo nǎoyán, zhìlì shòu sǔn, xuéxí qǐ·lái hěn chīlì. Dǎ gè bǐfang, bié·rén xiě zuòwén néng xiě èr-sān bǎi zì, tā què zhǐnéng xiě sān-wǔ háng. Dàn jíbiàn zhèyàng de zuòwén, tā tóngyàng néng xiě de hěn dòngrén.

　　Nà shì yī cì zuòwénkè, tímù shì 《Yuànwàng》. Tā jíqí rènzhēn de xiǎngle bàntiān, ránhòu jí rènzhēn de xiě, nà zuòwén jí duǎn. Zhǐyǒu sān jù huà: Wǒ yǒu liǎng gè yuànwàng, dì-yī gè shì, māma tiāntiān xiàomīmī de kànzhe wǒ shuō: "Nǐ zhēn cōng·míng." Dì-èr gè shì, lǎoshī tiāntiān xiàomīmī de kànzhe wǒ shuō: "Nǐ yīdiǎnr yě bù bèn."

　　Yúshì, jiùshì zhè piān zuòwén, shēnshēn de dǎdòngle tā de lǎoshī, nà wèi māma shìde lǎoshī bùjǐn gěile tā zuì gāo fēn, zài bān·shàng dài gǎnqíng de lǎngdúle zhè piān zuòwén, hái yībǐ-yīhuà de pīdào: Nǐ hěn cōng·míng, nǐ de zuòwén xiě de fēicháng gǎnrén, qǐng fàngxīn, māma kěndìng huì géwài xǐhuan nǐ de, lǎoshī kěndìng huì géwài xǐhuan nǐ de, dàjiā kěndìng huì géwài xǐhuan nǐ de.

　　Pěngzhe zuòwénběn, tā xiào le, bèngbèng-tiàotiào de huíjiā le, xiàng zhī xǐ·què. Dàn tā bìng méi·yǒu bǎ zuòwénběn nágěi māma kàn, tā shì zài děngdài, děngdàizhe yī gè měihǎo de shíkè.

Nàge shíkè zhōngyú dào le, shì māma de shēng·rì——yī gè yángguāng cànlàn de xīngqītiān: Nà tiān, tā qǐ de tèbié zǎo, bǎ zuòwénběn zhuāng zài yī gè qīnshǒu zuò de měilì de dà xìnfēngli, děngzhe māma xǐng·lái. Māma gānggāng zhēng yǎn xǐng·lái, tā jiù xiàomīmī de zǒudào māma gēn·qián shuō: "māma, jīntiān shì nín de shēng·rì, wǒ yào//sònggěi nín yī jiàn lǐwù."

Guǒrán, kànzhe zhè piān zuòwén, māma tiántián de yǒngchūle liǎng háng rèlèi, yī bǎ lǒuzhù xiǎonánháir, lǒude hěn jǐn hěn jǐn.

Shìde, zhìlì kěyǐ shòu sǔn, dàn ài yǒngyuǎn bù huì.

Jiéxuǎn zì Zhāng Yùtíng《Yī gè Měilì de Gùshì》

作品 52 号

　　小学的时候，有一次我们去海边远足，妈妈没有做便饭，给了我十块钱买午餐。好像走了很久，很久，终于到海边了，大家坐下来便吃饭，荒凉的海边没有商店，我一个人跑到防风林外面去，级任老师要大家把吃剩的饭菜分给我一点儿。有两三个男生留下一点儿给我，还有一个女生，她的米饭拌了酱油，很香。我吃完的时候，她笑眯眯地看着我，短头发，脸圆圆的。

　　她的名字叫翁香玉。

　　每天放学的时候，她走的是经过我们家的一条小路，带着一位比她小的男孩儿，可能是弟弟。小路边是一条清澈见底的小溪，两旁竹阴覆盖，我总是远远地跟在她后面，夏日的午后特别炎热，走到半路她会停下来，拿手帕在溪水里浸湿，为小男孩儿擦脸。我也在后面停下来，把肮脏的手帕弄湿了擦脸，再一路远远跟着她回家。

　　后来我们家搬到镇上去了，过几年我也上了中学。有一天放学回家，在火车上，看见斜对面一位短头发、圆圆脸的女孩儿，一身素净的白衣黑裙。我想她一定不认识我了。火车很快到站了，我随着人群挤向门口，她也走近了，叫我的名字。这是她第一次和我说话。

　　她笑眯眯的，和我一起走过月台。以后就没有再见过 // 她了。

　　这篇文章收在我出版的《少年心事》这本书里。

书出版后半年，有一天我忽然收到出版社转来的一封信，信封上是陌生的字迹，但清楚地写着我的本名。

信里面说她看到了这篇文章心里非常激动，没想到在离开家乡，漂泊异地这么久之后，会看见自己仍然在一个人的记忆里，她自己也深深记得这其中的每一幕，只是没想到越过遥远的时空，竟然另一个人也深深记得。

节选自苦伶《永远的记忆》

Zuòpǐn 52 Hào

　　Xiǎoxué de shíhou, yǒu yī cì wǒmen qù hǎibiān yuǎnzú, māma méi·yǒu zuò biànfàn, gěile wǒ shí kuài qián mǎi wǔcān. Hǎoxiàng zǒule hěn jiǔ, hěn jiǔ, zhōngyú dào hǎibiān le, dàjiā zuò xià·lái biàn chīfàn, huāngliáng de hǎibiān méi·yǒu shāngdiàn, wǒ yī gè rén pǎodào fángfēnglín wài·miàn qù, jírèn lǎoshī yào dàjiā bǎ chīshèng de fàncài fēngěi wǒ yīdiǎnr. Yǒu liǎng-sān gè nánshēng liú·xià yīdiǎnr gěi wǒ, hái yǒu yī gè nǚshēng, tā de mǐfàn bànle jiàngyóu, hěn xiāng. Wǒ chīwán de shíhou, tā xiàomīmī de kànzhe wǒ, duǎn tóufa, liǎn yuányuán de.

　　Tā de míngzi jiào Wēng Xiāngyù.

　　Měi tiān fàngxué de shíhou, tā zǒu de shì jīngguò wǒmen jiā de yī tiáo xiǎolù, dàizhe yī wèi bǐ tā xiǎo de nánháir, kěnéng shì dìdi. Xiǎolù biān shì yī tiáo qīngchè jiàn dǐ de xiǎoxī, liǎngpáng zhúyīn fùgài, wǒ zǒngshì yuǎnyuǎn de gēn zài hòu·miàn. Xiàrì de wǔhòu tèbié yánrè, zǒudào bànlù tā huì tíng xià·lái, ná shǒupà zài xīshuǐli jìnshī, wèi xiǎonánháir cā liǎn. Wǒ yě zài hòu·miàn tíng xià·lái, bǎ āngzāng de shǒupà nòngshīle cā liǎn, zài yīlù yuǎnyuǎn gēnzhe tā huíjiā.

　　Hòulái wǒmen jiā bāndào zhèn·shàng qù le, guò jǐ nián wǒ yě shàngle zhōngxué. Yǒu yī tiān fàngxué huíjiā, zài huǒchē·shàng, kàn·jiàn xiéduìmiàn yī wèi duǎn tóufa、yuányuán liǎn de nǚháir, yī shēn sùjing de bái yī hēi qún. Wǒ xiǎng tā yīdìng bù rènshi wǒ le. Huǒchē hěn kuài dào zhàn le, wǒ suízhe rénqún jǐ xiàng ménkǒu, tā yě zǒujìnle, jiào wǒ de míngzi. Zhè shì tā dì-yī cì hé wǒ shuōhuà.

　　Tā xiàomīmī de, hé wǒ yīqǐ zǒuguò yuètái. Yǐhòu jiù méi·yǒu zài jiànguo//tā le.

　　Zhè piān wénzhāng shōu zài wǒ chūbǎn de 《Shàonián Xīnshì》 zhè běn shūli.

Shū chūbǎn hòu bàn nián, yǒu yī tiān wǒ hūrán shōudào chūbǎnshè zhuǎnlái de yī fēng xìn, xìnfēng·shàng shì mòshēng de zìjì, dàn qīngchu de xiězhe wǒ de běnmíng.

Xìn lǐ·miàn shuō tā kàndàole zhè piān wénzhāng xīnli fēicháng jīdòng, méi xiǎngdào zài líkāi jiāxiāng, piāobó yìdì zhème jiǔ zhīhòu, huì kàn·jiàn zìjǐ réngrán zài yī gè rén de jìyìli, tā zìjǐ yě shēnshēn jìde zhè qízhōng de měi yī mù, zhǐshì méi xiǎngdào yuèguò yáoyuǎn de shíkōng, jìngrán lìng yī gè rén yě shēnshēn jìde.

Jiéxuǎn zì Kǔ Líng《Yǒngyuǎn de Jìyì》

作品 53 号

在繁华的巴黎大街的路旁，站着一个衣衫褴褛、头发斑白、双目失明的老人。他不像其他乞丐那样伸手向过路行人乞讨，而是在身旁立一块木牌，上面写着："我什么也看不见！"街上过往的行人很多，看了木牌上的字都无动于衷，有的还淡淡一笑，便姗姗而去了。

这天中午，法国著名诗人让·彼浩勒也经过这里。他看看木牌上的字，问盲老人："老人家，今天上午有人给你钱吗？"

盲老人叹息着回答："我，我什么也没有得到。"说着，脸上的神情非常悲伤。

让·彼浩勒听了，拿起笔悄悄地在那行字的前面添上了"春天到了，可是"几个字，就匆匆地离开了。

晚上，让·彼浩勒又经过这里，问那个盲老人下午的情况。盲老人笑着回答说："先生，不知为什么，下午给我钱的人多极了！"让·彼浩勒听了，摸着胡子满意地笑了。

"春天到了，可是我什么也看不见！"这富有诗意的语言，产生这么大的作用，就在于它有非常浓厚的感情色彩。是的，春天是美好的，那蓝天白云，那绿树红花，那莺歌燕舞，那流水人家，怎么不叫人陶醉呢？但这良辰美景，对于一个双目失明的人来说，只是一片漆黑。当人们想到这个盲老人，一生中竟连万紫千红的春天//都不曾看到，怎能不对他产生同情之心呢？

节选自小学《语文》第六册中《语言的魅力》

Zuòpǐn 53 Hào

Zài fánhuá de Bālí dàjiē de lùpáng, zhànzhe yī gè yīshān lánlǚ、tóufa bānbái、shuāngmù shīmíng de lǎorén. Tā bù xiàng qítā qǐgài nàyàng shēnshǒu xiàng guòlù xíngrén qǐtǎo, ér shì zài shēnpáng lì yī kuài mùpái, shàng·miàn xiězhe: "Wǒ shénme yě kàn·bùjiàn!" Jiē·shàng guòwǎng de xíngrén hěn duō, kànle mùpái·shàng de zì dōu wúdòngyúzhōng, yǒude hái dàndàn yī xiào, biàn shānshān ér qù le.

Zhè tiān zhōngwǔ, Fǎguó zhùmíng shīrén Ràng·Bǐhàolè yě jīngguò zhèli. Tā kànkan mùpái·shàng de zì, wèn máng lǎorén: "Lǎo·rén·jiā, jīntiān shàngwǔ yǒu rén gěi nǐ qián ma?"

Máng lǎorén tànxīzhe huídá: "Wǒ, wǒ shénme yě méi·yǒu dédào." Shuōzhe, liǎn·shàng de shénqíng fēicháng bēishāng.

Ràng·Bǐhàolè tīng le, náqǐ bǐ qiāoqiāo de zài nà háng zì de qián·miàn tiān·shàngle "chūntiān dào le, kěshì" jǐ gè zì, jiù cōngcōng de líkāi le.

Wǎnshang, Ràng·Bǐhàolè yòu jīngguò zhèli, wèn nàge máng lǎorén xiàwǔ de qíngkuàng. Máng lǎorén xiàozhe huídá shuō: "Xiānsheng, bù zhī wèishénme, xiàwǔ gěi wǒ qián de rén duō jí le!" Ràng·Bǐhàolè tīng le, mōzhe húzi mǎnyì de xiào le.

"Chūntiān dào le, kěshì wǒ shénme yě kàn·bù jiàn!" Zhè fùyǒu shīyì de yǔyán, chǎnshēng zhème dà de zuòyòng, jiù zàiyú tā yǒu fēicháng nónghòu de gǎnqíng sècǎi. Shìde, chūntiān shì měihǎo de, nà lántiān báiyún, nà lǜshù hónghuā, nà yīnggē-yànwǔ, nà liúshuǐ rénjiā, zěnme bù jiào rén táozuì ne? Dàn zhè liángchén měijǐng, duìyú yī gè shuāngmù shīmíng de rén lái shuō, zhǐshì yī piàn qīhēi. Dāng rénmen xiǎngdào zhège máng lǎorén, yìshēng zhōng jìng lián wànzǐ-qiānhóng de chūntiān//dōu bùcéng kàndào, zěnnéng bù duì tā chǎnshēng tóngqíng zhī xīn ne?

Jiéxuǎn zì Xiǎoxué《Yǔwén》dì-liù cè zhōng《Yǔyán de Mèilì》

作品 54 号

有一次，苏东坡的朋友张鹗拿着一张宣纸来求他写一幅字，而且希望他写一点儿关于养生方面的内容。苏东坡思索了一会儿，点点头说："我得到了一个养生长寿古方，药只有四味，今天就赠给你吧。"于是，东坡的狼毫在纸上挥洒起来，上面写着："一曰无事以当贵，二曰早寝以当富，三曰安步以当车，四曰晚食以当肉。"

"这哪里有药？"张鹗一脸茫然地问。苏东坡笑着解释说："养生长寿的要诀，全在这四句里面。"

所谓"无事以当贵"，是指人不要把功名利禄、荣辱过失考虑得太多，如能在情志上潇洒大度，随遇而安，无事以求，这比富贵更能使人终其天年。

"早寝以当富"，指吃好穿好、财货充足，并非就能使你长寿。对老年人来说，养成良好的起居习惯，尤其是早睡早起，比获得任何财富更加宝贵。

"安步以当车"，指人不要过于讲求安逸、肢体不劳，而应多以步行来替代骑马乘车，多运动才可以强健体魄，通畅气血。

"晚食以当肉"，意思是人应该用已饥方食、未饱先止代替对美味佳肴的贪吃无厌。他进一步解释，饿了以后才进食，虽然是粗茶淡饭，但其香甜可口会胜过山珍；如果饱了还要勉强吃，即使美味佳肴摆在眼前也难以// 下咽。

苏东坡的四味"长寿药"，实际上是强调了情志、睡眠、运动、饮食四个方面对养生长寿的重要性，这种养生观点即使在今天仍然值得借鉴。

节选自蒲昭和《赠你四味长寿药》

Zuòpǐn 54 Hào

Yǒu yī cì, Sū Dōngpō de péngyou Zhāng È názhe yī zhāng xuānzhǐ lái qiú tā xiě yī fú zì, érqiě xīwàng tā xiě yīdiǎnr guānyú yǎngshēng fāngmiàn de nèiróng. Sū Dōngpō sīsuǒle yīhuìr, diǎndiǎn tóu shuō: "Wǒ dédàole yī gè yǎngshēng chángshòu gǔfāng, yào zhǐyǒu sì wèi, jīntiān jiù zènggěi nǐ ba." Yúshì, Dōngpō de lánháo zài zhǐ·shàng huīsǎ qǐ·lái, shàng·miàn xiězhe: "Yī yuē wú shì yǐ dàng guì, èr yuē zǎo qǐn yǐ dàng fù, sān yuē ān bù yǐ dàng chē, sì yuē wǎn shí yǐ dàng ròu."

"Zhè nǎli yǒu yào?" Zhāng È yīliǎn mángrán de wèn. Sū Dōngpō xiàozhe jiěshì shuō: "Yǎngshēng chángshòu de yàojué, quán zài zhè sì jù lǐ·miàn."

Suǒwèi "wú shì yǐ dàng guì", shì zhǐ rén bùyào bǎ gōngmíng lìlù, róngrǔ guòshī kǎolǜ de tài duō, rú néng zài qíngzhì·shàng xiāosǎ dàdù, suíyù'érān, wú shì yǐ qiú, zhè bǐ fùguì gèng néng shǐ rén zhōng qí tiānnián.

"Zǎo qǐn yǐ dàng fù", zhǐ chīhǎo chuānhǎo、cáihuò chōngzú, bìngfēi jiù néng shǐ nǐ chángshòu. Duì lǎoniánrén lái shuō, yǎngchéng liánghǎo de qǐjū xíguàn, yóuqí shì zǎo shuì zǎo qǐ, bǐ huòdé rènhé cáifù gèngjiā bǎoguì.

"Ān bù yǐ dàng chē", zhǐ rén bùyào guòyú jiǎngqiú ānyì、zhītǐ bù láo, ér yīng duō yǐ bùxíng lái tìdài qímǎ chéngchē, duō yùndòng cái kěyǐ qiángjiàn tǐpò, tōngchàng qìxuè.

"Wǎn shí yǐ dàng ròu", yìsi shì rén yīnggāi yòng yǐ jī fāng shí, wèi bǎo xiān zhǐ dàitì duì měiwèi jiāyáo de tānchī wú yàn. Tā jìn yī bù jiěshì, èle yǐhòu cái jìnshí, suīrán shì cūchá-dànfàn, dàn qí xiāngtián kěkǒu huì shèngguò shānzhēn; rúguǒ bǎole háiyào miǎnqiǎng chī, jíshǐ měiwèi jiāyáo bǎi zài yǎnqián yě nányǐ//xiàyàn.

Sū Dōngpō de sì wèi "chángshòuyào", shíjì·shàng shì qiángdiàole qíngzhì、shuìmián、yùndòng、yǐnshí sì gè fāngmiàn duì yǎngshēng chángshòu de zhòngyàoxìng, zhè zhǒng yǎngshēng guāndiǎn jíshǐ zài jīntiān réngrán zhíde jièjiàn.

Jiéxuǎn zì Pú Zhāohé《Zèng Nǐ Sì Wèi Chángshòuyào》

作品 55 号

　　人活着，最要紧的是寻觅到那片代表着生命绿色和人类希望的丛林，然后选一高高的枝头站在那里观览人生，消化痛苦，孕育歌声，愉悦世界！

　　这可真是一种潇洒的人生态度，这可真是一种心境爽朗的情感风貌。

　　站在历史的枝头微笑，可以减免许多烦恼。在那里，你可以从众生相所包含的甜酸苦辣、百味人生中寻找你自己；你境遇中的那点儿苦痛，也许相比之下，再也难以占据一席之地；你会较容易地获得从不悦中解脱灵魂的力量，使之不致变得灰色。

　　人站得高些，不但能有幸早些领略到希望的曙光，还能有幸发现生命的立体的诗篇。每一个人的人生，都是这诗篇中的一个词、一个句子或者一个标点。你可能没有成为一个美丽的词，一个引人注目的句子，一个惊叹号，但你依然是这生命的立体诗篇中的一个音节、一个停顿、一个必不可少的组成部分。这足以使你放弃前嫌，萌生为人类孕育新的歌声的兴致，为世界带来更多的诗意。

　　最可怕的人生见解，是把多维的生存图景看成平面。因为那平面上刻下的大多是凝固了的历史——过去的遗迹；但活着的人们，活得却是充满着新生智慧的，由 // 不断逝去的"现在"组成的未来。人生不能像某些鱼类躺着游，人生也不能像某些兽类爬着走，而应该站着向前行，这才是人类应有的生存姿态。

节选自〔美〕本杰明·拉什《站在历史的枝头微笑》

Zuòpǐn 55 Hào

　·Rén huózhe, zuì yàojǐn de shì xúnmì dào nà piàn dàibiǎozhe shēngmìng lùsè hé rénlèi xīwàng de cónglín, ránhòu xuǎn yī gāogāo de zhītóu zhàn zài nàli guānlǎn rénshēng, xiāohuà tòngkǔ, yùnyù gēshēng, yúyuè shìjiè!

　　Zhè kě zhēn shì yī zhǒng xiāosǎ de rénshēng tài·dù, zhè kě zhēn shì yī zhǒng xīnjìng shuǎnglǎng de qínggǎn fēngmào.

　　Zhàn zài lìshǐ de zhītóu wēixiào, kěyǐ jiǎnmiǎn xǔduō fánnǎo. Zài nàli, nǐ kěyǐ cóng zhòngshēngxiàng suǒ bāohán de tián-suān-kǔ-là, bǎiwèi rénshēng zhōng xúnzhǎo nǐ zìjǐ, nǐ jìngyù zhōng de nà diǎnr kǔtòng, yěxǔ xiāngbǐ zhīxià, zài yě nányǐ zhànjù yī xí zhī dì, nǐ huì jiào róng·yì de huòdé cóng bùyuè zhōng jiětuō línghún de lìliang, shǐ zhī bùzhì biànde huīsè.

　　Rén zhàn de gāo xiē, bùdàn néng yǒuxìng zǎo xiē lǐnglüè dào xīwàng de shǔguāng, hái néng yǒuxìng fāxiàn shēngmìng de lìtǐ de shīpiān. Měi yī gè rén de rénshēng, dōu shì zhè shīpiān zhōng de yī gè cí, yī gè jùzi huòzhě yī gè biāodiǎn. Nǐ kěnéng méi·yǒu chéngwéi yī gè měilì de cí, yī gè yǐnrén-zhùmù de jùzi, yī gè jīngtànhào, dàn nǐ yīrán shì zhè shēngmìng de lìtǐ shīpiān zhōng de yī gè yīnjié, yī gè tíngdùn, yī gè bìbùkěshǎo de zǔchéng bùfen. Zhè zúyǐ shǐ nǐ fàngqì qiánxián, méngshēng wèi rénlèi yùnyù xīn de gēshēng de xìngzhì, wèi shìjiè dài·lái gèng duō de shīyì.

　　Zuì kěpà de rénshēng jiànjiě, shì bǎ duōwéi de shēngcún tújǐng kànchéng píngmiàn. Yīn·wèi nà píngmiàn·shàng kèxià de dàduō shì nínggùle de lìshǐ——guòqù de yíjì; dàn huózhe de rénmen, huó de què shì chōngmǎnzhe xīnshēng zhìhuì de, yóu//bùduàn shìqù de "xiànzài" zǔchéng de wèilái. Rénshēng bùnéng xiàng mǒu xiē yúlèi tǎngzhe yóu, rénshēng yě bùnéng xiàng mǒuxiē shòulèi pázhe zǒu, ér yīnggāi zhànzhe xiàngqián xíng, zhè cái shì rénlèi yīngyǒu de shēngcún zītài.

Jiéxuǎn zì [Měi] Běnjiémíng・Lāshí《Zhàn Zài Lìshǐ de Zhītóu Wēixiào》

作品 56 号

　　中国的第一大岛、台湾省的主岛台湾，位于中国大陆架的东南方，地处东海和南海之间，隔着台湾海峡和大陆相望。天气晴朗的时候，站在福建沿海较高的地方，就可以隐隐约约地望见岛上的高山和云朵。

　　台湾岛形状狭长，从东到西，最宽处只有一百四十多公里；由南至北，最长的地方约有三百九十多公里。地形像一个纺织用的梭子。

　　台湾岛上的山脉纵贯南北，中间的中央山脉犹如全岛的脊梁。西部为海拔近四千米的玉山山脉，是中国东部的最高峰。全岛约有三分之一的地方是平地，其余为山地。岛内有缎带般的瀑布，蓝宝石似的湖泊，四季常青的森林和果园，自然景色十分优美。西南部的阿里山和日月潭，台北市郊的大屯山风景区，都是闻名世界的游览胜地。

　　台湾岛地处热带和温带之间，四面环海，雨水充足，气温受到海洋的调剂，冬暖夏凉，四季如春，这给水稻和果木生长提供了优越的条件。水稻、甘蔗、樟脑是台湾的"三宝"。岛上还盛产鲜果和鱼虾。

　　台湾岛还是一个闻名世界的"蝴蝶王国"。岛上的蝴蝶共有四百多个品种，其中有不少是世界稀有的珍贵品种。岛上还有不少鸟语花香的蝴 // 蝶谷，岛上居民利用蝴蝶制作的标本和艺术品，远销许多国家。

节选自《中国的宝岛——台湾》

Zuòpǐn 56 Hào

　　Zhōngguó de dì-yī dàdǎo、Táiwān Shěng de zhǔdǎo Táiwān, wèiyú Zhōngguó dàlùjià de dōngnánfāng, dìchǔ Dōng Hǎi hé Nán Hǎi zhījiān, gézhe Táiwān Hǎixiá hé Dàlù xiāngwàng. Tiānqì qínglǎng de shíhou, zhàn zài Fújiàn yánhǎi jiào gāo de dìfang, jiù kěyǐ yǐnyǐn-yuēyuē de wàng・jiàn dǎo・shàng de gāoshān hé yúnduǒ.

　　Táiwān Dǎo xíngzhuàng xiácháng, cóng dōng dào xī, zuì kuān chù zhǐyǒu yībǎi sìshí duō gōnglǐ; yóu nán zhì běi, zuì cháng de dìfang yuē yǒu sānbǎi jiǔshí duō gōnglǐ. Dìxíng xiàng yī gè fǎngzhī yòng de suōzi.

Táiwān Dǎo • shàng de shānmài zòngguàn nánběi, zhōngjiān de zhōngyāng shānmài yóurú quándǎo de jǐliang. Xībù wéi hǎibá jìn sìqiān mǐ de Yù Shān shānmài, shì Zhōngguó dōngbù de zuì gāo fēng. Quándǎo yuē yǒu sān fēn zhī yī de dìfang shì píngdì, qíyú wéi shāndì. Dǎonèi yǒu duàndài bān de pùbù, lánbǎoshí shìde húpō, sìjì chángqīng de sēnlín hé guǒyuán, zìrán jǐngsè shífēn yōuměi. Xīnánbù de Ālǐ Shān hé Rìyuè Tán, Táiběi shìjiāo de Dàtúnshān fēngjǐngqū, dōu shì wénmíng shìjiè de yóulǎn shèngdì.

Táiwān Dǎo dìchǔ rèdài hé wēndài zhījiān, sìmiàn huán hǎi, yǔshuǐ chōngzú, qìwēn shòudào hǎiyáng de tiáojì, dōng nuǎn xià liáng, sìjì rú chūn, zhè gěi shuǐdào hé guǒmù shēngzhǎng tígōngle yōuyuè de tiáojiàn. Shuǐdào、gānzhe、zhāngnǎo shì Táiwān de "sān bǎo". Dǎo • shàng hái shèngchǎn xiāngguǒ hé yúxiā.

Táiwān Dǎo háishì yī gè wénmíng shìjiè de "húdié wángguó". Dǎo • shàng de húdié gòng yǒu sìbǎi duō gè pǐnzhǒng, qízhōng yǒu bùshǎo shì shìjiè xīyǒu de zhēnguì pǐnzhǒng. Dǎo • shàng háiyǒu bùshǎo niǎoyǔ-huāxiāng de hú//dié gǔ, dǎo • shàng jūmín lìyòng húdié zhìzuò de biāoběn hé yìshùpǐn, yuǎnxiāo xǔduō guójiā.

Jiéxuǎn zì《Zhōngguó de Bǎodǎo——Táiwān》

作品 57 号

对于中国的牛，我有着一种特别尊敬的感情。

留给我印象最深的，要算在田垄上的一次"相遇"。

一群朋友郊游，我领头在狭窄的阡陌上走，怎料迎面来了几头耕牛，狭道容不下人和牛，终有一方要让路。它们还没有走近，我们已经预计斗不过畜牲，恐怕难免踩到田地泥水里，弄得鞋袜又泥又湿了。正踟蹰的时候，带头的一头牛，在离我们不远的地方停下来，抬起头看看，稍迟疑一下，就自动走下田去。一队耕牛，全跟着它离开阡陌，从我们身边经过。

我们都呆了，回过头来，看着深褐色的牛队，在路的尽头消失，忽然觉得自己受了很大的恩惠。

中国的牛，永远沉默地为人做着沉重的工作。在大地上，在晨光或烈日下，它拖着沉重的犁，低头一步又一步，拖出了身后一列又一列松土，好让人们下种。等到满地金黄或农闲时候，它可能还得担当搬运负重的工作；或终日绕着石磨，朝同一方向，走不计程的路。

在它沉默的劳动中，人便得到应得的收成。

那时候，也许，它可以松一肩重担，站在树下，吃几口嫩草。偶尔摇摇尾巴，摆摆耳朵，赶走飞附身上的苍蝇，已经算是它最闲适的生活了。

中国的牛，没有成群奔跑的习 // 惯，永远沉沉实实的，默默地工作，平心静气。这就是中国的牛！

节选自小思《中国的牛》

Zuòpǐn 57 Hào

Duìyú Zhōngguó de niú, wǒ yǒuzhe yī zhǒng tèbié zūnjìng de gǎnqíng.

Liúgěi wǒ yìnxiàng zuì shēn de, yào suàn zài tiánlǒng • shàng de yī cì "xiāngyù".

Yī qún péngyou jiāoyóu, wǒ lǐngtóu zài xiázhǎi de qiānmò • shàng zǒu, zěnliào yíngmiàn láile jǐ tóu gēngniú, xiádào róng • bùxià rén hé niú, zhōng yǒu yīfāng yào rànglù. Tāmen hái méi • yǒu zǒujìn, wǒmen yǐ • jīng yùjì dòu • bù • guò chùshēng, kǒngpà nánmiǎn cǎidào tiándì níshuǐlǐ, nòng de xiéwà yòu ní yòu shī le. Zhèng chíchú de shíhou, dàitóu de yī tóu niú, zài lí wǒmen bùyuǎn de dìfang tíng xià • lái, táiqǐ tóu kànkan, shāo chíyí yīxià, jiù zìdòng zǒu • xià tián qù. Yī duì gēngniú, quán gēnzhe tā líkāi qiānmò, cóng wǒmen shēnbiān jīngguò.

Wǒmen dōu dāi le, huíguo tóu • lái, kànzhe shēnhèsè de niúduì, zài lù de jìntóu xiāoshī, hūrán juéde zìjǐ shòule hěn dà de ēnhuì.

Zhōngguó de niú, yǒngyuǎn chénmò de wèi rén zuòzhe chénzhòng de gōngzuò. Zài dàdì • shàng, zài chénguāng huò lièrì • xià, tā tuōzhe chénzhòng de lí, dītóu yī bù yòu yī bù, tuōchūle shēnhòu yī liè yòu yī liè sōngtǔ, hǎo ràng rénmen xià zhǒng. Děngdào mǎndì jīnhuáng huò nóngxián shíhou, tā kěnéng háiděi dāndāng bānyùn fùzhòng de gōngzuò; huò zhōngrì ràozhe shímò, cháo tóng yī fāngxiàng, zǒu bù jìchéng de lù.

Zài tā chénmò de láodòng zhōng, rén biàn dédào yīngdé de shōucheng.

Nà shíhou, yěxǔ, tā kěyǐ sōng yī jiān zhòngdàn, zhàn zài shù • xià, chī jǐ kǒu nèn cǎo. Ǒu'ěr yáoyao wěiba, bǎibai ěrduo, gǎnzǒu fēifù shēn • shàng de cāng ying, yǐ • jing suàn shì tā zuì xiánshì de shēnghuó le.

363

Zhōngguó de niú, méi·yǒu chéngqún bēnpǎo de xí//guàn, yǒngyuǎn chénchén-shíshí de, mòmò de gōng zuò, píngxīn-jìngqì. Zhè jiùshì Zhōngguó de niú!

Jiéxuǎn zì Xiǎosī《Zhōngguó de Niú》

作品 58 号

不管我的梦想能否成为事实，说出来总是好玩儿的：

春天，我将要住在杭州。二十年前，旧历的二月初，在西湖我看见了嫩柳与菜花，碧浪与翠竹。由我看到的那点儿春光，已经可以断定，杭州的春天必定会教人整天生活在诗与图画之中。所以，春天我的家应当是在杭州。

夏天，我想青城山应当算作最理想的地方。在那里，我虽然只住过十天，可是它的幽静已拴住了我的心灵。在我所看见过的山水中，只有这里没有使我失望。到处都是绿，目之所及，那片淡而光润的绿色都在轻轻地颤动，仿佛要流入空中与心中似的。这个绿色会像音乐，涤清了心中的万虑。

秋天一定要住北平。天堂是什么样子，我不知道，但是从我的生活经验去判断，北平之秋便是天堂。论天气，不冷不热。论吃的，苹果、梨、柿子、枣儿、葡萄，每样都有若干种。论花草，菊花种类之多，花式之奇，可以甲天下。西山有红叶可见，北海可以划船——虽然荷花已残，荷叶可还有一片清香。衣食住行，在北平的秋天，是没有一项不使人满意的。

冬天，我还没有打好主意，成都或者相当的合适，虽然并不怎样和暖，可是为了水仙，素心腊梅，各色的茶花，仿佛就受一点儿寒//冷，也颇值得去了。昆明的花也多，而且天气比成都好，可是旧书铺与精美而便宜的小吃远不及成都那么多。好吧，就暂时这么规定：冬天不住成都便住昆明吧。

在抗战中，我没能发国难财。我想，抗战胜利以后，我必能阔起来。那时候，假若飞机减价，一二百元就能买一架的话，我就自备一架，择黄道吉日慢慢地飞行。

节选自老舍《住的梦》

Zuòpǐn 58 Hào

Bùguǎn wǒ de mèngxiǎng néngfǒu chéngwéi shìshí, shuō chū•lái zǒngshì hǎowánr de:

Chūntiān, wǒ jiāng yào zhù zài Hángzhōu. Èrshí nián qián, jiùlì de èryuè chū, zài Xīhú wǒ kàn•jiànle nènliǔ yǔ càihuā, bìlàng yǔ cuìzhú. Yóu wǒ kàndào de nà diǎnr chūnguāng, yǐ•jīng kěyǐ duàndìng, Hángzhōu de chūntiān bìdìng huì jiào rén zhěngtiān shēnghuó zài shī yǔ túhuà zhīzhōng. Suǒyǐ, chūntiān wǒ de jiā yīngdāng shì zài Hángzhōu.

Xiàtiān, wǒ xiǎng Qīngchéng Shān yīngdāng suànzuò zuì lǐxiǎng de dìfang. Zài nàli, wǒ suīrán zhǐ zhùguo shí tiān, kěshì tā de yōujìng yǐ shuānzhùle wǒ de xīnlíng. Zài wǒ suǒ kàn•jiànguo de shānshuǐ zhōng, zhǐyǒu zhèli méi•yǒu shǐ wǒ shīwàng. Dàochù dōu shì lǜ, mù zhī suǒ jí, nà piàn dàn ér guāngrùn de lǜsè dōu zài qīngqīng de chàndòng, fǎngfú yào liúrù kōngzhōng yǔ xīnzhōng shìde. Zhège lǜsè huì xiàng yīnyuè, díqīngle xīnzhōng de wànlǜ.

Qiūtiān yīdìng yào zhù Běipíng. Tiāntáng shì shénme yàngzi, wǒ bù zhī•dào, dànshì cóng wǒ de shēnghuó jīngyàn qù pànduàn, Běipíng zhī qiū biàn shì tiāntáng. Lùn tiānqì, bù lěng bù rè. Lùn chīde, píngguǒ、lí、shìzi、zǎor、pú•táo, měi yàng dōu yǒu ruògān zhǒng. Lùn huācǎo, júhuā zhǒnglèi zhī duō, huā shì zhī qí, kěyǐ jiǎ tiānxià. Xīshān yǒu hóngyè kě jiàn, Běihǎi kěyǐ huáchuán——suīrán héhuā yǐ cán, héyè kě háiyǒu yī piàn qīngxiāng. Yī-shí-zhù-xíng, zài Běipíng de qiūtiān, shì méi•yǒu yī xiàng bù shǐ rén mǎnyì de.

Dōngtiān, wǒ hái méi•yǒu dǎhǎo zhǔyi, Chéngdū huòzhě xiāngdāng de héshì, suīrán bìng bù zěnyàng hénuǎn, kěshì wèile shuǐxiān, sù xīn làméi, gè sè de chá huā, fǎngfú jiù shòu yīdiǎnr hán//lěng, yě pō zhídé qù le. Kūnmíng de huā yě duō, érqiě tiānqì bǐ Chéngdū hǎo, kěshì jiùshūpù yǔ jīngměi ér piányi de xiǎochī yuǎn•bùjí Chéngdū nàme duō. Hǎo ba, jiù zànshí zhème guīdìng: Dōngtiān bù zhù Chéngdū biàn zhù Kūnmíng ba.

Zài kàngzhàn zhōng, wǒ méinéng fā guónàn cái. Wǒ xiǎng, kàngzhàn shènglì yǐhòu, wǒ bì néng kuò qǐ•lái. Nà shíhou, jiǎruò fēijī jiǎnjià, yī-èr bǎi yuán jiù néng mǎi yī jià de huà, wǒ jiù zìbèi yī jià, zé huángdào-jírì mànmàn de fēixíng.

Jiéxuǎn zì Lǎo Shě《Zhù de Mèng》

作品 59 号

我不由得停住了脚步。

从未见过开得这样盛的藤萝，只见一片辉煌的淡紫色，像一条瀑布，从空中垂下，不见其发端，也不见其终极，只是深深浅浅的紫，仿佛在流动，在欢笑，在不停地生长。紫色的大条幅上，泛着点点银光，就像迸溅的水花。仔细看时，才知那是每一朵紫花中的最浅淡的部分，在和阳光互相挑逗。

这里除了光彩，还有淡淡的芳香。香气似乎也是浅紫色的，梦幻一般轻轻地笼罩着我。忽然记起十多年前，家门外也曾有过一大株紫藤萝，它依傍一株枯槐爬得很高，但花朵从来都稀落，东一穗西一串伶仃地挂在树梢，好像在察言观色，试探什么。后来索性连那稀零的花串也没有了。园中别的紫藤花架也都拆掉，改种了果树。那时的说法是，花和生活腐化有什么必然关系。我曾遗憾地想：这里再看不见藤萝花了。

过了这么多年，藤萝又开花了，而且开得这样盛，这样密，紫色的瀑布遮住了粗壮的盘虬卧龙般的枝干，不断地流着，流着，流向人的心底。

花和人都会遇到各种各样的不幸，但是生命的长河是无止境的。我抚摸了一下那小小的紫色的花舱，那里满装了生命的酒酿，它张满了帆，在这 // 闪光的花的河流上航行。它是万花中的一朵，也正是由每一个一朵，组成了万花灿烂的流动的瀑布。

在这浅紫色的光辉和浅紫色的芳香中，我不觉加快了脚步。

节选自宗璞《紫藤萝瀑布》

Zuòpǐn 59 Hào

Wǒ bùyóude tíngzhùle jiǎobù.

Cóngwèi jiànguo kāide zhèyàng shèng de téngluó, zhǐ jiàn yī piàn huīhuáng de dànzǐsè, xiàng yī tiáo pùbù, cóng kōngzhōng chuíxià, bù jiàn qí fāduān, yě bù jiàn qí zhōngjí, zhǐshì shēnshēn-qiǎnqiǎn de zǐ, fǎngfú zài liúdòng, zài huānxiào, zài bùtíng de shēngzhǎng. Zǐsè de dà tiáofú·shàng, fànzhe diǎndiǎn yínguāng, jiù xiàng bèngjiàn de shuǐhuā. Zǐxì kàn shí, cái zhī nà shì měi yī duǒ zǐhuā zhōng de zuì qiǎndàn de bùfen, zài hé yángguāng hùxiāng tiǎodòu.

Zhèli chúle guāngcǎi, háiyǒu dàndàn de fāngxiāng, xiāngqì sìhū yě shì qiǎnzǐsè de, mènghuàn yībān qīngqīng de lǒngzhàozhe wǒ. Hūrán jìqǐ shí duō nián qián, jiā mén wài yě céng yǒuguo yī dà zhū zǐténgluó, tā yībàng yī zhū kū huái pá de hěn gāo, dàn huāduǒ cónglái dōu xīluò, dōng yī suì xī yī chuàn língdīng de guà zài shùshāo, hǎoxiàng zài cháyán-guānsè, shìtàn shénme. Hòulái suǒxìng lián nà xīlíng de huāchuàn yě méi•yǒu le. Yuán zhōng biéde zǐténg huājià yě dōu chāidiào, gǎizhòngle guǒshù. Nàshí de shuōfǎ shì, huā hé shēnghuó fǔhuà yǒu shénme bìrán guānxi. Wǒ céng yíhàn de xiǎng: Zhèli zài kàn•bùjiàn téngluóhuā le.

Guòle zhème duō nián, téngluó yòu kāihuā le, érqiě kāi de zhèyàng shèng, zhèyàng mì, zǐsè de pùbù zhēzhùle cūzhuàng de pánqiú wòlóng bān de zhīgàn, bùduàn de liúzhe, liúzhe, liúxiàng rén de xīndǐ.

Huā hé rén dōu huì yùdào gèzhǒng-gèyàng de bùxìng, dànshì shēngmìng de chánghé shì wú zhǐjìng de. Wǒ fǔmōle yīxià nà xiǎoxiǎo de zǐsè de huācāng, nàli mǎn zhuāngle shēngmìng de jiǔniàng, tā zhāngmǎnle fān, zài zhè//shǎnguāng de huā de héliú•shàng hángxíng. Tā shì wàn huā zhōng de yī duǒ, yě zhèngshì yóu měi yī gè yī duǒ, zǔchéngle wàn huā cànlàn de liúdòng de pùbù.

Zài zhè qiǎnzǐsè de guānghuī hé qiǎnzǐsè de fāngxiāng zhōng, wǒ bùjué jiākuàile jiǎobù.

Jiéxuǎn zì Zōng Pú《Zǐténgluó Pùbù》

作品 60 号

在一次名人访问中，被问及上个世纪最重要的发明是什么时，有人说是电脑，有人说是汽车，等等。但新加坡的一位知名人士却说是冷气机。他解释，如果没有冷气，热带地区如东南亚国家，就不可能有很高的生产力，就不可能达到今天的生活水准。他的回答实事求是，有理有据。

看了上述报道，我突发奇想：为什么没有记者问："二十世纪最糟糕的发明是什么?"其实二○○二年十月中旬,英国的一家报纸就评出了"人类最糟糕的发明"。获此"殊荣"的,就是人们每天大量使用的塑料袋。

诞生于上个世纪三十年代的塑料袋,其家族包括用塑料制成的快餐饭盒、包装纸、餐用杯盘、饮料瓶、酸奶杯、雪糕杯,等等。这些废弃物形成的垃圾,数量多、体积大、重量轻、不降解,给治理工作带来很多技术难题和社会问题。

比如,散落在田间、路边及草丛中的塑料餐盒,一旦被牲畜吞食,就会危及健康甚至导致死亡。填埋废弃塑料袋、塑料餐盒的土地,不能生长庄稼和树木,造成土地板结,而焚烧处理这些塑料垃圾,则会释放出多种化学有毒气体,其中一种称为二噁英的化合物,毒性极大。

此外,在生产塑料袋、塑料餐盒的 // 过程中使用的氟利昂,对人体免疫系统和生态环境造成的破坏也极为严重。

节选自林光如《最糟糕的发明》

Zuòpǐn 60 Hào

　　Zài yī cì míngrén fǎngwèn zhōng, bèi wèn jí shàng gè shìjì zuì zhòngyào de fāmíng shì shénme shí, yǒu rén shuō shì diànnǎo, yǒu rén shuō shì qìchē, děngděng. Dàn Xīnjiāpō de yī wèi zhīmíng rénshì què shuō shì lěngqìjī. Tā jiěshì, rúguǒ méi·yǒu lěngqì, rèdài dìqū rú Dōngnányà guójiā, jiù bù kěnéng yǒu hěn gāo de shēngchǎnlì, jiù bù kěnéng dádào jīntiān de shēnghuó shuǐzhǔn. Tā de huídá shíshì-qiúshì, yǒulǐ-yǒujù.

　　Kànle shàngshù bàodào, wǒ tūfā qí xiǎng: Wèishénme méi·yǒu jìzhě wèn: "Èrshí shìjì zuì zāogāo de fāmíng shì shénme?" Qíshí èr líng líng èr nián shíyuè zhōngxún, Yīngguó de yī jiā bàozhǐ jiù píngchūle "rénlèi zuì zāogāo de fāmíng". Huò cǐ "shūróng" de, jiùshì rénmen měi tiān dàliàng shǐyòng de sùliàodài.

　　Dànshēng yú shàng gè shìjì sānshí niándài de sùliàodài, qí jiāzú bāokuò yòng sùliào zhìchéng de kuàicān fànhé, bāozhuāngzhǐ, cān yòng bēi pán, yǐnliàopíng, suānnǎibēi, xuěgāobēi, děngděng. Zhèxiē fèiqìwù xíngchéng de lājī, shùliàng duō, tǐjī dà, zhòngliàng qīng, bù jiàngjiě, gěi zhìlǐ gōngzuò dàilái hěn duō jìshù nántí hé shèhuì wèntí.

　　Bǐrú, sànluò zài tiánjiān, lùbiān jí cǎocóng zhōng de sùliào cānhé, yīdàn bèi shēngchù tūnshí, jiù huì wēijí jiànkāng shènzhì dǎozhì sǐwáng. Tiánmái fèiqì sùliàodài、sùliào cānhé de tǔdì，bùnéng shēngzhǎng zhuāngjia hé shùmù，zàochéng tǔdì bǎnjié。Ér fénshāo chǔlǐ zhèxiē sùliào lājī，zé huì shìfàng chū duō zhǒng huàxué yǒudú qìtǐ，qízhōng yī zhǒng chēngwéi èr'èyīng de huàhéwù，dúxìng jí dà。

Cǐwài，zài shēngchǎn sùliàodài、sùliào cānhé de//guòchéng zhōng shǐyòng de fúlì'áng，duì réntǐ miǎnyì xìtǒng hé shēngtài huánjìng zàochéng de pòhuài yě jíwéi yánzhòng。

Jiéxuǎn zì Lín Guāngrú《Zuì Zāogāo de Fāmíng》

附录一

中华人民共和国国家通用语言文字法

（2000 年 10 月 31 日第九届全国人民代表大会常务委员会第十八次会议通过）

第一章 总 则

第一条 为推动国家通用语言文字的规范化、标准化及其健康发展，使国家通用语言文字在社会生活中更好地发挥作用，促进各民族、各地区经济文化交流，根据宪法，制定本法。

第二条 本法所称的国家通用语言文字是普通话和规范汉字。

第三条 国家推广普通话，推行规范汉字。

第四条 公民有学习和使用国家通用语言文字的权利。

国家为公民学习和使用国家通用语言文字提供条件。

地方各级人民政府及其有关部门应当采取措施，推广普通话和推行规范汉字。

第五条 国家通用语言文字的使用应当有利于维护国家主权和民族尊严，有利于国家统一和民族团结，有利于社会主义物质文明建设和精神文明建设。

第六条 国家颁布国家通用语言文字的规范和标准，管理国家通用语言文字的社会应用，支持国家通用语言文字的教学和科学研究，促进国家通用语言文字的规范、丰富和发展。

第七条 国家奖励为国家通用语言文字事业做出突出贡献的组织和个人。

第八条 各民族都有使用和发展自己的语言文字的自由。

少数民族语言文字的使用依据宪法、民族区域自治法及其他法律的有关规定。

第二章 国家通用语言文字的使用

第九条 国家机关以普通话和规范汉字为公务用语用字。法律另有规定的除外。

第十条 学校及其他教育机构以普通话和规范汉字为基本的教育教学用语用字。法律另有规定的除外。

学校及其他教育机构通过汉语文课程教授普通话和规范汉字。使用的汉语文教材，应当符合国家通用语言文字的规范和标准。

第十一条　汉语文出版物应当符合国家通用语言文字的规范和标准。

汉语文出版物中需要使用外国语言文字的，应当用国家通用语言文字做必要的注释。

第十二条　广播电台、电视台以普通话为基本的播音用语。

需要使用外国语言为播音用语的，须经国务院广播电视部门批准。

第十三条　公共服务行业以规范汉字为基本的服务用字。因公共服务需要，招牌、广告、告示、标志牌等使用外国文字并同时使用中文的，应当使用规范汉字。

提倡公共服务行业以普通话为服务用语。

第十四条　下列情形，应当以国家通用语言文字为基本的用语用字：

(一)广播、电影、电视用语用字；

(二)公共场所的设施用字；

(三)招牌、广告用字；

(四)企业事业组织名称；

(五)在境内销售的商品的包装、说明。

第十五条　信息处理和信息技术产品中使用的国家通用语言文字应当符合国家的规范和标准。

第十六条　本章有关规定中，有下列情形的，可以使用方言：

(一)国家机关的工作人员执行公务时确需使用的；

(二)经国务院广播电视部门或省级广播电视部门批准的播音用语；

(三)戏曲、影视等艺术形式中需要使用的；

(四)出版、教学、研究中确需使用的。

第十七条　本章有关规定中，有下列情形的，可以保留或使用繁体字、异体字：

(一)文物古迹；

(二)姓氏中的异体字；

(三)书法、篆刻等艺术作品；

(四)题词和招牌的手书字；

(五)出版、教学、研究中需要使用的；

(六)经国务院有关部门批准的特殊情况。

第十八条　国家通用语言文字以《汉语拼音方案》作为拼写和注音工具。

《汉语拼音方案》是中国人名、地名和中文文献罗马字母拼写法的统一规范，并用于汉字不便或不能使用的领域。

初等教育应当进行汉语拼音教学。

第十九条　凡以普通话作为工作语言的岗位，其工作人员应当具备说普通话的能力。

以普通话作为工作语言的播音员、节目主持人和影视话剧演员、教师、国家机关工作人员的普通话水平，应当分别达到国家规定的等级标准；对尚未达到国家规定的普通话等级标准的，分别情况进行培训。

第二十条　对外汉语教学应当教授普通话和规范汉字。

第三章　管理和监督

第二十一条　国家通用语言文字工作由国务院语言文字工作部门负责规划指导、管理监督。

国务院有关部门管理本系统的国家通用语言文字的使用。

第二十二条　地方语言文字工作部门和其他有关部门，管理和监督本行政区域内的国家通用语言文字的使用。

第二十三条　县级以上各级人民政府工商行政管理部门依法对企业名称、商品名称以及广告的用语用字进行管理和监督。

第二十四条　国务院语言文字工作部门颁布普通话水平测试等级标准。

第二十五条　外国人名、地名等专有名词和科学技术术语译成国家通用语言文字，由国务院语言文字工作部门或者其他有关部门组织审定。

第二十六条　违反本法第二章有关规定，不按照国家通用语言文字的规范和标准使用语言文字的，公民可以提出批评和建议。

本法第十九条第二款规定的人员用语违反本法第二章有关规定的，有关单位应当对直接责任人员进行批评教育；拒不改正的，由有关单位作出处理。

城市公共场所的设施和招牌、广告用字违反本法第二章有关规定的，由有关行政管理部门责令改正；拒不改正的，予以警告，并督促其限期改正。

第二十七条　违反本法规定，干涉他人学习和使用国家通用语言文字的，由有关行政管理部门责令限期改正，并予以警告。

第四章　附　则

第二十八条　本法自 2001 年 1 月 1 日起施行。

附录二

普通话水平测试管理规定

（中华人民共和国教育部令第 16 号）

第一条　为加强普通话水平测试管理，促其规范、健康发展，根据《中华人民共和国国家通用语言文字法》，制定本规定。

第二条　普通话水平测试（以下简称测试）是对应试人运用普通话的规范程度的口语考试。开展测试是促进普通话普及和应用水平提高的基本措施之一。

第三条　国家语言文字工作部门颁布测试等级标准、测试大纲、测试规程和测试工作评估办法。

第四条　国家语言文字工作部门对测试工作进行宏观管理，制定测试的政策、规划，对测试工作进行组织协调、指导监督和检查评估。

第五条　国家测试机构在国家语言文字工作部门的领导下组织实施测试，对测试业务工作进行指导，对测试质量进行监督和检查，开展测试科学研究和业务培训。

第六条　省、自治区、直辖市语言文字工作部门（以下简称省级语言文字工作部门）对本辖区测试工作进行宏观管理，制定测试工作规划、计划，对测试工作进行组织协调、指导监督和检查评估。

第七条　省级语言文字工作部门可根据需要设立地方测试机构。

省、自治区、直辖市测试机构（以下简称省级测试机构）接受省级语言文字工作部门及其办事机构的行政管理和国家测试机构的业务指导，对本地区测试业务工作进行指导，组织实施测试，对测试质量进行监督和检查，开展测试科学研究和业务培训。

省级以下测试机构的职责由省级语言文字工作部门确定。

各级测试机构的设立须经同级编制部门批准。

第八条　测试工作原则上实行属地管理。国家部委直属单位的测试工作，原则上由所在地区省级语言文字工作部门组织实施。

第九条　在测试机构的组织下，测试由测试员依照测试规程执行。测试员应遵守测试工作各项规定和纪律，保证测试质量，并接受国家和省级测试机构的业务培训。

第十条　测试员分省级测试员和国家级测试员。测试员须取得相应的测试员证书。

申请省级测试员证书者，应具有大专以上学历，熟悉推广普通话工作方针政策和普通语言学理论，熟悉方言与普通话的一般对应规律，熟练掌握《汉语拼音方案》和常用国际音标，有较强的听辨音能力，普通话水平达到一级。

申请国家级测试员证书者，一般应具有中级以上专业技术职务和两年以上省级测试员资历，具有一定的测试科研能力和较强的普通话教学能力。

第十一条　申请省级测试员证书者，通过省级测试机构的培训考核后，由省级语言文字工作部门颁发省级测试员证书；经省级语言文字工作部门推荐的申请国家级测试员证书者，通过国家测试机构的培训考核后，由国家语言文字工作部门颁发国家级测试员证书。

第十二条　测试机构根据工作需要聘任测试员并颁发有一定期限的聘书。

第十三条　在同级语言文字工作办事机构指导下，各级测试机构定期考查测试员的业务能力和工作表现，并给予奖惩。

第十四条　省级语言文字工作部门根据工作需要聘任测试视导员并颁发有一定期限的聘书。

测试视导员一般应具有语言学或相关专业的高级专业技术职务，熟悉普通语言学理论，有相关的学术研究成果，有较丰富的普通话教学经验和测试经验。

测试视导员在省级语言文字工作部门领导下，检查、监督测试质量，参与和指导测试管理和测试业务工作。

第十五条　应接受测试的人员为：

1. 教师和申请教师资格的人员；

2. 广播电台、电视台的播音员、节目主持人；

3. 影视话剧演员；

4. 国家机关工作人员；

5. 师范类专业、播音与主持艺术专业、影视话剧表演专业以及其他与口语表达密切相关专业的学生；

6. 行业主管部门规定的其他应该接受测试的人员。

第十六条　应接受测试的人员的普通话达标等级，由国家行业主管部门规定。

第十七条　社会其他人员可自愿申请接受测试。

第十八条　在高等学校注册的港澳台学生和外国留学生可随所在院校学生接受测试。

测试机构对其他港澳台人士和外籍人士开展测试工作，须经国家语言文字工作部门授权。

第十九条　测试成绩由执行测试的测试机构认定。

第二十条　测试等级证书由国家语言文字工作部门统一印制，由省级语言文字工作办事机构编号并加盖印章后颁发。

第二十一条　普通话水平测试等级证书全国通用。等级证书遗失，可向原发证单位申请补发。伪造或变造的普通话水平测试等级证书无效。

第二十二条　应试人再次申请接受测试同前次接受测试的间隔应不少于3个月。

第二十三条　应试人对测试程序和测试结果有异议，可向执行测试的测试机构或上级测试机构提出申诉。

第二十四条　测试工作人员违反测试规定的，视情节予以批评教育、暂停测试工作、解除聘任或宣布测试员证书作废等处理，情节严重的提请其所在单位给予行政处分。

第二十五条　应试人违反测试规定的，取消其测试成绩，情节严重的提请其所在单位给予行政处分。

第二十六条　测试收费标准须经当地价格部门核准。

第二十七条　各级测试机构须严格执行收费标准，遵守国家财务制度，并接受当地有关部门的监督和审计。

第二十八条　本《规定》自2003年6月15日起施行。

参考文献

1. 姚喜双主编：《普通话口语教程》，北京：高等教育出版社，2009。

2. 李晓华主编：《普通话口语教程》，开封：河南大学出版社，2008。

3. 国家语言文字工作委员会普通话培训测试中心编制：《普通话水平测试实施纲要》，北京：商务印书馆，2004。

4. 陈江风主编：《河南省普通话水平测试指导书》，北京：人民出版社，2008。

5. 蔡玉芝、赵江、王伟主编：《新编普通话口语》，开封：河南大学出版社，2006。

6. 胡裕树主编：《现代汉语》（第7版），上海：上海教育出版社，2011。

7. 吴郁主编：《播音学简明教程》，北京：北京广播学院出版社，1998。

8. 黄伯荣、廖序东主编：《现代汉语》，北京：高等教育出版社，2002。

9. 普通话机测研究组编：《计算机辅助普通话水平测试教程》，合肥：中国科学技术大学出版社，2012。